全国技工院校新能源汽车检测与维修专业教材

（中／高级技能层级）

# 汽车机械识图

人力资源社会保障部教材办公室 组织编写

主 编 王希波

主 审 徐淑涛

中国劳动社会保障出版社

## 简介

本书主要内容包括制图基本知识与技能、投影作图、截交线与相贯线、组合体、机械图样的基本表达方法、机械图样的特殊画法、机械图样的识读、汽车电路识图等。

本书内容丰富、通俗易懂、实用性强，适用于职业院校新能源汽车检测与维修专业的教学使用，也可作为新能源汽车技术人员培训教材及参考用书。

本书由王希波任主编，付清洁、孙钦超、张范范、郇延建、叶录京、王雪参与编写，徐淑涛任主审。

**图书在版编目（CIP）数据**

汽车机械识图 / 人力资源社会保障部教材办公室组织编写；王希波主编. -- 北京：中国劳动社会保障出版社，2020

全国技工院校新能源汽车检测与维修专业教材：中、高级技能层级

ISBN 978-7-5167-4714-8

Ⅰ. ①汽…　Ⅱ. ①人…②王…　Ⅲ. ①汽车 – 机械图 – 识图 – 技工学校 – 教材　Ⅳ. ①U462.1

中国版本图书馆 CIP 数据核字（2020）第 211208 号

**中国劳动社会保障出版社出版发行**

（北京市惠新东街 1 号　邮政编码：100029）

*

北京宏伟双华印刷有限公司印刷装订　　新华书店经销

787 毫米 ×1092 毫米　16 开本　18.75 印张　335 千字

2020 年 12 月第 1 版　　2023 年 12 月第 7 次印刷

**定价：42.00 元**

营销中心电话：400-606-6496

出版社网址：http://www.class.com.cn

http://jg.class.com.cn

# 前言

PREFACE

2012年6月，国务院颁布《节能与新能源汽车产业发展规划（2012—2020年）》，其中对新能源汽车进行了定义：新能源汽车是指采用新型动力系统，完全或主要依靠新型能源驱动的汽车，本规划所指新能源汽车主要包括纯电动汽车、插电式混合动力汽车及燃料电池汽车。

随着国家不断推动新能源汽车的发展，目前我国新能源汽车保有量已经突破百万，成为新能源汽车产销量第一的国家。

相对于传统汽车而言，新能源汽车大量使用高压电，这对维护和维修工作提出了更高的要求。为了满足全国技工院校新能源汽车检测与维修专业的教学需求，人力资源社会保障部教材办公室组织有关学校的骨干教师和行业、企业专家，在充分调研企业生产和学校教学情况的基础上，开发了本套新能源汽车检测与维修专业教材。

## 教材体系

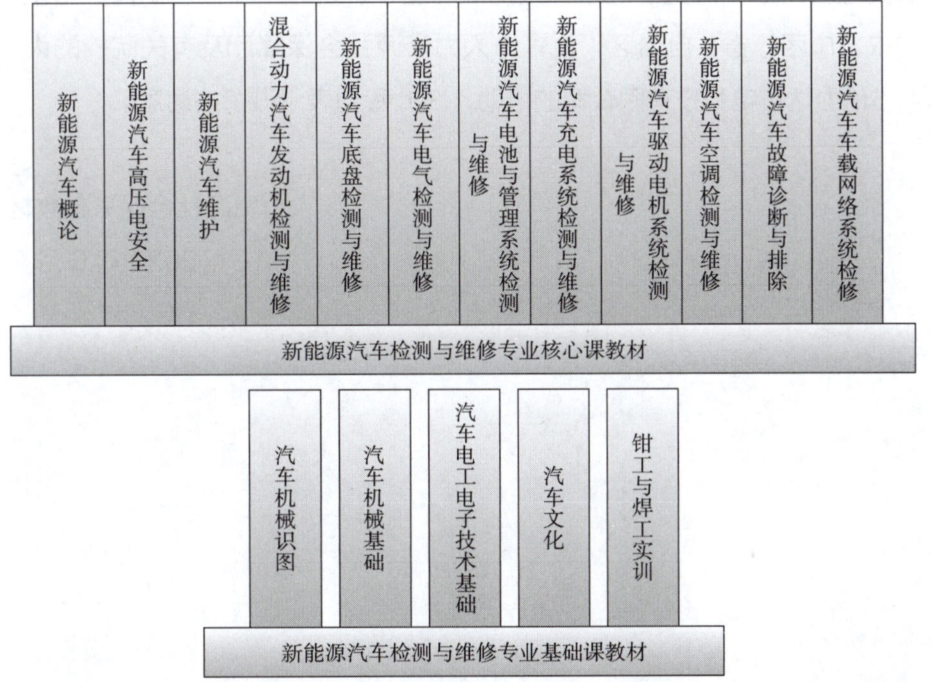

## 编写特色

◆ 紧贴企业实际情况　通过行业、企业调研，掌握企业对新能源汽车检测与维修专业人才的岗位需求和技能要求，确定人才培养目标（中级 / 高级），构建科学合理的课程体系。根据课程教学目标，合理确定学生应具备的知识与能力结构；充分考虑企业生产实际，选择当前市面上广泛使用的新能源车型进行教学。

◆ 体现行业技术发展　根据相关专业领域的最新发展，在教材中充实新知识、新技术、新设备、新材料等方面的内容，体现教材的先进性。采用最新的国家技术标准，使教材内容更加科学和规范。

◆ 符合学生阅读习惯　在教材内容的呈现形式上，较多地利用实物照片和表格等形式将知识点生动地展示出来，力求让学生更直观地理解和掌握所学内容。部分教材采用四色印刷，图文并茂，增强了教材内容的表现效果。

## 教学服务

本套教材配有习题册和方便教师上课使用的多媒体电子课件等教学资源，可以通过技工教育网（http：//jg.class.com.cn）下载。另外，在部分教材中针对教材中的教学重点和难点制作了微视频等多媒体资源，学生使用移动终端扫描二维码即可在线观看相应内容。

## 致谢

本次教材编写工作得到了北京、黑龙江、辽宁、江苏、浙江、湖南、山东、山西、福建、广东、广西等省、自治区、直辖市人力资源社会保障厅及有关院校的大力支持，以及深圳市信力达机电科技有限公司的协助，在此我们表示诚挚的谢意。

人力资源社会保障部教材办公室

2020 年 6 月

# 目 录
CONTENTS

# 绪　论

## 学习目标

1. 了解汽车机械识图课程的主要内容和学习要求。
2. 了解学习汽车机械识图的目的及注意事项。

图样是根据投影原理和相关国家标准绘制的，用于表示工程对象，并有必要的技术说明的图。自劳动开创人类文明史以来，图样与语言、文字一样，是人们认识自然、表达和交流思想的基本工具。新能源汽车专业的学生在学习理论知识、生产实习和今后工作过程中遇到的图样主要有机械图样和电气图样。图 0-1 所示为某新能源汽车上滚柱式单向超越离合器的装配图和立体图，工作人员只有看懂该装配图才能进行汽车相关部件的生产和维修；图 0-2 所示为汽车车灯控制电路，在安装和维修汽车电气时，工作人员需要看懂电气图样才能进行相关工作。

现代汽车生产和维修保养的各个环节都离不开图样。设计者通过图样表达设计意图；制造人员通过图样了解设计要求、组织制造和指导生产；维修保养人员通过图样了解汽车的结构和性能。因此，机械图样和电气图样是汽车生产和维修人员传递交流技术信息、思想的媒介和工具，是通用的技术语言，必须掌握。

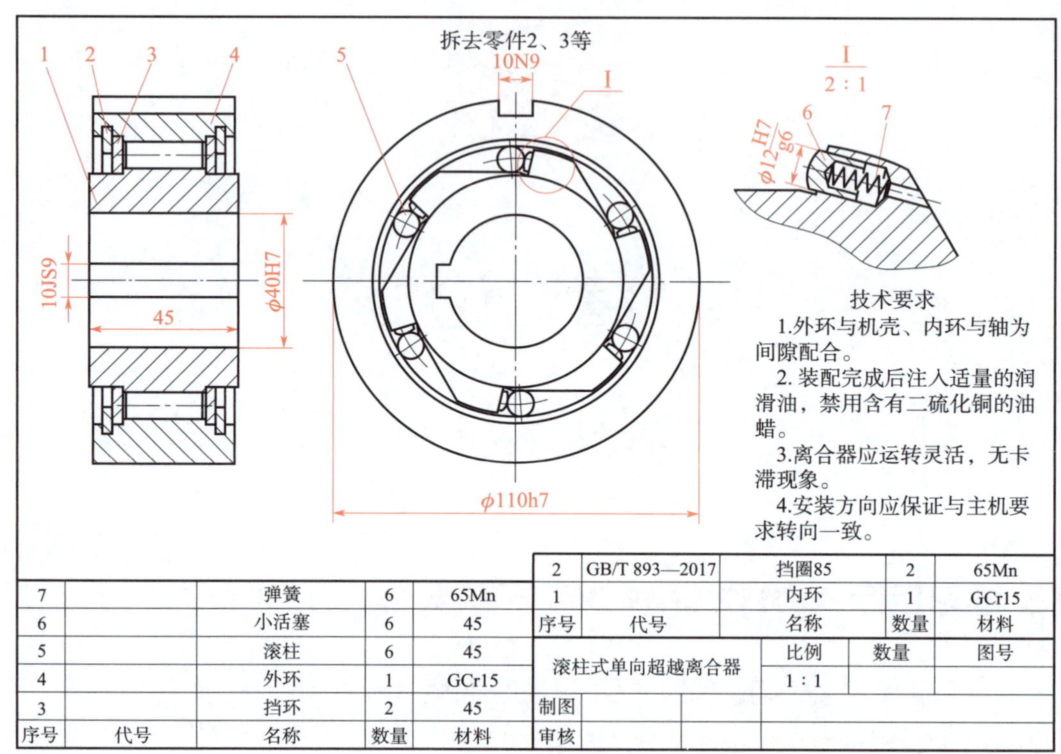


| 序号 | 代号 | 名称 | 数量 | 材料 |
|---|---|---|---|---|
| 7 | | 弹簧 | 6 | 65Mn |
| 6 | | 小活塞 | 6 | 45 |
| 5 | | 滚柱 | 6 | 45 |
| 4 | | 外环 | 1 | GCr15 |
| 3 | | 挡环 | 2 | 45 |

| 序号 | 代号 | 名称 | 数量 | 材料 |
|---|---|---|---|---|
| 2 | GB/T 893—2017 | 挡圈85 | 2 | 65Mn |
| 1 | | 内环 | 1 | GCr15 |

| 滚柱式单向超越离合器 | 比例 | 数量 | 图号 |
|---|---|---|---|
| | 1∶1 | | |
| 制图 | | | |
| 审核 | | | |

a）

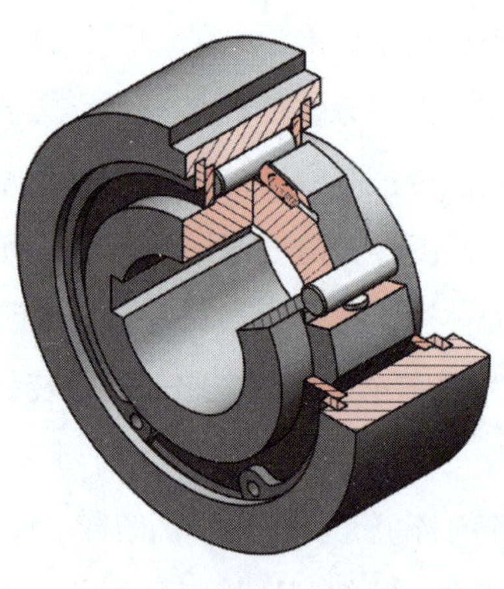

b）

图 0-1　滚柱式单向超越离合器

a）装配图　b）立体图

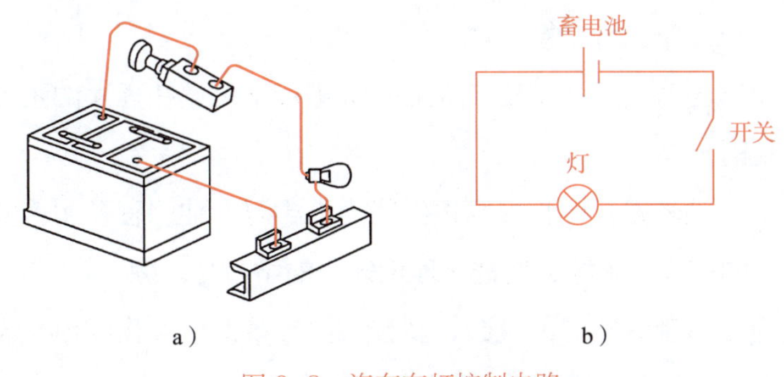


图 0-2　汽车车灯控制电路
a）实物示意图　b）电路图

## 一、汽车机械识图课程的主要内容

汽车机械识图是新能源汽车检测与维修专业的一门核心专业基础课程，主要包括制图基本知识与技能、投影作图、截交线与相贯线、组合体、机械图样的基本表达方法、机械图样的特殊画法、机械图样的识读、汽车电路识图等内容。

## 二、学习汽车机械识图的目的

新能源汽车检测与维修专业的学生在学习汽车机械基础、钳工与焊工实训、新能源汽车维护、混合动力汽车发动机检测与维修、新能源汽车底盘检测与维修等课程的过程中，以及在今后的生产实习及工作过程中会遇到各种各样的机械和电气图样，只有懂得汽车机械图样和电气图样的绘图原理，掌握看图的方法，具有一定的空间想象能力，具备一定的看图和绘图能力，才能进行正常的学习和工作。

## 三、汽车机械识图课程的学习要求

1. 熟悉机械制图的基本知识，掌握三视图与轴测图的画法，能够识读一般组合体的三视图。

2. 掌握视图的表达方法，了解标准件、常用件的画法，能识读一般的机械图样。

3. 掌握电路图的基本表达方法，掌握有关电路图的画法规定，能识读常见汽车电路图。

## 四、学习汽车机械识图的注意事项

本课程的主要任务是培养识图和绘图能力，在学习过程中要注意以下几点：

1. 在进行汽车机械识图的学习时，要以识图为主，识图与绘图相结合，并通过绘图促进识图能力的提高。

2. 在汽车机械识图的学习过程中应特别注意实物与图形的对比分析；理解投影原理，

掌握绘图规则，逐步培养空间想象能力。

3. 学习汽车电路图时，要注意结合专业知识进行学习，在理解的基础上记忆相关的图形符号和绘图规则。

4. 本课程的实践性较强，要将提高识图能力与学习专业课程及生产实习相融合。要重视练习在学习中的作用，用练习促进对理论知识的学习与掌握。

5. 要利用到企业参观或实习的机会，多接触汽车零部件实物或电气设备，结合生产图样提高识图能力，增强毕业后适应工作的能力。

# 第一章 制图基本知识与技能

## §1-1 制图基本规定

### 学习目标

1. 了解国家标准中关于图纸幅面、图框格式、标题栏、比例、字体的基本规定。
2. 掌握常用图线的种类、线型、宽度、用途和画法规定，并能按照国家标准的规定绘制图线。

机械图样和电气图样是生产中的重要技术资料，也是工程界交流信息的共同语言，需要具有严格的规范性。为了规范机械和电气图样的绘制，我国制定了一系列国家标准（简称“国标”），包括强制性国家标准（代号为“GB”）、推荐性国家标准（代号为“GB/T”）和国家标准化指导性技术文件（代号为“GB/Z”）。例如，《技术制图 图纸幅面和格式》（GB/T 14689—2008）即表示技术制图标准中图纸幅面和格式部分，发布顺序号为 14689，发布年份是 2008 年。本节简要介绍《技术制图》和《机械制图》国家标准中与本课程有关的基本规定。

## 一、图纸幅面和格式（GB/T 14689—2008）

### 1. 图纸幅面

图纸宽度（*B*）和长度（*L*）组成图纸幅面。国家标准规定，在绘制图样时应优先选用表 1-1 中规定的图纸基本幅面及尺寸。基本幅面有 A0、A1、A2、A3、A4 五种，其尺寸关系如图 1-1 所示。

表 1-1　图纸基本幅面及尺寸　mm

| 幅面代号 | | A0 | A1 | A2 | A3 | A4 |
|---|---|---|---|---|---|---|
| 幅面尺寸 | $B\times L$ | 841×1 189 | 594×841 | 420×594 | 297×420 | 210×297 |
| 周边尺寸 | *a* | 25 | | | | |
| | *c* | 10 | | | 5 | |
| | *e* | 20 | | 10 | | |

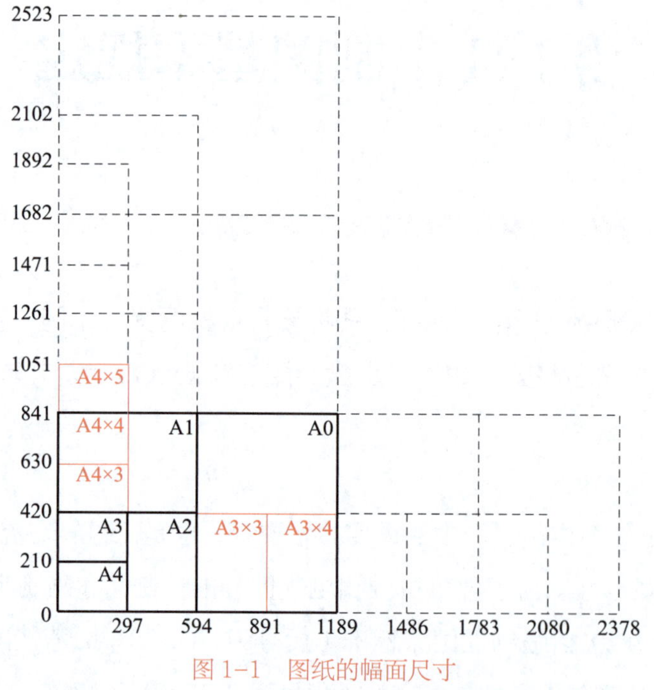


图 1-1　图纸的幅面尺寸

图 1-1 中粗实线所示为基本幅面，为优先选用的幅面；细实线所示为第二选择的加长幅面；细虚线所示为第三选择的加长幅面。绘制图样时，一般采用基本幅面；当采用基本幅面绘制有困难时（特别是在电气图中），可采用加长幅面。

### 2. 图框格式

图纸上限定绘图区域的线框称为图框。无论图纸是否装订，都必须用粗实线绘出图框，其格式分为不留装订边和留装订边两种，如图 1-2 和图 1-3 所示，图中的周边尺寸 *a*、*c*、*e* 可查表 1-1。

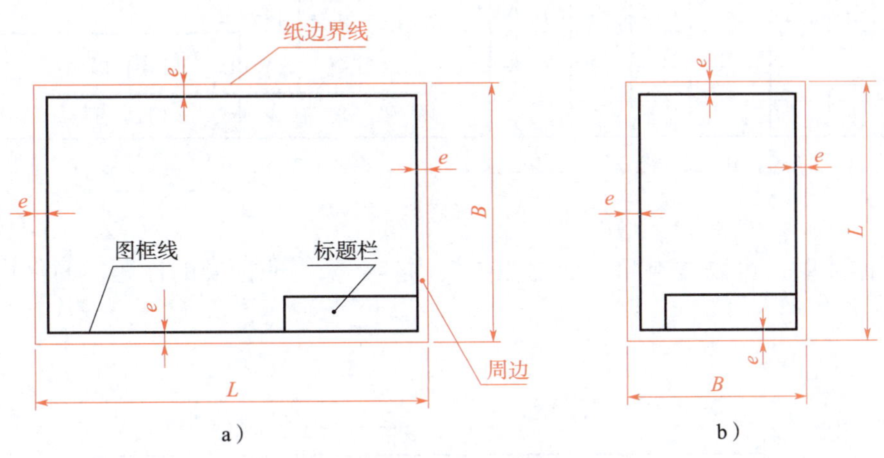


图 1-2　不留装订边的图框格式

a）横向布置　b）纵向布置

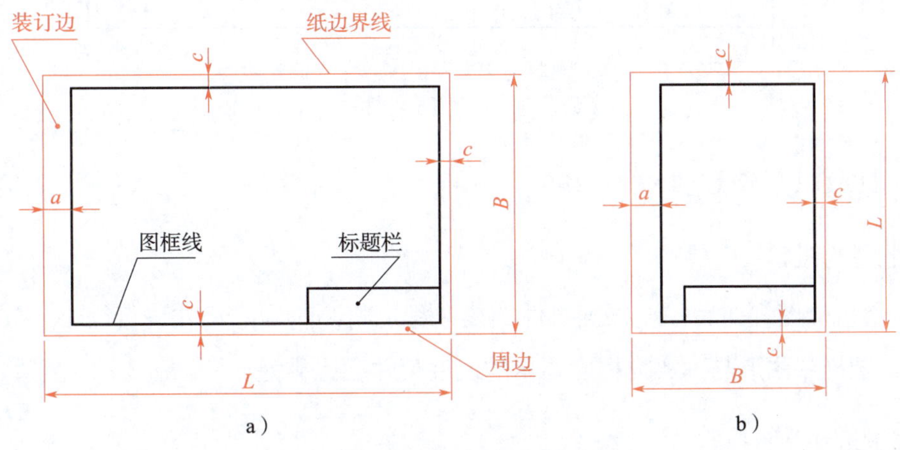


图 1-3　留装订边的图框格式

a）横向布置　b）纵向布置

## 二、标题栏（GB/T 10609.1—2008）

在每张图纸上都必须画出标题栏，其格式如图 1-4 所示，标题栏应位于图纸的右下角，如图 1-2 和图 1-3 所示。一般情况下，看图的方向与看标题栏的方向一致。

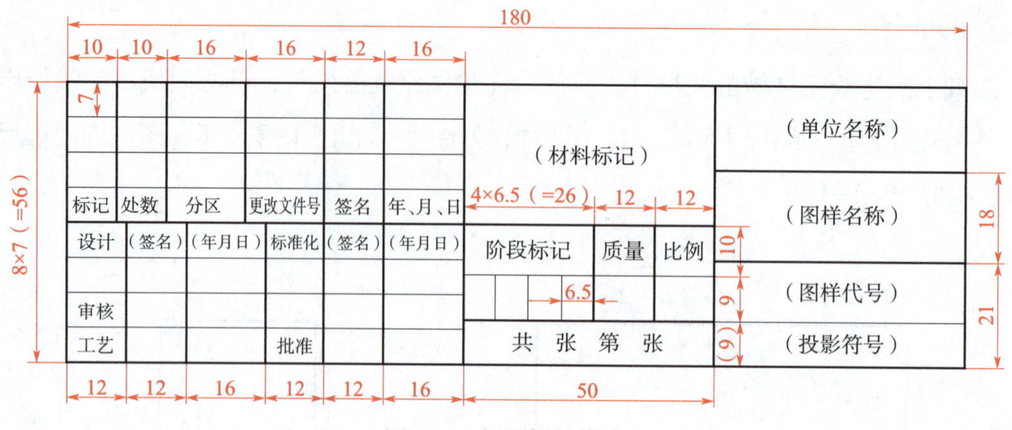


图 1-4　标题栏的格式

在做作业时，可以适当简化标题栏中的内容，采用非标准的标题栏简化格式，如图 1-5 所示。

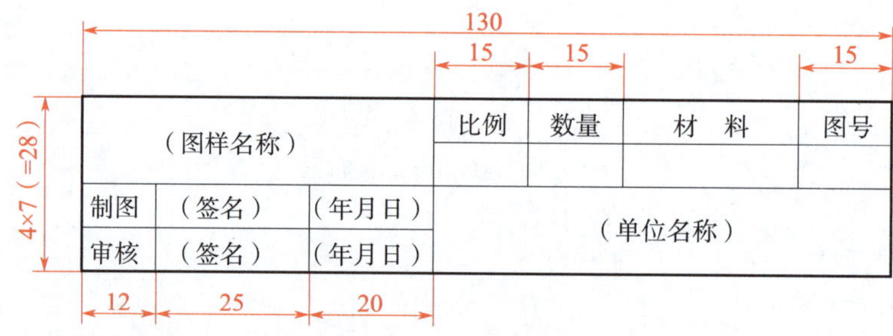


图 1-5　标题栏简化格式

## 三、比例（GB/T 14690—1993）

### 1. 比例的概念

在绘制机械图样时，需要根据机件的复杂程度将测量到的尺寸进行缩小、放大（或按原值）。图样中图形与其实物相应要素的线性尺寸之比称为比例。

### 2. 比例的种类

比例分为原值比例、放大比例、缩小比例三种。比值为 1 的比例称为原值比例，比值大于 1 的比例称为放大比例，比值小于 1 的比例称为缩小比例。

### 3. 比例系列

绘图时可根据需要选择表 1-2 中的比例，尽量采用原值比例。

表 1–2　绘图比例

| 种类 | 比例 | | |
|---|---|---|---|
| 原值比例 | | 1 : 1 | |
| 放大比例 | 5 : 1 | 2 : 1 | |
| | $5\times10^n$ : 1 | $2\times10^n$ : 1 | $1\times10^n$ : 1 |
| 缩小比例 | 1 : 2 | 1 : 5 | 1 : 10 |
| | 1 : $2\times10^n$ | 1 : $5\times10^n$ | 1 : $1\times10^n$ |

注：$n$ 为正整数。

图 1–6 所示为用不同比例绘制的扇面，不论图形放大或缩小，标注尺寸时必须注出物体的实际尺寸。

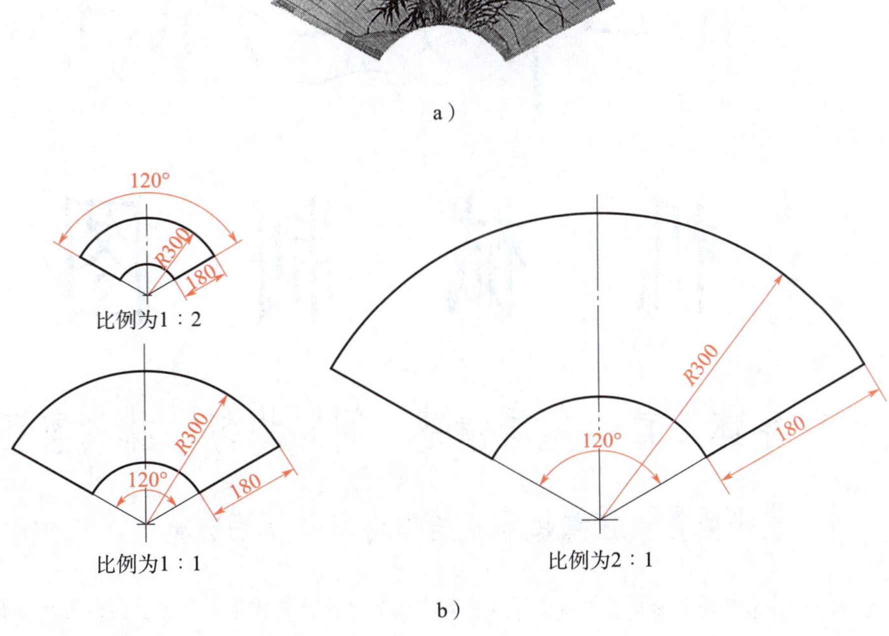


图 1–6　扇面

a）实物图　b）用不同比例绘制的图形

**小提示**

图样上标注的尺寸数值是机件的实际大小，它与画图时采用的比例无关，与画图的准确度也无关。

## 四、字体（GB/T 14691—1993）

图样中书写的汉字、数字和字母必须做到：字体工整、笔画清楚、间隔均匀、排列整齐。字体的号数（即字体的高度 $h$）分为 8 种，即 20 号、14 号、10 号、7 号、5 号、3.5 号、2.5 号和 1.8 号。

汉字应写成长仿宋体，并采用国家正式公布的简化字。汉字的高度应不小于 3.5 mm，其宽度一般为 $h/\sqrt{2}$。

长仿宋体汉字的书写要领是横平竖直、注意起落、结构均匀、填满方格。汉字常由几个部分组成，为了使字体结构匀称，书写时应恰当分配各组成部分的比例。

数字和字母可写成直体或斜体。斜体字字头向右倾斜，与水平基准线约成 75° 夹角。字体示例见表 1-3。

表 1-3　字体示例

| 类型 | | 示例 |
|---|---|---|
| 长仿宋体汉字 | | 基本笔画<br>机　械　制　图<br>结构特点 |
| | 10 号 | 字体工整　笔画清楚　间隔均匀　排列整齐 |
| | 7 号 | 横平竖直　注意起落　结构均匀　填满方格 |
| | 5 号 | 技术制图石油化工机械电子汽车航空船舶土木建筑矿山井坑港口纺织焊接设备工艺 |
| | 3.5 号 | 螺纹齿轮端子接线飞行指导驾驶舱位挖填施工引水通风闸阀坝棉麻化纤材料及热处理 |
| 拉丁字母 | 大写斜体 | ABCDEFGHIJKLMNOPQRSTUVWXYZ |
| | 小写斜体 | abcdefghijklmnopqrstuvwxyz |

续表

| 类型 | | 示例 |
| --- | --- | --- |
| 阿拉伯数字 | 斜体 | *0123456789* |
| | 正体 | 0123456789 |
| 罗马数字 | 斜体 | *Ⅰ Ⅱ Ⅲ Ⅳ Ⅴ Ⅵ Ⅶ Ⅷ Ⅸ Ⅹ* |
| | 正体 | Ⅰ Ⅱ Ⅲ Ⅳ Ⅴ Ⅵ Ⅶ Ⅷ Ⅸ Ⅹ |

## 五、图线

绘制机械和电气图样时，必须采用国家标准规定的图线线型，并按国家标准规定的画法进行绘制。国家标准《技术制图　图线》(GB/T 17450—1998)中规定了绘制技术图样的基本线型和要求，该标准适用于绘制各种技术图样。国家标准《机械制图　图样画法　图线》(GB/T 4457.4—2002)在此基础上规定了绘制机械图样的线型及要求，该标准适用于绘制机械图样。

### 1. 图线的种类

国家标准《机械制图　图样画法　图线》(GB/T 4457.4—2002)中规定的图线共有 9 种，其种类、线型、线宽及应用见表 1-4。图线在机械图样上的应用如图 1-7 所示。

表 1-4　图线的种类、线型、线宽及应用(摘自 GB/T 4457.4—2002)

| 种类 | 线型 | 线宽 | 一般应用 |
| --- | --- | --- | --- |
| 细实线 | | $d/2$ | 尺寸线、尺寸界线、指引线、短中心线、剖面线、重合断面的轮廓线、过渡线、表示平面的对角线、螺纹牙底线、齿轮的齿根线、不连续同一表面连线、成规律分布的相同要素连线 |
| 波浪线 | | $d/2$ | 断裂处的边界线、视图与剖视图的分界线 |
| 双折线 | | $d/2$ | 断裂处的边界线、视图与剖视图的分界线 |

续表

| 种类 | 线型 | 线宽 | 一般应用 |
| --- | --- | --- | --- |
| 粗实线 | | $d$ | 可见轮廓线、可见棱边线、相贯线、螺纹牙顶线、螺纹长度终止线、齿顶圆（线）、剖切符号用线 |
| 细虚线 | | $d/2$ | 不可见轮廓线、不可见棱边线 |
| 粗虚线 | | $d$ | 允许表面处理的表示线 |
| 细点画线 | | $d/2$ | 轴线、对称中心线、分度圆（线）、孔系分布的中心线、剖切线 |
| 粗点画线 | | $d$ | 限定范围表示线 |
| 细双点画线 | | $d/2$ | 相邻辅助零件的轮廓线、可动零件的极限位置的轮廓线、中断线 |

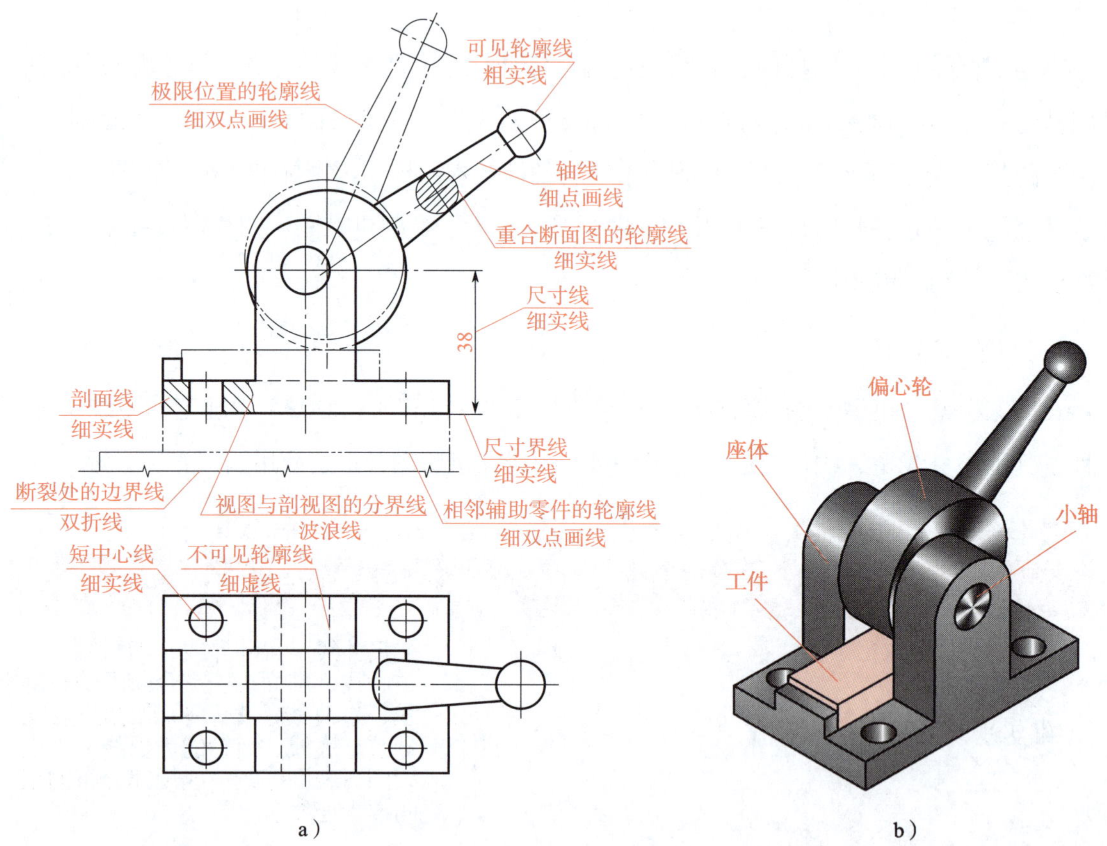


图 1-7　图线在机械图样上的应用（偏心轮夹紧机构）

a）视图　b）立体图

机械制图中的图线通常采用粗、细两种线宽，粗、细线的比例为 2 : 1，粗线宽度（$d$）优先采用 0.5 mm 和 0.7 mm。

### 2. 图线的画法规定

（1）同一图样中同类图线的宽度应保持一致。细虚线、细点画线、细双点画线、双折线等的线段长度和间隔应各自大致相等。

（2）细点画线和细双点画线的起止两端一般为线段而不是点（见图 1–8 ①处）；细点画线超出轮廓线 2～5 mm（见图 1–8 ②处）。

（3）当中心线较短时，可用细实线代替细点画线（见图 1–8 ③处）。

（4）细点画线、细虚线和其他图线相交或自身相交时，应是线段相交（见图 1–8 ④处）。

（5）细虚线画在粗实线的延长线上时，细虚线应留有空隙（见图 1–8 ⑤处）。

（6）细点画线的点的长度大约为其线宽的两倍。

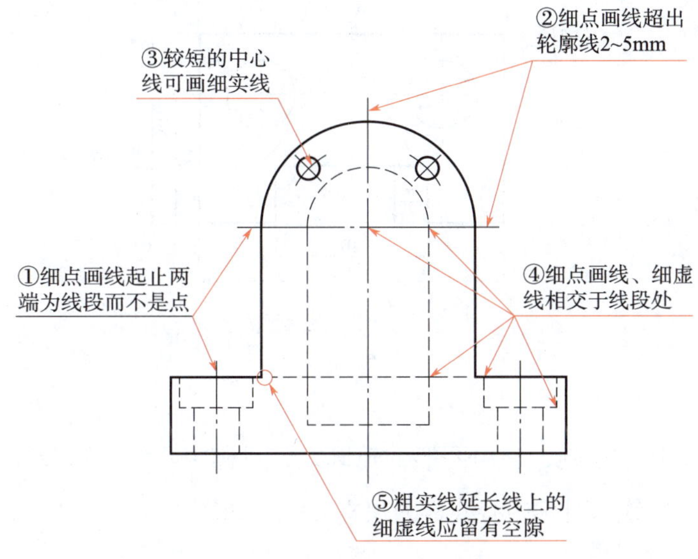


图 1–8　图线的画法规定

# § 1–2 | 尺寸标注

## 学习目标

1. 了解尺寸的组成。
2. 掌握常见尺寸注法和尺寸标注的基本规则。
3. 了解常见几何图形尺寸标注，能按照国家标准标注简单图形上的尺寸。

图形只能表达物体的形状，而其大小由标注的尺寸确定。尺寸是图样的重要内容之一，是制造机件的直接依据。因此，在标注尺寸时，必须严格遵守国家标准的有关规定，确保看图者不会产生误解或歧义。尺寸注法的依据是国家标准《机械制图 尺寸注法》(GB/T 4458.4—2003)和《技术制图 简化表示法 第2部分：尺寸注法》(GB/T 16675.2—2012)。

## 一、尺寸的组成

如图1-9所示，一个完整的尺寸由尺寸界线、尺寸线和尺寸数字三个要素组成。

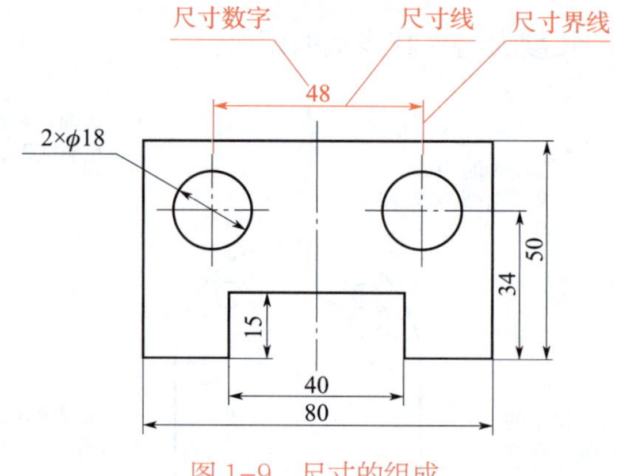


图1-9 尺寸的组成

### 1. 尺寸界线

尺寸界线用细实线绘制，它由图形的轮廓线、对称中心线、轴线等处引出，也可利用图形的轮廓线、轴线、对称中心线作为尺寸界线，如图1-10所示。

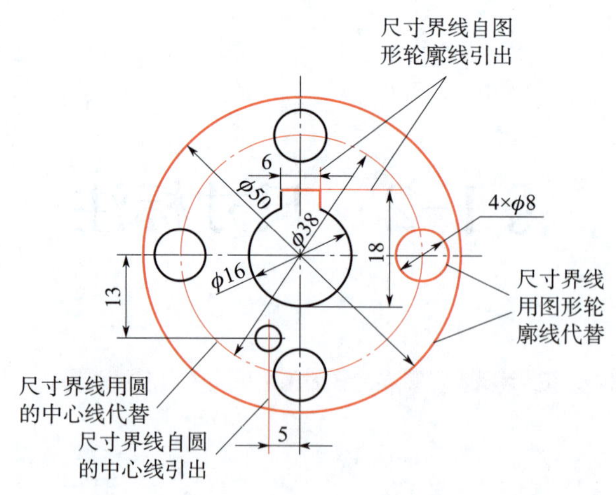


图1-10 尺寸界线的画法

### 2. 尺寸线

尺寸线也用细实线绘制，但尺寸线不能用其他图线代替，一般也不得与其他图线重合或画在其他图线延长线上。

尺寸线的终端有两种形式，如图 1-11 所示。图 1-11a 所示为箭头终端形式（图中 $d$ 为粗实线的宽度），图 1-11b 所示为斜线终端形式（图中 $h$ 为尺寸数字的高度）。一般情况下，机械、电气图样多采用箭头终端形式，土木建筑图样中一般采用斜线终端形式。

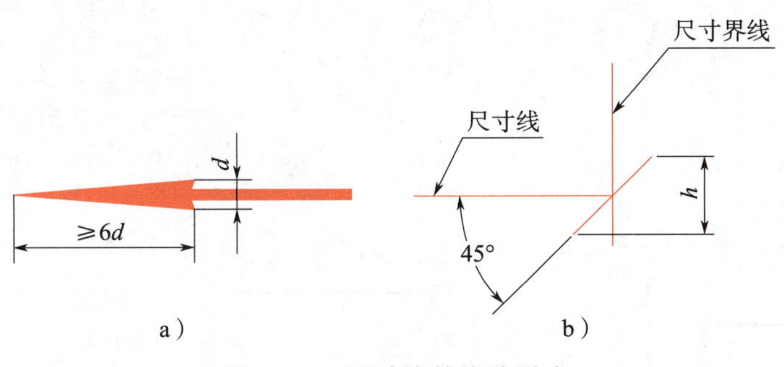


图 1-11　尺寸线的终端形式

a）箭头　b）斜线

### 3. 尺寸数字

尺寸数字有线性尺寸数字和角度尺寸数字两种，如图 1-12 所示。尺寸数字不允许被任何图线所通过，当无法避免时，可将图线在尺寸数字处断开。

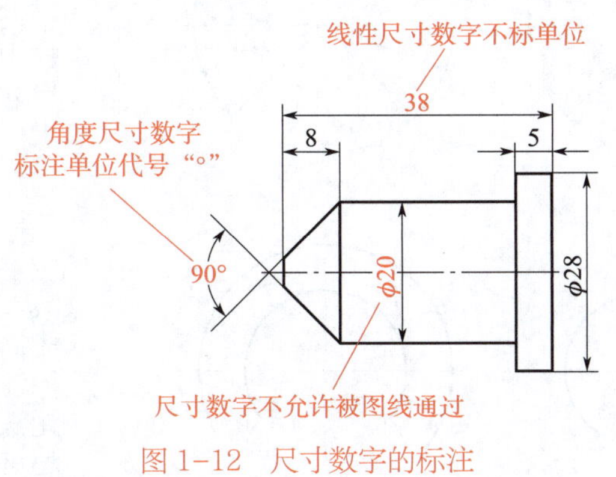


图 1-12　尺寸数字的标注

## 二、常见尺寸注法

在图样上经常标注的尺寸有线性尺寸、角度尺寸、直径尺寸、半径尺寸等，常用尺寸注法示例见表 1-5。

表 1-5　　常用尺寸注法示例

| 标注内容 | 示例 | 说明 |
| --- | --- | --- |
| 线性尺寸 | 30° 20 20 20 20 20 20 20 20 20 20 20 30°<br>a）　b）　c） | 水平方向的线性尺寸数字注写在尺寸线上方，字头朝上；竖直方向的线性尺寸数字注写在尺寸线左侧，字头朝左；倾斜方向上的线性尺寸数字，字头应有向上的趋势，如图 a 所示。尽量避免在图示 30° 范围内标注尺寸。当无法避免时，可按图 b、图 c 的形式标注 |
| | 55 ϕ15 ϕ25 ϕ40 15 8 50 32 30<br>d） | 在不致引起误解时，对非水平方向的尺寸，其数字也允许水平地注写在尺寸的中断处，如图 d 所示，但在同一图样中应采用同一种注法 |
| 角度尺寸 | 60° 60° 30° 75° 45° 90° 60° 65° 55°30′ 4°30′ 15° 25° 20° 20° 5° 90° | 尺寸界线应沿径向引出，尺寸线绘制成圆弧，圆心是角的顶点。尺寸数字一律水平书写，一般注写在尺寸线的中断处，必要时可标注在尺寸线的上方、外面，或引出标注 |
| 直径尺寸 | ϕ30 ϕ50 ϕ32 | 标注圆的直径尺寸时，应在尺寸数字前加注符号“ϕ”，尺寸线的终端应绘制成箭头。大于半圆的圆弧应标注直径。当尺寸线的一端无法画出箭头时，尺寸线要超过圆心一段 |
| 半径尺寸 | R15 R40 R25 | 标注圆弧的半径尺寸时，应在尺寸数字前加注字母“R”，尺寸线上的单箭头指向圆弧 |

续表

| 标注内容 | 示例 | 说明 |
| --- | --- | --- |
| 小尺寸 |  | 在没有足够空间时，箭头可绘制在外面，或用小圆点代替箭头，也可以用斜线终端形式；尺寸数字可注写在图形外面或引出标注 |
| 球面尺寸 | <br>a）　b）　c） | 标注球直径或半径尺寸时，应在符号“$\phi$”或“$R$”前再加注字母“$S$”，如图 a、图 b 所示<br>在不致引起误解时，也可省略符号“$S$”，如图 c 所示 |
| 大圆弧尺寸 | <br>a）　b） | 当圆弧的半径过大或在图样范围内无法标注出其圆心位置时，可按图 a 标注。若不需要标出其圆心位置时，可按图 b 标注 |
| 弧长和弦长尺寸 | <br>a）　b）　c） | 标注弦长的尺寸界线应平行于该弦的垂直平分线（见图 a）。标注弧长的尺寸界线应平行于该弧所对圆心角的角平分线（见图 b），当弧度较大时，可沿径向引出，并绘制一个指向所标注弧线的箭头（见图 c）。弧长的尺寸数字前面应加注符号“⌒” |
| 光滑过渡处的尺寸 |  | 尺寸界线一般应与尺寸线垂直，必要时才允许倾斜。在光滑过渡处标注尺寸时，必须用细实线将轮廓线延长，从它们的交点处引出尺寸界线 |
| 薄板厚度尺寸 |  | 标注薄板零件的厚度尺寸时，可在尺寸数字前加注符号“$t$” |

续表

| 标注内容 | 示例 | 说明 |
| --- | --- | --- |
| 正方形结构尺寸 | 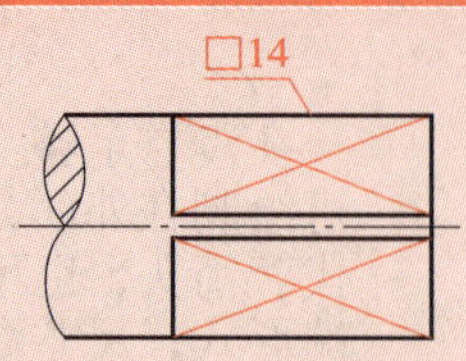 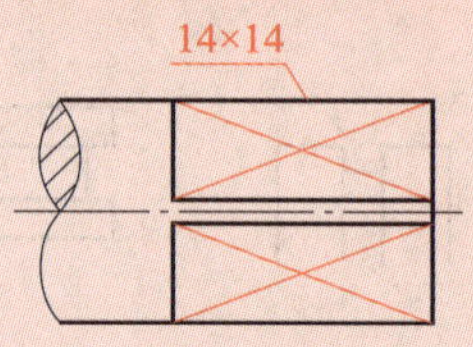 □14　　14×14 | 标注断面为正方形结构的尺寸时，可在正方形边长尺寸数字前加注符号“□”，或用“*B*×*B*”（*B* 为正方形的边长）表示 |
| 对称图形尺寸 | 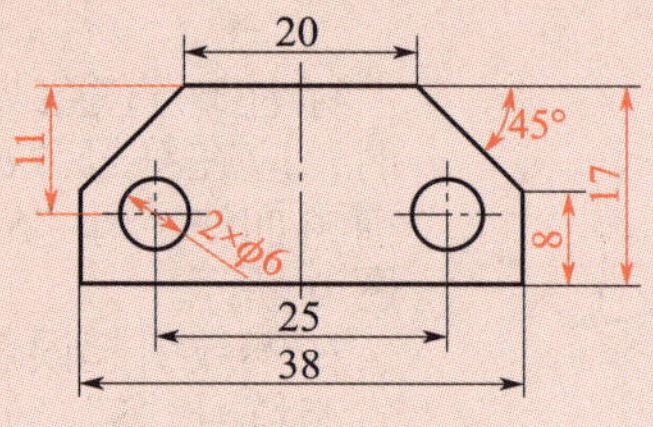 a） 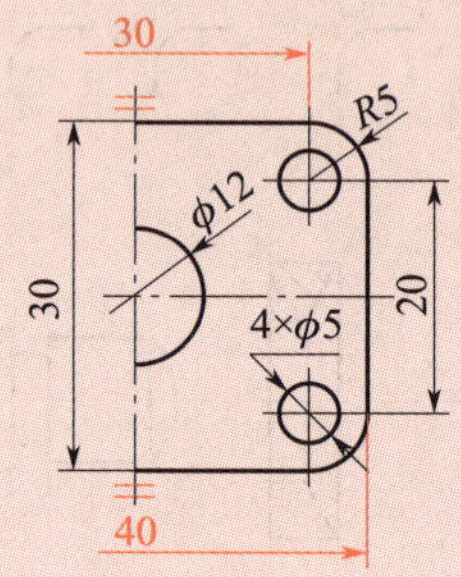　b） | 当图形具有对称中心线时，分布在对称中心线两边的相同结构，可仅标注其中一边的尺寸（见图 a）<br>当对称图形只画出一半或略大于一半时，尺寸线应略超过对称中心线或断裂处的边界线，并且只在有尺寸界线的一端画出箭头（见图 b） |
| 均布孔的尺寸 | 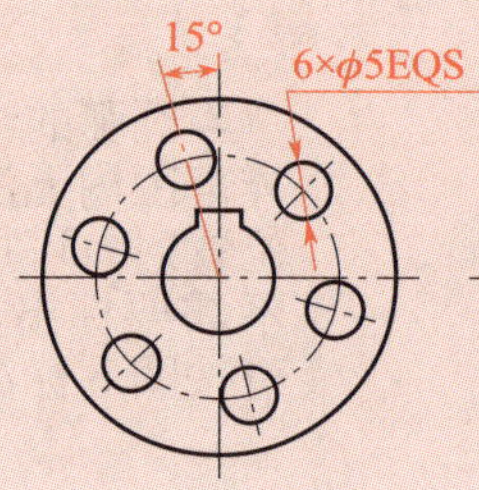 a） 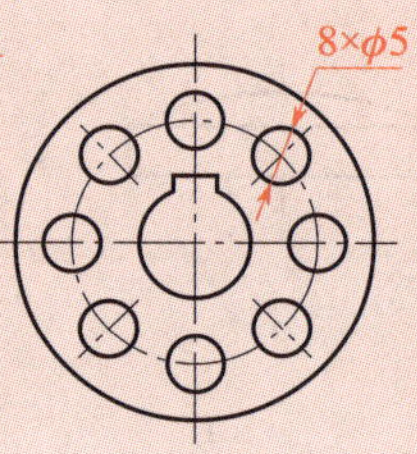　b） | 均匀分布的相同要素（如孔）的尺寸可按图 a 标注。当孔的定位和分布情况在图形中已明确时，可省略其定位尺寸和字母“EQS”（见图 b），EQS 表示均匀分布 |

## 三、尺寸标注的基本规则

1. 机件的真实大小应以图样上所注的尺寸数值为依据，与图形的大小及绘图的准确度无关。

2. 图样中的尺寸（包括技术要求和其他说明）以毫米（mm）为单位时，不需要标注计量单位符号（或名称），如采用其他单位，则应注明相应的单位符号。在机械图样中，线性尺寸一般以 mm 作为尺寸单位，在图中不标注单位符号；角度尺寸数字一般以“°”“′”“″”为单位，需要标注单位符号。

3. 图样上所标注的尺寸为该图样所示机件的最后完工尺寸，否则应另加说明。

4. 机件的每一尺寸，一般只标注一次，并应标注在反映该结构最清晰的图形上。

## 四、常见几何图形尺寸标注示例

常见几何图形的尺寸标注如图 1-13 所示。标注尺寸时一般要避免重复标注。标注正六边形的尺寸时，一般标注其对边尺寸，并标注对角尺寸作为参考尺寸。

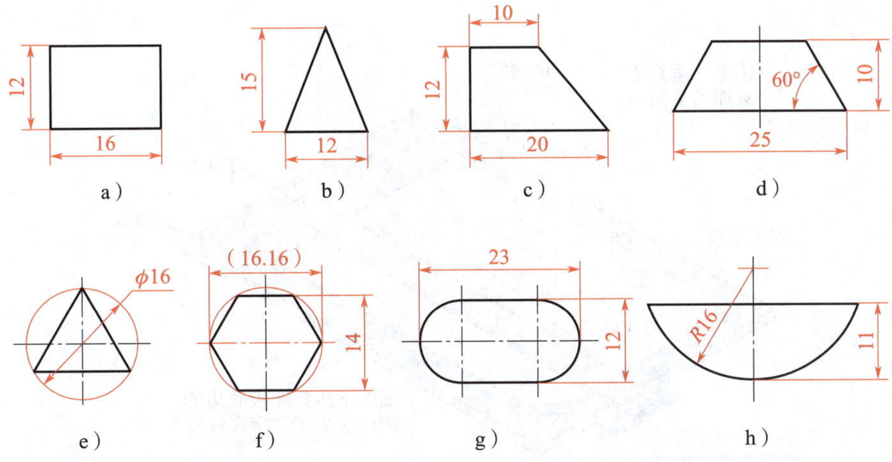


图 1-13　常见几何图形的尺寸标注

机械图样中的参考尺寸是指可以由其他尺寸经过运算得到，为方便加工、装配和测量而重复标注的尺寸。标注参考尺寸时，尺寸数字及符号需要加括号（见图 1-13f）。

# §1-3 | 常用绘图工具

## 学习目标

1. 了解图板、丁字尺、三角板、圆规的结构及使用方法。
2. 了解铅笔的型号及用途，会削铅笔和修磨铅芯。
3. 能熟练使用绘图工具绘制图线。

为了提高绘图质量，加快绘图速度，必须学会正确、熟练地使用绘图工具。下面介绍几种常用工具及其使用方法。

### 一、图板和丁字尺

图板用于铺贴图纸，要求板面平滑光洁。其左侧边为丁字尺的导边，所以必须平直光滑，图纸用胶带纸固定在图板上，如图 1-14 所示。

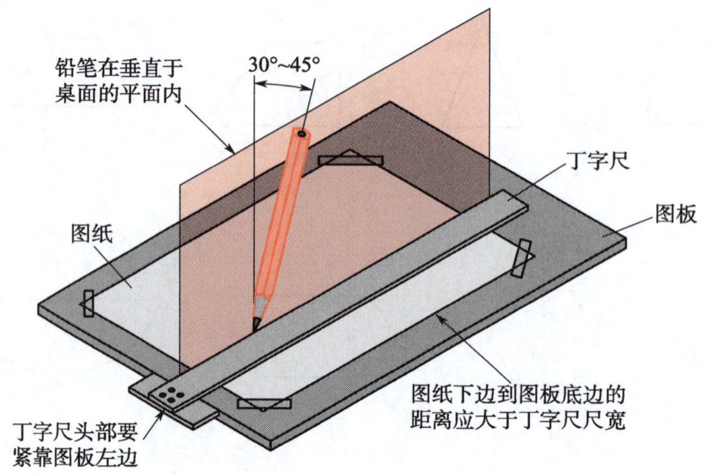


图 1–14　图板和丁字尺

丁字尺由尺头和尺身两部分组成。它主要用来画横线，其头部必须紧靠图板左边，然后用丁字尺的上边画线。移动丁字尺时，用左手推动丁字尺的尺头沿图板上下移动，把丁字尺调整到准确的位置，然后压住丁字尺进行画线。画横线时要从左到右画，铅笔前后方向应与纸面垂直，而在画线前进方向倾斜约 30° ~ 45°。

## 二、三角板

一副三角板由 45° 和 30°（60°）两块直角三角板组成，如图 1–15 所示。三角板与丁字尺配合使用可画竖线（见图 1–16），画竖线时应从下往上画。此外，两副三角板与丁字尺配合使用还可画出与水平线成 30°、45°、60° 以及 15° 的任意整倍数倾斜线（见图 1–17）。

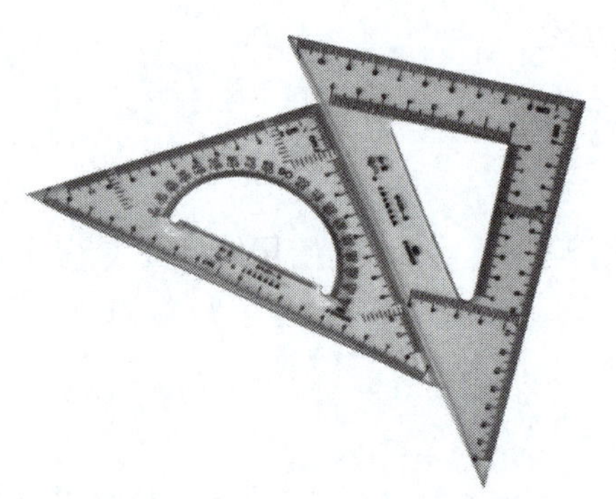

图 1–15　三角板

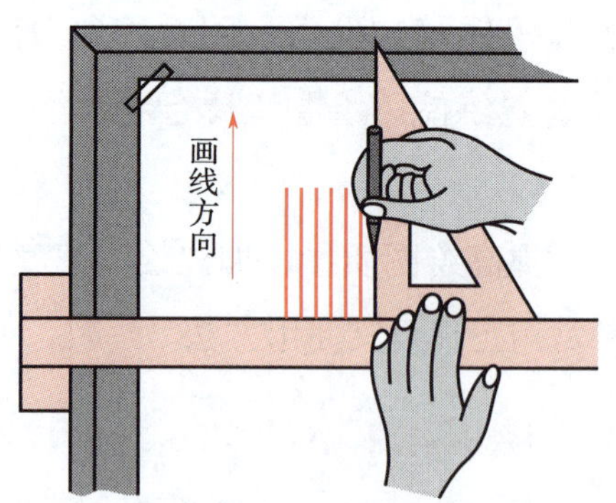


图 1–16　画垂直线

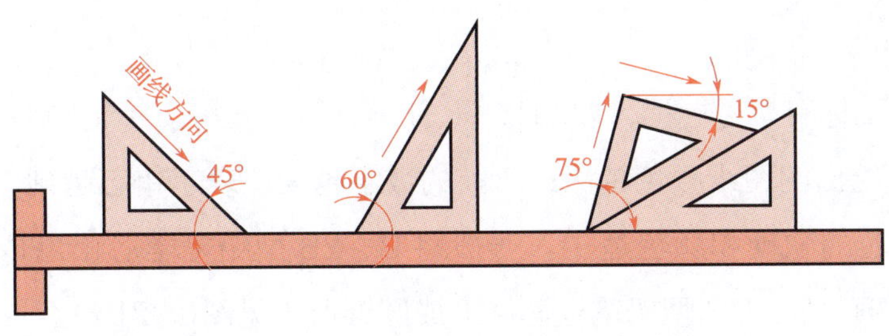


图 1-17　用三角板画常用角度斜线

两块三角板配合使用，可画出任意已知直线的平行线或垂直线，如图 1-18 所示。

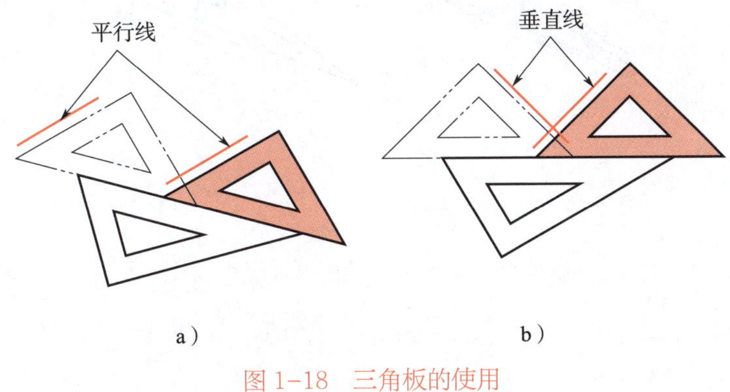


图 1-18　三角板的使用

a）画平行线　b）画垂直线

## 三、圆规

圆规的结构如图 1-19 所示，圆规上的一个插脚装钢针，另一个插脚装铅芯，使用前应先调整好针脚，使针尖（带台阶端）稍长于铅芯。画图前，先将两腿分开至所需的半径尺寸，将针尖扎入圆心。画圆时圆规要向画线方向稍微倾斜，如图 1-20 所示。

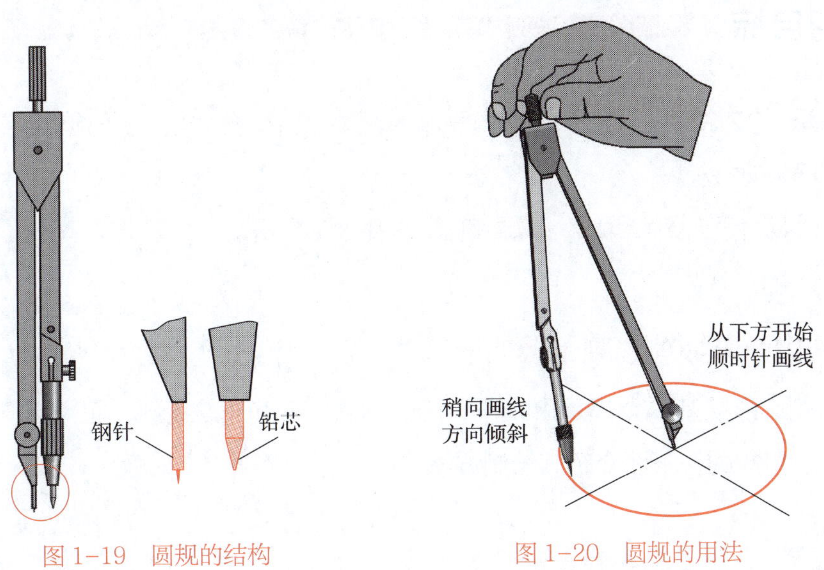


图 1-19　圆规的结构　　图 1-20　圆规的用法

### 四、铅笔

铅笔的笔杆上标有型号标记，如 2H、H、HB、B、2B 等。标记中 B 前的数字越大，表示铅芯越软，绘出的图线颜色越深；H 前的数字越大，表示铅芯越硬，绘出的图线颜色越浅；HB 铅芯的软硬和颜色适中。一般将 B、2B 型铅笔笔芯修磨成四棱柱形（见图 1-21a），将 2H、H、HB 型铅笔笔芯修磨成圆锥形（见图 1-21b）。

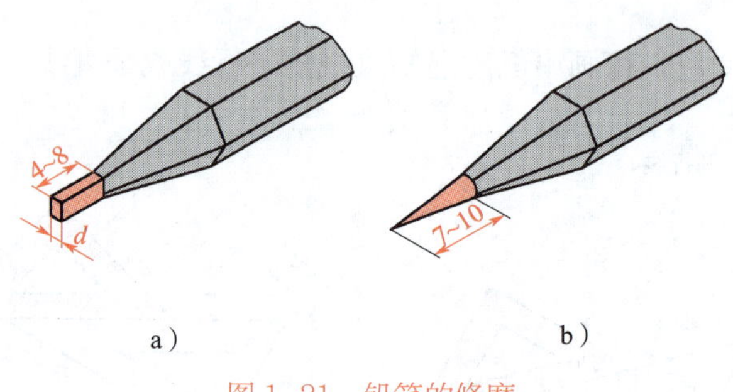


图 1-21　铅笔的修磨

一般情况下，可用 2H 型铅笔绘制底图，用 H 型铅笔描深细型图线（如细实线、细虚线、细点画线等）或注写符号、文字等，用 HB 型铅笔描深粗实线直线，用 B 型铅笔描深粗实线圆。

# §1-4 | 几何图形的画法

## 学习目标

1. 掌握圆的内接正四边形、正三角形、正六边形的画法，了解圆的内接正八边形、正五边形的画法。

2. 了解斜度和锥度的概念，掌握其画法和标注方法。

### 一、圆周的等分与绘制正多边形

机件的轮廓形状基本上都是由线段、圆、圆弧、三角形、矩形、正多边形和椭圆等基本几何要素组成的，下面介绍其绘制方法。

### 1. 圆的内接正四边形和正八边形的画法

圆的内接正四边形和正八边形的画法见表 1-6。

表 1-6　圆的内接正四边形和正八边形的画法

| 种类 | 图示作图方法 | 说明 |
| --- | --- | --- |
| 作圆的内接正四边形 |  | 用 45° 三角板与丁字尺配合或与另一块三角板配合找到圆的四个等分点，连接各等分点即可得到正四边形 |
| 作圆的内接正八边形 |  | 依次连接圆的四个等分点和中心线与圆的交点，即可得到圆的正八边形 |

**小提示**

在习题册上绘制图形时，若无法用丁字尺定位三角板，可以将三角板的某一条边与图纸上的横向或竖向边框线对齐，以定位三角板，绘制横线、竖线或特殊角度的斜线。

### 2. 圆的内接正三角形和正六边形的画法

圆的内接正三角形和正六边形的画法见表 1-7。

表 1-7　圆的内接正三角形和正六边形的画法

| 种类 | 图示作图方法 |  | 说明 |
| --- | --- | --- | --- |
|  | 三等分圆 | 六等分圆 |  |
| 用圆规作图 | R | R | 用圆规将圆周分为三、六等份，连接各等分点，即可作出正三角形和正六边形 |

续表

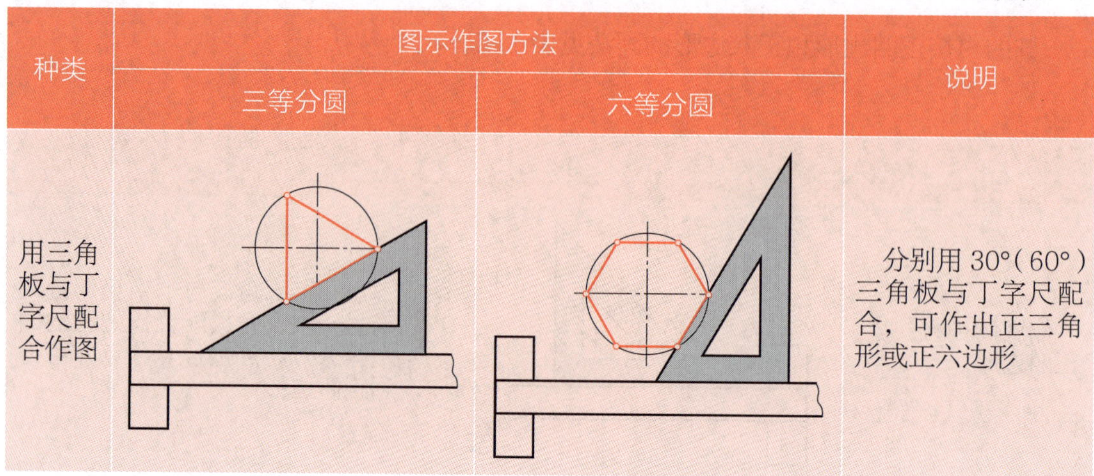

| 种类 | 图示作图方法 | | 说明 |
| --- | --- | --- | --- |
| | 三等分圆 | 六等分圆 | |
| 用三角板与丁字尺配合作图 | | | 分别用 30°(60°)三角板与丁字尺配合，可作出正三角形或正六边形 |

### 3. 圆的内接正五边形的画法

圆的内接正五边形的画法见表 1–8。

表 1–8　圆的内接正五边形的画法

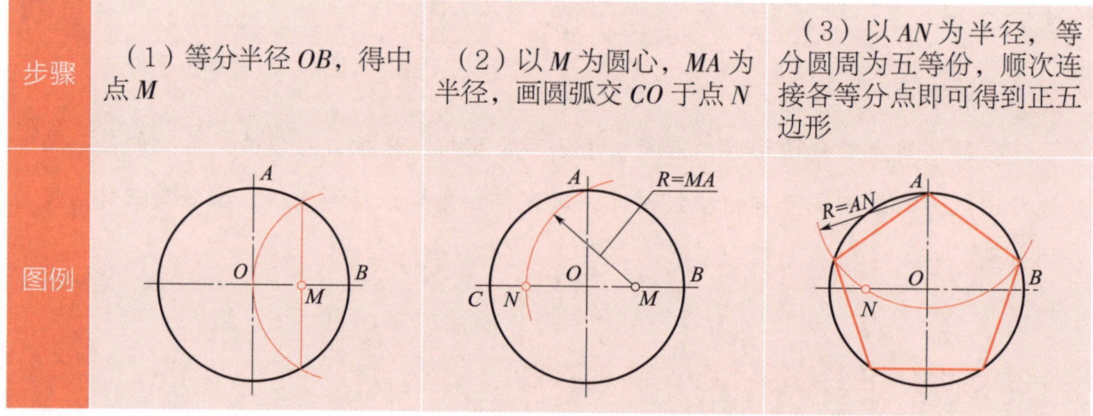

| 步骤 | （1）等分半径 *OB*，得中点 *M* | （2）以 *M* 为圆心，*MA* 为半径，画圆弧交 *CO* 于点 *N* | （3）以 *AN* 为半径，等分圆周为五等份，顺次连接各等分点即可得到正五边形 |
| --- | --- | --- | --- |
| 图例 | A O B M | A R=MA O B C N M | A R=AN O B N |

## 应用举例

图 1–22 所示为某扳手的平面图和立体图，在其平面图中，包含了正三角形、正六边形和正五边形，试绘制该平面图。

### 1. 图形分析

图 1–22 所示扳手由手柄、五棱柱、六棱孔、三棱孔等结构组成。

### 2. 绘制图形

绘制图 1–22 所示扳手平面图时，可先绘制基准线，再绘制外形，最后绘制内形，具体绘图方法和步骤见表 1-9。

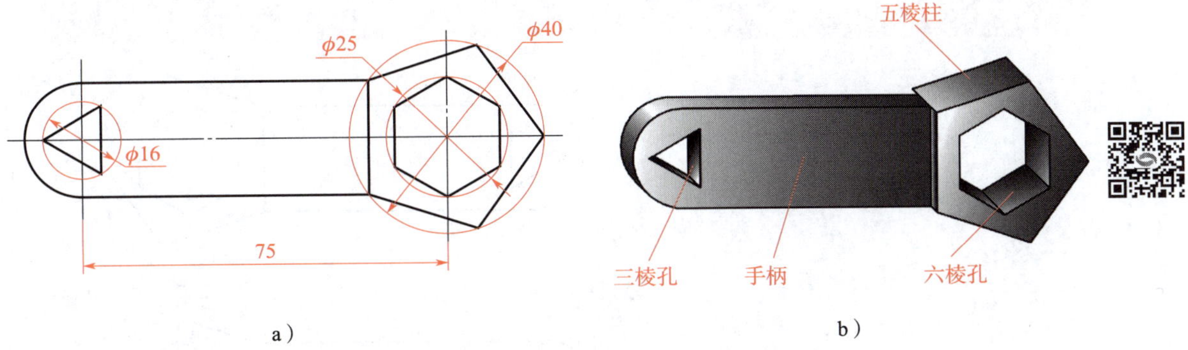


图 1-22　扳手

a）平面图　b）立体图

表 1-9　绘制扳手平面图的方法和步骤

| 方法和步骤 | 图例 |
| --- | --- |
| （1）绘制作图基准线 | 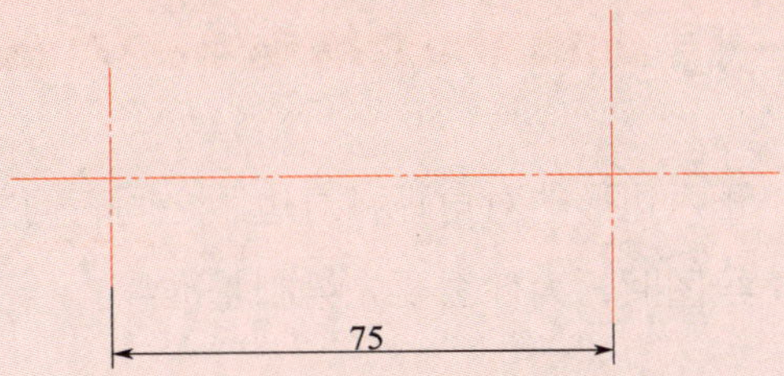 75 |
| （2）绘制右侧五棱柱<br>（画法见表 1-8） | 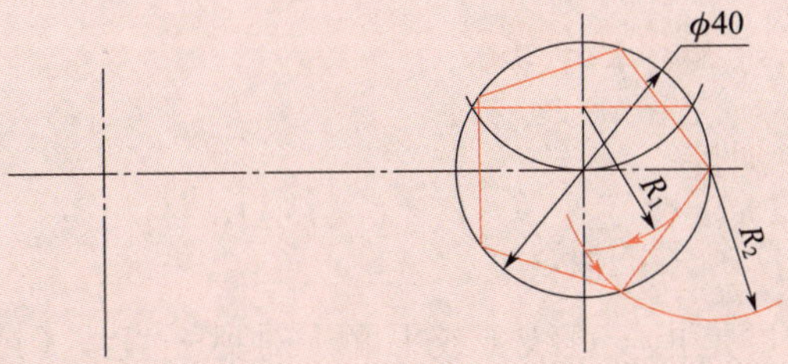 φ40 $R_1$ $R_2$ |
| （3）绘制手柄<br>（4）绘制左侧三棱孔 | 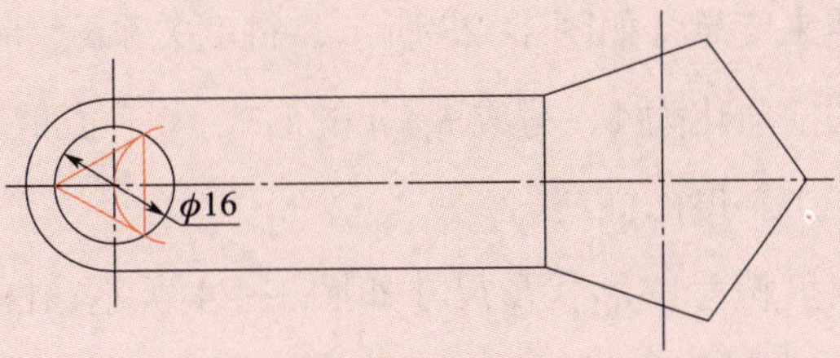 φ16 |
| （5）绘制右侧六棱孔<br>（画法见表 1-7） | 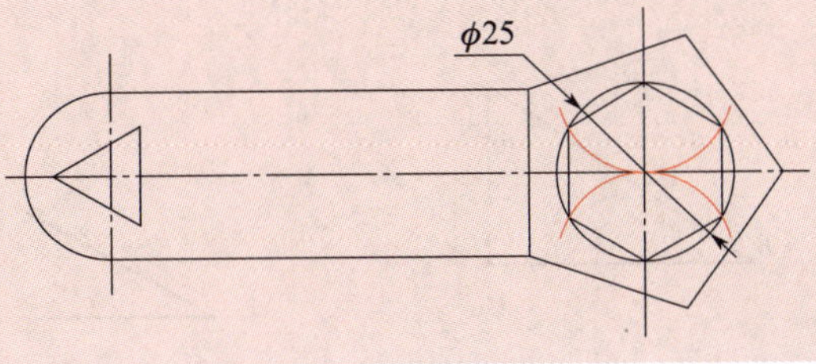 φ25 |

续表

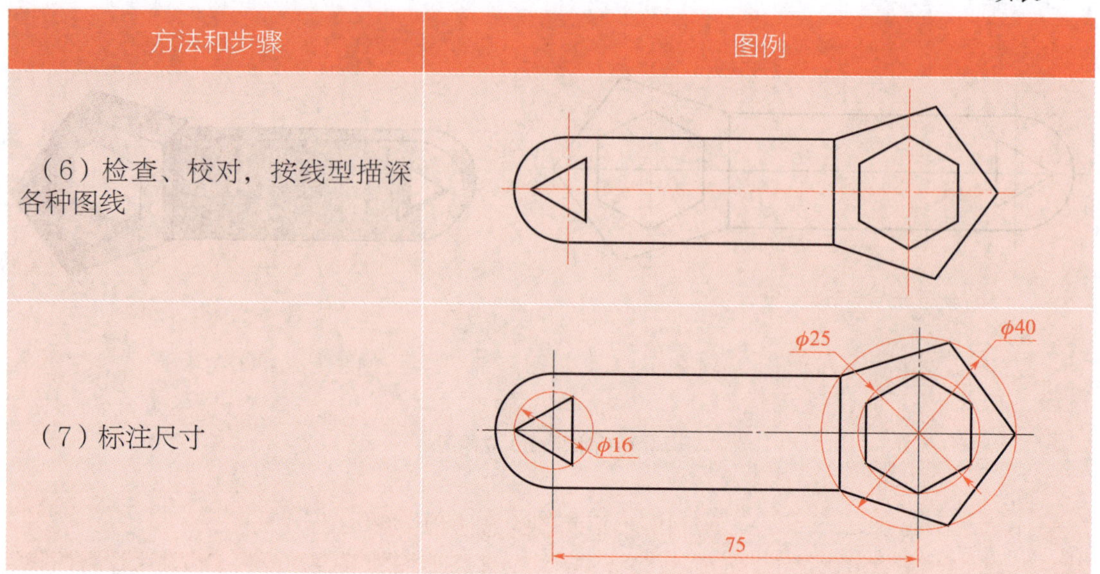

| 方法和步骤 | 图例 |
| --- | --- |
| （6）检查、校对，按线型描深各种图线 | |
| （7）标注尺寸 | φ25 φ40 φ16 75 |

## 想一想

（1）正六边形的对角距和对边距之间有何关系？

（2）绘图时，为什么要先绘制基准线？

## 二、斜度和锥度

### 1. 斜度

（1）斜度的概念

斜度是指一直线（或平面）对另一直线（或平面）的倾斜程度。其大小用其夹角的正切值来度量，如图 1-23 所示，斜度关系式为 $\tan\alpha=AC/AB=H/L$。在图样上标注时，将比值的前项化为 1，写成 1∶$n$ 的形式，前面加注符号“∠”或“⦣”。

（2）斜度的标注

斜度符号的形状及尺寸如图 1-24 所示，图中所注尺寸 $h$ 为字高，斜度符号的线宽为 $h/10$。斜度的标注如图 1-25 所示。

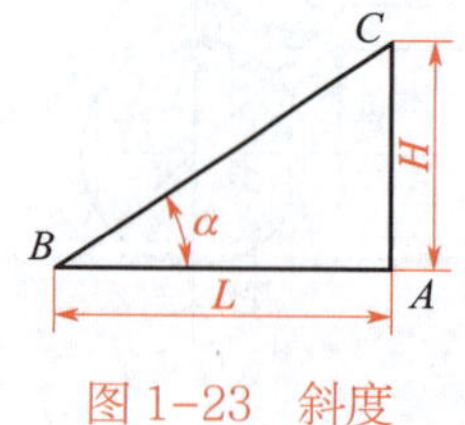

图 1-23　斜度

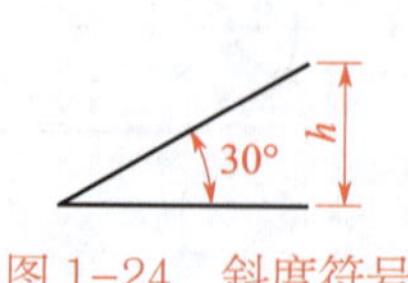

图 1-24　斜度符号

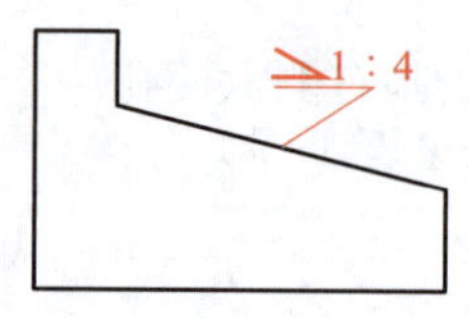

图 1-25　斜度的标注

**小提示**

标注斜度时，斜度符号的斜线所示方向应与所标斜度的方向一致。图 1-26a 所示为斜度的正确标注示例，注意要避免出现图 1-26b 所示的错误。

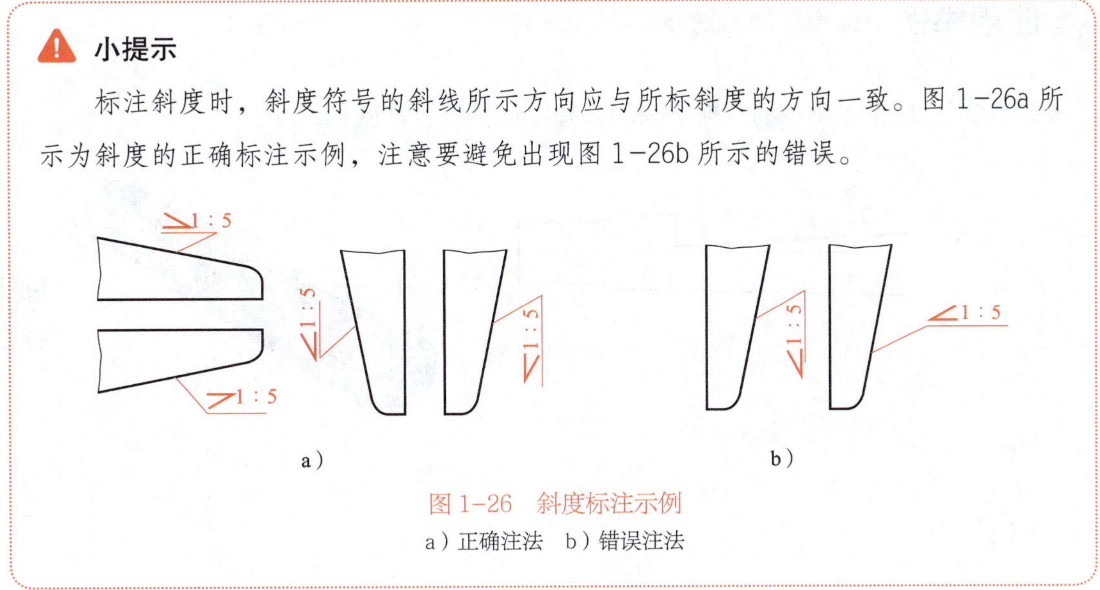


图 1-26　斜度标注示例

a）正确注法　b）错误注法

## 2. 锥度

（1）锥度的概念

锥度是指正圆锥底圆直径与圆锥高度之比，对于圆锥台，其锥度则为两底圆直径之差与圆锥台高度之比。在图 1-27 中，锥度 =$D/L$=（$D$-$d$）/$l$=2tan（$\alpha/2$）。在图样上锥度也写成 1∶$n$ 的形式，前面加注符号“◁”或“▷”。

（2）锥度的标注

锥度符号的形状及尺寸如图 1-28 所示，图中所注尺寸 $h$ 为字高，锥度符号的线宽为 $h$/10。锥度的标注如图 1-29 所示。

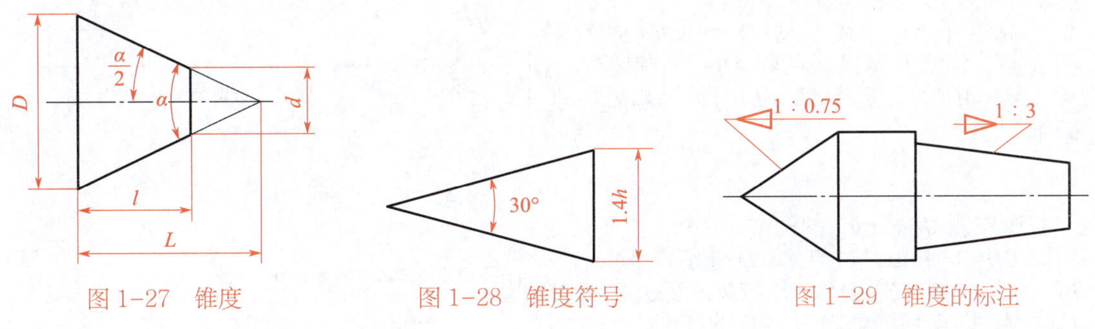


图 1-27　锥度　　图 1-28　锥度符号　　图 1-29　锥度的标注

**小提示**

在标注锥度的符号时，应注意使锥度符号的方向与图形的大小端方向一致。

## 应用举例

绘制如图 1-30a 所示的拉楔平面图，并标注斜度、锥度和尺寸。

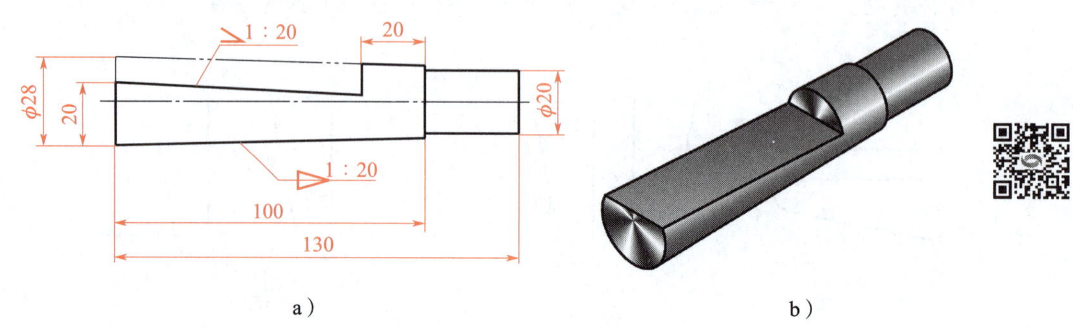


图 1-30　拉楔

a）平面图　b）立体图

绘制拉楔平面图的方法和步骤见表 1-10。

表 1-10　绘制拉楔平面图的方法和步骤

| 方法和步骤 | 图例 |
| --- | --- |
| 1. 画基准线<br>2. 画右侧 $\phi$20 mm 的圆柱 | 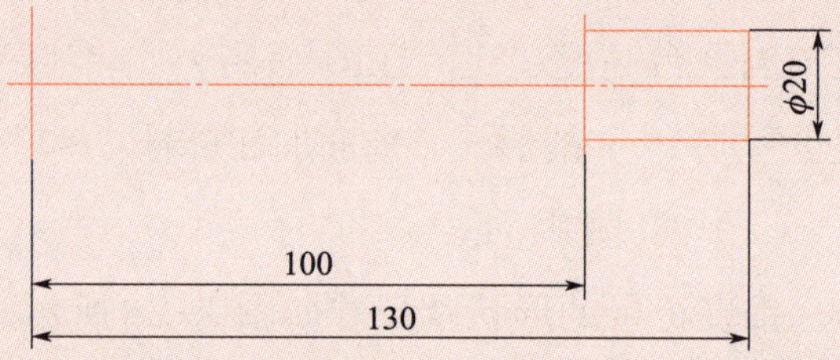 |
| 3. 绘制锥度为 1：20 的小圆锥<br>从 *M* 点开始在轴线上取 20 个单位长得到 *N* 点，沿竖直基准线截取 *AB*=1 个单位长（*MA*=*MB*），连接 *AN*、*BN* 即所求小圆锥 | 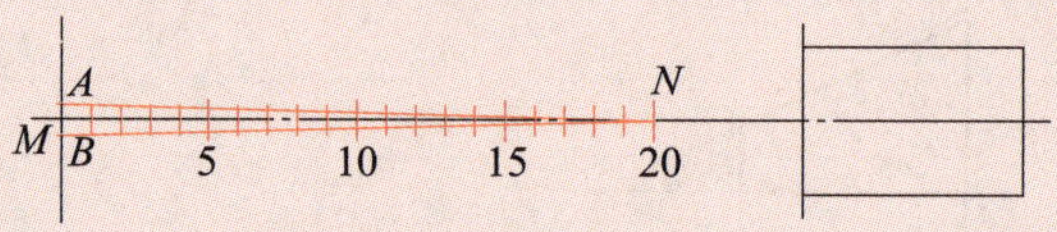 |
| 4. 画左侧 $\phi$28 mm 的圆锥<br>取 *CD*=28 mm，过点 *C*、*D* 分别作 *AN*、*BN* 的平行线 *CE*、*DF*，并与 *EF* 交于 *E*、*F* 两点，即得到锥度为 1：20 的圆锥 | 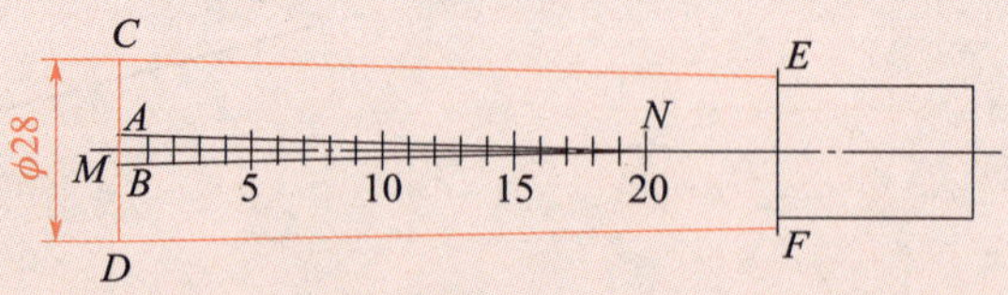 |
| 5. 绘制斜度为 1：20 的斜线<br>从 *M* 点沿竖直基准线向上截取线段 *MG*=1 个单位，连接 *GN* 得到斜度为 1：20 的斜线 | 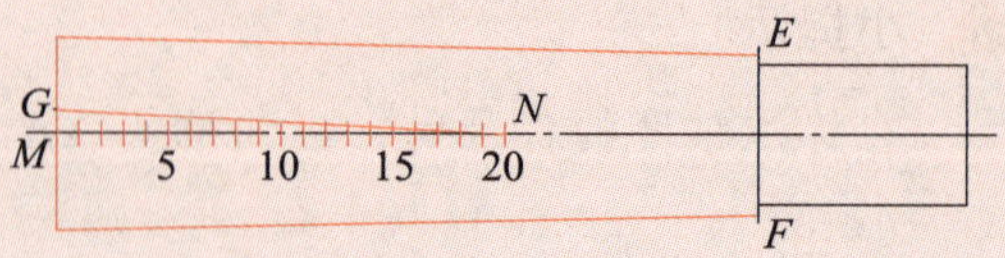 |

续表

| 方法和步骤 | 图例 |
| --- | --- |
| 6. 绘制拉楔上斜度为 1∶20 斜面的轮廓线<br>取 *KD*=20 mm，过点 *K* 作 *GN* 的平行线，在 *EF* 左侧作相距为 20 mm 的竖线，两者交点为 *H*，*KH* 即斜度为 1∶20 的斜面的轮廓线 | 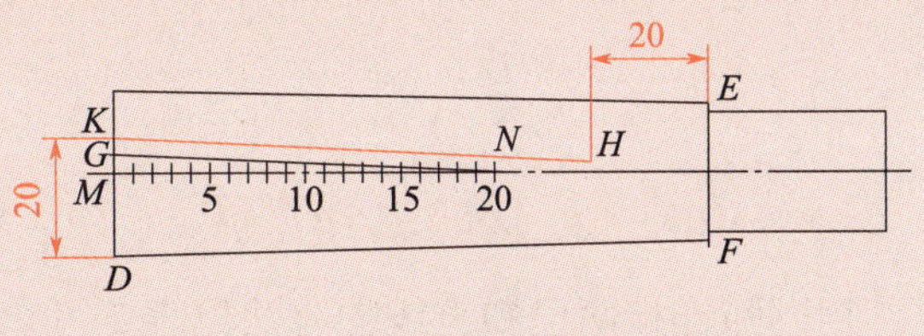 |
| 7. 校核图形，擦除多余图线，按线型描深图线<br>8. 标注斜度、锥度和尺寸 | 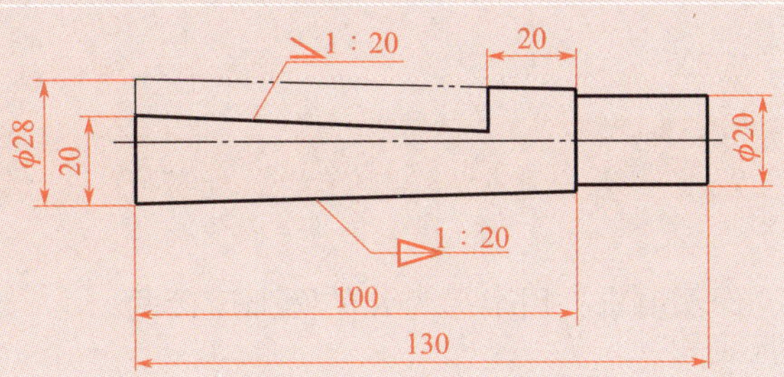 |

## 想一想

（1）在图 1-30 中，斜面的斜度和锥体的锥度的数值相同，为何其倾斜程度不同？其圆锥体下方素线的斜度是多少？

（2）标注斜度和锥度的符号时，对符号的方向有何要求？

# §1-5 | 圆弧连接

## 学习目标

1. 掌握圆弧连接的方法，能用圆弧光滑连接两线段（直线或圆弧）。
2. 掌握椭圆的画法，能熟练绘制椭圆。

机械零件上常常具有光滑连接的表面，因此，在绘制它们的图形时，就会遇到圆弧连接的问题。例如，图 1-31 所示的呆扳手上就有许多圆弧与直线或圆弧与圆弧光滑连接的情况。这种用一段圆弧光滑连接相邻两线段（直线或圆弧）的作图方法称为圆弧连接。圆弧连接实质上就是圆弧与直线或圆弧与圆弧相切，其作图关键是求出连接弧的圆心和切点。

图 1-31　呆扳手

## 一、用圆弧连接两已知直线

用圆弧连接两已知直线的方法见表 1-11 和表 1-12。

表 1-11　用圆弧连接锐角或钝角的两边

| 图例 1 作图要求与步骤 | | 图例 1 | 图例 2 |
|---|---|---|---|
| 作图要求：用半径为 $R$ 的圆弧连接两直线 | | R | R |
| 作图步骤 | 1. 作与两已知直线相距为 $R$ 的平行线，交点 $O$ 为连接弧圆心 | R O R | R O R |
| | 2. 自 $O$ 点向两已知边作垂线，垂足 $M$、$N$ 即为切点 | R O N M R | R N O R M |
| | 3. 以 $O$ 点为圆心，$R$ 为半径，在 $M$、$N$ 间画弧 | R O R N M R | R N O R R M |

表 1-12　用圆弧连接两直角边

| 作图要求与步骤 | 作图要求：用半径为 $R$ 的圆弧连接两直角边 | 作图步骤 | | |
|---|---|---|---|---|
| | | 1. 以角的顶点为圆心，$R$ 为半径画弧，与两直角边交于 $M$、$N$ 两点 | 2. 分别以 $M$、$N$ 为圆心，$R$ 为半径画弧，交点 $O$ 为连接弧圆心 | 3. 以 $O$ 点为圆心，$R$ 为半径，在 $M$、$N$ 间画弧 |
| 图例 | R | N R M | R O N R R M | R O N R R M |

## 二、用圆弧内连接直线与圆弧

用圆弧内连接直线与圆弧的方法见表 1-13。

表 1-13　　用圆弧内连接直线与圆弧

| 作图要求与步骤 | 作图要求：作半径为 $R$ 的圆弧，与圆外切，与直线相切 | 作图步骤 | | |
|---|---|---|---|---|
| | | 1. 作与直线相距为 $R$ 的平行线，以 $O_1$ 为圆心，$R_1+R$ 为半径画弧，两线相交于 $O$ 点 | 2. 自 $O$ 点分别向已知直线和圆弧作垂线得交点 $B$、$A$ | 3. 以 $O$ 为圆心，$R$ 为半径，在 $A$、$B$ 间画弧 |
| 图例 | 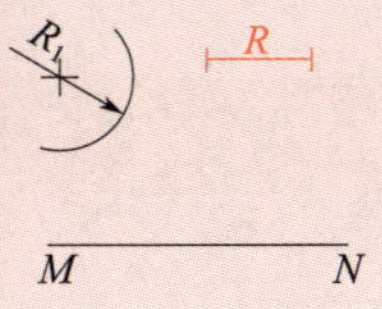 | 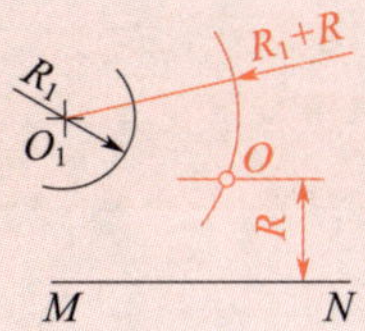 | 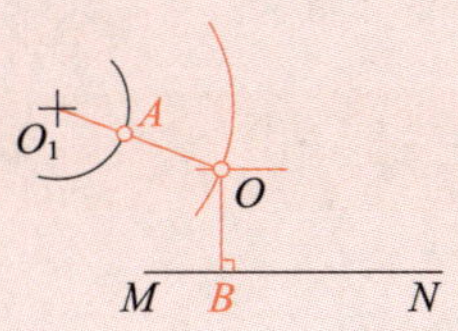 | 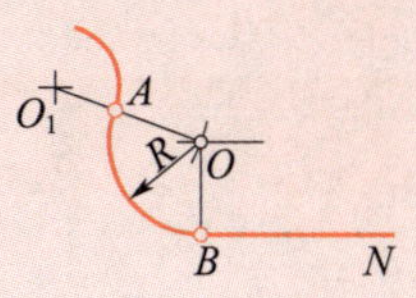 |

## 三、用圆弧连接两已知圆弧

用圆弧连接两已知圆弧分为用圆弧外连接两已知圆弧、用圆弧内连接两已知圆弧和用圆弧分别内外连接两已知圆弧三种情况，其作图方法分别见表 1-14、表 1-15 和表 1-16。

表 1-14　　用圆弧外连接两已知圆弧

| 作图要求与步骤 | | 图例 |
|---|---|---|
| 作图要求：作半径为 $R$ 的圆弧，与两已知圆弧外切 | | 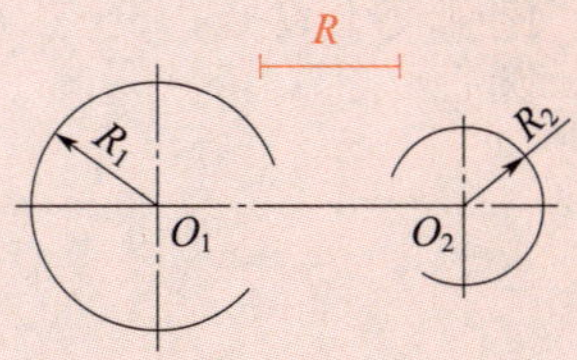 |
| 作图步骤 | 1. 分别以 $O_1$、$O_2$ 为圆心，($R_1+R$) 和 ($R_2+R$) 为半径画弧，两圆弧交于 $O$ 点，交点 $O$ 为连接弧圆心 | 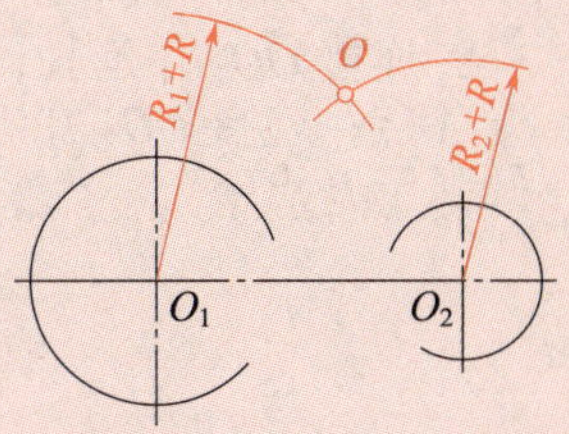 |
| | 2. 连接 $OO_1$ 交已知弧于 $A$ 点，连接 $OO_2$ 交已知弧于 $B$ 点 | 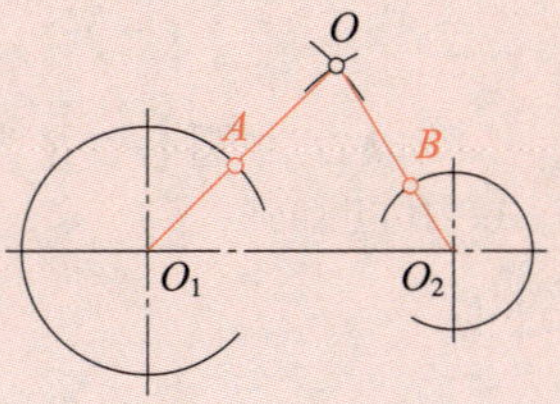 |

续表

<table>
<tr><th colspan="2">作图要求与步骤</th><th>图例</th></tr>
<tr><td>作图步骤</td><td>3. 以 $O$ 为圆心，$R$ 为半径，在 $A$、$B$ 间画弧</td><td>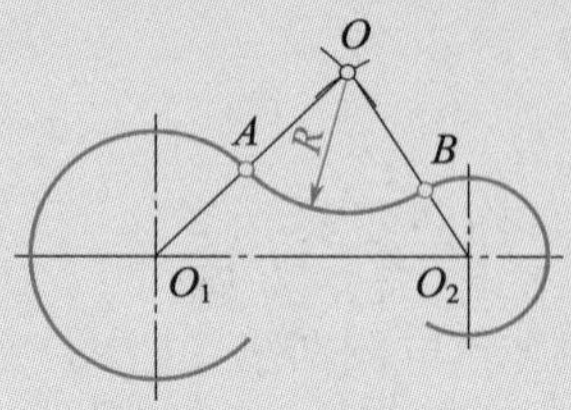
</td></tr>
</table>

表 1-15　用圆弧内连接两已知圆弧

<table>
<tr><th colspan="2">作图要求与步骤</th><th>图例</th></tr>
<tr><td colspan="2">作图要求：作半径为 $R$ 的圆弧，与两已知圆弧内切</td><td>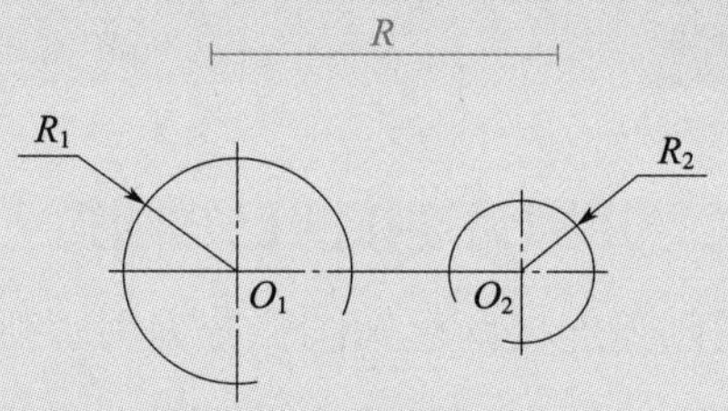
</td></tr>
<tr><td rowspan="3">作图步骤</td><td>1. 分别以 $O_1$、$O_2$ 为圆心，($R-R_1$) 和 ($R-R_2$) 为半径画弧，两圆弧交于 $O$ 点，交点 $O$ 为连接弧圆心</td><td>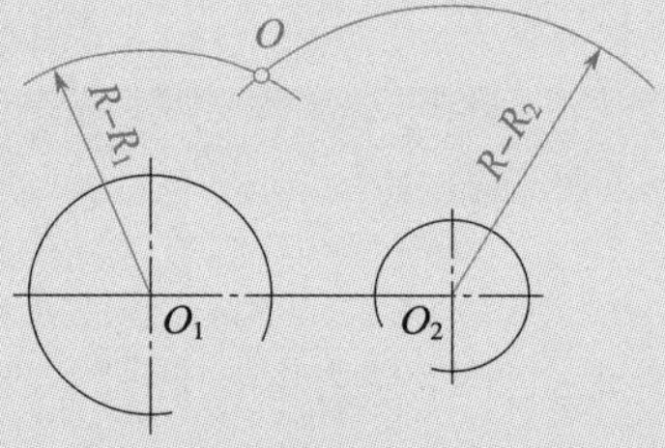
</td></tr>
<tr><td>2. 连接 $OO_1$ 并延长，交已知弧于 $A$ 点；连接 $OO_2$ 并延长，交已知弧于 $B$ 点</td><td>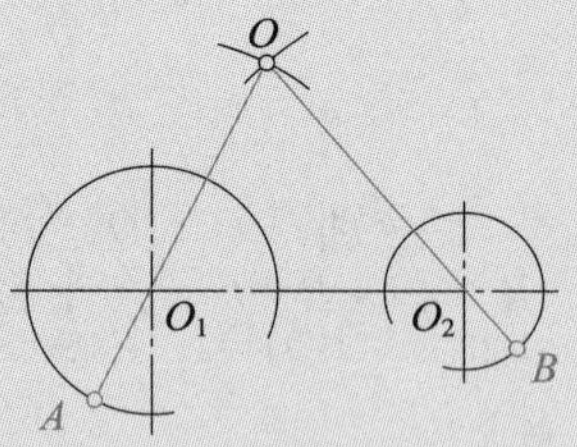
</td></tr>
<tr><td>3. 以 $O$ 为圆心，$R$ 为半径，在 $A$、$B$ 间画弧</td><td>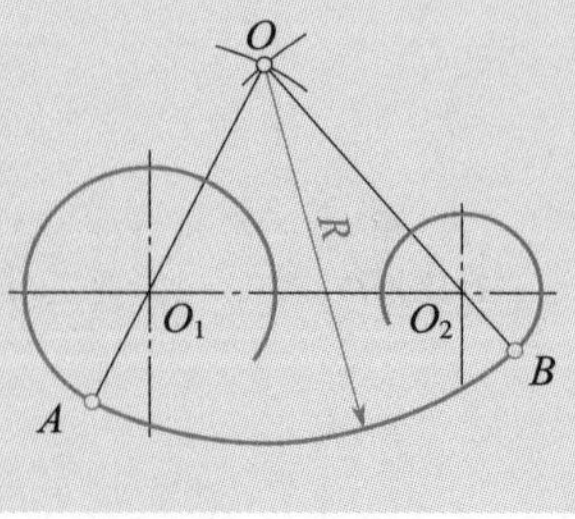
</td></tr>
</table>

表 1-16　　用圆弧分别内外连接两已知圆弧

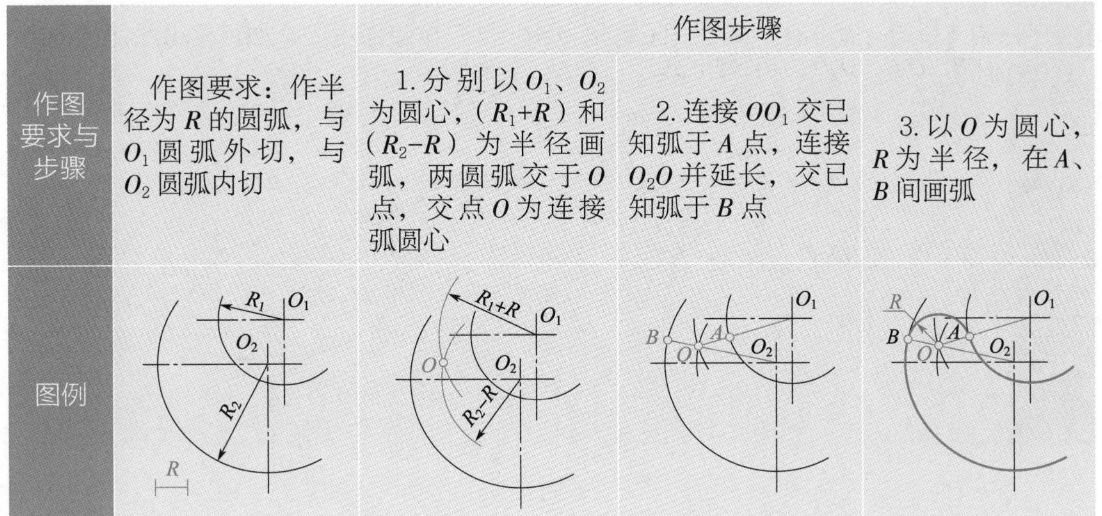

| 作图要求与步骤 | 作图要求：作半径为 $R$ 的圆弧，与 $O_1$ 圆弧外切，与 $O_2$ 圆弧内切 | 作图步骤 1. 分别以 $O_1$、$O_2$ 为圆心，($R_1+R$) 和 ($R_2-R$) 为半径画弧，两圆弧交于 $O$ 点，交点 $O$ 为连接弧圆心 | 2. 连接 $OO_1$ 交已知弧于 $A$ 点，连接 $O_2O$ 并延长，交已知弧于 $B$ 点 | 3. 以 $O$ 为圆心，$R$ 为半径，在 $A$、$B$ 间画弧 |
|---|---|---|---|---|
| 图例 | | | | |



## 四、椭圆的画法

在用绘图工具绘制椭圆时，一般用四段圆弧近似代替椭圆，这种作图方法称为四心圆法，其绘制方法和步骤见表 1-17。

表 1-17　　四心圆法绘制椭圆的方法和步骤

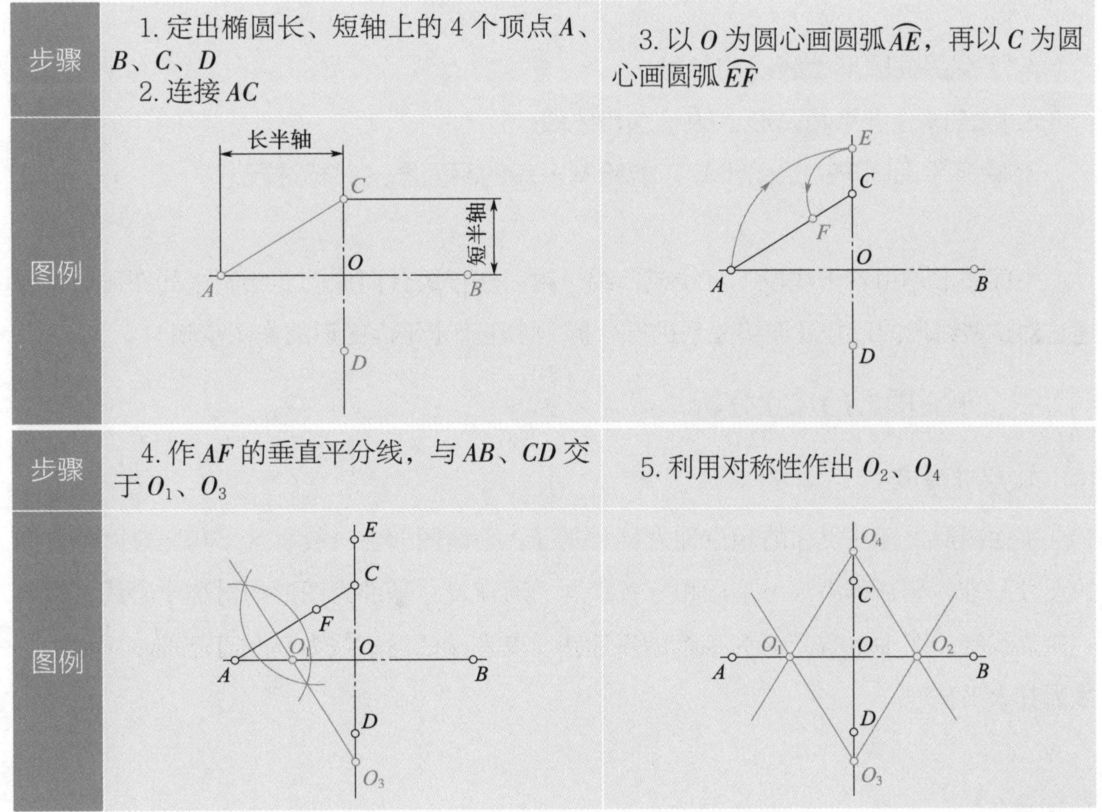

| 步骤 | 1. 定出椭圆长、短轴上的 4 个顶点 $A$、$B$、$C$、$D$<br>2. 连接 $AC$ | 3. 以 $O$ 为圆心画圆弧 $\widehat{AE}$，再以 $C$ 为圆心画圆弧 $\widehat{EF}$ |
|---|---|---|
| 图例 | | |
| 步骤 | 4. 作 $AF$ 的垂直平分线，与 $AB$、$CD$ 交于 $O_1$、$O_3$ | 5. 利用对称性作出 $O_2$、$O_4$ |
| 图例 | | |

续表

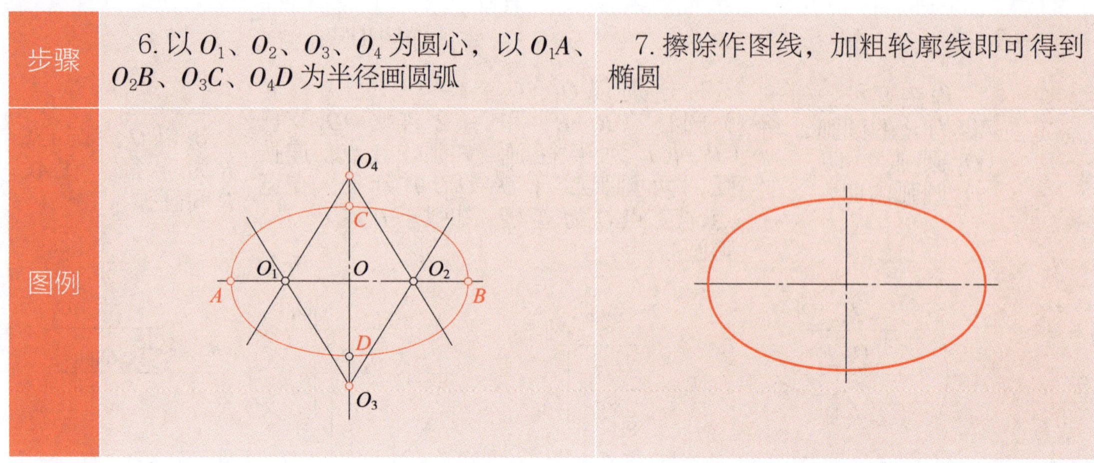


| 步骤 | 6. 以 $O_1$、$O_2$、$O_3$、$O_4$ 为圆心，以 $O_1A$、$O_2B$、$O_3C$、$O_4D$ 为半径画圆弧 | 7. 擦除作图线，加粗轮廓线即可得到椭圆 |
|---|---|---|
| 图例 | | |

# §1-6 平面图形的画法

## 学习目标

1. 了解平面图形上线段的种类。
2. 能正确分析平面图形上的尺寸和线段。
3. 掌握平面图形的绘图步骤，能绘制一般的平面图形并标注尺寸。

平面图形是由若干线段（直线或曲线）封闭连接组合而成的。绘制平面图形时，要通过对这些线段的尺寸及连接关系进行分析，才能确定平面图形的作图步骤。

## 一、平面图形的尺寸分析

### 1. 尺寸基准

平面图形上标注尺寸的起点称为尺寸基准。平面图形上一般有水平和竖直两个方向的尺寸基准，分别称为水平基准和竖直基准。通常尺寸基准为图形的对称中心线、重要的轮廓线等。图 1-32a 所示为手柄的平面图，其左端的轮廓线为其竖直基准，对称中心线为其水平基准。

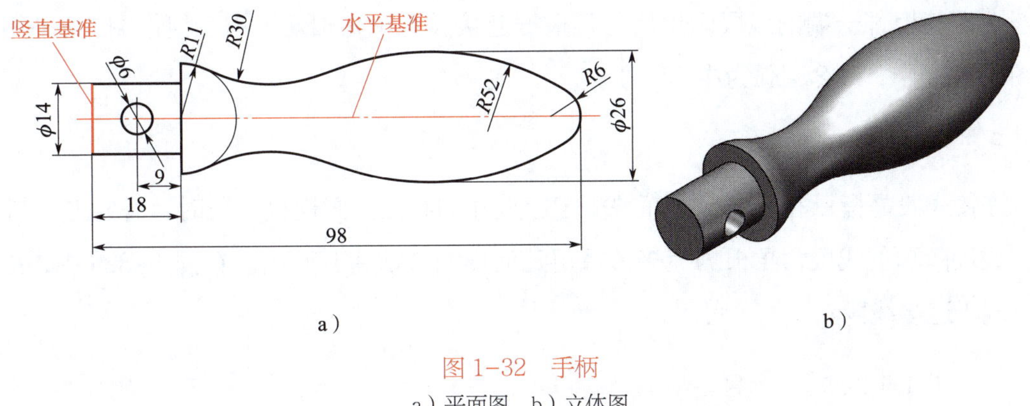


图 1-32　手柄

a）平面图　b）立体图

### 2. 尺寸的类型

尺寸是作图的依据，按其作用可分为定形尺寸和定位尺寸。

（1）定形尺寸

确定图形中各几何要素形状大小的尺寸称为定形尺寸。在图 1-32a 中，*ϕ*14、*ϕ*6、*R*11、*R*30、*R*52、*R*6、18 等都属于定形尺寸。

（2）定位尺寸

确定图形中各几何要素相对位置的尺寸称为定位尺寸。在图 1-32a 中，9 是确定 *ϕ*6 圆的位置的尺寸，属于定位尺寸。

在平面图形的尺寸中，尺寸的分类并不是绝对的，有些尺寸既有定形尺寸的作用，又有定位尺寸的作用。例如，图 1-32a 中的尺寸 98 既确定了图形在水平方向上的大小，又确定了 *R*6 圆弧的位置；尺寸 *ϕ*26 既确定了 *R*52 圆弧的位置，又确定了图形在竖直方向上的大小。

## 二、平面图形的线段分析

平面图形中的各线段，有的尺寸齐全，可以根据其定形尺寸、定位尺寸直接作图；有的尺寸不齐全，必须根据其连接关系用几何作图的方法画出。按尺寸是否齐全，可将线段分为已知线段、中间线段和连接线段三类。

### 1. 已知线段

已知线段是指定形尺寸和定位尺寸均齐全的线段。在图 1-32a 中，左侧的线段、*ϕ*6 圆、*R*11 圆弧、*R*6 圆弧为已知线段。

### 2. 中间线段

中间线段是指只有定形尺寸和一个定位尺寸，而缺少另一个定位尺寸的线段。这类线段要在其相邻一端的线段画出后，再根据连接关系（如相切）用几何作图方法画出。在图 1–32a 中，*R*52 圆弧为中间线段。

### 3. 连接线段

连接线段是指只有定形尺寸而缺少定位尺寸的线段。画连接线段时，需要先绘制出连接线段两端的线段，再根据连接关系用几何作图方法将其画出。在图 1–32a 中，*R*30 圆弧属于连接线段。

## 三、绘制平面图形的基本步骤

### 1. 绘图前的准备

（1）准备好必需的制图工具和仪器。

（2）确定图形采用的比例及图纸幅面和图纸布置方向。图 1–32a 所示手柄比较小，为方便画图和看图，可采用 A4 图纸横向布置，绘图比例采用 2∶1 的放大比例。

（3）将图纸固定在图板的适当位置。

（4）绘出图框和标题栏。

（5）初步分析图形总体尺寸和尺寸基准、各线段的性质及画图的先后顺序，确定图形在图纸上的布局。

### 2. 分析图形

分析图形主要是明确尺寸基准（画图基准），结合分析尺寸和分析线段制定绘图的步骤。

### 3. 绘制图形

绘制图形包括画底稿、检查、描深三个步骤。

（1）画底稿

通常画底稿时用较硬的铅笔（H 或 2H）轻淡地画出。首先画基准线，其次画已知线段，再画中间线段，最后画连接线段。

（2）检查

底稿画好后，要仔细检查，修正错误，擦除作图线及其他多余图线。

（3）描深

尽可能按先曲后直、先小后大、自上而下、由左至右的顺序描深图形。粗实线一般用 HB 或 B 型铅笔绘制，且圆规上使用的铅芯比铅笔软一号；用 H 型铅笔画所有细线（细实线、细点画线、细虚线和细双点画线等）和书写文字。

图 1-32a 所示手柄平面图的绘图步骤见表 1-18。

表 1-18　手柄平面图的绘图步骤

| 步骤 | 图例 |
|---|---|
| 1. 画基准线 | |
| 2. 画已知线段 | 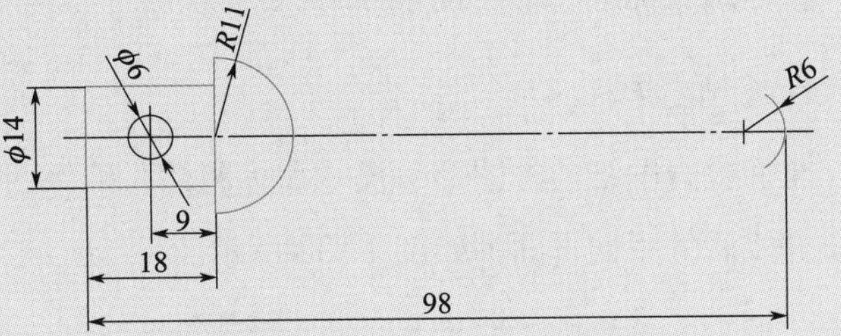  |
| 3. 画中间线段 *R*52 mm 圆弧<br>*R*52 mm 圆弧的圆心由两个条件确定，即圆心到对称中心线的距离为 39（=*R*52-*ϕ* 26/2）mm 和与 *R*6 mm 圆弧内切 | 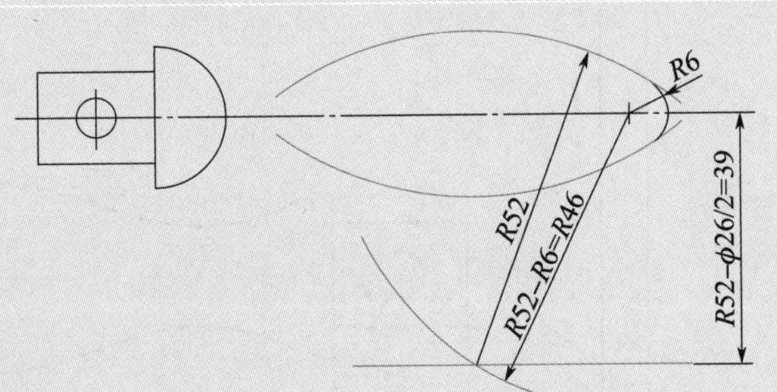  |
| 4. 画连接线段 *R*30 mm 圆弧<br>*R*30 mm 圆弧与 *R*11 mm 圆弧和 *R*52 mm 圆弧外切 | 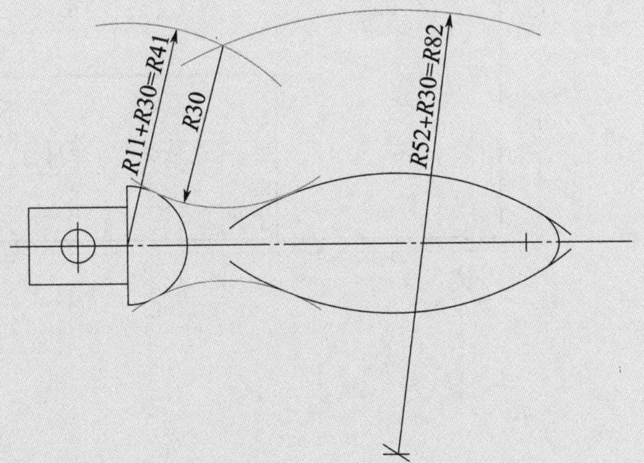  |
| 5. 擦除作图线及其他多余图线，检查图线<br>6. 按线型描深图线 | 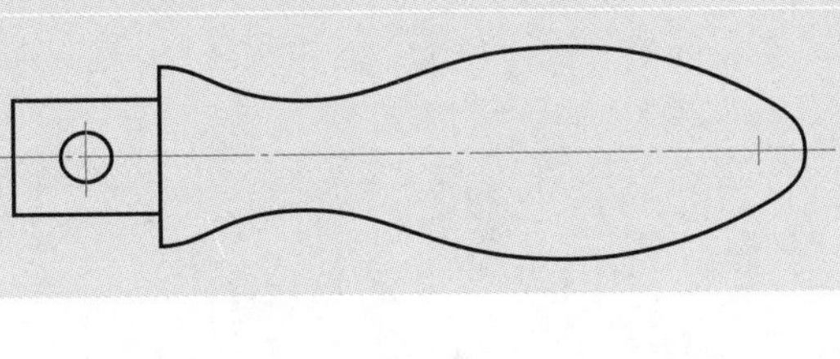 |

4. 标注尺寸

（1）必须严格按照国家标准的相关规定标注尺寸。

（2）标注尺寸时，要尽量按照绘图顺序进行标注，每一个基本几何要素的定形尺寸和定位尺寸要一起标注，防止遗漏或重复标注尺寸。

（3）尺寸尽量按由内向外、由小到大的顺序标注，并排列整齐。

（4）标注尺寸完成后要进行校核。

### 5. 填写标题栏

按照国家标准的相关规定填写标题栏。

### 6. 全面校核

全面检查图纸上的图形、尺寸和标题栏，确保图样正确无误后签名并填写日期。

完成后的手柄平面图如图 1-33 所示。

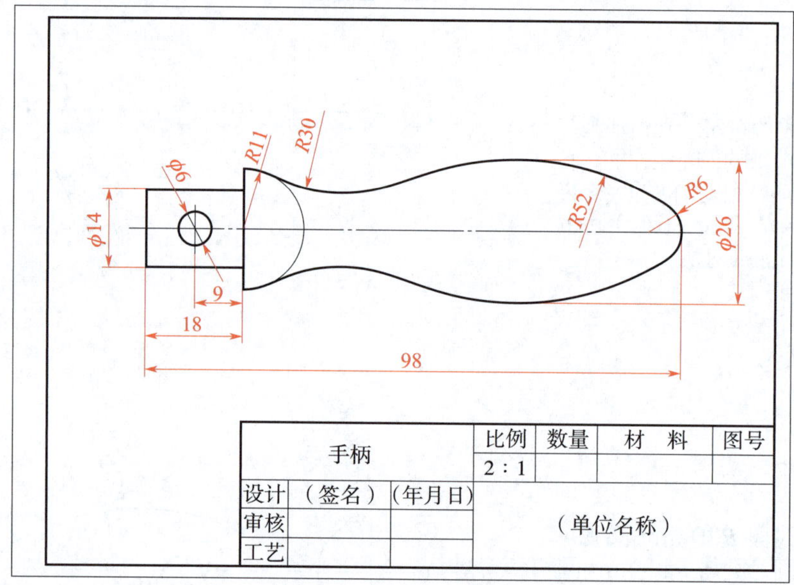


图 1-33 手柄平面图

# 第二章 投影作图

## §2-1 | 投影法与三视图

### 学习目标

1. 了解投影及正投影法的概念。
2. 掌握三视图的概念及投影规律。
3. 掌握绘制简单物体三视图的方法。
4. 培养空间想象能力和空间思维能力，能根据简单物体的两视图绘制第三视图。

### 一、投影及正投影法

#### 想一想

如图 2-1 所示，人在太阳光线的照射下，会在地面上产生一个影子。人和影子之间有什么关系？

图 2-1　人在地面上的影子

如图 2-1 所示，太阳光照射在人身上，在地面上产生影子。影子在某些方面反映了人的形状特征，这种现象称为投影现象，将其加以抽象和总结就形成了投影法。投影法是指投射线通过物体，向选定的面投射，并在该面上得到图形的方法，如图 2-2 所示，得到的图形称为投影。投影法有多种，机械图样中用得最多的是正投影法。正投影法是指投射线互相平行且与投影面垂直的投影方法，如图 2-2 所示。根据有关标准和规定，用正投影法所绘制出的物体的图形称为视图。

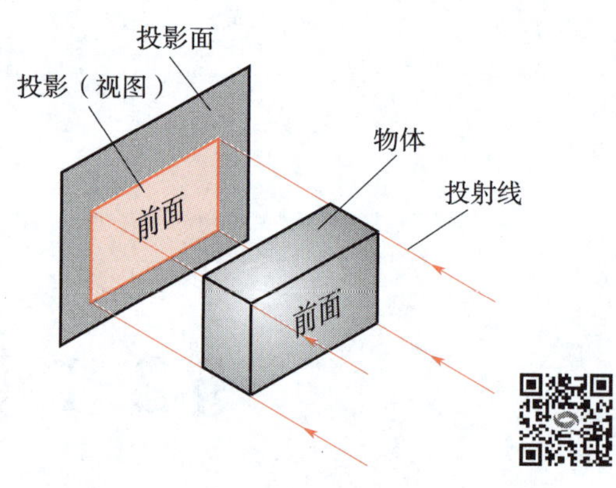


图 2-2　投影法及正投影法

## 二、三投影面体系的建立

### 想一想

如图 2-2 所示，用正投影法得到了一个视图，该视图只能准确地反映长方体前面（或后面）的形状，上下左右的四个平面都投影成直线，应如何表达长方体上面（或下面）和左面（或右面）的形状?

要想表达长方体的完整形状，就必须在长方体后方、下方和右侧设立 3 个投影面，如图 2-3 所示。

一般把正对着观察者的投影面称为正投影面（用 $V$ 表示），水平放置的投影面称为水平投影面（用 $H$ 表示），右边侧立的投影面称为侧投影面（用 $W$ 表示），这三个投影面构

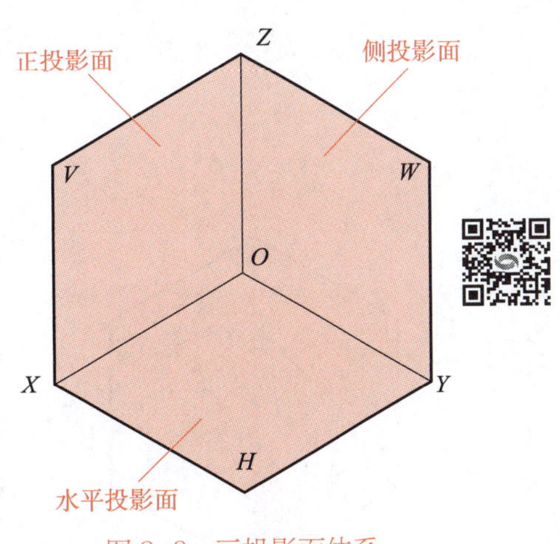

图 2-3　三投影面体系

成了三投影面体系。

在三投影面体系中，两投影面的交线称为投影轴。其中 $V$ 面与 $H$ 面的交线为 $OX$ 轴，$H$ 面与 $W$ 面的交线为 $OY$ 轴，$V$ 面与 $W$ 面的交线为 $OZ$ 轴。三条投影轴构成了一个空间直角坐标系，三轴的交点称为坐标原点（用 $O$ 表示）。

## 三、三视图的形成

将物体放在三投影面体系中，用正投影法分别向三个投影面投射，得到物体的三视图，如图 2-4 所示，即：

主视图：将物体由前向后向正投影面投射得到的视图称为主视图。

俯视图：将物体由上向下向水平投影面投射得到的视图称为俯视图。

左视图：将物体由左向右向侧投影面投射得到的视图称为左视图。

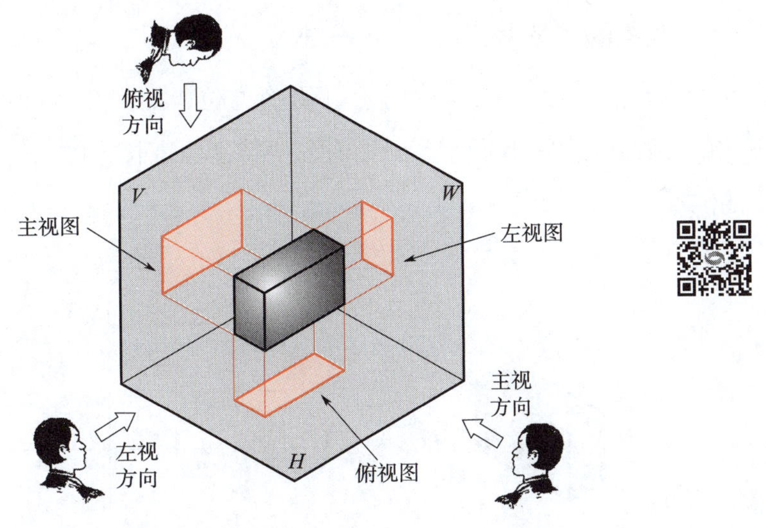

图 2-4　三视图的形成

实际上，三视图是人“正对着”物体观察得到的。从前面“正对着”物体观察得到主视图，从上面“正对着”物体观察得到俯视图，从左面“正对着”物体观察得到左视图。

为了能在一张图纸上同时绘制这三个视图，还需要将三个投影面展开。三投影面体系的展开过程如图 2-5 所示，其正投影面不动，水平投影面沿 $OX$ 轴向下旋转 90°，侧投影面沿 $OZ$ 轴向右旋转 90°。三投影面体系展开时，$OY$ 轴变成了两条，随着 $H$ 面的称

为 $OY_H$ 轴，随着 $W$ 面的称为 $OY_W$ 轴。在绘制三视图时，可不画投影面，只画投影轴。

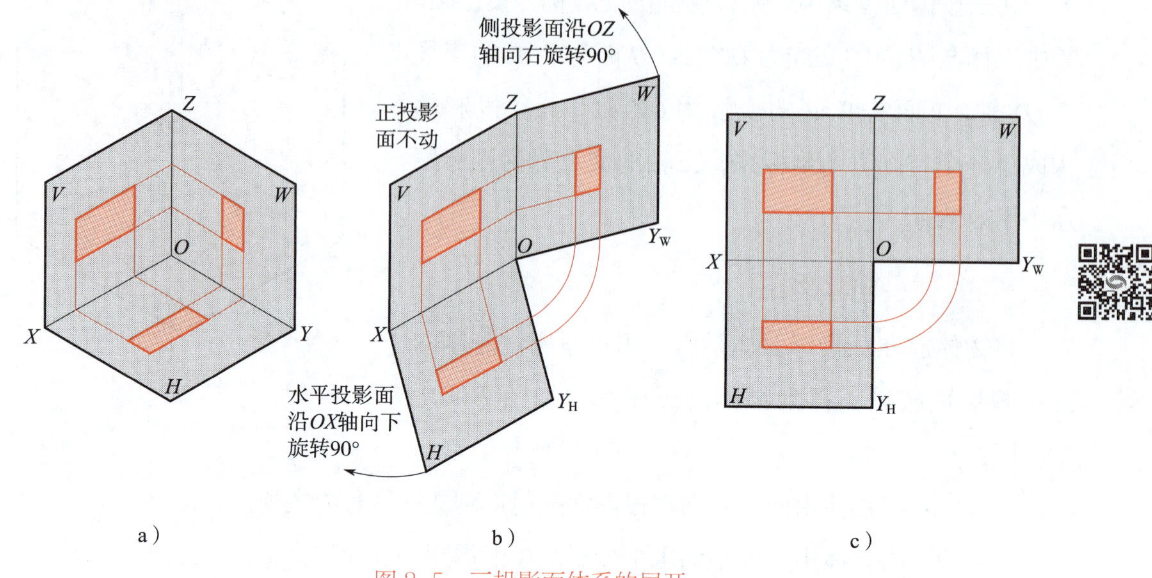


图 2-5　三投影面体系的展开

a）在空间位置的三投影面体系　b）三投影面体系的展开过程　c）三投影面体系展开后

## 四、三视图的投影规律

空间物体有前、后、左、右、上、下 6 个方位，如图 2-6a 所示。物体 6 个方位在三视图中的位置如图 2-6b 所示。看图时，要特别注意长方体上的前面和后面在俯、左视图上的位置。

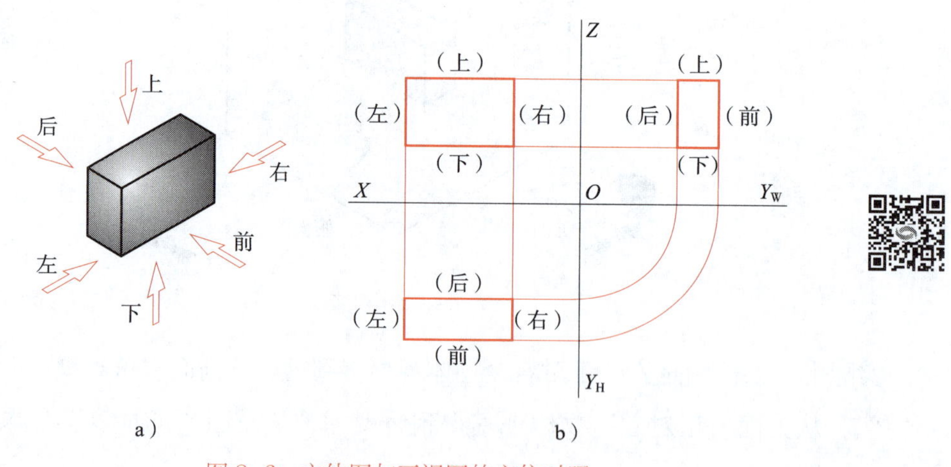


图 2-6　立体图与三视图的方位对照

a）立体图　b）三视图

图 2-7 表达的为三视图之间的位置关系，对比分析图 2-7a、b 可知，主视图反映了物体的长和高，俯视图反映了物体的长和宽，左视图反映了物体的高和宽。从图 2-7b 中

还可以看出，俯视图在主视图的下方，主、俯视图相应部分的连线为互相平行的竖线，即其对应要素的长度相等，且左右两端对正；左视图在主视图右侧，主、左视图相应部分的连线为横线，即其对应要素的高度相等，且上下平齐；俯视图与左视图均可反映物体的宽度，所以俯、左视图对应要素的宽度相等。因此可归纳出三视图的投影规律：

主、俯视图长对正。

主、左视图高平齐。

俯、左视图宽相等。

三视图的投影规律可简称为“长对正、高平齐、宽相等”。

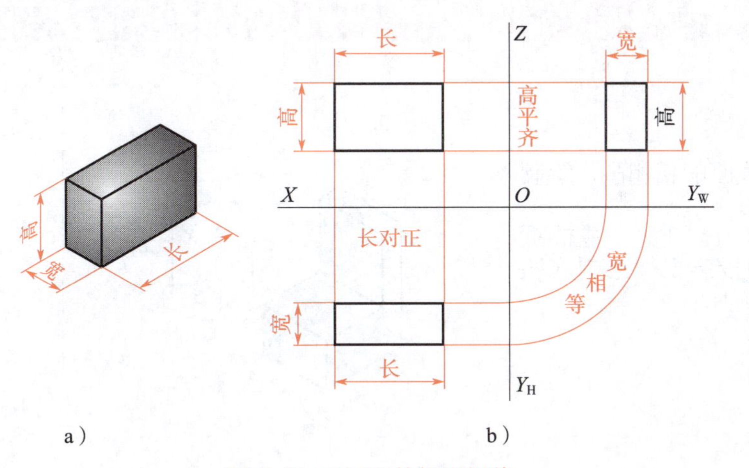


图 2-7　三视图的投影规律

a）立体图　b）三视图

## 应用举例

### 一、绘制沙发的三视图

图 2-8 所示为沙发的实物图和简化外形图，下面根据简化外形图绘制三视图。

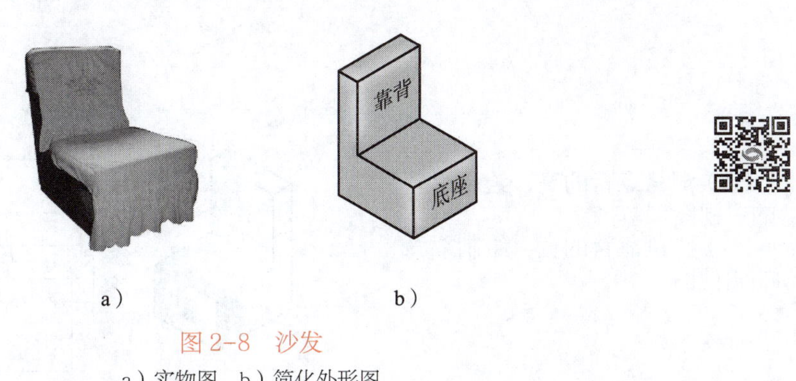


图 2-8　沙发

a）实物图　b）简化外形图

### 1. 分析形体

在绘制或识读三视图时，首先要进行形体分析，弄清楚形体的组成及形成过程，形体上各要素的形状和位置关系等。沙发由靠背和底座两部分组成，它们都是长方体，靠背和底座的长度相等，靠背叠加在底座之上，两者的后面平齐。

### 2. 绘制三视图

沙发三视图的绘图方法和步骤见表 2-1。

表 2-1　　沙发三视图的绘图方法和步骤

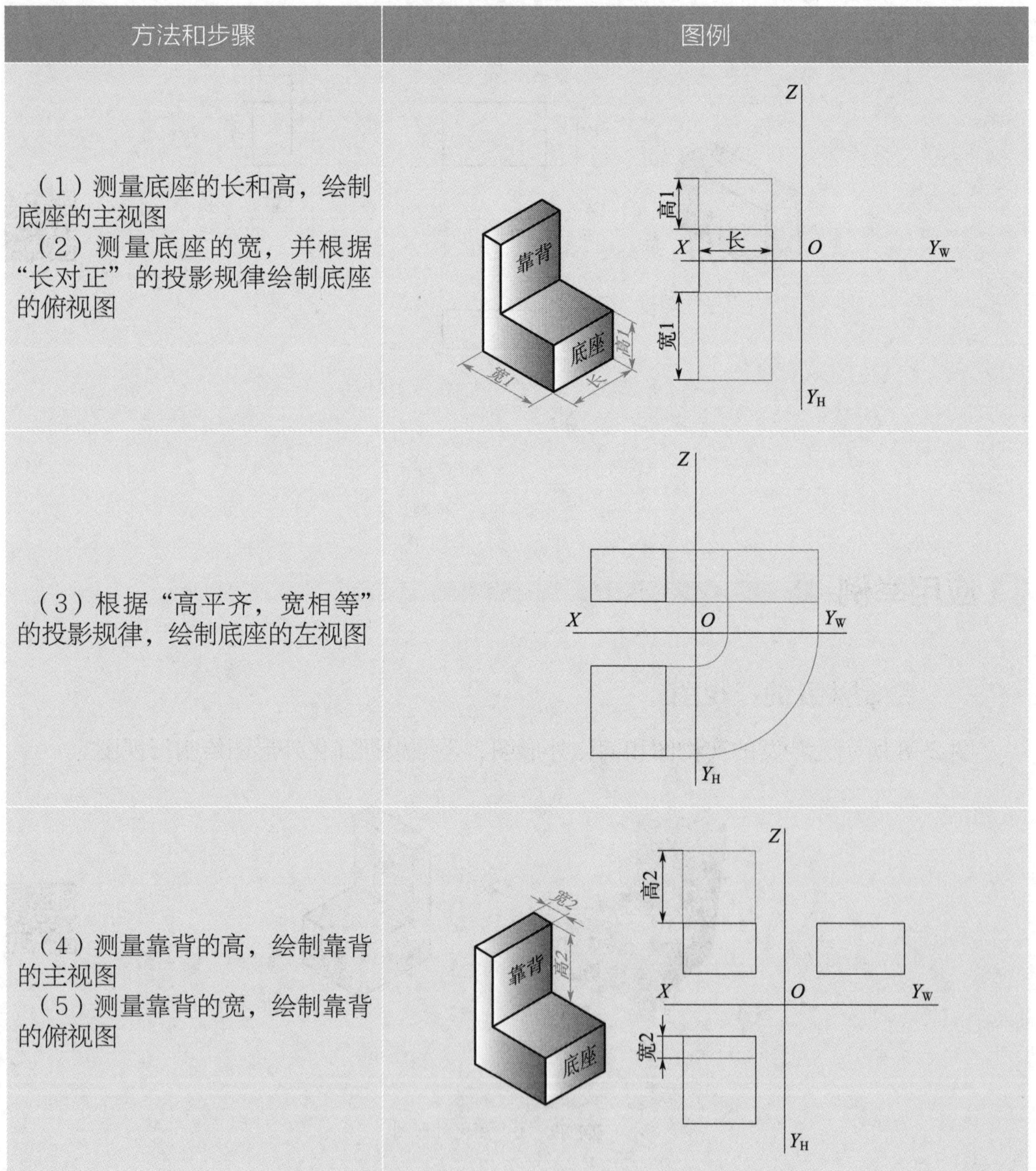


| 方法和步骤 | 图例 |
| --- | --- |
| （1）测量底座的长和高，绘制底座的主视图<br>（2）测量底座的宽，并根据“长对正”的投影规律绘制底座的俯视图 | |
| （3）根据“高平齐，宽相等”的投影规律，绘制底座的左视图 | |
| （4）测量靠背的高，绘制靠背的主视图<br>（5）测量靠背的宽，绘制靠背的俯视图 | |

续表

| 方法和步骤 | 图例 |
| --- | --- |
| （6）根据“高平齐，宽相等”的投影规律，绘制靠背的左视图 | 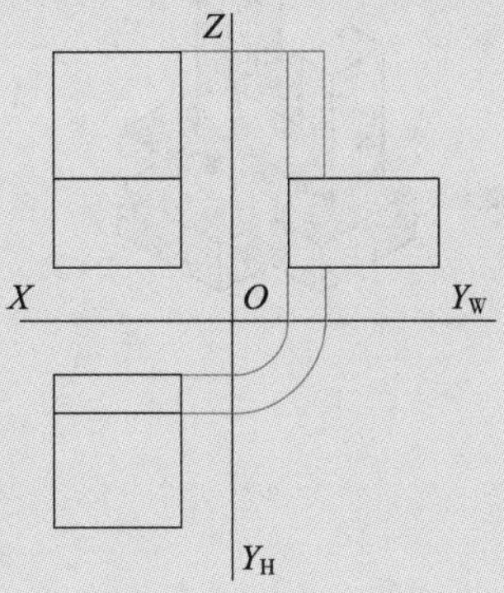  |
| （7）校核三视图<br>在绘制三视图时，会经常出现多画线或漏画线的情况，要反复校核三视图，才会避免出现错误 | 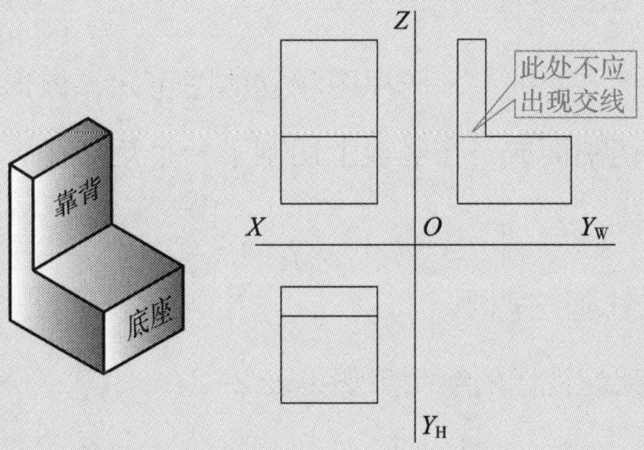  |
| （8）擦除作图线，用粗实线描深轮廓线，完成三视图 | 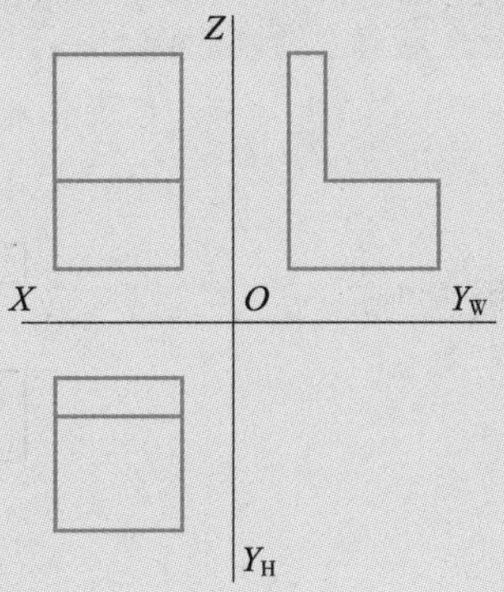  |

## 二、根据支架的两视图补画第三视图

根据两视图补画第三视图是提高读图能力的重要手段。图 2-9 所示为支架的立体图和主、俯视图，下面根据其两视图想象立体形状，补画左视图。

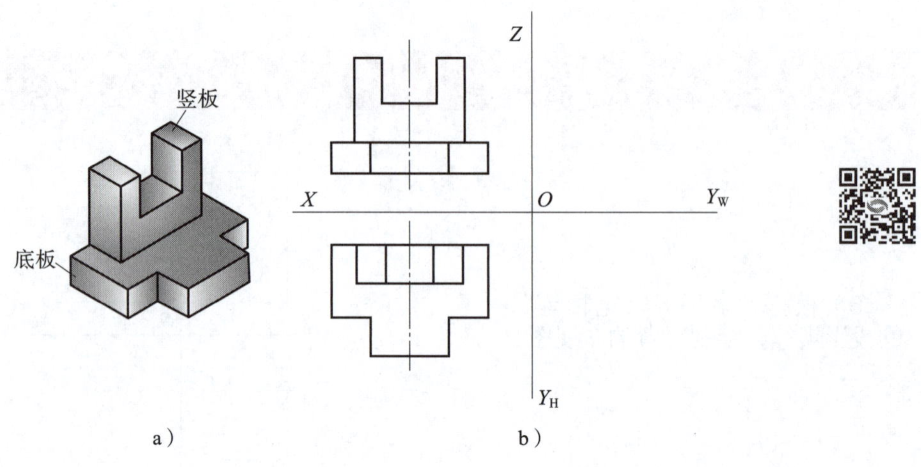


图 2-9　支架

a）立体图　b）主、俯视图

## 1. 分析形体

分析支架的主、俯视图和立体图可知，该形体由底板和竖板组成。底板和竖板皆由长方体切割而成，在竖板上切割了一个矩形槽，在底板的左前方和右前方各切割了一个小长方体。

## 2. 补画左视图

支架左视图的绘制步骤见表 2-2。

表 2-2　　支架左视图的绘制步骤

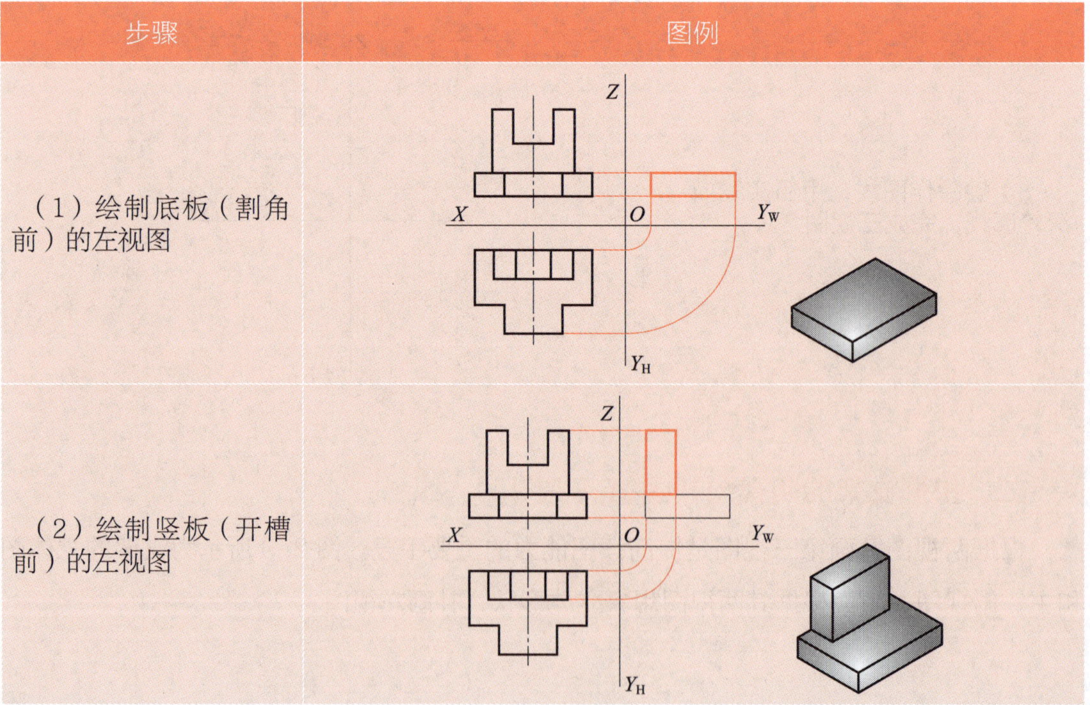


| 步骤 | 图例 |
| --- | --- |
| （1）绘制底板（割角前）的左视图 | |
| （2）绘制竖板（开槽前）的左视图 | |

续表

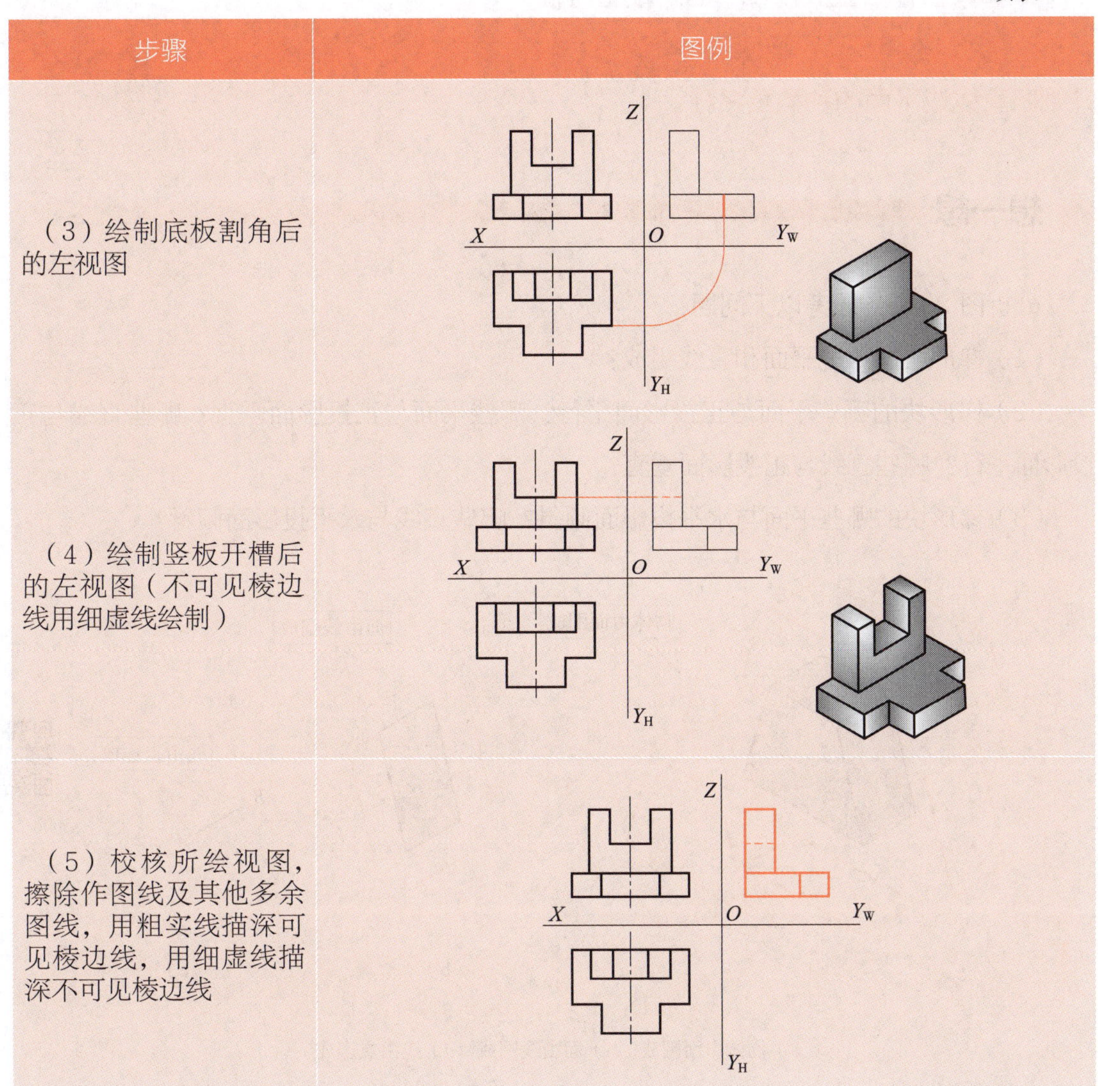

| 步骤 | 图例 |
| --- | --- |
| （3）绘制底板割角后的左视图 | Z X O $Y_W$ $Y_H$ |
| （4）绘制竖板开槽后的左视图（不可见棱边线用细虚线绘制） | Z X O $Y_W$ $Y_H$ |
| （5）校核所绘视图，擦除作图线及其他多余图线，用粗实线描深可见棱边线，用细虚线描深不可见棱边线 | Z X O $Y_W$ $Y_H$ |

# §2-2 | 点、直线和平面的投影

## 学习目标

1. 了解点的投影的字母表示方法及投影特性，能根据点的立体图绘制投影图；能根据点的两个已知投影求第三投影。

2. 了解直线和平面的类别。

3. 掌握各种位置直线和平面的投影特性。

4. 能绘制直线和平面的三面投影图，能根据直线或平面的两视图绘制第三视图，并判断直线或平面的种类及名称。

## 想一想

分析图 2-10，思考以下问题：

（1）梯形块由哪些平面和直线组成？

（2）梯形块的哪些平面与正投影面平行？哪些平面与正投影面垂直？哪些直线与正投影面平行？哪些直线与正投影面垂直？

（3）梯形块的哪些平面与水平投影面倾斜？哪些直线与水平投影面倾斜？

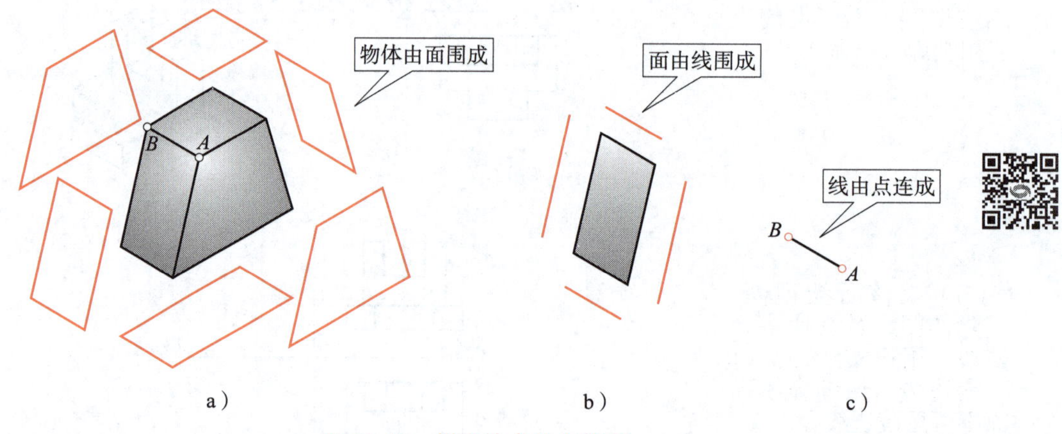


图 2-10　梯形块上的点线面

a）物体由面围成　b）面由线围成　c）线由点连成

任何物体都是由点、线、面组成的，要想看懂物体的三视图，必须掌握点、线、面等物体基本几何要素的投影特性。如图 2-10 所示，梯形块由 6 个四边形平面围成，而每个四边形平面由 4 条线围成，每条线由两个端点连接而成。

## 一、点的投影

### 1. 点的三面投影

如图 2-11a 所示，将 $A$ 点分别向正投影面 $V$、水平投影面 $H$、侧投影面 $W$ 投射，分别得到正面投影 $a'$、水平投影 $a$、侧面投影 $a''$。投影面展开后，得到图 2-11b 所示点的三面投影。

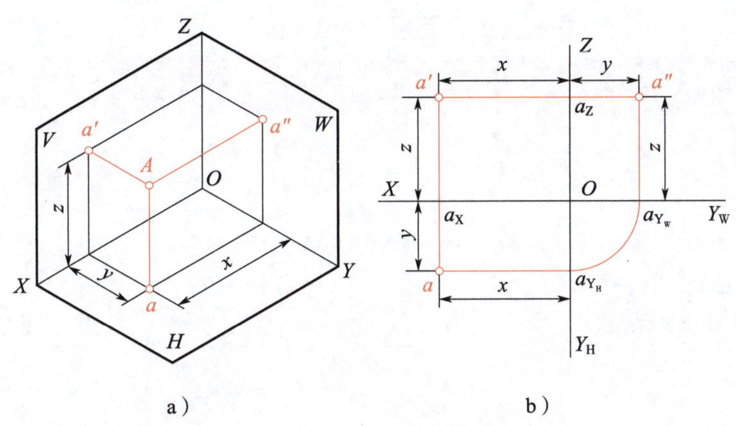


图 2-11　点的三面投影

a）空间位置图　b）三面投影

一般情况下，空间点用大写拉丁字母表示，如 $A$、$B$ 等；点的水平投影用相应的小写字母表示，如 $a$、$b$ 等；点的正面投影用相应的小写字母加“′”表示，如 $a'$、$b'$ 等；点的侧面投影用相应的小写字母加“″”表示，如 $a''$、$b''$ 等。

### 2. 点的投影特性

如图 2-11b 所示，$a'a \perp OX$；$a'a'' \perp OZ$；$aa_X=a''a_Z$。

不难看出，点的投影特性和物体三视图的投影规律是一致的。

## 应用举例

图 2-12 所示为点 $A$、$B$、$C$ 的两面投影，求作其第三投影，并分析点的空间位置。

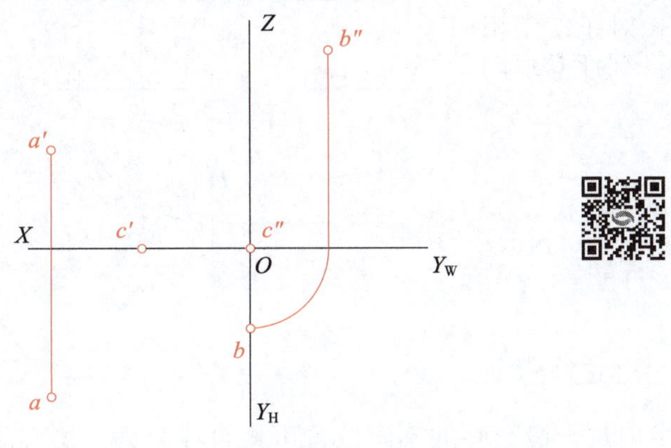


图 2-12　点的第三投影

求作点 $A$、$B$、$C$ 的第三投影及判断点的空间位置的方法见表 2-3。

表 2-3　　根据点的两面投影作点的第三投影

| 方法和步骤 | 图例 | 点的空间位置 |
| --- | --- | --- |
| 1. 按照“高平齐，宽相等”的投影规律作 $A$ 点的侧面投影 $a''$ | 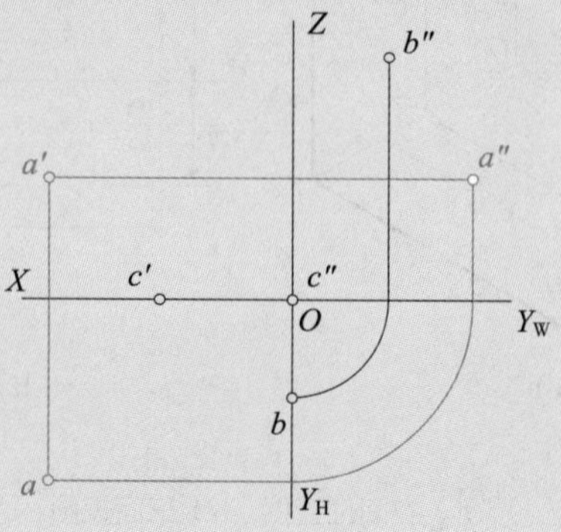  | 点 $A$ 在空间中 |
| 2. 按照“长对正，高平齐”的投影规律作 $B$ 点的正面投影 $b'$ | 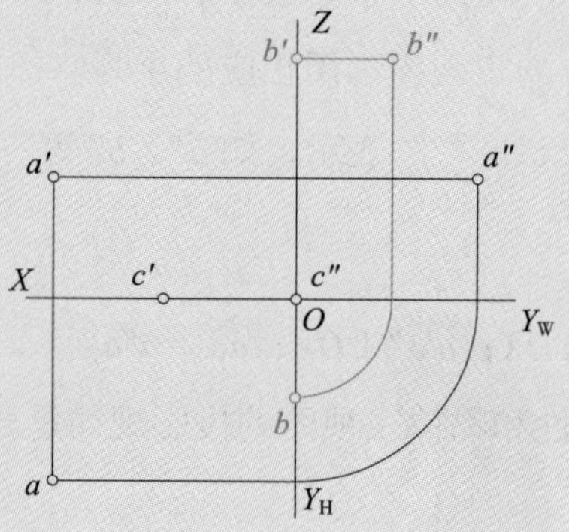  | 点 $B$ 在侧投影面上 |
| 3. 按照“长对正，宽相等”的投影规律作 $C$ 点的水平投影 $c$ | 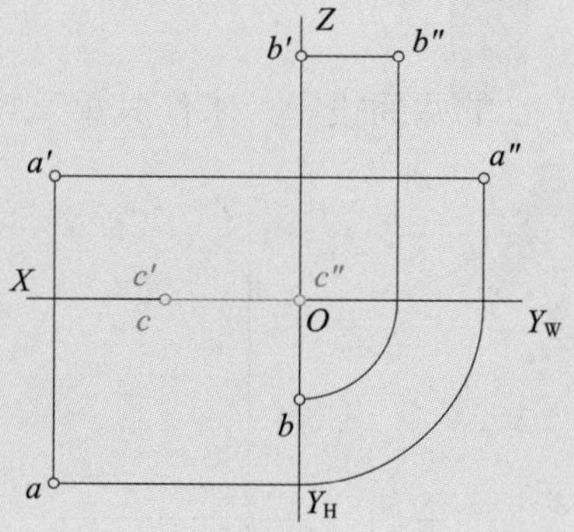  | 点 $C$ 在 $X$ 轴上 |

## 二、直线的投影

根据直线相对于投影面的不同位置可将直线分为投影面垂直线、投影面平行线和一般位置直线三种，见表 2-4。

**表 2-4　　直线的类别**

| 类别 | 概念 | 种类及性质 |
|---|---|---|
| 投影面垂直线 | 垂直于某投影面的直线 | （1）正垂线：垂直于 $V$ 面，平行于 $H$、$W$ 面<br>（2）铅垂线：垂直于 $H$ 面，平行于 $V$、$W$ 面<br>（3）侧垂线：垂直于 $W$ 面，平行于 $V$、$H$ 面 |
| 投影面平行线 | 平行于某投影面，倾斜于另外两投影面的直线 | （1）正平线：平行于 $V$ 面，倾斜于 $H$、$W$ 面<br>（2）水平线：平行于 $H$ 面，倾斜于 $V$、$W$ 面<br>（3）侧平线：平行于 $W$ 面，倾斜于 $V$、$H$ 面 |
| 一般位置直线 | 与三个投影面都倾斜的直线 | 倾斜于 $V$、$H$、$W$ 面 |

## 1. 投影面垂直线

图 2-13 所示为长方体的立体图，其上的三条棱线 $AB$、$AC$、$AD$ 分别垂直于正投影面、水平投影面和侧投影面。因此 $AB$ 是正垂线，$AC$ 是铅垂线，$AD$ 是侧垂线，投影面垂直线的三面投影及投影特性见表 2-5。

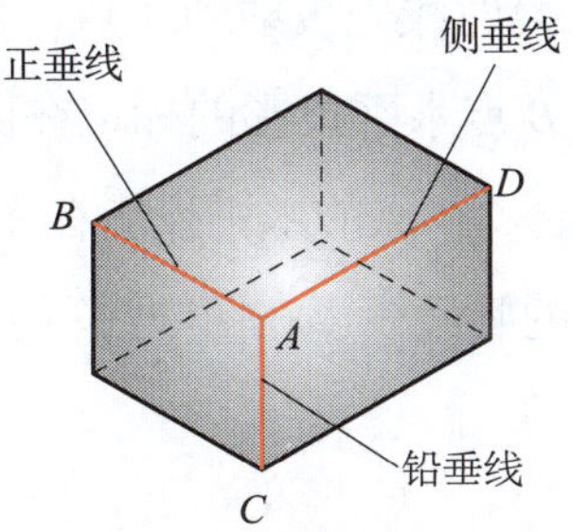


图 2-13　投影面垂直线

**表 2-5　　投影面垂直线的三面投影及投影特性**

| 名称 | 正垂线 | 铅垂线 | 侧垂线 |
|---|---|---|---|
| 空间位置图 | Z, V, W, X, Y, H, O, a′(b′), b″, a″, B, A, b, a | Z, V, W, X, Y, H, O, a′, c′, a″, c″, A, C, a(c) | Z, V, W, X, Y, H, O, d′, a′, a″(d″), D, A, d, a |

续表

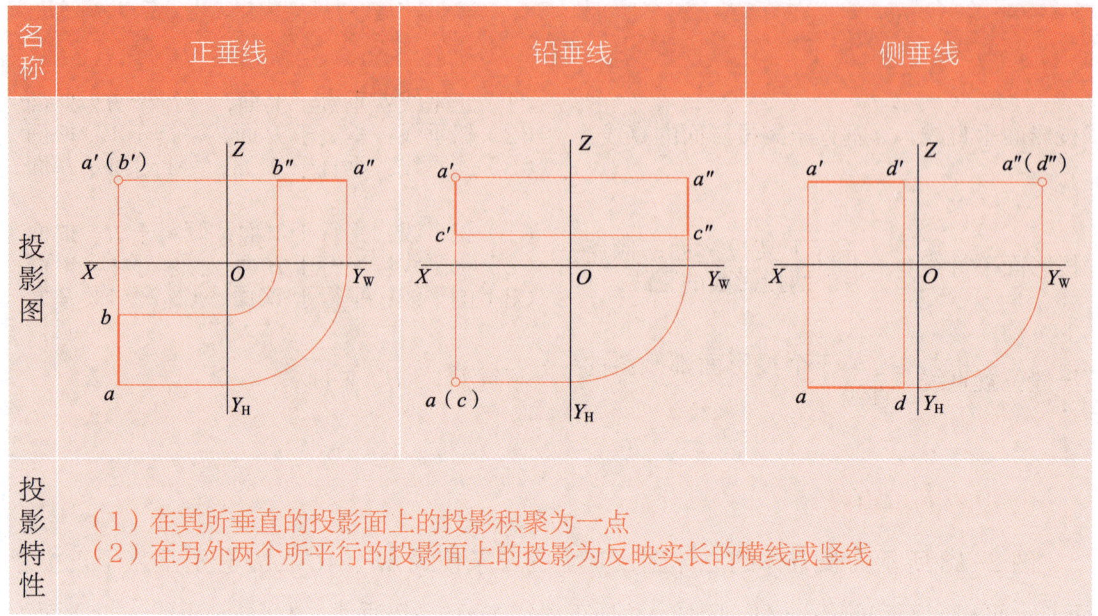

| 名称 | 正垂线 | 铅垂线 | 侧垂线 |
| --- | --- | --- | --- |
| 投影图 | | | |
| 投影特性 | （1）在其所垂直的投影面上的投影积聚为一点<br>（2）在另外两个所平行的投影面上的投影为反映实长的横线或竖线 | | |

在表 2–5 中，正垂线 *AB* 两个端点的正面投影重合，该两点称为 *V* 面的重影点。点 *A* 和点 *B* 在向正投影面投射时，投射线先投射到 *A* 点，可认为 *A* 点为可见的；后投射到 *B* 点，*B* 点被认为不可见。所以 *B* 点水平投影的标记在图中注写为“( *b′* )”。同理，铅垂线 *AC* 的两个端点的水平投影重合，*C* 点的水平投影在图中注写为“( *c* )”；侧垂线 *AD* 的两个端点的侧面投影重合，*D* 点的侧面投影在图中注写为“( *d″* )”。

### 2. 投影面平行线

图 2–14 所示为割角长方体的立体图，其上三条棱线 *CD*、*BD*、*BC* 分别平行于正投影面、水平投影面和侧投影面。因此 *CD* 是正平线，*BD* 是水平线，*BC* 是侧平线，其三面投影及投影特性见表 2–6。

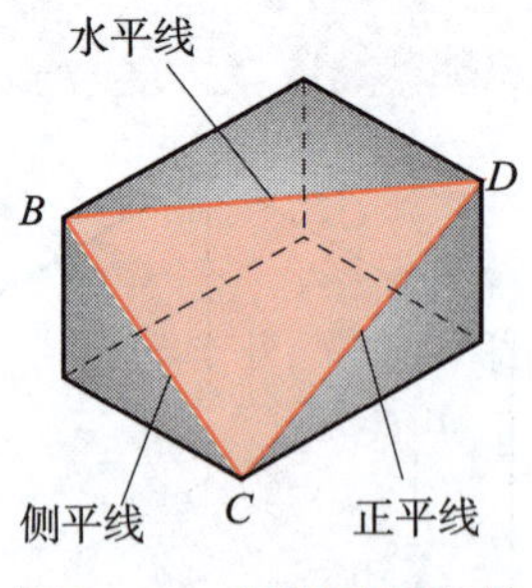


图 2–14　投影面平行线

表 2-6　　投影面平行线的三面投影及投影特性

| 名称 | 正平线 | 水平线 | 侧平线 |
| --- | --- | --- | --- |
| 空间位置图 | 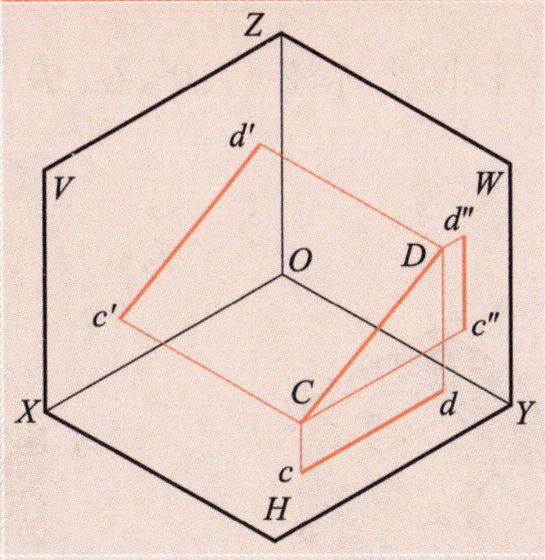 | 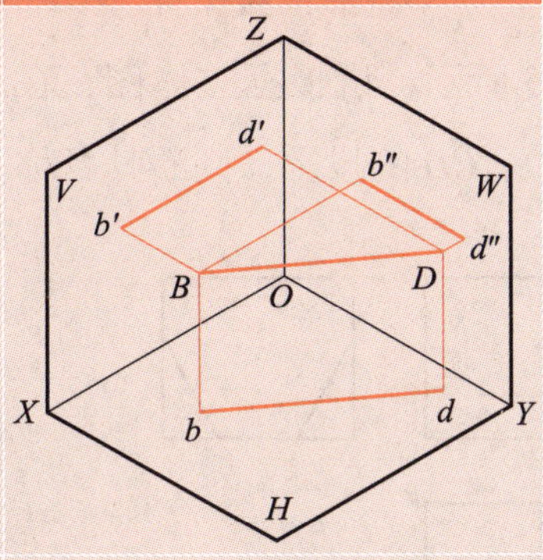 | 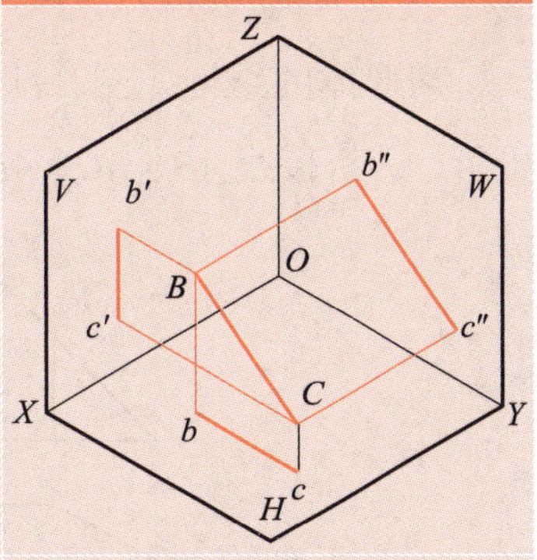 |
| 投影图 | 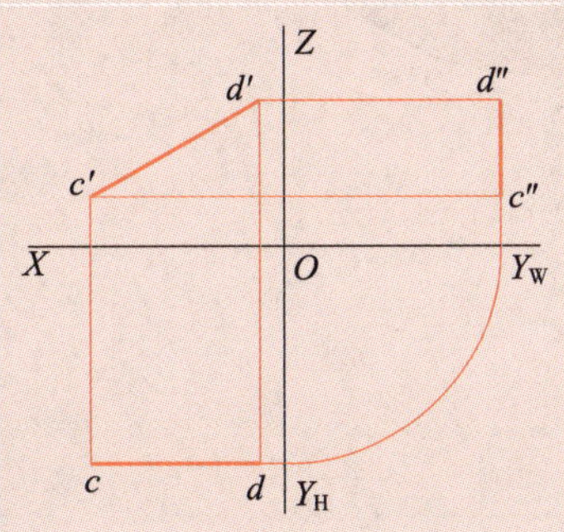 | 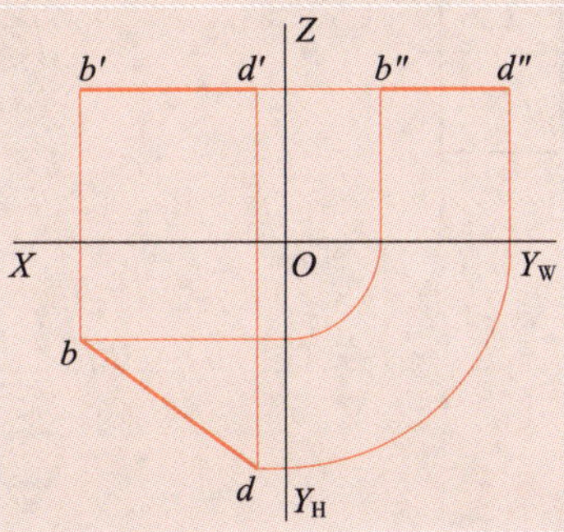 | 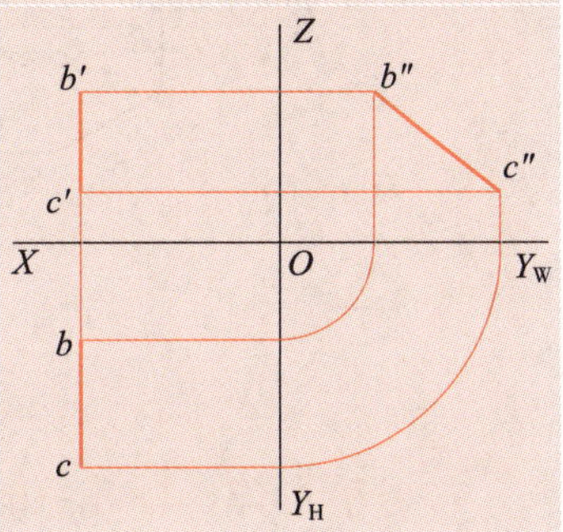 |
| 投影特性 | （1）在其所平行的投影面上的投影为反映实长的斜线<br>（2）在另外两个所倾斜的投影面上的投影为收缩的横线或竖线 | | |

### 3. 一般位置直线

图 2-15a 所示形体上有一条与三个投影面都倾斜的一般位置直线 $CE$，其空间位置如图 2-15b 所示，其三视图如图 2-15c 所示。不难看出，一般位置直线的三面投影皆为收缩的斜线。

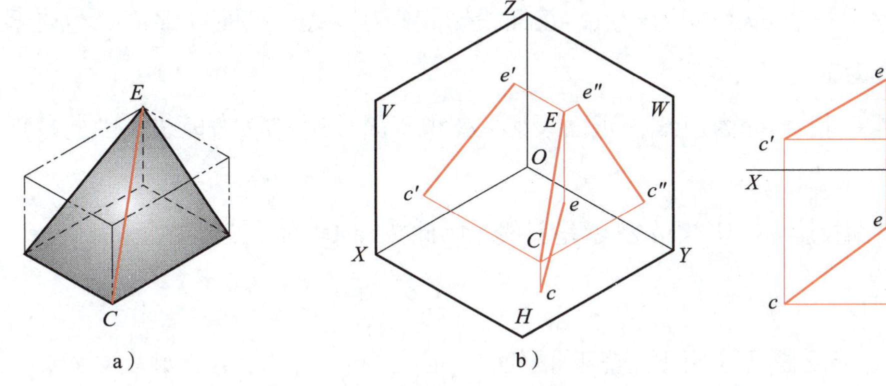


图 2-15　一般位置直线

a）顶尖实物图　b）空间位置图　c）三视图

## 应用举例

### 判断直线的名称

某形体的结构如图 2-16 所示，试根据立体图，在三视图上标注 *A*、*B*、*C*、*D* 点的投影，分析棱线 *AB*、*AC*、*AD*、*CD* 的投影，判断其名称。

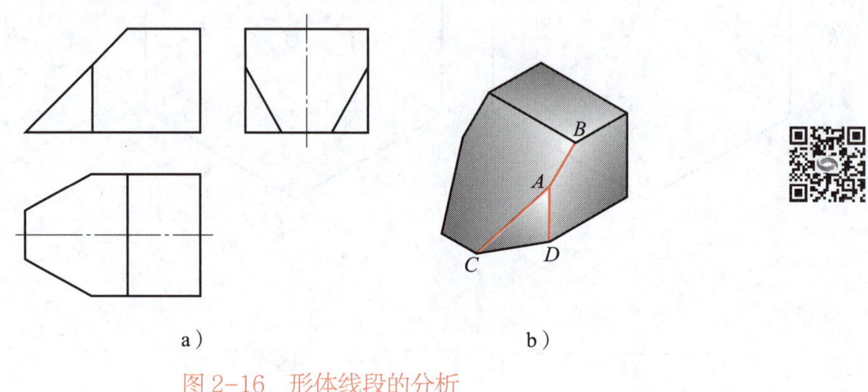


图 2-16　形体线段的分析

a）三视图　b）立体图

#### 1. 分析形体，标注点的投影

该形体是将一个长方体用一个垂直于正投影面的平面和两个垂直于水平投影面的平面切割而成，*A*、*B*、*C*、*D* 点的三面投影如图 2-17 所示。

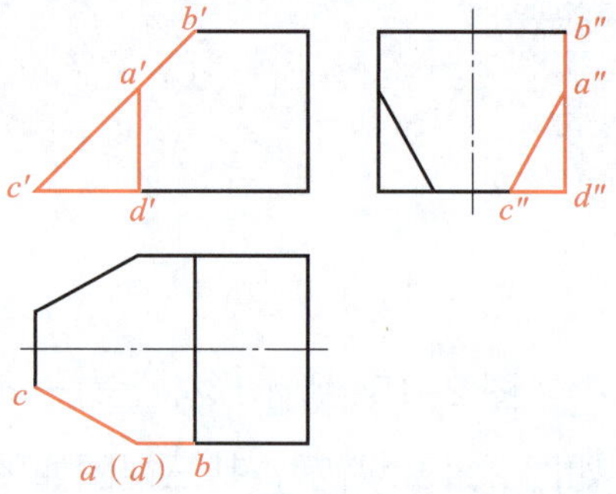

图 2-17　标注点的投影

#### 2. 分析棱线的投影，判断其名称

立体上两表面之间的交线称为棱边线或棱线。棱线 *AB* 的正面投影 *a'b'* 为斜线，水平投影 *ab* 为横线，侧面投影 *a''b''* 为竖线，因此棱线 *AB* 为正平线。

棱线 *AD* 的水平投影 *ad* 积聚为一点，正面投影 *a'd'* 为竖线，侧面投影 *a''d''* 也是竖线，因此棱线 *AD* 为铅垂线。

棱线 *CD* 的水平投影 *cd* 为斜线，正面投影 *c'd'* 和侧面投影 *c''d''* 为横线，因此棱线 *CD* 为水平线。

棱线 *AC* 的三面投影 *ac*、*a'c'*、*a''c''* 都是斜线，因此棱线 *AC* 为一般位置直线。

## 三、平面的投影

根据平面相对于投影面的不同位置可将平面分为投影面平行面、投影面垂直面和一般位置平面三种，见表 2-7。各种平面的位置如图 2-18 所示。

表 2-7　　平面的类别

| 类别 | 概念 | 种类及性质 |
| --- | --- | --- |
| 投影面平行面 | 平行于某投影面，垂直于另外两投影面的平面 | （1）正平面：平行于 $V$ 面，垂直于 $H$、$W$ 面<br>（2）水平面：平行于 $H$ 面，垂直于 $V$、$W$ 面<br>（3）侧平面：平行于 $W$ 面，垂直于 $V$、$H$ 面 |
| 投影面垂直面 | 垂直于某投影面，倾斜于另外两投影面的平面 | （1）正垂面：垂直于 $V$ 面，倾斜于 $H$、$W$ 面<br>（2）铅垂面：垂直于 $H$ 面，倾斜于 $V$、$W$ 面<br>（3）侧垂面：垂直于 $W$ 面，倾斜于 $V$、$H$ 面 |
| 一般位置平面 | 与三个投影面都倾斜的平面 | 倾斜于 $V$、$H$、$W$ 面 |

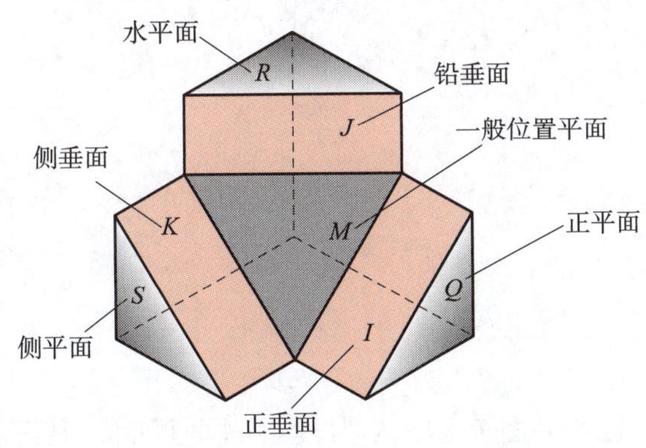

图 2-18　各种平面的位置

## 1. 投影面平行面

图 2-18 所示形体上的平面 $Q$、$R$、$S$ 为投影面平行面，其三面投影及投影特性见表 2-8。

表 2-8　　投影面平行面的三面投影及投影特性

| 名称 | 正平面 | 水平面 | 侧平面 |
| --- | --- | --- | --- |
| 空间位置图 | Z, V, W, O, X, Y, H, $q'$, $q''$, Q, q | Z, V, W, O, X, Y, H, $r'$, $r''$, R, r | Z, V, W, O, X, Y, H, $s'$, $s''$, S, s |

续表

<table>
<tr><th>名称</th><th>正平面</th><th>水平面</th><th>侧平面</th></tr>
<tr><td>投影图</td><td colspan="3">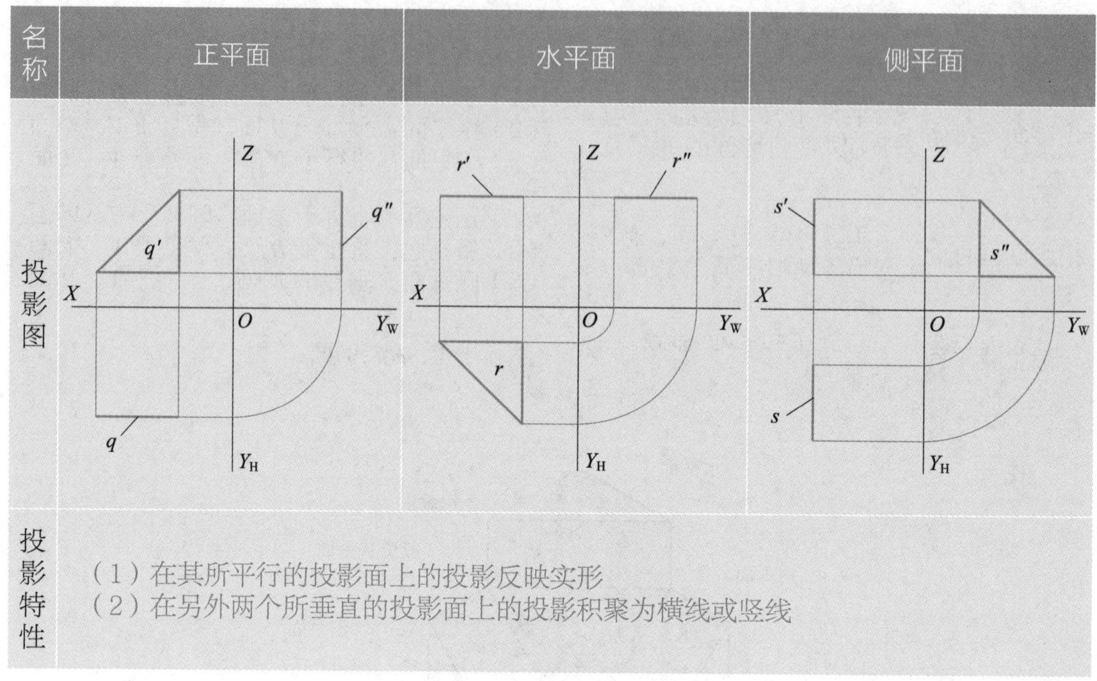
</td></tr>
<tr><td>投影特性</td><td colspan="3">（1）在其所平行的投影面上的投影反映实形<br>（2）在另外两个所垂直的投影面上的投影积聚为横线或竖线</td></tr>
</table>

2. 投影面垂直面

图 2-18 所示形体上的平面 *I*、*J*、*K* 为投影面垂直面，其三面投影及投影特性见表 2-9。

表 2-9　　投影面垂直面的三面投影及投影特性

<table>
<tr><th>名称</th><th>正垂面</th><th>铅垂面</th><th>侧垂面</th></tr>
<tr><td>空间位置图</td><td colspan="3">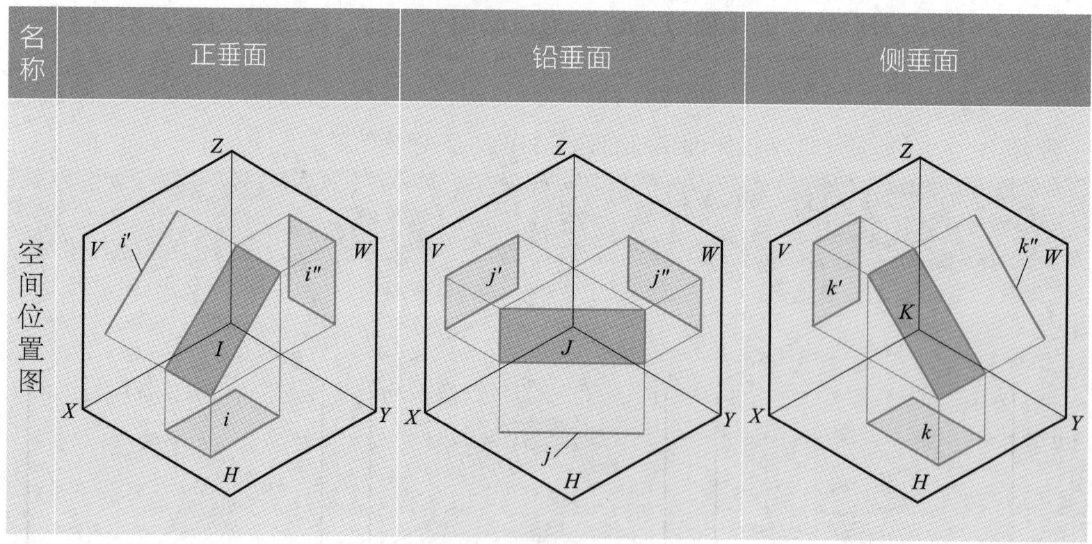
</td></tr>
</table>

续表

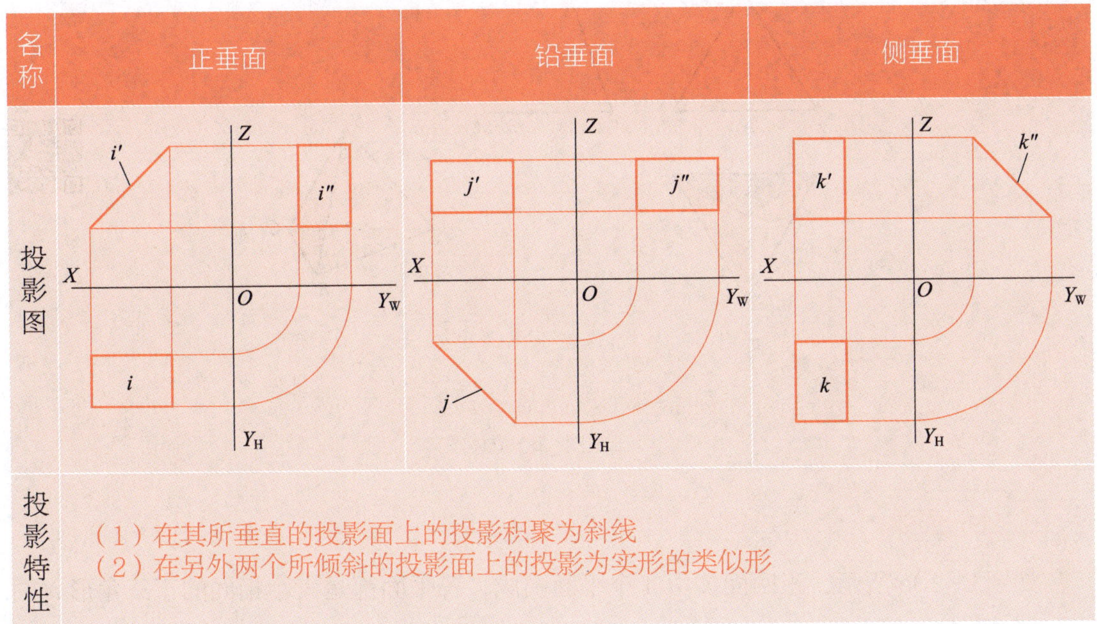

| 名称 | 正垂面 | 铅垂面 | 侧垂面 |
|---|---|---|---|
| 投影图 | | | |
| 投影特性 | (1)在其所垂直的投影面上的投影积聚为斜线<br>(2)在另外两个所倾斜的投影面上的投影为实形的类似形 | | |

### 3. 一般位置平面

如图 2-19 所示，平面 $M$ 为一般位置平面，其空间实形为三角形，投影也为三角形。所以说，一般位置平面的三面投影皆为实形的类似形。

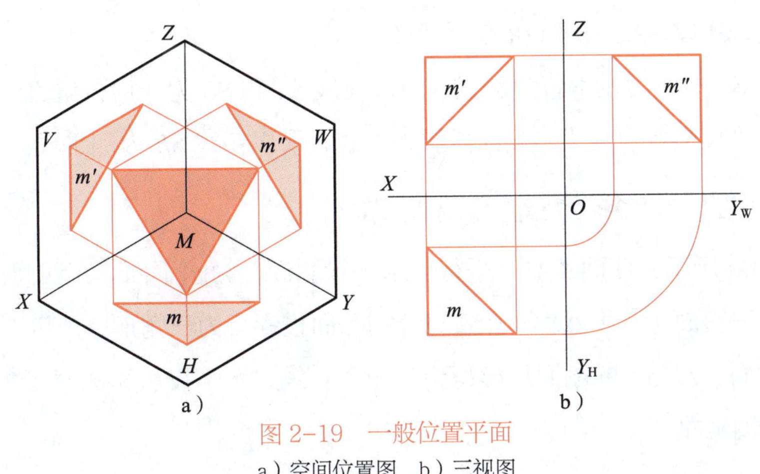


图 2-19　一般位置平面

a）空间位置图　b）三视图

## 应用举例

### 分析正四面体各棱线和表面的名称

图 2-20 所示为正四面体的三视图和立体图，下面参照立体图分析三视图上各棱线和平面的投影，说出各棱线和平面的名称。

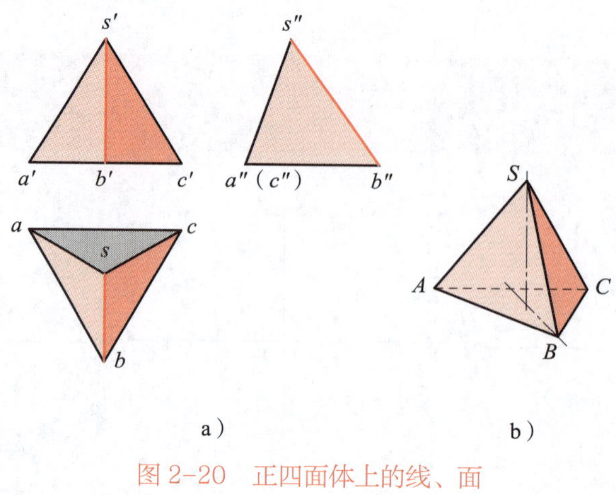


a） b）

图 2-20 正四面体上的线、面

a）三视图 b）立体图

## 1. 分析形体

如图 2-20b 所示，正四面体由 4 个平面围成，各平面都是大小相同的正三角形，图示位置的正四面体的底面三角形与水平投影面平行。正四面体上有 6 条棱线，位置各异。

## 2. 分析正四面体上各棱线的投影及名称

如图 2-20a 所示，底面△ *ABC* 的三条棱线平行于水平投影面，棱线 *AC* 的侧面投影积聚为一点 *a*″（*c*″），*AC* 为侧垂线。棱线 *AB*、*BC* 的正面投影和侧面投影皆为横线，水平投影为斜线，所以棱线 *AB* 和 *BC* 为水平线。

棱线 *SA*、*SC* 的三面投影皆为斜线，所以棱线 *SA* 和 *SC* 为一般位置直线。棱线 *SB* 的正面投影和水平投影皆为竖线，侧面投影为斜线，所以棱线 *SB* 为侧平线。

## 3. 分析正四面体上各平面的投影及名称

如图 2-20a 所示，底面△*ABC* 平行于水平投影面，为水平面。正四面体上的三个侧面倾斜于水平投影面，其中△*SAB* 和△*SBC* 的三面投影皆为三角形，所以△*SAB* 和△*SBC* 为一般位置平面。△*SAC* 的侧面投影积聚为一条斜线，水平投影和侧面投影皆为三角形，所以△*SAC* 为侧垂面。

# §2-3 基本几何体的三视图

## 学习目标

1. 了解正六棱柱、正四棱锥、圆柱、圆锥、球等基本几何体的结构。
2. 掌握各种基本几何体三视图的投影特性。
3. 能绘制各种基本几何体的三视图，并标注其尺寸。

## 想一想

基本几何体是组成各种复杂形体的最基本单元，各种复杂形体都可以看作是由一些基本几何体组合而成。常见的基本几何体如图 2-21 所示，看一看，你能认识哪些？请列举一些包含这些基本几何体的日常生活用品或生产工具。

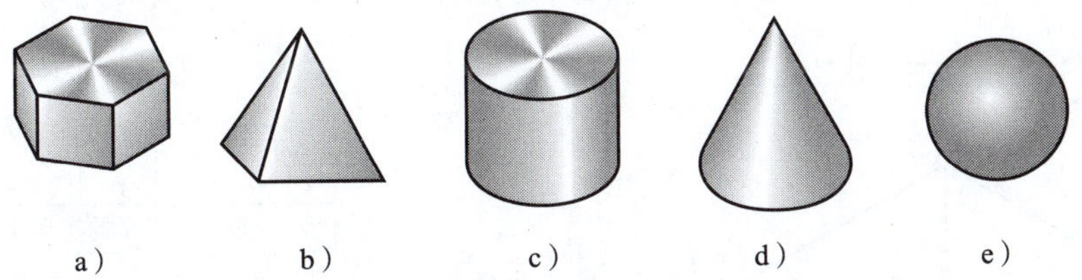


图 2-21　基本几何体

a）正六棱柱　b）正四棱柱　c）圆柱　d）圆锥　e）球

### 一、正六棱柱

## 想一想

图 2-22 所示为正六棱柱，它由顶面、底面和 6 个侧面组成。试分析以下问题：

（1）正六棱柱的底面是什么形状？正六棱柱的侧面是什么形状？

（2）正六棱柱的侧面和底面有何位置关系？正六棱柱的棱（两侧面间的交线）和底面有何位置关系？

（3）图 2-22 所示正六棱柱的各表面都是何种位置平面？各条棱都是何种位置直线？

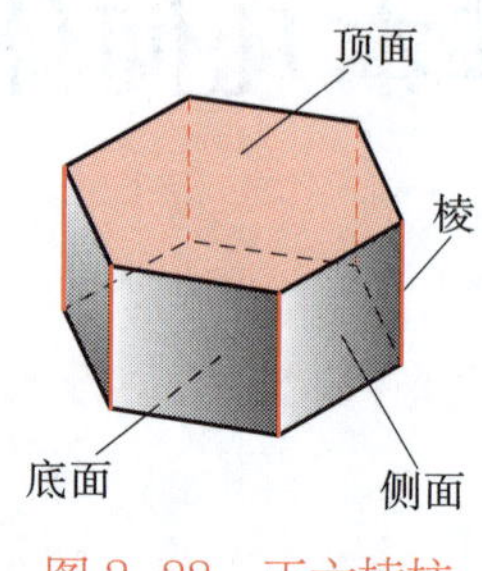


图 2-22　正六棱柱

图 2-22 所示的正六棱柱的顶面和底面为正六边形，6 个侧面均为全等的矩形，棱互相平行且与底面和顶面垂直。

如图 2-23a 所示，将正六棱柱分别向正投影面、水平投影面和侧投影面投射，得到其三视图，如图 2-23b 所示，图示位置的正六棱柱的投影特性为：

（1）正六棱柱的顶面和底面为水平面，其水平投影反映实形，正面投影和侧面投影积聚为横线。

（2）正六棱柱前、后侧面为正平面，正面投影反映实形，水平投影积聚成横线，侧面投影积聚成竖线。正六棱柱的其他侧面为铅垂面，其水平投影积聚为斜线，正面投影和侧面投影为实形的类似形。

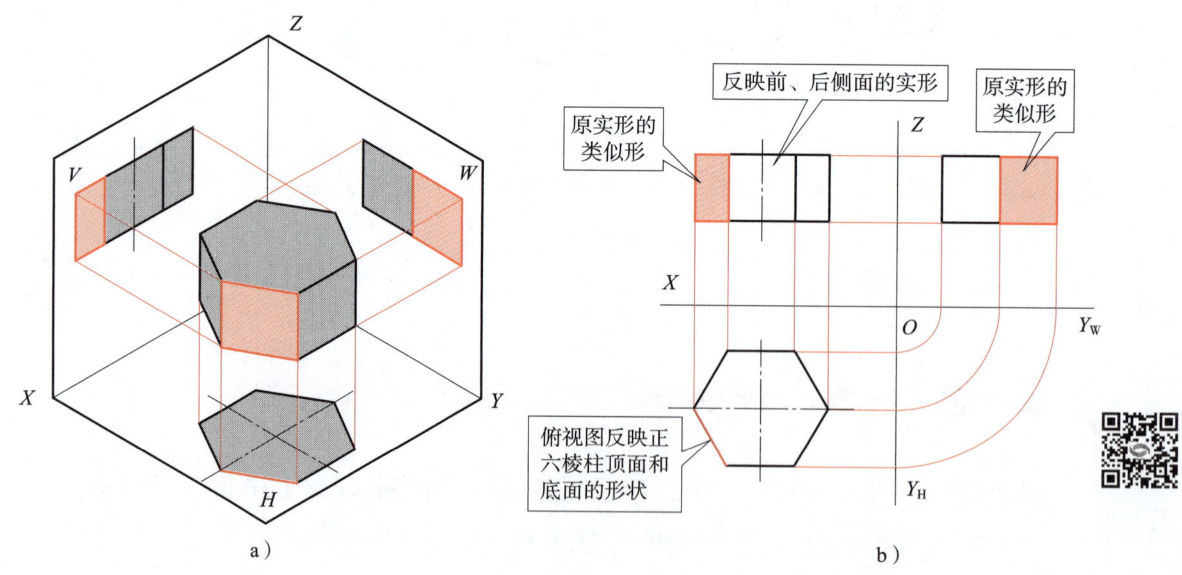


图 2-23　正六棱柱三视图的形成

a）投影过程　b）三视图

## 二、正四棱锥

### 想一想

正四棱锥的结构如图 2-24 所示，试分析以下问题：

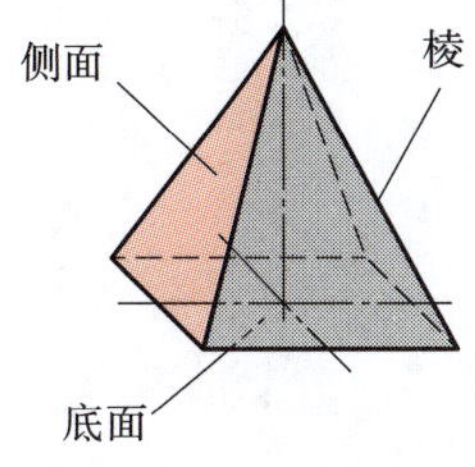

图 2-24　正四棱锥

（1）正四棱锥的底面是什么形状？侧面是什么形状？棱有何特点？

（2）正四棱锥的侧面和底面有何位置关系？棱和底面有何位置关系？

（3）图 2-24 所示正四棱柱的侧面各是什么位置平面？棱是什么位置直线？

图 2-24 所示正四棱锥的底面为正方形，4 个侧面均为等腰三角形，两侧面间的交线（即棱）汇交于一点（顶点）。

如图 2-25a 所示，将正四棱锥向三投影面体系投射，得到图 2-25b 所示的三视图，图示位置的正四棱锥的投影特性为：

（1）正四棱锥的底面为水平面，其水平投影为正方形，正面投影和侧面投影为横线。

（2）正四棱锥的左、右两个侧面为正垂面，正面投影积聚为斜线，其他投影为实形的类似形；正四棱锥的前、后两侧面为侧垂面，侧面投影积聚为斜线，其他投影为实形的类似形。

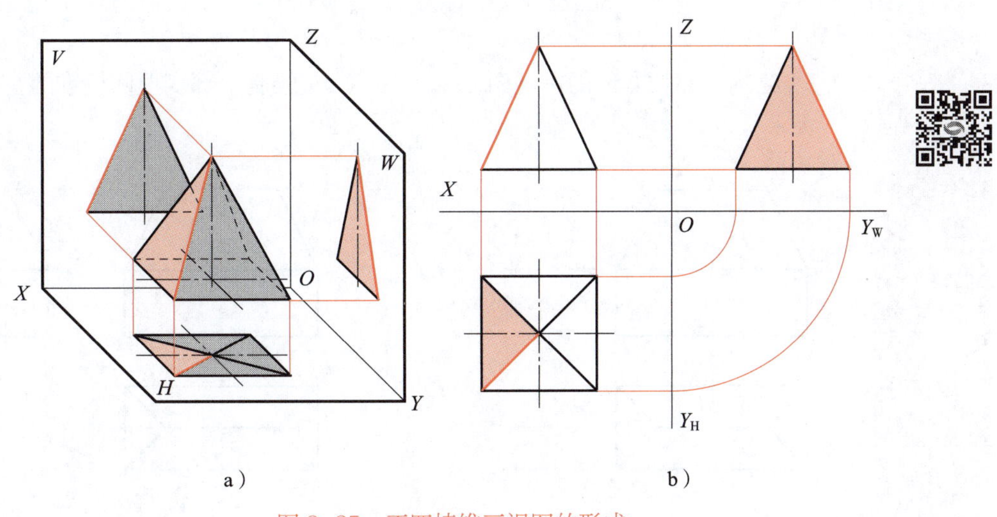

图 2-25　正四棱锥三视图的形成

a）投影过程　b）三视图

（3）正四棱锥的四条棱为一般位置直线，三面投影皆为收缩的斜线。

## 应用举例

如图 2-26 所示，根据形体的主、俯视图，画出左视图。

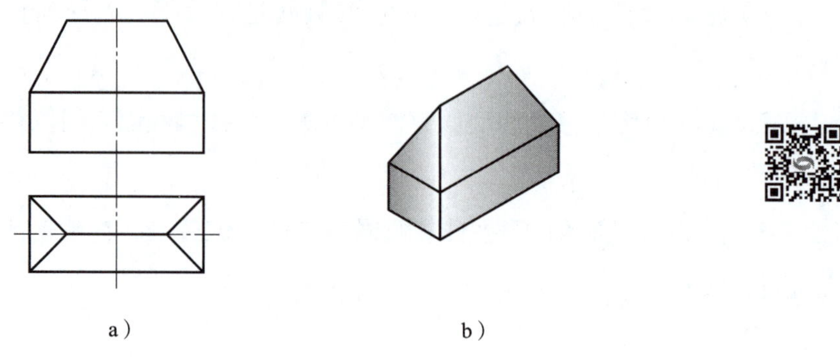


图 2-26　绘制形体的左视图

a）两视图　b）立体图

### 1. 分析形体

该形体由长方体和变形四棱锥组成，变形四棱锥的左侧两棱线相交，右侧两棱线相交，两交点连成一条侧垂线。

### 2. 补画左视图

补画左视图的作图步骤和方法见表 2-10。

表 2-10　　补画左视图的作图步骤和方法

| 步骤和方法 | （1）绘制下部长方体的左视图 | （2）绘制上部变形四棱锥的左视图 |
| --- | --- | --- |
| 图例 | 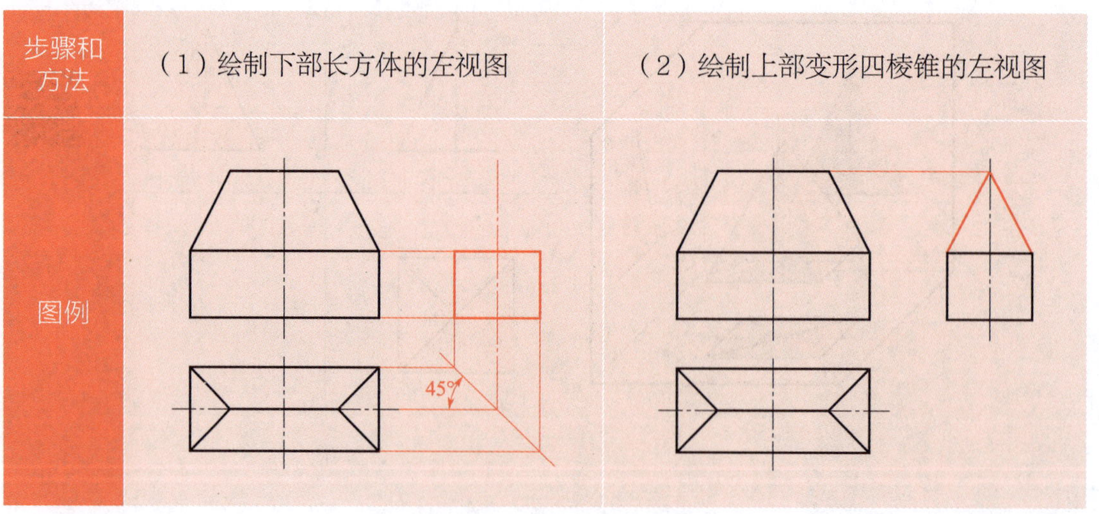 45° | |

小提示

在绘制三视图时可以不画投影轴。

## 三、圆柱

### 想一想

如图 2-27 所示，圆柱面可看作是一条直线（母线）绕着与它平行的一条轴线旋转一周形成的。在什么情况下，圆柱面的投影积聚为圆？

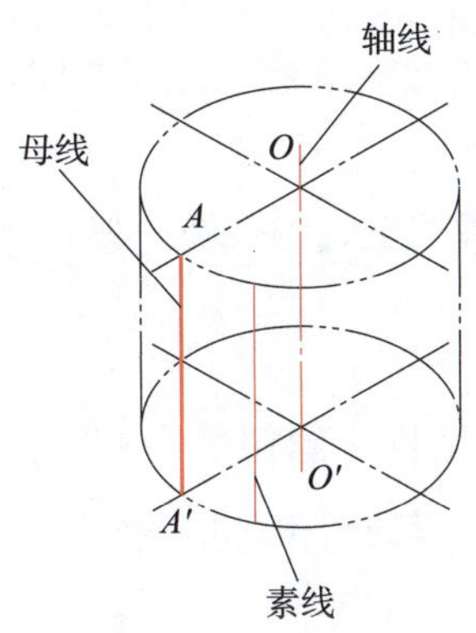


图 2-27　圆柱面的形成

圆柱面在其垂直于轴线的投影面上投影为圆。母线在任意一个位置时称为素线（见图 2-27），圆柱体由一个圆柱面、圆形的顶面和底面组成，如图 2-28a 所示。在图 2-28a 所示的圆柱面上有四条特殊位置的素线，分别为最前素线、最后素线、最左素线、最右素线。

如图 2-28a 所示，将圆柱向三投影面投射，得到图 2-28b 所示的三视图，圆柱在这个位置的投影特性为：

（1）圆柱的水平投影为圆，圆围成的区域为两底平面的投影，圆周为圆柱面的积聚投影。

（2）圆柱的正面投影为矩形线框，其中的两条竖线分别为圆柱面最左素线和最右素线的投影（最左素线和最右素线是圆柱面的前、后分界线）。两条横线为两底面的投影。

（3）圆柱的侧面投影为矩形线框，虽然其形状与主视图相同，但是含义不同。其中的两条竖线分别为圆柱面最前素线和最后素线的投影。

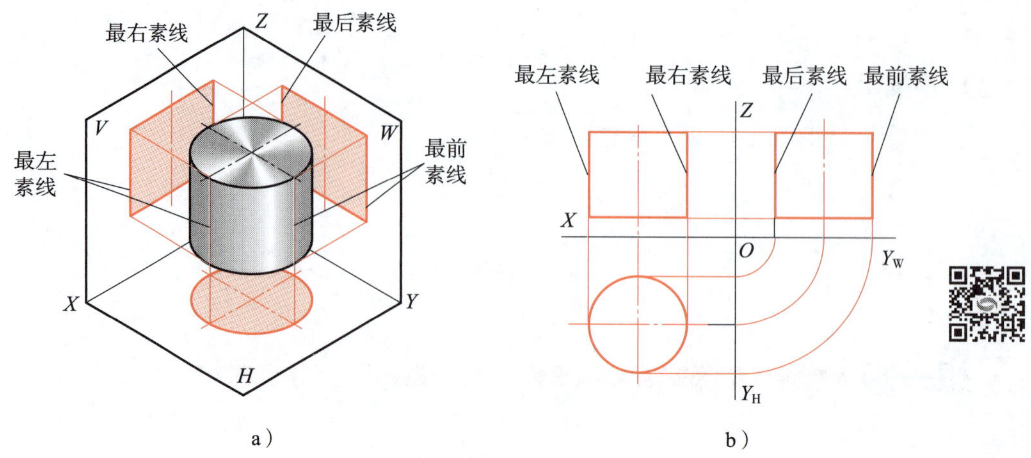


图 2-28 圆柱三视图的形成

a）投影过程 b）三视图

## 应用举例

如图 2-29 所示，根据轴承架的主、俯视图，画出左视图。

### 1. 分析形体

分析主、俯视图，想象形体结构，如图 2-30 所示。该形体由长方体底座、长方体和半圆柱组成的支座形成，支座上有一个横向的轴孔，底座上有两个竖孔。

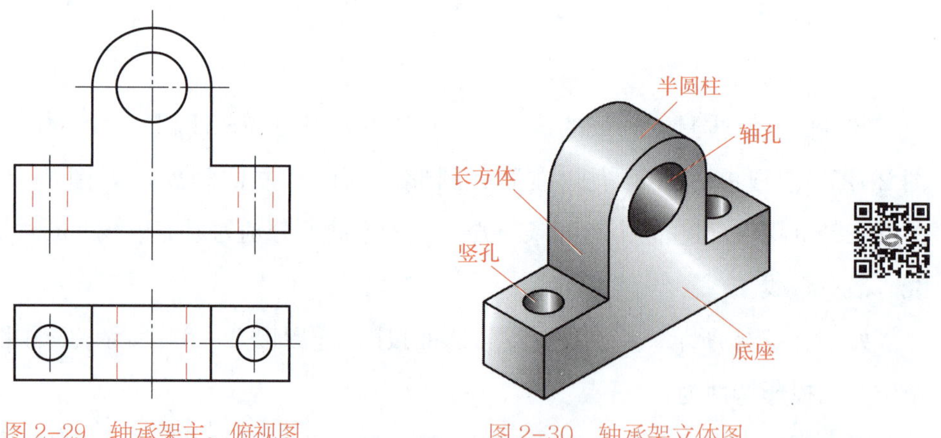


图 2-29 轴承架主、俯视图　　图 2-30 轴承架立体图

### 2. 补画左视图

补画左视图的作图方法和步骤见表 2-11。

表 2-11　　补画左视图的作图方法和步骤

| 方法和步骤 | （1）绘制轴承座外形的左视图 | （2）绘制轴孔和竖孔的左视图 |
| --- | --- | --- |
| 图例 | 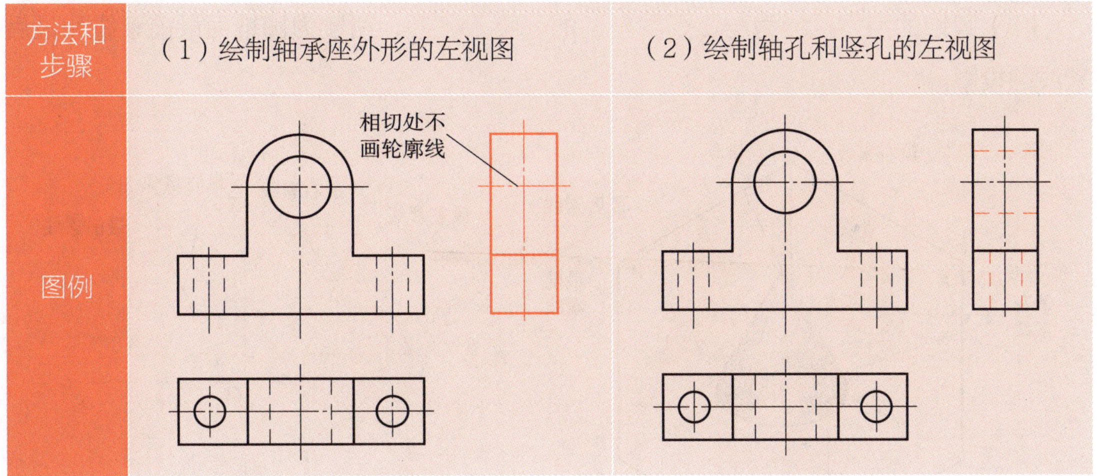 | |



## 四、圆锥

### 想一想

如图 2-31 所示，圆锥面可看成是一条与轴线相交的直线（母线）绕轴线旋转一周形成的。思考：圆锥面有积聚性吗？

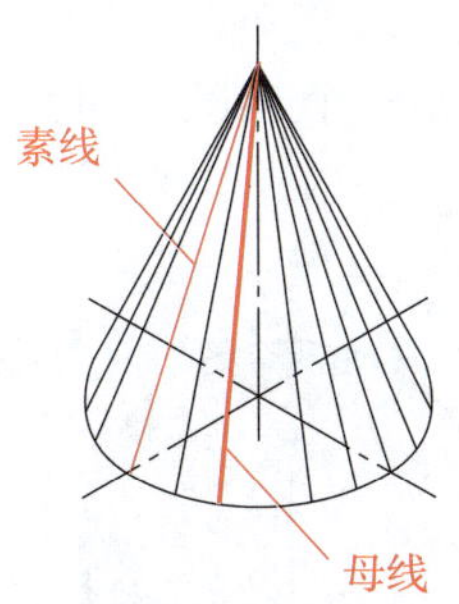


图 2-31　圆锥面的形成

圆锥的形状如图 2-32a 所示，它由一个圆锥面和一个圆形的底面围成。在图 2-32a 所示圆锥面上有四条特殊位置的素线，分别是最前素线、最后素线、最左素线、最右素线。

如图 2-32a 所示，将圆锥向三投影面投射，得到图 2-32b 所示的三视图，圆锥在这个位置的投影特性为：

（1）圆锥的水平投影为圆，圆围成的区域既是圆锥面的投影，也是底面的投影。

（2）圆锥的正面投影为等腰三角形，其中两腰为圆锥面最左素线和最右素线的投影，下面的横线为底面的投影。

（3）圆锥的侧面投影为与主视图相同的等腰三角形，两腰为圆锥面最前素线和最后素线的投影。

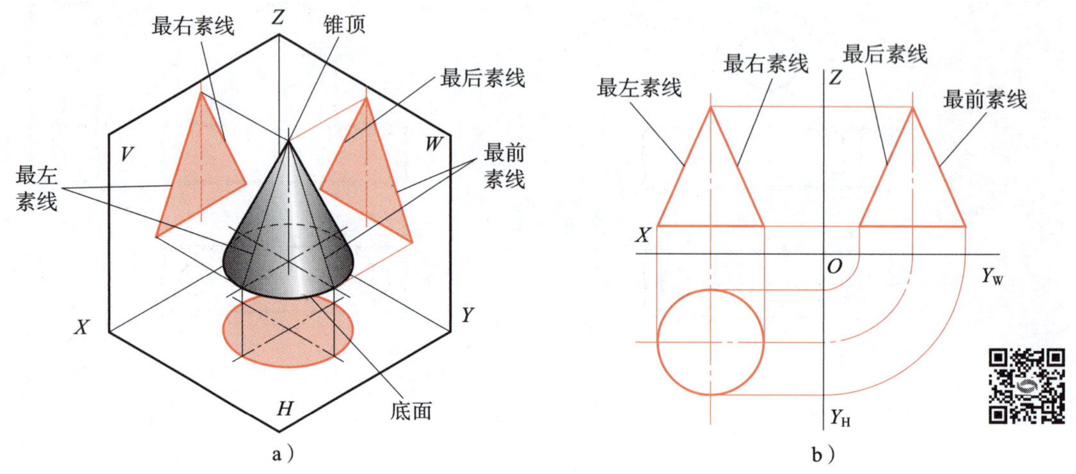


图 2-32　圆锥三视图的形成

a）投影过程　b）三视图

## 五、球

### 想一想

如图 2-33 所示，球面可看成是一个半圆（母线）绕通过圆心的轴线旋转一周形成的。思考：球的投影是什么图形？

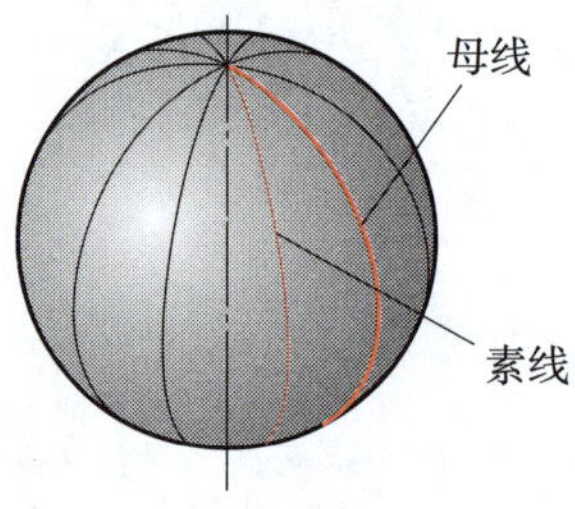


图 2-33　球面的形成

在球面上有三条特殊位置的素线圆，分别为前、后半球分界圆，左、右半球分界圆，上、下半球分界圆。如图 2-34a 所示，将球向三投影面投射，得到球的三面投影，如图 2-34b 所示。球的三面投影分别为三个特殊位置素线圆的投影，其中正面投影为前、后半球分界圆的投影，水平投影为上、下半球分界圆的投影，侧面投影为左、右半球分界圆的投影。

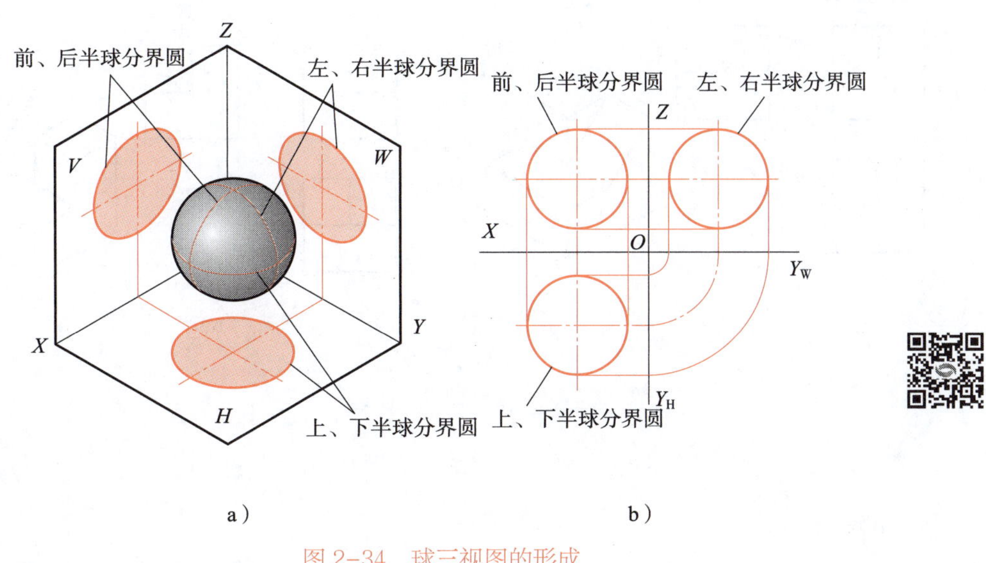


图 2-34　球三视图的形成

a）投影过程　b）三视图

## 应用举例

根据图 2-35 所示主、俯视图，补画左视图。

### 1. 形体分析

任何复杂的形体都是由简单的形体演变而来的，分析图 2-35 不难看出，该形体是由立方体经过切割得到的。该形体看起来有些复杂，但是如果大脑中有图 2-36 所示形体的形象储备，就不难解决问题了。

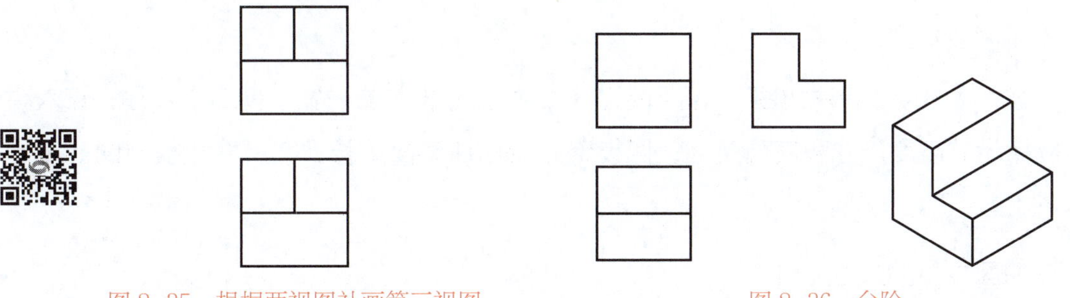

图 2-35　根据两视图补画第三视图　　图 2-36　台阶

### 2. 解题方法

比较图 2-35 与图 2-36 可知，在图 2-35 主视图的上方和俯视图的后方多了两条竖线，要想形成这两条竖线，需要有两个不同的平面，如图 2-37 所示。

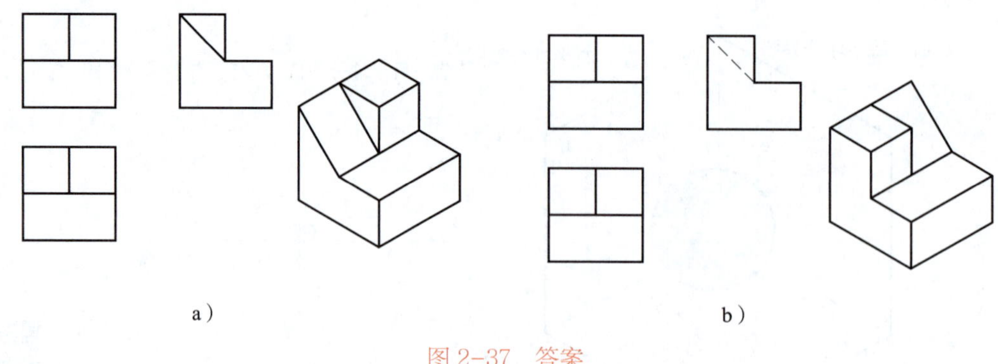


图 2-37　答案

a）答案一　b）答案二

**小提示**

（1）要记忆所接触过的形体的结构，这是提高看图能力的关键。

（2）要通过练习不断提高自己的空间想象能力和空间思维能力。

（3）在有些情况下，根据两视图补画第三视图会得到多个答案，要注意培养自己的发散性思维。

## 六、基本几何体的尺寸标注

视图用来表达物体的形状，物体的大小则由视图上所标注的尺寸确定。任何物体都具有长、宽、高三个方向的尺寸。在视图上标注尺寸时，应将三个方向的尺寸标注齐全，既不能缺少，又不允许重复。

### 1. 平面立体的尺寸标注

平面立体的尺寸标注如图 2-38 所示，长方体应标出其长、宽、高三个尺寸；正六棱柱应标出其高度尺寸和底面尺寸；四棱锥必须标注底面的长、宽尺寸和棱锥的高度尺寸。

### 2. 曲面立体的尺寸标注

曲面立体的尺寸标注如图 2-39 所示，圆柱、圆锥等必须标出底圆直径尺寸和高度尺寸；标注球面的直径或半径时，在符号“$\phi$”或“$R$”前再加注符号“$S$”。

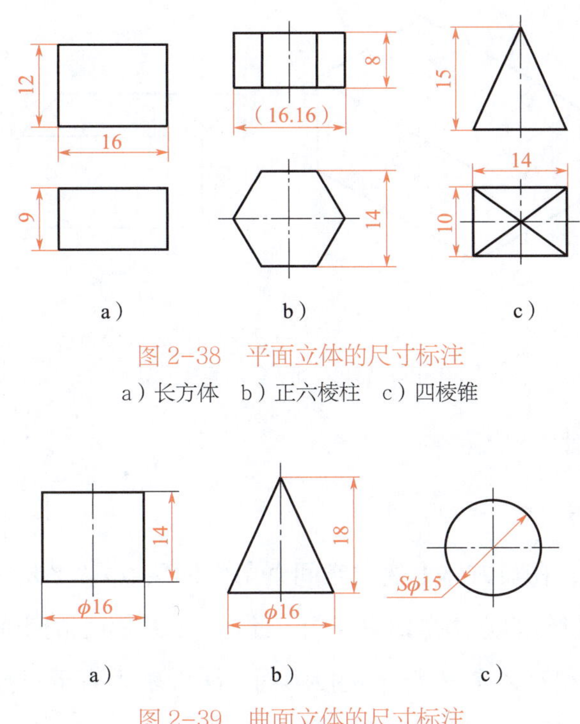


图 2-38　平面立体的尺寸标注

a）长方体　b）正六棱柱　c）四棱锥

图 2-39　曲面立体的尺寸标注

a）圆柱　b）圆锥　c）球

# §2-4 | 轴测图

## 学习目标

1. 了解正等轴测图和斜二等轴测图的形成过程，掌握正等轴测图和斜二等轴测图的轴间角和轴向伸缩系数。

2. 掌握圆柱体正等轴测图的画法。

3. 能绘制简单形体的轴测图。

轴测图是一种立体图，是物体在平行投影下形成的一种单面投影图，用于辅助表达形体的结构。常用的轴测图有正等轴测图和斜二等轴测图，简称正等测图和斜二测图。图 2-40 所示是某长方体的轴测图，由于它能在一个图形上同时反映物体长、宽、高三个方向的形状，所以具有较好的直观性。

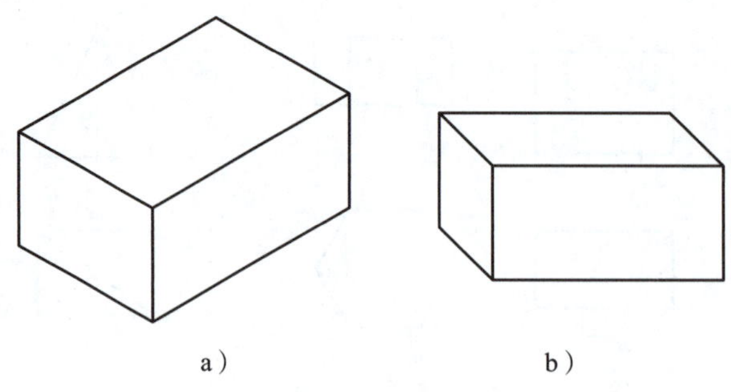


图 2-40　长方体的正等轴测图和斜二等轴测图

a）正等轴测图　b）斜二等轴测图

## 一、正等轴测图

### 1. 正等轴测图的形成

如图 2-41a 所示，在长方体上建立空间直角坐标系 $O_1$-$X_1Y_1Z_1$，使长方体的前面和正投影面平行，用正投影的方法得到主视图。此时，长方体上的空间直角坐标轴和投影面的关系是：$O_1X_1$ 轴和 $O_1Z_1$ 轴平行于正投影面，$O_1Y_1$ 轴垂直于正投影面。如果将长方体旋转至图 2-41b 所示位置，使空间直角坐标系的三个坐标轴 $O_1X_1$、$O_1Y_1$、$O_1Z_1$ 和正投影面成一个相同的夹角（约为 35°16′），再进行正投影，即得到正等轴测图。很显然，在正等轴测图中，可以同时反映长方体前面、上面和左面的形状。

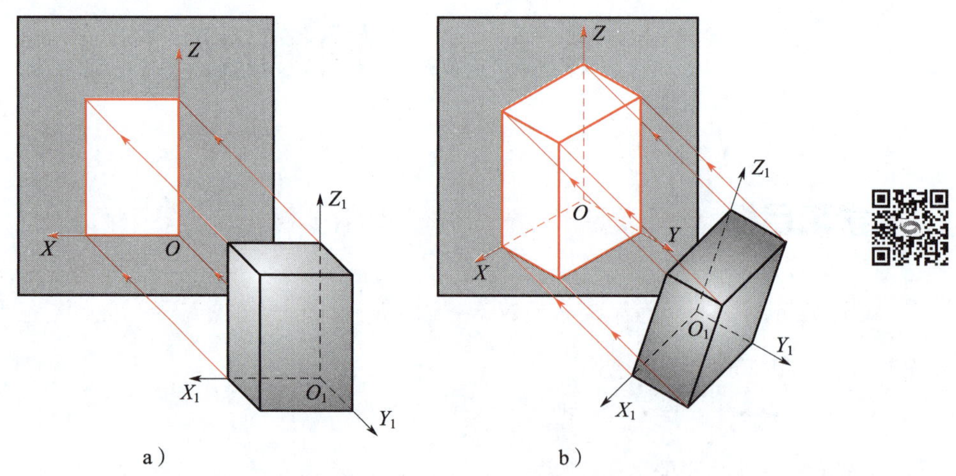


图 2-41　视图与正等轴测图形成过程比较

a）视图的形成　b）正等轴测图的形成

## 想一想

图 2-42 所示是孔板的正等轴测图，孔板的外形为长方体，中间有圆柱孔。思考：长方体上矩形平面在轴测图上是什么图形？圆孔的圆形轮廓在轴测图上又是什么图形？

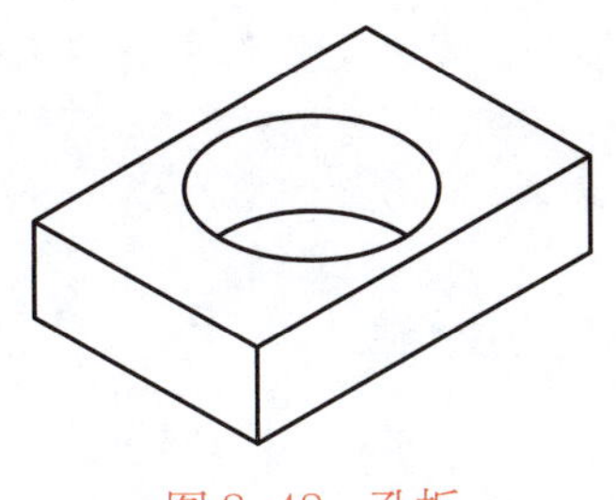

图 2-42　孔板

## 2. 轴间角和轴向伸缩系数

（1）轴间角

在进行轴测投影时，物体上空间直角坐标轴 $O_1X_1$、$O_1Y_1$、$O_1Z_1$ 在投影面上的投影 $OX$、$OY$、$OZ$ 称为轴测轴，轴测轴之间的夹角称为轴间角。由于在形成正等轴测图时，各空间直角坐标轴和投影面的夹角相等，所以正等轴测图的轴间角皆为 120°。即：$\angle XOZ=\angle YOZ=\angle XOY=120°$，如图 2-43 所示。

（2）轴向伸缩系数

轴测轴上单位长度与相应投影轴上单位长度的比值称为轴向伸缩系数。由于在形成正等轴测图时各空间直角坐标轴和投影面倾斜，所以与空间直角坐标轴平行的线段，在正等轴测图上要缩短。通过计算可得，三个轴测轴的轴向伸缩系数为 0.82。为了作图方便，国家标准规定，将正等轴测图的轴向伸缩系数简化为 1。

## 3. 平面立体正等轴测图的画法

长方体的主、俯视图如图 2-44 所示，下面以此为例分析正等轴测图的画法。

首先选取长方体的后、下、右顶点为坐标原点，如图 2-44 所示，然后绘制轴测轴，再依次绘制底面、竖棱和顶面的轴测图，具体作图方法和步骤见表 2-12。

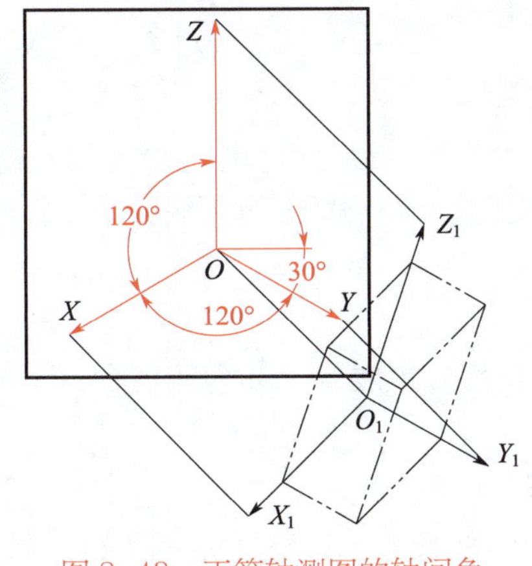


图 2-43　正等轴测图的轴间角

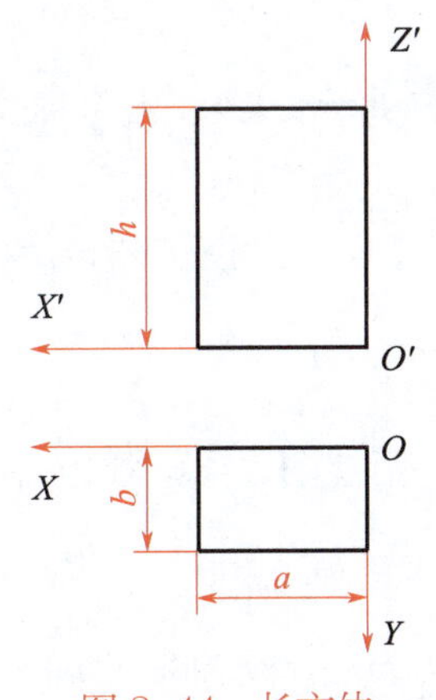


图 2-44　长方体

表 2-12　　长方体正等轴测图的作图方法和步骤

| 方法和步骤 | 图例 |
| --- | --- |
| （1）绘制轴测轴<br>将 *OZ* 轴画成竖直线，将 *OX* 轴、*OY* 轴画成与水平方向成 30° 角的斜线<br>（2）绘制底面<br>在左视图上分别量取长方体的长度尺寸 *a* 和宽度尺寸 *b*，按 1∶1 的比例在相应的轴测轴上截取，绘制长方体底面的正等轴测图 | 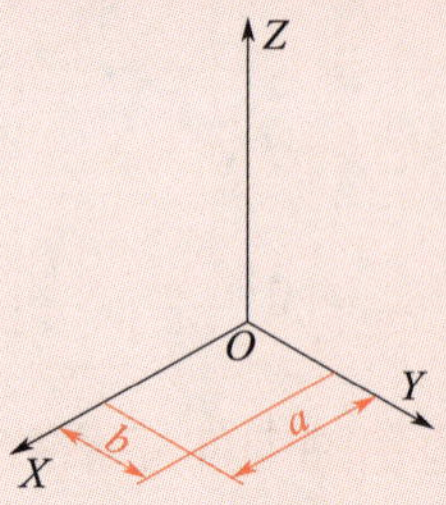 Z O Y X b a |
| （3）绘制竖棱<br>在主视图上测量长方体的高度尺寸 *h*。从底面四个顶点分别绘制 *OZ* 轴的平行线，并按 1∶1 的比例取其高度为 *h* | 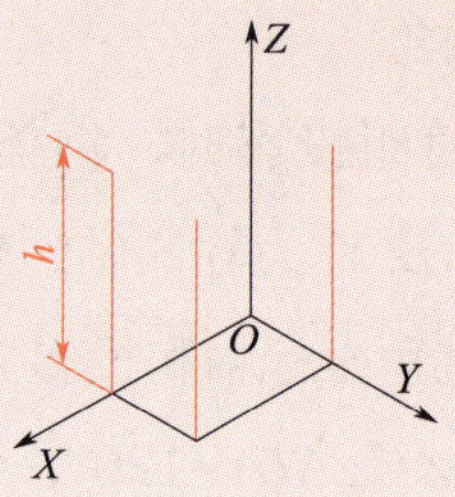 Z h O Y X |
| （4）绘制顶面<br>依次连接各竖棱的上端点，即得到顶面的正等轴测图 | 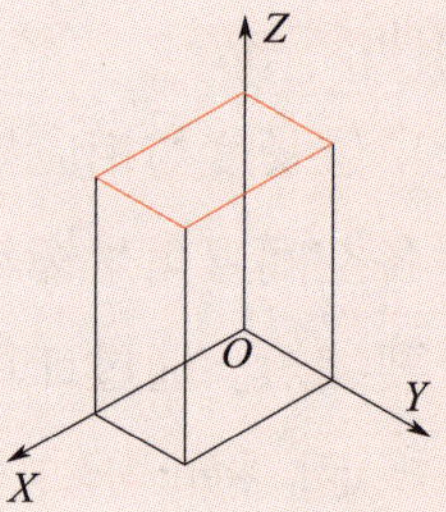 Z O Y X |
| （5）完成长方体的正等轴测图<br>擦除作图线，描深可见轮廓线<br>注意：轴测图一般只绘制物体可见部分的轮廓 | 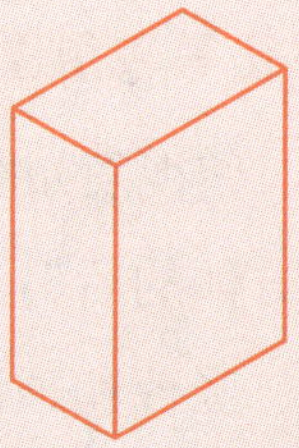 |

## 应用举例一

如图 2-45 所示，识读棱台座的主、俯视图，画出其正等轴测图。

### 1. 分析形体

分析主、俯视图，可知该形体由上、下两部分组成，上部为四棱台，下部为长方体。

### 2. 绘制正等轴测图

绘制棱台座的正等轴测图时，首先绘制下部长方体，然后绘制上部四棱台，其作图方法和步骤见表 2-13。

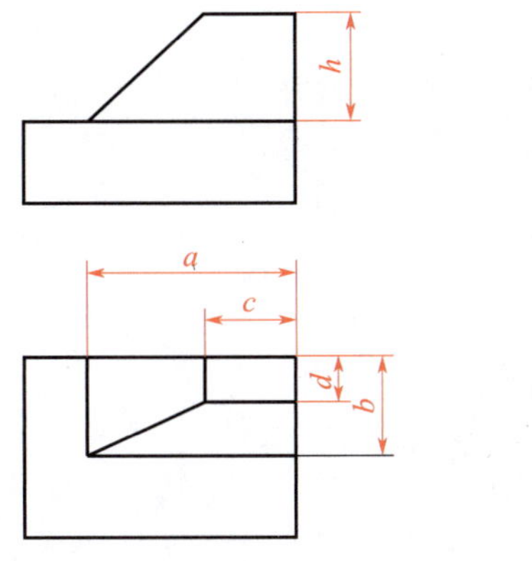


图 2-45　棱台座的主、俯视图

表 2-13　　棱台座正等轴测图的作图方法和步骤

| 方法和步骤 | 图例 |
| --- | --- |
| （1）绘制长方体的正等轴测图 | |
| （2）绘制四棱台底面<br>在俯视图上测量尺寸 $a$、$b$，在正等轴测图上绘制四棱台底面矩形 | |
| （3）绘制四棱台顶面<br>首先在主视图上测量四棱台的高度 $h$，找到四棱台顶面右后顶点在正等轴测图上的位置，然后再在俯视图上测量尺寸 $c$、$d$，绘制顶面的正等轴测图 | |
| （4）完成四棱台的绘制<br>连接四棱台各可见棱边线 | |

续表

| 方法和步骤 | 图例 |
|---|---|
| （5）完成棱台座的正等轴测图<br>擦除作图线，加深可见轮廓线 | |

## 应用举例二

正六棱柱的主、俯视图如图 2-46 所示，画出其正等轴测图。

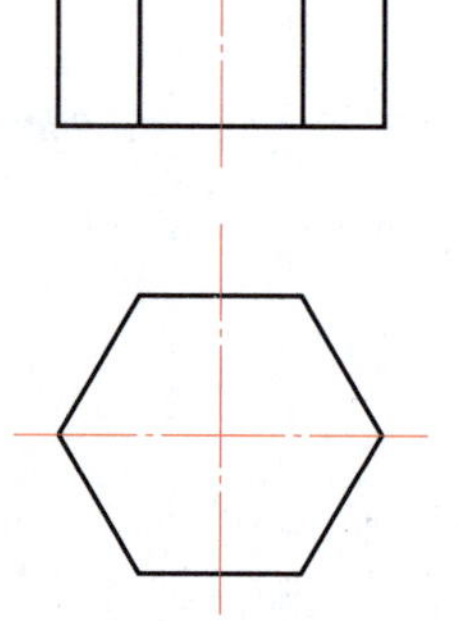

图 2-46　正六棱柱的主、俯视图

正六棱柱的顶面是正六边形，将顶面正六边形的中心作为坐标原点，便于测量正六边形各顶点相对于原点的位置。

正六棱柱正等轴测图的作图方法和步骤见表 2-14。

表 2-14　　正六棱柱正等轴测图的作图方法和步骤

| 方法和步骤 | 图例 |
|---|---|
| （1）确定坐标原点及坐标轴<br>选取正六棱柱上底面的中心作为坐标原点 | |

续表

| 方法和步骤 | 图例 |
| --- | --- |
| （2）绘制轴测轴 $OX$、$OY$、$OZ$<br>（3）求作 $A$、$D$ 点的轴测投影<br>在 $OX$ 轴上沿原点 $O$ 向两侧分别量取 $a/2$ 得到 $A$、$D$ 两点<br>（4）求作 $M$、$N$ 点的轴测投影<br>在 $OY$ 轴上沿原点 $O$ 向两侧分别量取 $b/2$ 得到 $M$、$N$ 两点 | 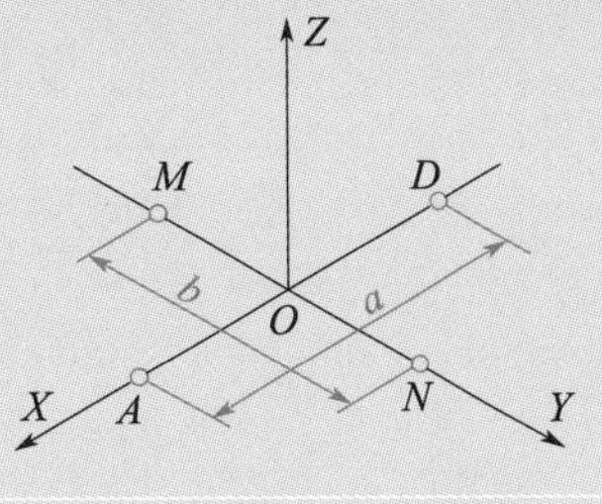 Z M D b O a X A N Y |
| （5）求作 $B$、$C$、$E$、$F$ 点的轴测投影<br>过 $M$、$N$ 作 $OX$ 轴的平行线，沿 $X$ 轴方向量取 $NB=NC=ME=MF=a/4$，得到 $B$、$C$、$E$、$F$ 四个点<br>（6）绘制上底面正六边形的正等轴测图<br>依次连接 $A$、$B$、$C$、$D$、$E$、$F$ 各点，即得到上底面正六边形的正等轴测图 | 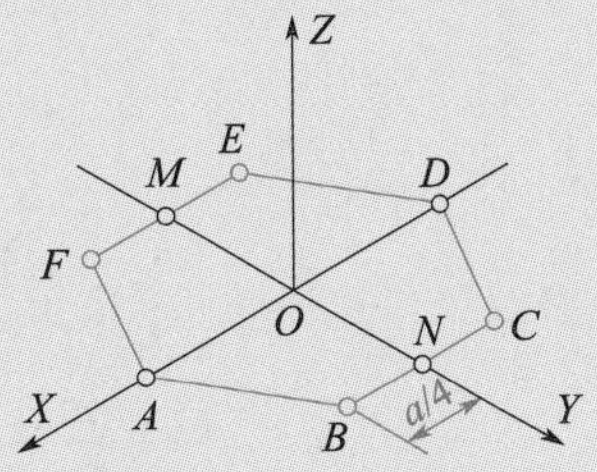 Z E M D F O N C X A B a/4 Y |
| （7）绘制可见棱线<br>过点 $A$、$B$、$C$、$F$ 绘制高度为 $h$ 的竖线 | 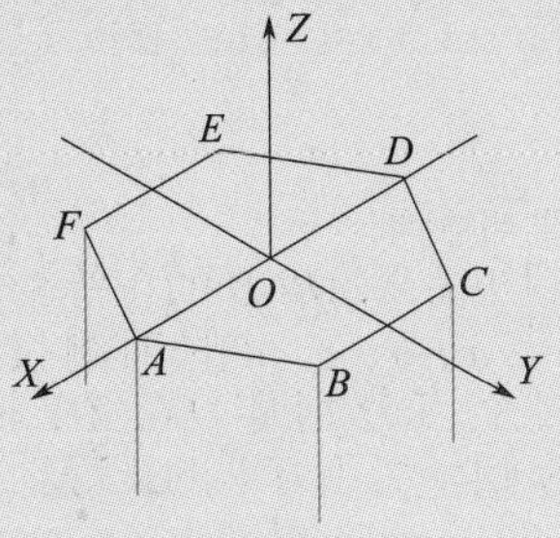 Z E D F O C X A B Y |
| （8）绘制下底面的可见部分<br>（9）完成正六棱柱正等轴测图的绘制<br>擦除作图线，描深可见轮廓线 |  |

### 4. 圆柱正等轴测图的画法

直立圆柱的两视图如图 2-47 所示，画出其正等轴测图。

三视图上平行于坐标面的正方形，在正等轴测图中投影为菱形；三视图上平行于坐标面的圆，在正等轴测图中投影为内切于菱形的椭圆。选取顶面的圆心为原点，在俯视图上作圆的外接正方形，得切点 $a$、$b$、$c$、$d$，如图 2-47 所示。在用尺规绘制椭圆时可用“四心法”，即用四段光滑连接的圆弧近似代替椭圆。直立圆柱正等轴测图的作图方法和步骤见表 2-15。

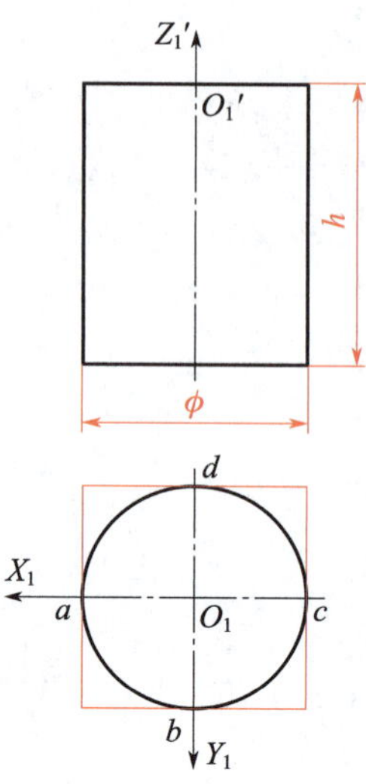

图 2-47　圆柱的两视图

**表 2-15　　直立圆柱正等轴测图的作图方法和步骤**

| 方法和步骤 | 图例 |
| --- | --- |
| （1）绘制轴测轴<br>（2）绘制正方形 *ABCD* 的正等轴测图（菱形）<br>作出切点 *a*、*b*、*c*、*d* 的轴测投影 *A*、*B*、*C*、*D*，过这 4 个点分别作 *OX*、*OY* 轴的平行线，得到圆柱顶圆外切正方形的正等轴测图（菱形） | |
| （3）绘制上、下圆弧<br>以菱形短对角线的顶点 1、2 为圆心，1*C* 为半径画圆弧 $\overset{\frown}{CD}$ 和 $\overset{\frown}{AB}$ | |
| （4）求作左、右圆弧的圆心<br>画菱形的长对角线，连接 1*C*、1*D*，交菱形的长对角线于 3、4 两点<br>（5）绘制左、右圆弧<br>以 3、4 为圆心，3*B* 为半径画圆弧 $\overset{\frown}{BC}$ 和 $\overset{\frown}{DA}$，即得到圆柱顶圆的正等轴测图（轴测椭圆） | |

续表

| 方法和步骤 | 图例 |
| --- | --- |
| （6）绘制底圆的正等轴测图<br>将椭圆的三个圆心（2、3、4）向下平移高度 $h$，作下底面椭圆（下底面椭圆不可见的一半不必画出） | |
| （7）作两椭圆的公切线<br>（8）擦除作图线，绘制轴线和中心线，描深可见轮廓线 | |

当圆柱轴线垂直于正投影面或侧投影面时，轴测图的画法与直立圆柱相同，其图形如图 2-48 所示。

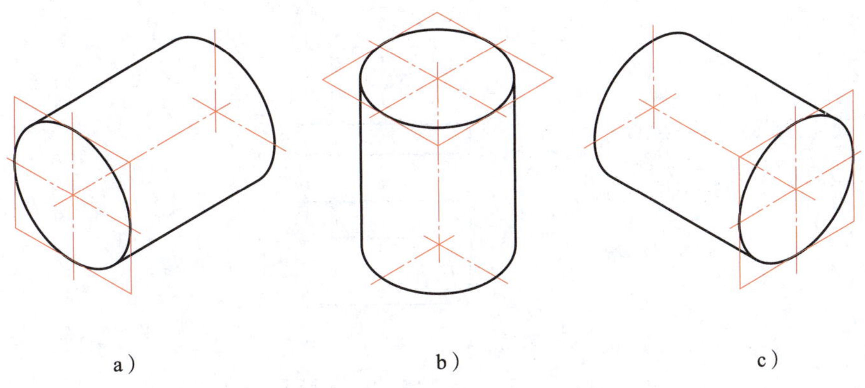


图 2-48　不同方向圆柱的正等轴测图

a）轴线垂直于侧投影面　b）轴线垂直于水平投影面　c）轴线垂直于正投影面

## 应用举例三

### 绘制支承座的正等轴测图

根据图 2-49 所示支承座的主、俯视图，画出其正等轴测图。

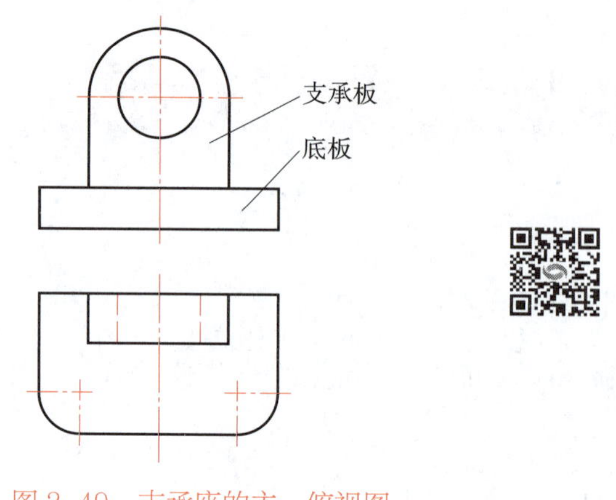


图 2-49　支承座的主、俯视图

## 1. 视图分析

图 2-49 所示支承座由底板和支承板两部分组成，底板前面的左右角倒圆，支承板的上部为半圆柱，中间有圆孔。

## 2. 绘图步骤

绘制支承座的正等轴测图时，可以先绘制底板，再绘制支承板，具体作图方法和步骤见表 2-16。

表 2-16　支承座正等轴测图的作图方法和步骤

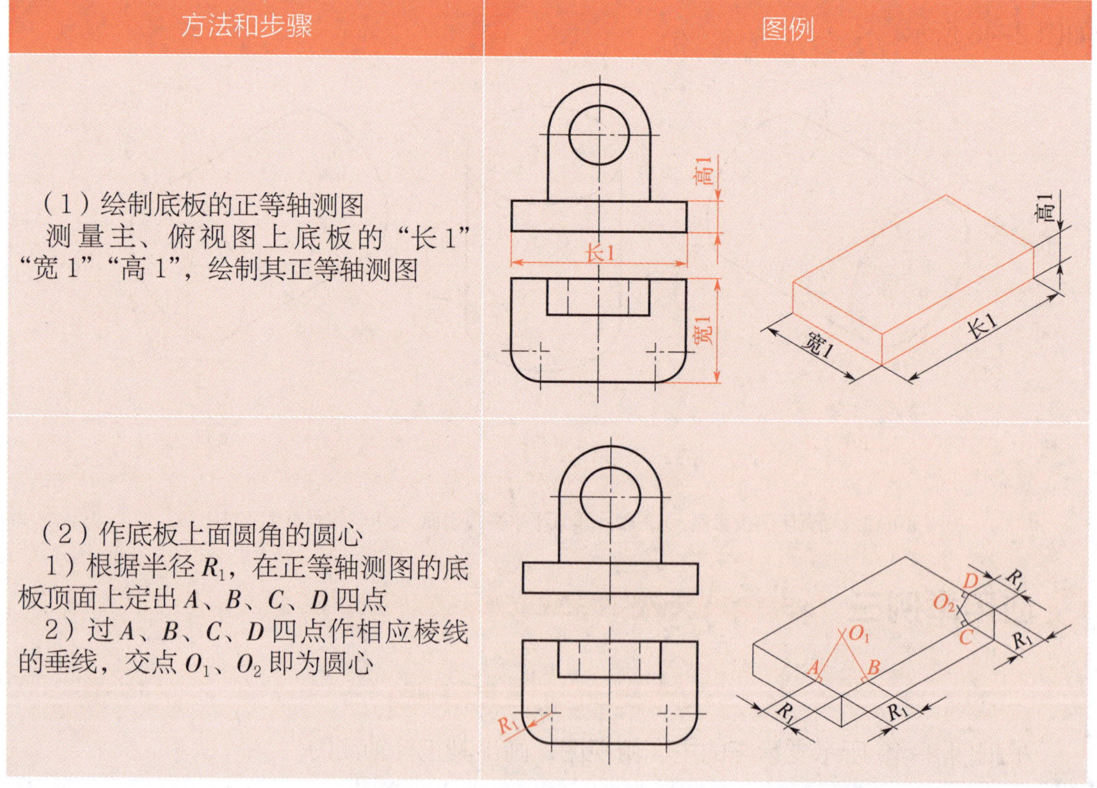

| 方法和步骤 | 图例 |
| --- | --- |
| （1）绘制底板的正等轴测图<br>测量主、俯视图上底板的“长 1”“宽 1”“高 1”，绘制其正等轴测图 | 高1　长1　宽1 |
| （2）作底板上面圆角的圆心<br>1）根据半径 $R_1$，在正等轴测图的底板顶面上定出 *A*、*B*、*C*、*D* 四点<br>2）过 *A*、*B*、*C*、*D* 四点作相应棱线的垂线，交点 $O_1$、$O_2$ 即为圆心 | $R_1$　$O_1$　$O_2$　A　B　C　D |

续表

<table>
<tr><th colspan="2">方法和步骤</th><th>图例</th></tr>
<tr><td colspan="2">（3）绘制底板上的圆角<br>1）以 $O_1$ 为圆心，$O_1A$ 为半径画圆弧，以 $O_2$ 为圆心，$O_2C$ 为半径画圆弧<br>2）圆心下移“高 1”（底板高度）得到 $O_1'$、$O_2'$，绘制底板底面的圆角<br>3）作右端两段圆弧的公切线</td><td></td></tr>
<tr><td colspan="2">（4）绘制竖长方体<br>测量“长 2”“宽 2”“高 2”，绘制竖长方体的正等轴测图</td><td></td></tr>
<tr><td colspan="2">（5）绘制半圆柱<br>画法参照表 2-15 直立圆柱正等轴测图的作图方法和步骤</td><td></td></tr>
<tr><td rowspan="2">（6）绘制圆孔</td><td>1）在支承板的前面上画出边长为 $\phi$ 的菱形，绘制圆孔与支承板前面相交圆的正等轴测图</td><td></td></tr>
<tr><td>2）将圆孔右下侧圆弧的圆心沿 OY 轴方向向左上移动支撑板的厚度“宽 2”，用相同的半径绘制圆孔后面圆的可见部分</td><td></td></tr>
</table>

续表

| 方法和步骤 | 图例 |
| --- | --- |
| （7）擦除作图线，描深可见轮廓线 | 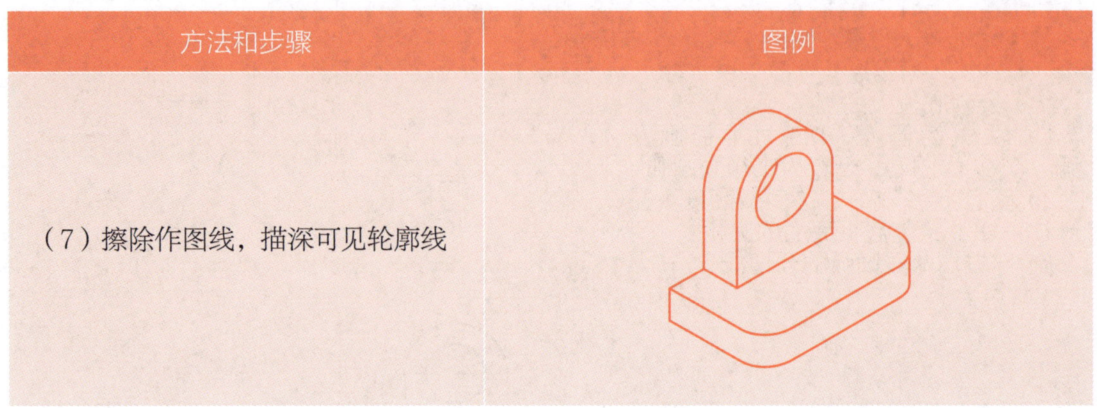 |

**小提示**

（1）物体上互相平行的线段，在轴测图上仍然平行。

（2）平行于坐标轴的线段，在轴测图上平行于相应的轴测轴。

（3）在轴测图上，平行于坐标轴的线段可以度量，不平行于坐标轴的线段不能度量。

## 二、斜二等轴测图

### 想一想

在画正等轴测图时，绘制椭圆是一件很麻烦的事情，有没有不用画椭圆的轴测图？

#### 1. 斜二等轴测图的形成

斜二等轴测图的形成如图 2-50 所示，物体上的 $O_1X_1$、$O_1Z_1$ 坐标轴与投影面平行，$O_1Y_1$ 坐标轴与投影面垂直。进行主视图的投影时，投射线垂直于正投影面；进行斜二测投影时，投射线从物体的斜上方投射，因此投射线同时通过物体的前面、左面、上面。

#### 2. 斜二等轴测图的轴间角和轴向伸缩系数

在进行斜二测投影时，由于 $OX$、$OZ$ 坐标轴与投影面平行，所以斜二等轴测图的轴间角 $\angle XOZ=90°$，且 $OX$、$OZ$ 轴的轴向伸缩系数都为 1。调整投射方向，可使

$\angle XOY=\angle YOZ=135°$，且使 $OY$ 轴的轴向伸缩系数为 1/2，如图 2-51 所示。因此，在三视图宽度方向上量取的尺寸，在画斜二等轴测图时应减半。

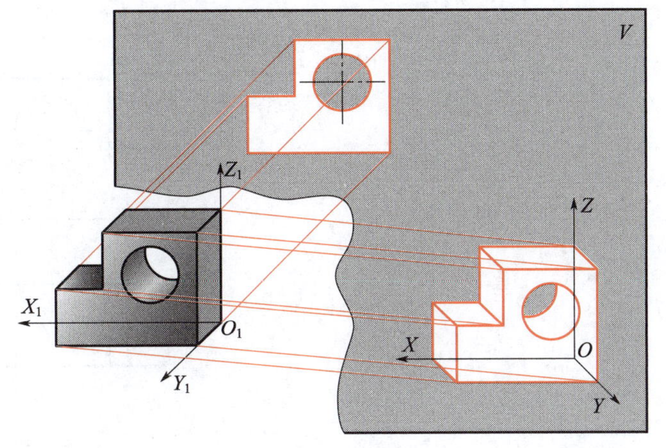

图 2-50　斜二等轴测图的形成

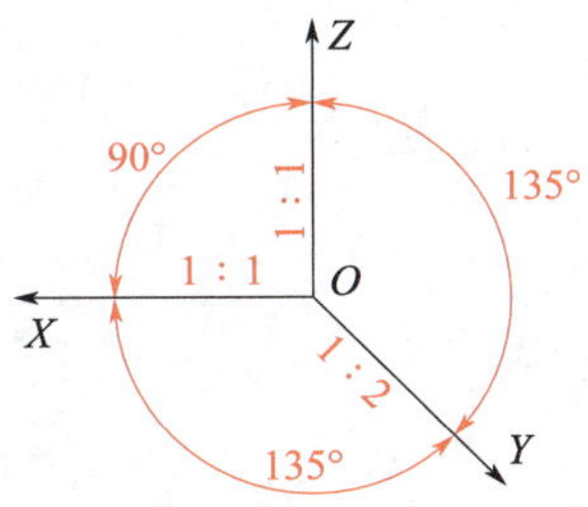


图 2-51　斜二等轴测图的轴间角和轴向伸缩系数

### 3. 斜二等轴测图的绘制

挡块的主、俯视图如图 2-52 所示，其斜二等轴测图的作图方法和步骤见表 2-17。

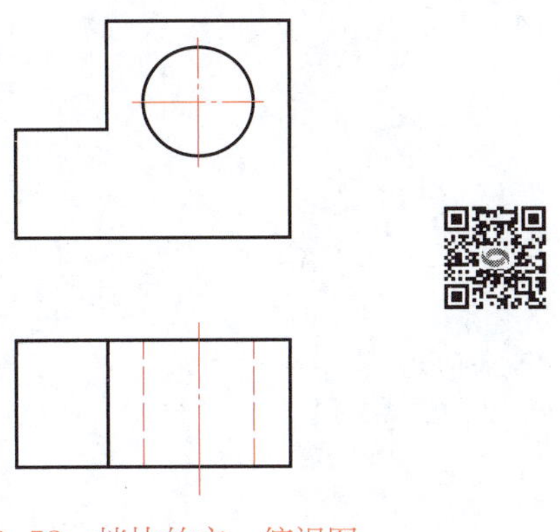

图 2-52　挡块的主、俯视图

表 2-17　　挡块斜二等轴测图的作图方法和步骤

| 方法和步骤 | 图例 |
| --- | --- |
| （1）在两视图中绘制出坐标轴 $O_1X_1$、$O_1Y_1$、$O_1Z_1$ 的投影 | 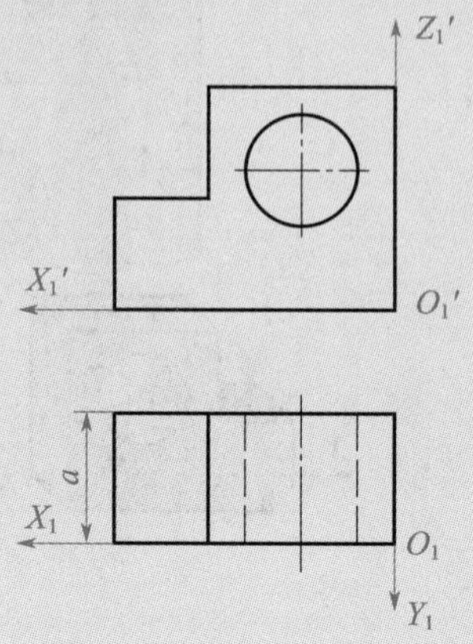 |
| （2）绘制轴测轴 $OX$、$OY$、$OZ$ | 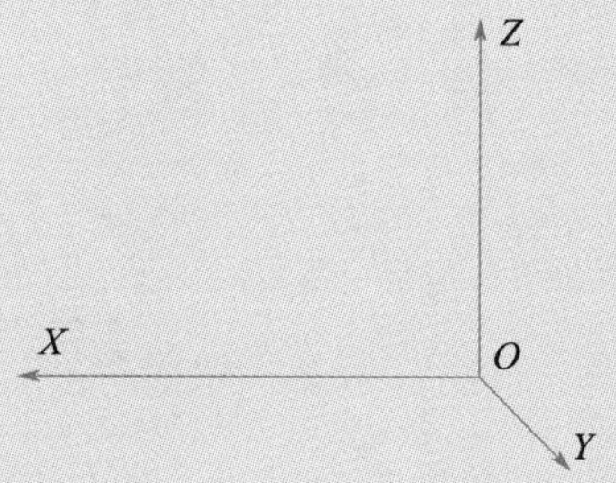 |
| （3）绘制挡块前面的斜二等轴测图 | 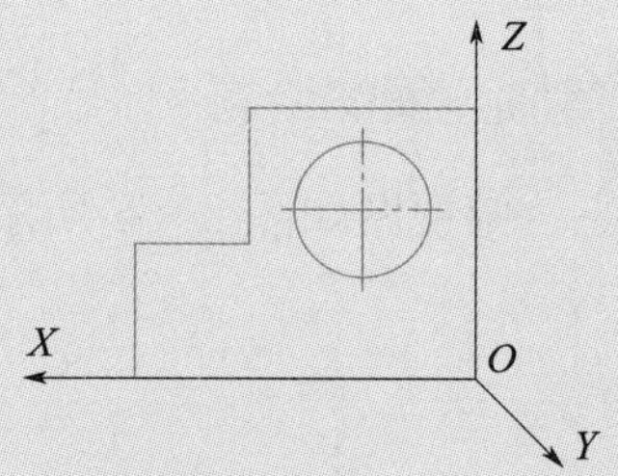 |
| （4）从挡块前面的各个顶点绘制平行于 $OY$ 轴的直线，并按 $a/2$ 取其宽度 | 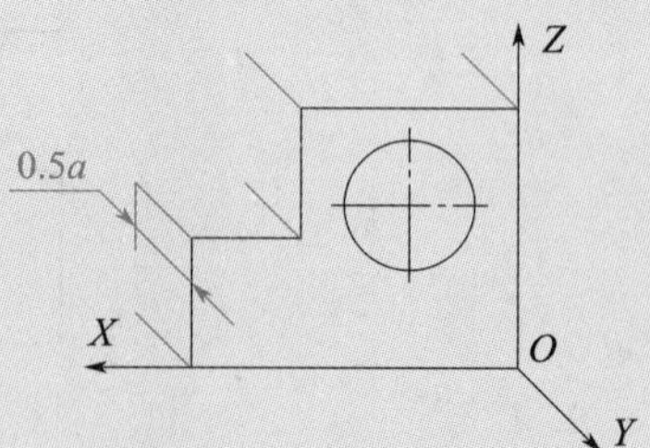 |

续表

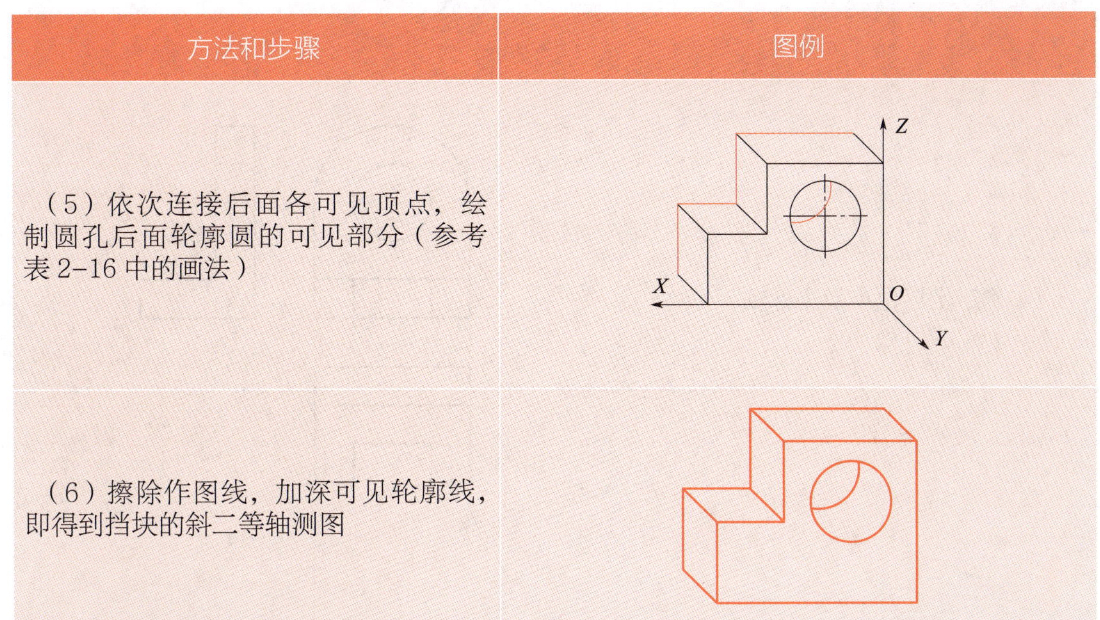


| 方法和步骤 | 图例 |
| --- | --- |
| （5）依次连接后面各可见顶点，绘制圆孔后面轮廓圆的可见部分（参考表 2-16 中的画法） | |
| （6）擦除作图线，加深可见轮廓线，即得到挡块的斜二等轴测图 | |

## 应用举例四

### 绘制支撑座的斜二等轴测图

支撑座的三视图如图 2-53 所示，下面绘制其斜二等轴测图。

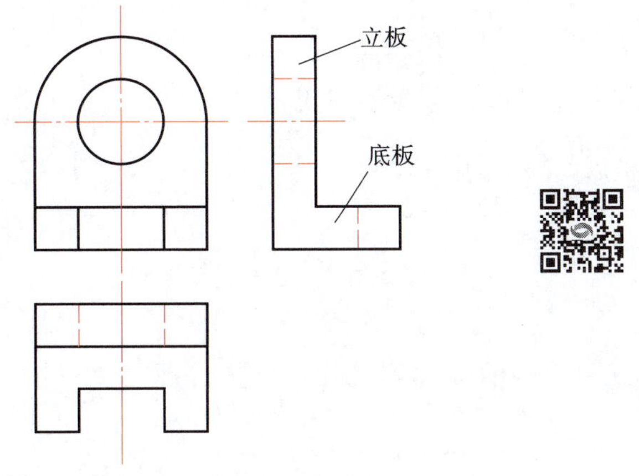


图 2-53　支撑座的三视图

支撑座由立板和底板两部分组成，立板上加工有一个圆孔，底板上开有一个矩形槽。绘制斜二等轴测图时，可先绘制出立板的斜二等轴测图，然后在此基础上绘制底板的斜二等轴测图，具体作图步骤见表 2-18。

表 2-18　　支撑座斜二等轴测图的作图步骤

| 步骤 | 图例 |
| --- | --- |
| （1）确定坐标原点及坐标轴 | 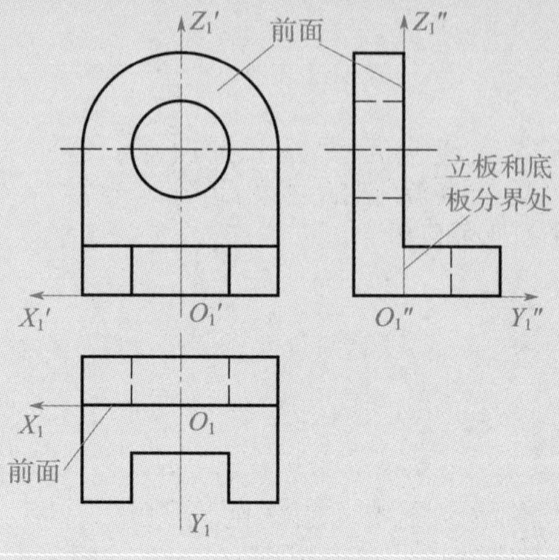 |
| （2）绘制立板前面的斜二等轴测图 | 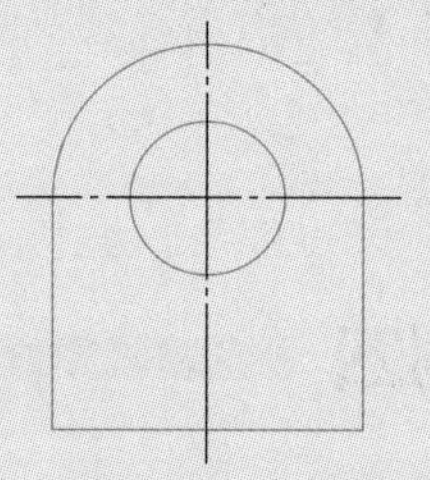 |
| （3）完成立板的斜二等轴测图<br>1）从立板前面的左下侧顶点向左上绘制平行于 *OY* 轴的直线，并按立板宽度的一半取其长度<br>2）将立板前面上的圆和圆弧的圆心沿 *OY* 轴方向向左后移动立板宽度的一半，用相同半径绘制圆弧（只绘制可见部分）<br>3）绘制立板后面缺少的棱边线<br>4）绘制右上侧圆弧的公切线 | 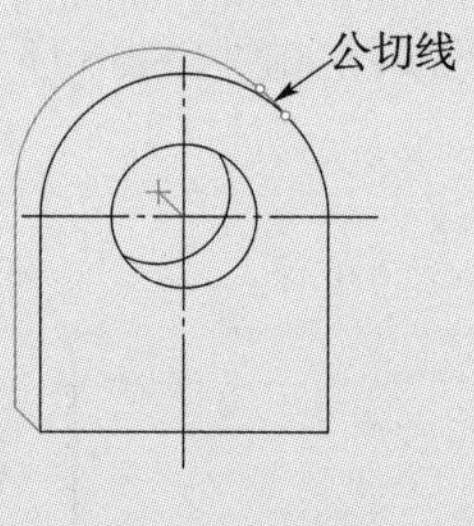 |
| （4）绘制长方体底板的斜二等轴测图 | 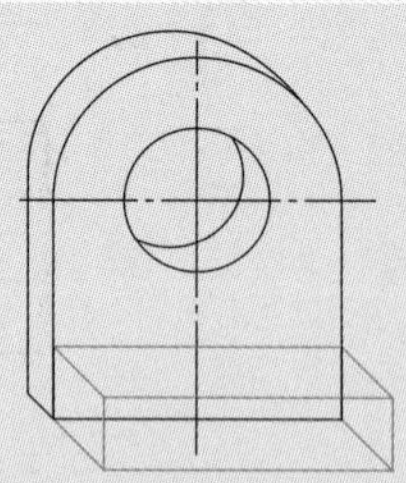 |
| （5）擦去两板连接处的多余图线<br>（6）绘制底板上的矩形槽 | 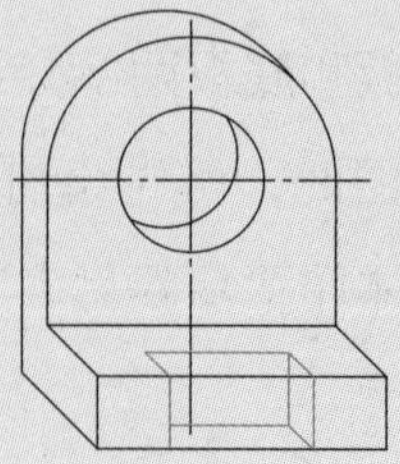 |

续表

| 步骤 | 图例 |
| --- | --- |
| （7）擦除作图线，描深可见轮廓线 |  |

# 第三章 截交线与相贯线

## 想一想

机件的表面是由一些平面或曲面构成的，机件上两个表面相交形成表面交线。在图 3-1a 中，平面与圆柱面的交线有哪些，分别是什么形状？在图 3-1b 中，有哪些圆柱面，它们的交线是平面图线还是空间图线？

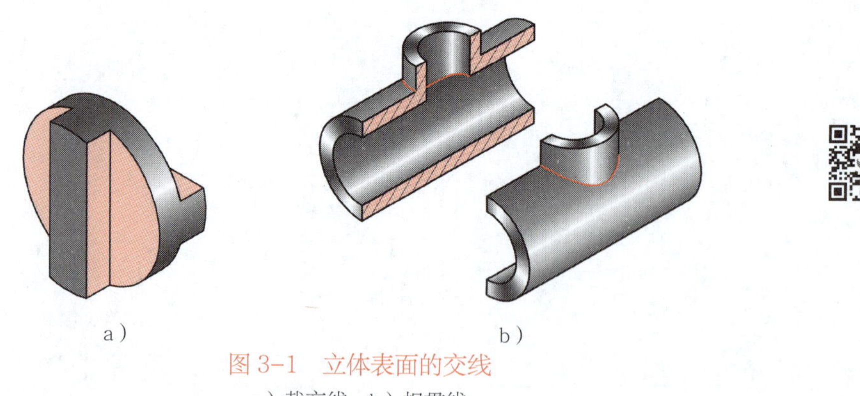

a）　　b）

图 3-1　立体表面的交线

a）截交线　b）相贯线

在图 3-1a 中，平面与圆柱面的交线是直线或圆弧；在图 3-1b 中，两圆柱面的交线是空间曲线。

# §3-1 | 立体表面上点的投影

## 学习目标

掌握求棱柱、棱锥、圆柱、圆锥和球表面上点的投影的方法。

在求作立体表面上点的投影时，要先明确一个从属关系：若点在直线或平面上，则点的投影一定在点所在直线或平面的投影上。

### 一、求作棱柱表面上点的投影

如图 3-2 所示，已知正六棱柱表面上 $M$ 点的水平投影 $m$ 和 $N$ 点的正面投影 $n'$，求作其他两个投影。

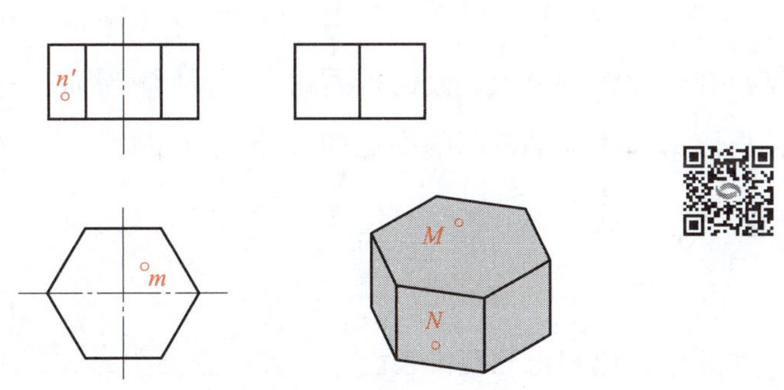


图 3-2　正六棱柱表面上的点

#### 1. 求作 $M$ 点的未知投影

（1）绘制作图基准线

将俯视图的横向对称中心线向右延长，在左视图前后对称位置向下绘制竖线，过交点绘制 45° 斜线，作为保证“宽相等”的基准线，如图 3-3a 所示。

（2）求作点的未知投影

由于 $M$ 点在正六棱柱的顶面上，顶面的正面投影和侧面投影皆为横线，所以过 $m$ 向上引竖线与顶面的投影相交可得到 $m'$，过 $m$ 按“宽相等”的投影规律向左视图引线，即得到 $m''$，如图 3-3b 所示。

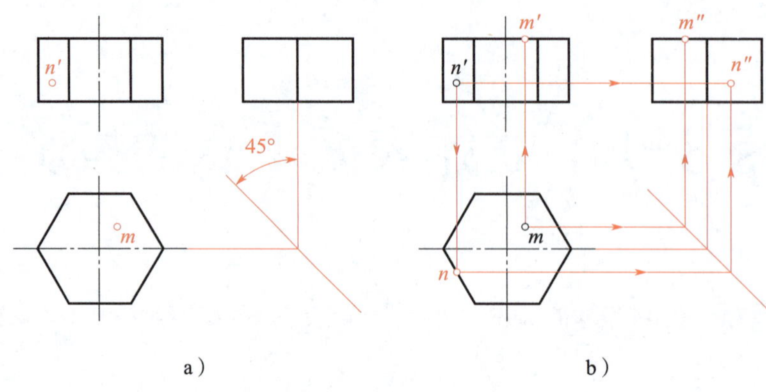


图 3-3　求作正六棱柱表面上点的投影

**小提示**

在根据“宽相等”的投影规律绘图时，45° 斜线不能随便绘制，必须通过某一要素水平投影的横向引线和侧面投影竖直引线的交点绘制，否则无法保证“宽相等”。

### 2. 求作 $N$ 点的未知投影

由于 $N$ 点在一个铅垂面上，该铅垂面的水平投影积聚成一条斜线，所以过 $n'$ 向俯视图引竖线，与该铅垂面水平投影的交点即 $N$ 点的水平投影 $n$，然后根据点的投影规律求得 $n''$，如图 3-3b 所示。

## 二、求作棱锥表面上点的投影

如图 3-4 所示，已知正三棱锥表面上 $A$ 点的正面投影 $a'$，求作其他两面投影。

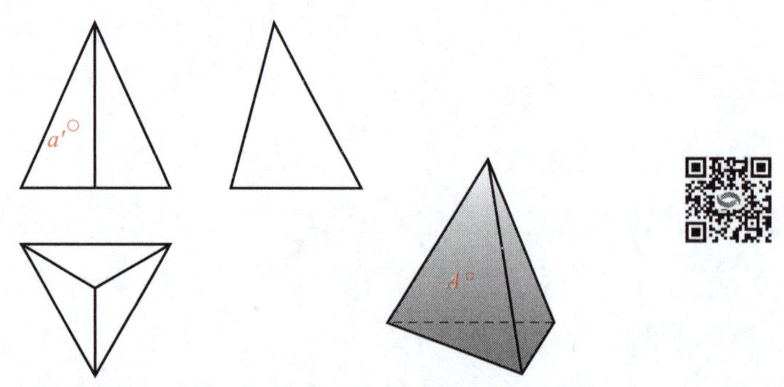


图 3-4　正三棱锥表面上的点

由于 $A$ 点在一个一般位置平面上，所以不能用前面求正六棱柱表面上点的投影的方法求 $A$ 点的投影。为此，可以采用辅助线法，即过 $A$ 点在其所在表面上作一条辅助直线，由于 $A$ 点在辅助直线上，所以 $A$ 点的三面投影也在辅助直线的投影上。只要能求出辅助直线的三面投影，点的投影就很容易作出来了，其作图步骤见表 3-1。

表 3-1　　求正三棱锥表面上点的未知投影

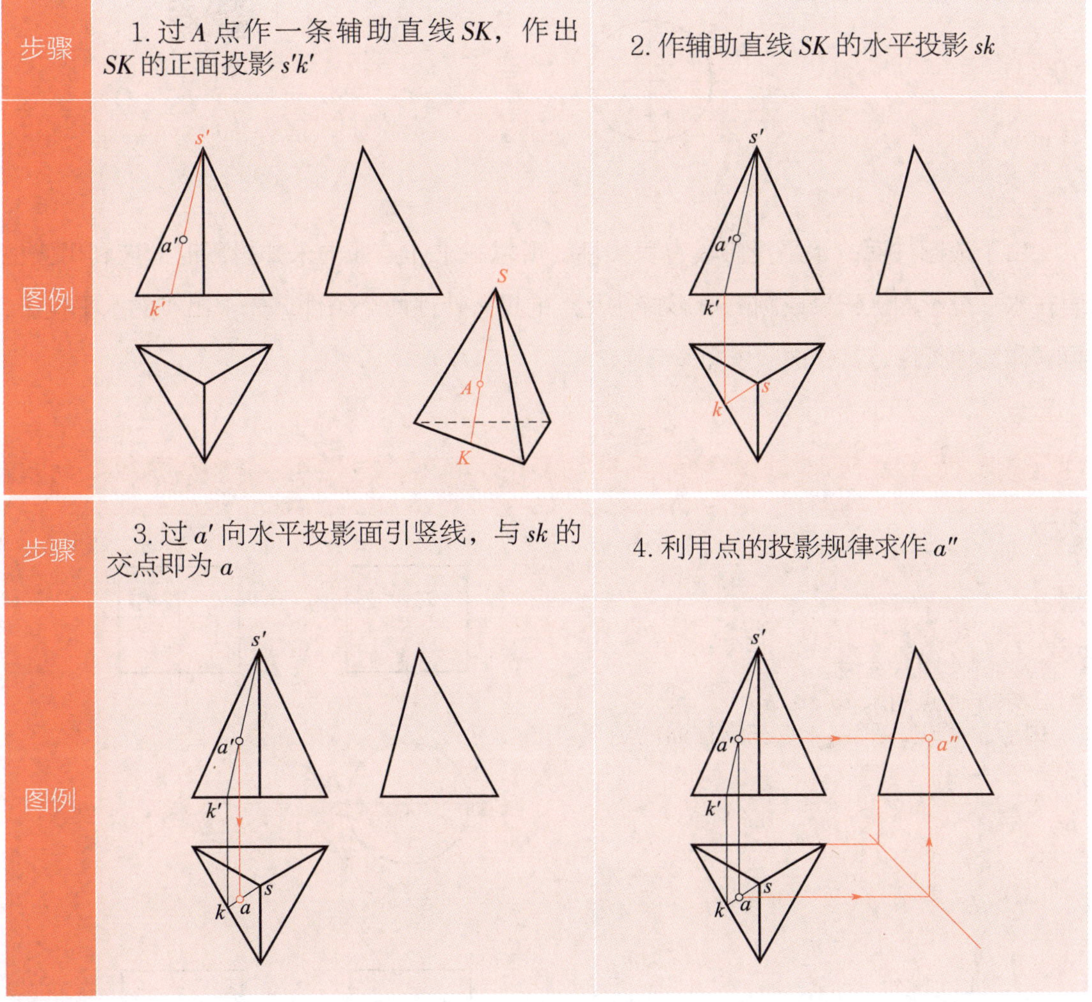

| 步骤 | 1. 过 $A$ 点作一条辅助直线 $SK$，作出 $SK$ 的正面投影 $s'k'$ | 2. 作辅助直线 $SK$ 的水平投影 $sk$ |
|---|---|---|
| 图例 | | |
| 步骤 | 3. 过 $a'$ 向水平投影面引竖线，与 $sk$ 的交点即为 $a$ | 4. 利用点的投影规律求作 $a''$ |
| 图例 | | |



## 三、求作圆柱面上点的投影

### 想一想

在圆柱面上，什么线是直线？

如图 3-5 所示，已知圆柱面上 $A$ 点的正面投影 $a'$，求作其他两面投影。

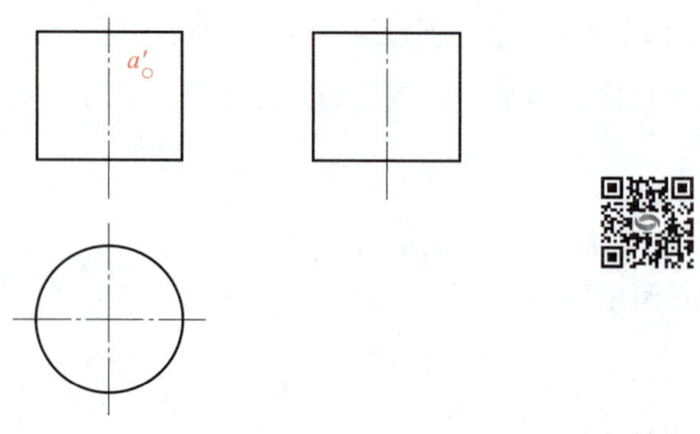


图 3-5　圆柱面上的点

由于该圆柱面的水平投影具有积聚性，所以在求作点 $A$ 的未知投影时，应利用圆柱面在水平投影面上积聚成圆的投影特性及点的投影特性两个条件，先求出点的水平投影，再求作其他投影，其作图步骤见表 3-2。

表 3-2　　求圆柱面上点的未知投影

| 步骤 | 图例 |
| --- | --- |
| 1. 绘制作图基准线<br>2. 求作 $A$ 点的水平投影 $a$<br>由于 $a'$ 可见，所以 $A$ 点在圆柱面的前半部分上 | 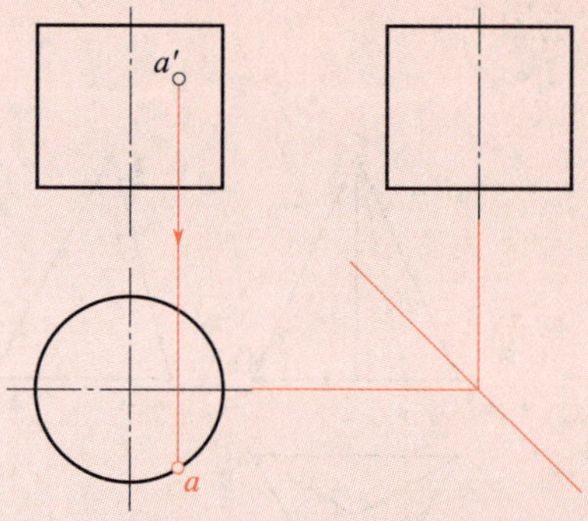 $a'$　$a$ |
| 3. 求作 $A$ 点的侧面投影 $a''$<br>根据 $a$ 可以判断 $A$ 点在圆柱面的右半部分上，所以 $a''$ 不可见，故在图中标记为“( $a''$ )” | 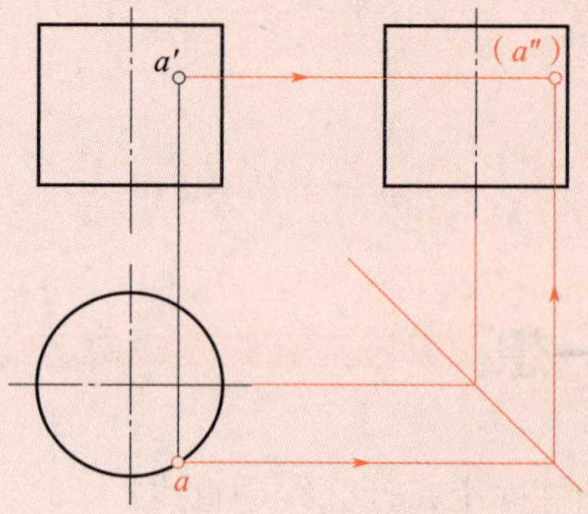 $a'$　( $a''$ )　$a$ |

## 四、求作圆锥面上点的投影

### 想一想

圆柱面具有积聚性，可以利用圆柱面的积聚性求点的投影；圆锥面没有积聚性，如何求其表面点的投影?

如图 3-6 所示，已知圆锥面上 A 点的正面投影 $a'$，求作其他两面投影。

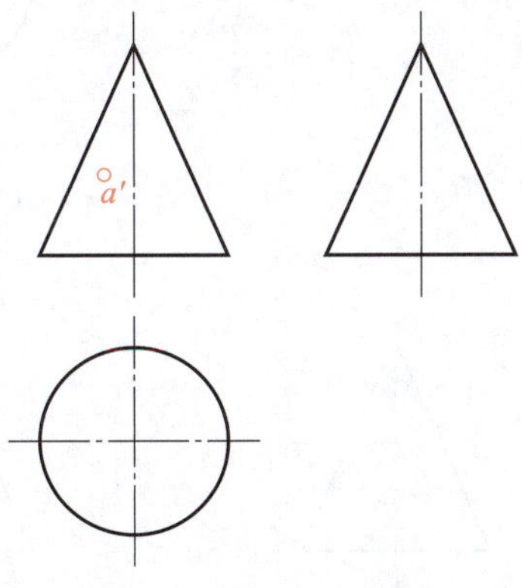


图 3-6　圆锥面上的点

### 1. 用辅助素线法求作圆锥面上点的投影

由于该圆锥面的任何投影都没有积聚性，所以不能用求圆柱面上点的投影的方法求圆锥面上点的投影。因此，应考虑借鉴求一般位置平面上点的投影的方法，在圆锥面上作过 A 点的辅助素线 SK（见图 3-7），则 A 点的三面投影在辅助素线 SK 的三面投影上。用辅助素线法求作圆锥面上点的未知投影见表 3-3。

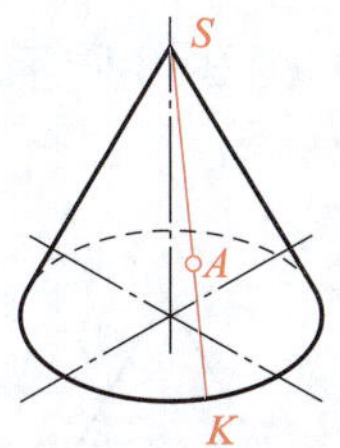


图 3-7　过圆锥面上的 A 点作辅助素线

表 3-3　用辅助素线法求作圆锥面上点的未知投影

| 步骤 | （1）过 $a'$ 作 $s'k'$ | （2）求作 $sk$ |
|---|---|---|
| 图例 | 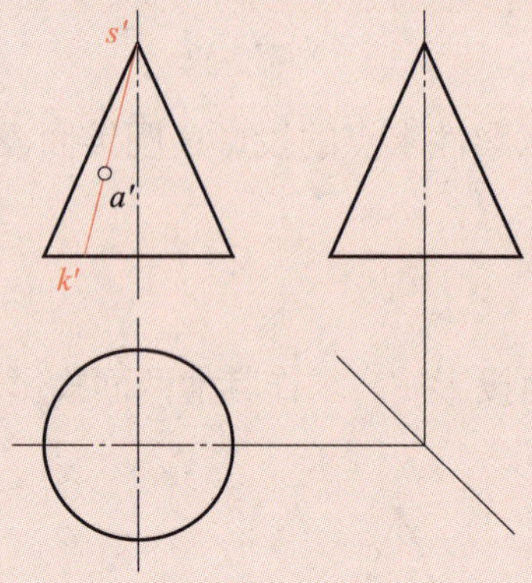 | 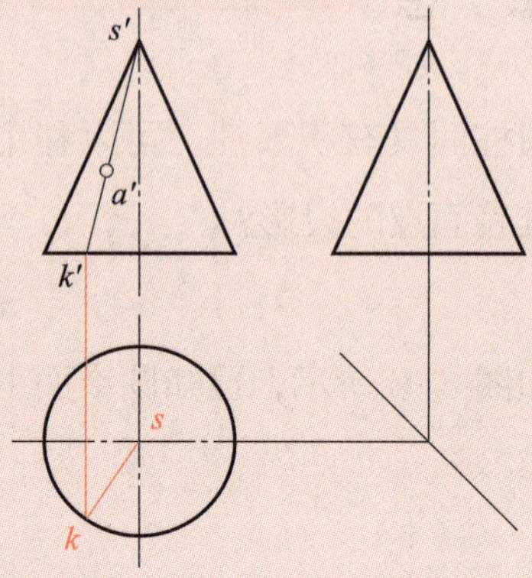 |
| 步骤 | （3）求作 $a$ | （4）求作 $a''$ |
| 图例 | 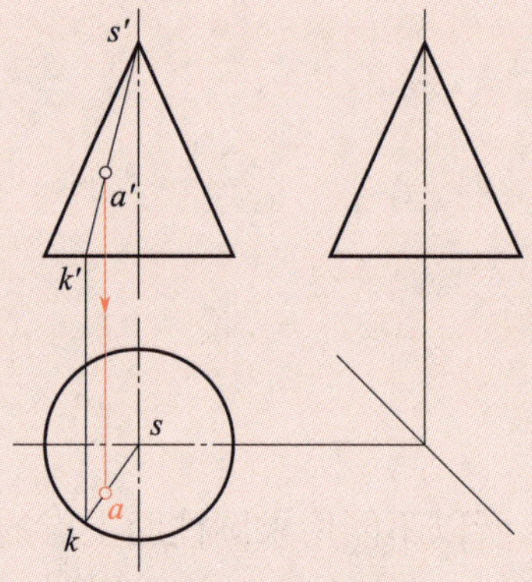 | 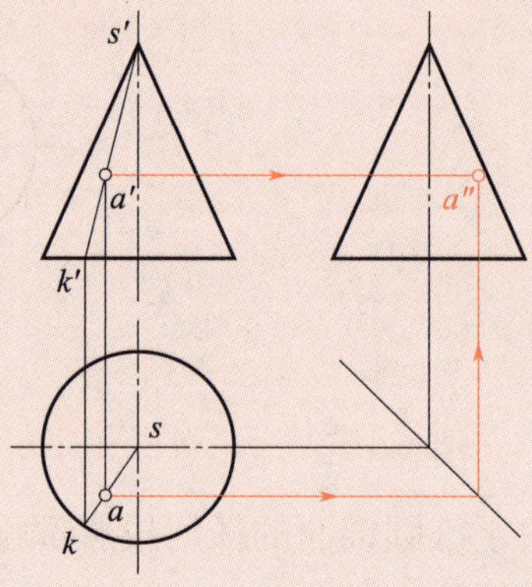 |

## 2. 用辅助平面法求作圆锥面上点的投影

用一个垂直于圆锥轴线的平面截割圆锥，平面与圆锥面的交线是圆（圆是唯一可利用手工绘图工具准确绘出的曲线），如图 3-8 所示。用辅助平面法求作圆锥面上点的未知投影见表 3-4。

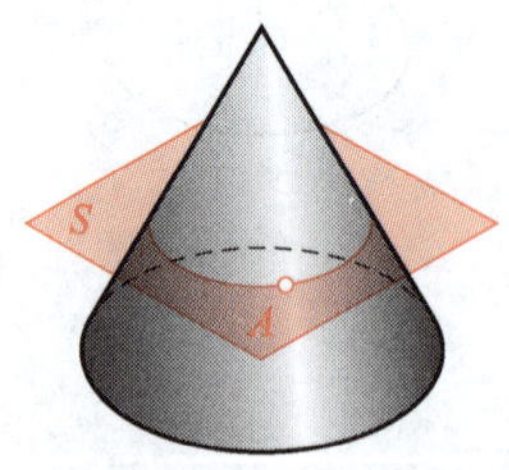


图 3-8　过圆锥面上的 $A$ 点作辅助平面

表 3-4　用辅助平面法求作圆锥面上点的未知投影

| 步骤 | （1）过 $a'$ 作水平辅助平面，它与圆锥面的交线圆为水平圆 $s'$ | （2）求作交线圆的水平投影 $s$ |
|---|---|---|
| 图例 | 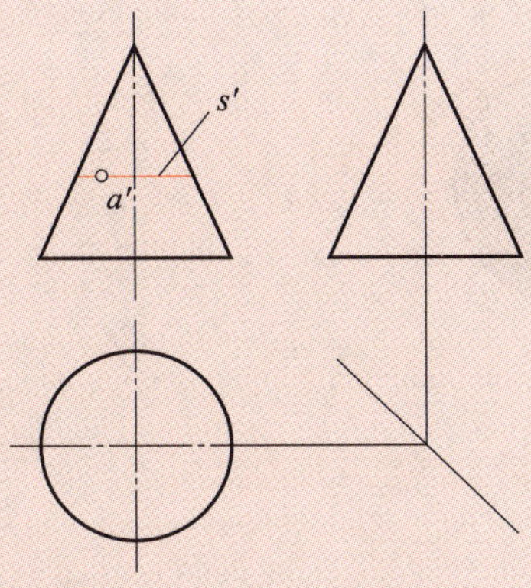 | 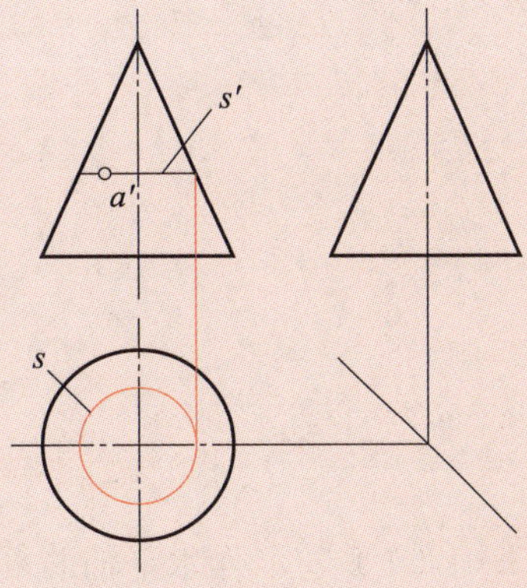 |
| 步骤 | （3）求作 $a$ | （4）求作 $a''$ |
| 图例 | 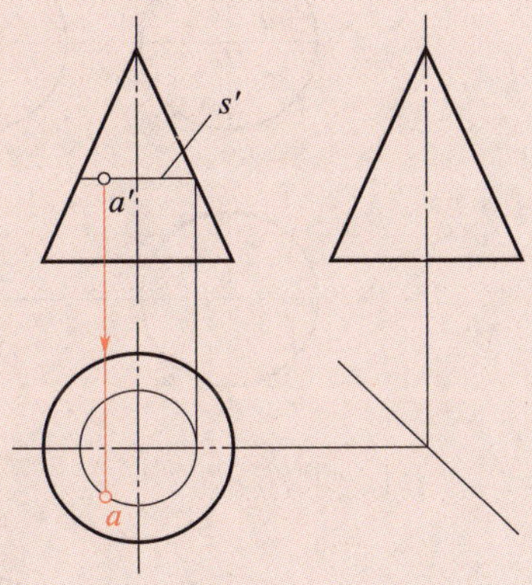 | 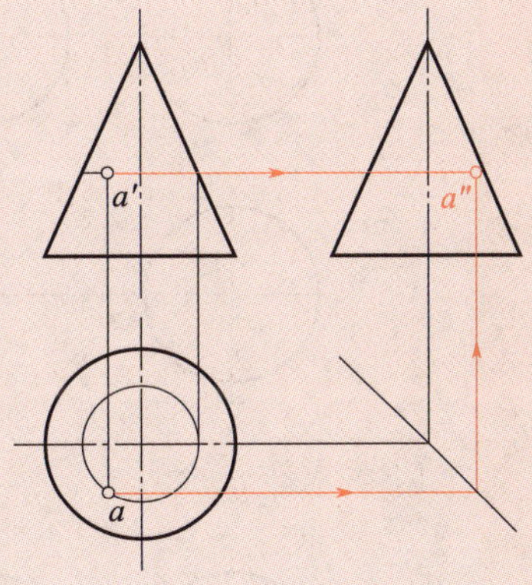 |

## 五、求作球面上点的投影

如图 3-9 所示，已知球面上 $A$ 点的正面投影 $a'$，求作其他两面投影。

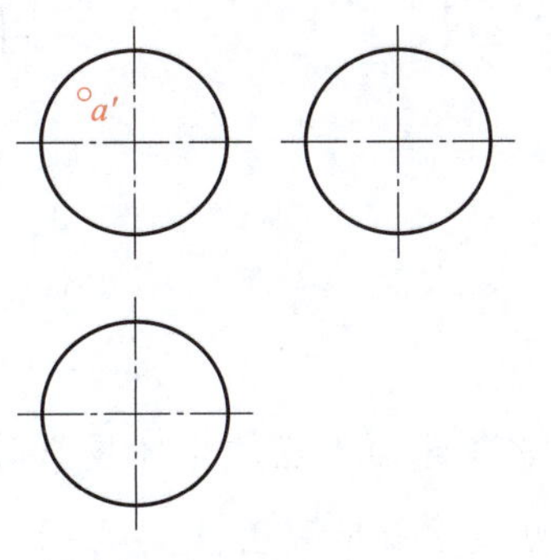


图 3-9　球面上的点

球面的任何投影都没有积聚性，球面的素线也不是直线，所以只能用作辅助平面的方法求作球面上点的投影。在求作点 $A$ 的未知投影时，可过 $A$ 点作水平辅助平面 $S$，如图 3-10 所示。用辅助平面法求作球面上点的未知投影见表 3-5。

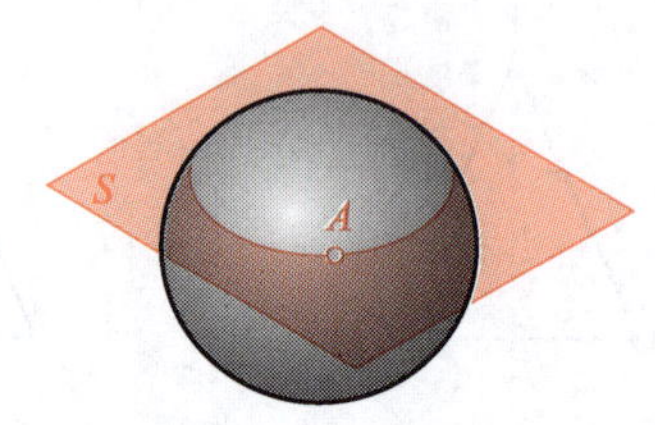


图 3-10　过球面上的 $A$ 点作辅助平面

**表 3-5　　用辅助平面法求作球面上点的未知投影**

| 步骤 | （1）过 $a'$ 作水平辅助平面，它与球面的交线圆为水平圆 $s'$ | （2）求作交线圆的水平投影 $s$ |
| --- | --- | --- |
| 图例 | 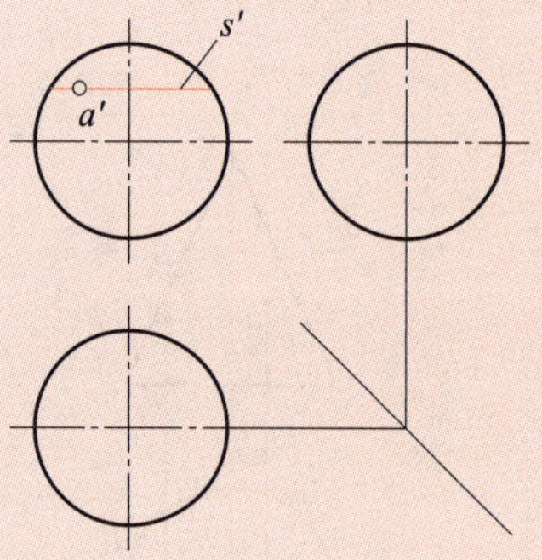 $s'$　$a'$ | 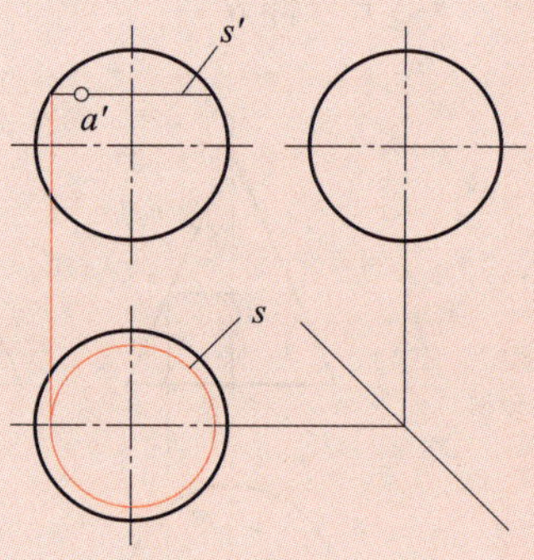 $s'$　$a'$　$s$ |
| 步骤 | （3）求作 $a$ | （4）求作 $a''$ |
| 图例 | 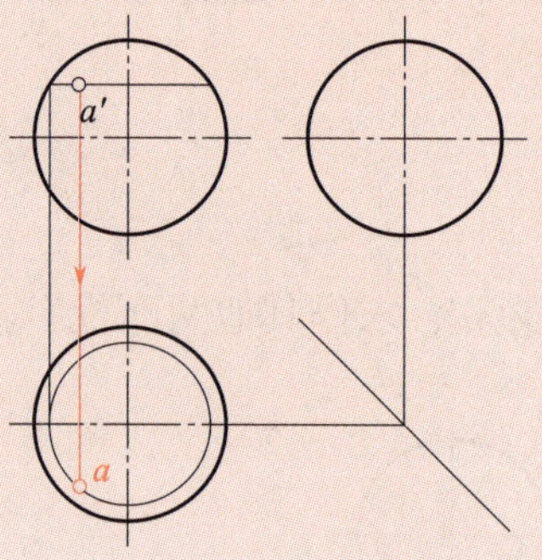 $a'$　$a$ | 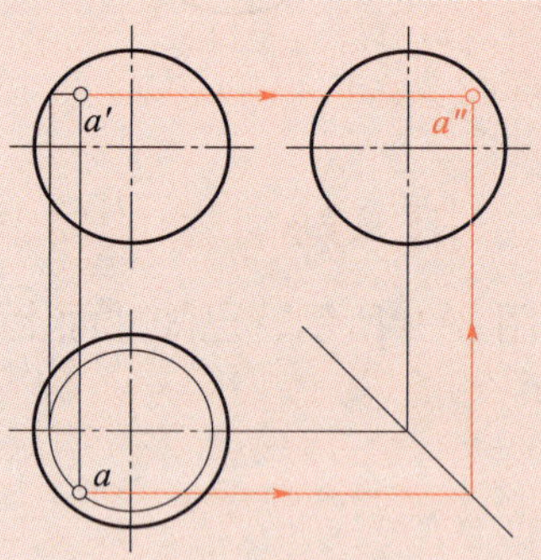 $a'$　$a''$　$a$ |

 **小提示**

在用作辅助平面的方法求作球面上点的未知投影时，除了可以作水平辅助平面外，也可以作正平辅助平面和侧平辅助平面。

# §3-2 截交线

## 学习目标

1. 掌握求平面立体上截交线的方法。

2. 了解圆柱截交线和圆锥截交线的类型，掌握求圆柱截交线和圆锥截交线的方法。

3. 掌握求球体截交线的方法。

## 想一想

如图 3-11 所示，平面与圆柱面和圆锥面的交线是什么形状，有什么特性？

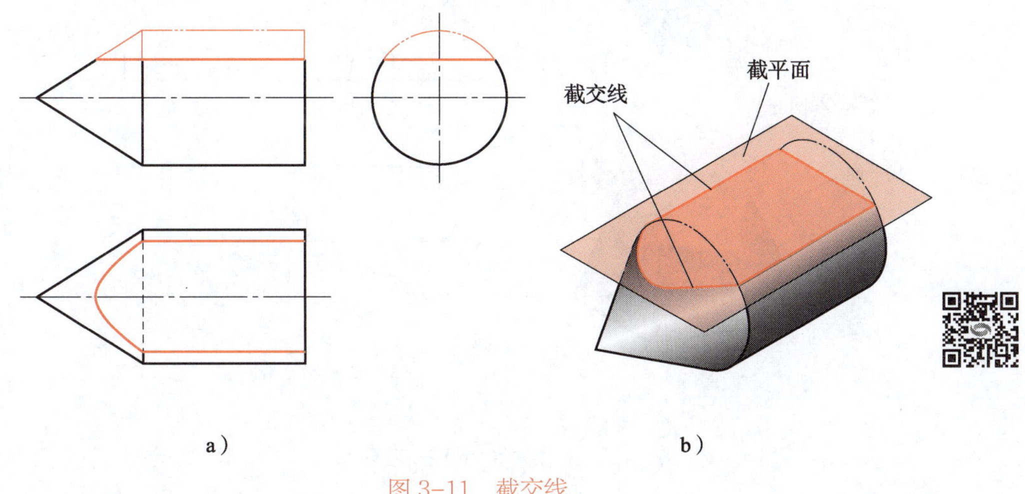


图 3-11　截交线
a）三视图　b）立体图

平面截割立体时，截切立体的平面称为截平面，截平面与立体表面的交线称为截交线。由于立体的形状和截平面的位置不同，因此截交线的形状也各不相同，但均具有以下两个基本特性。

（1）封闭性

截交线为封闭的平面图形。

（2）共有性

截交线既在截平面上，又在立体表面上，是截平面与立体表面的共有线，截交线上的点均为截平面与立体表面的共有点。

因此，求作截交线就是求截平面与立体表面的共有点和共有线。

## 一、平面截割平面立体

平面立体的截交线是一个封闭的平面多边形（见图 3-12a），它的顶点是截平面与平面立体的棱线的交点，它的边是截平面与平面立体表面的交线。因此，求平面立体截交线的投影，实质上就是求截平面与立体各被截棱线的交点的投影。

### 1. 求正六棱锥截交线的三面投影

如图 3-12 所示为平面切割正六棱锥，求作截交线的水平投影和侧面投影，并完成三视图。

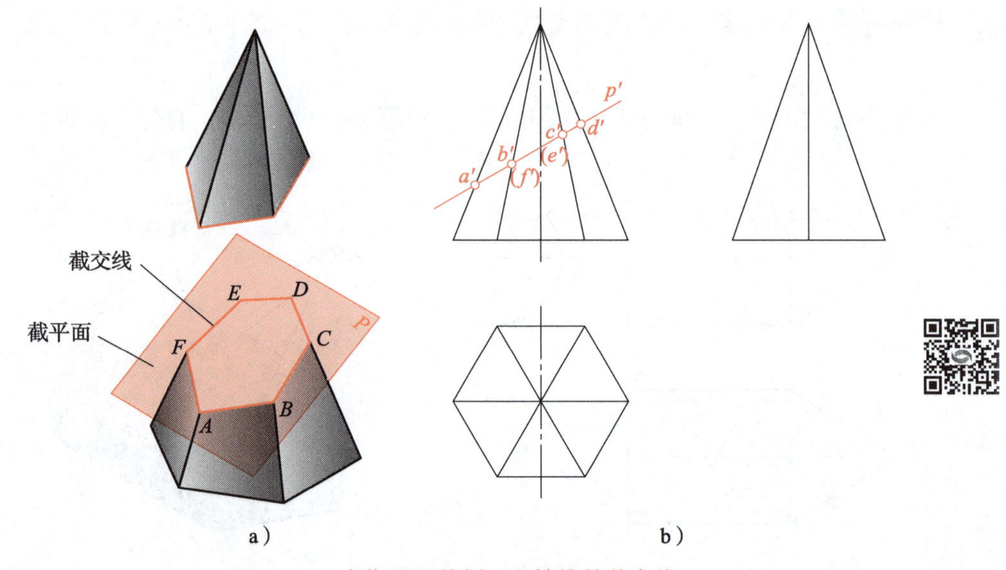


图 3-12　求作平面截割正六棱锥的截交线

a）立体图　b）三视图

如图 3-12a 所示，正六棱锥被正垂面切割，截平面 $P$ 与正六棱锥的六个棱面都相交，所以截交线是一个六边形。六边形的顶点为各棱线与截平面 $P$ 的交点。截交线的正面投影积聚在 $p'$ 上，$a'$、$b'$、$c'$、$d'$、$e'$、$f'$ 分别为各棱线与 $p'$ 的交点，如图 3-12b 所示。根据截交线的正面投影可作出其水平投影和侧面投影，并且截交线的水平投影和侧面投影为六边形。求作正六棱锥截交线的步骤见表 3-6。

表 3-6　　求作正六棱锥截交线的步骤

| 步骤 | （1）利用投影规律求作各顶点的水平投影 | （2）利用投影规律求作各顶点的侧面投影 |
| --- | --- | --- |
| 图例 | 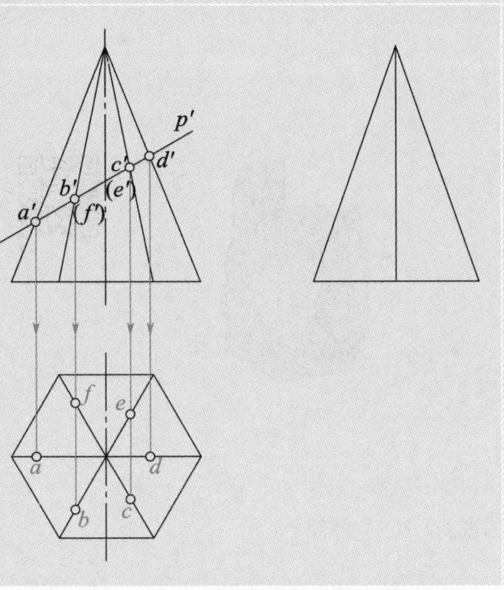 | 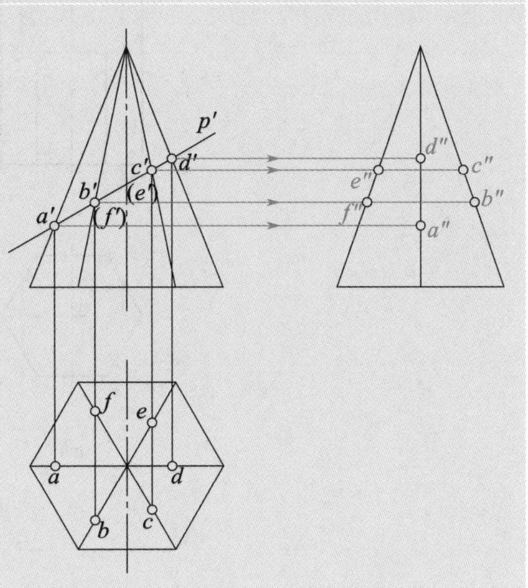 |
| 步骤 | （3）绘制截交线的水平投影和侧面投影 | （4）擦除作图线，按线型描深图线 |
| 图例 | 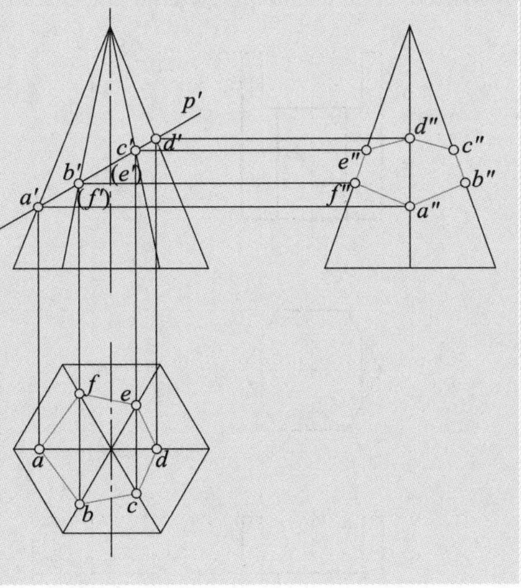 | 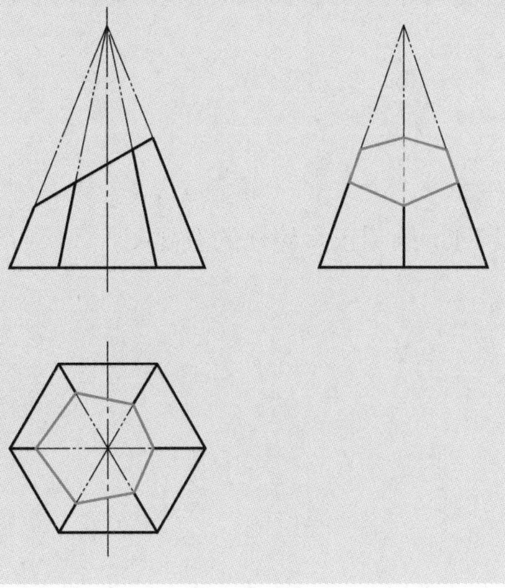 |

## 2. 补画开槽正六棱柱的左视图

开槽正六棱柱的主、俯视图和立体图如图 3-13 所示，补画其左视图。

图 3-13 所示形体是在正六棱柱上部中间开矩形槽，由两个左右对称的侧平面和一个水平面切割而成。侧平面切出的截交线为两个相等的矩形，水平面切出的截交线为八边形。三个截平面都垂直于正投影面，两条截平面的交线为正垂线。截平面的正面投影

积聚为三条相接的直线，显现出槽的形状特征。补画开槽正六棱柱的左视图的步骤见表 3-7。

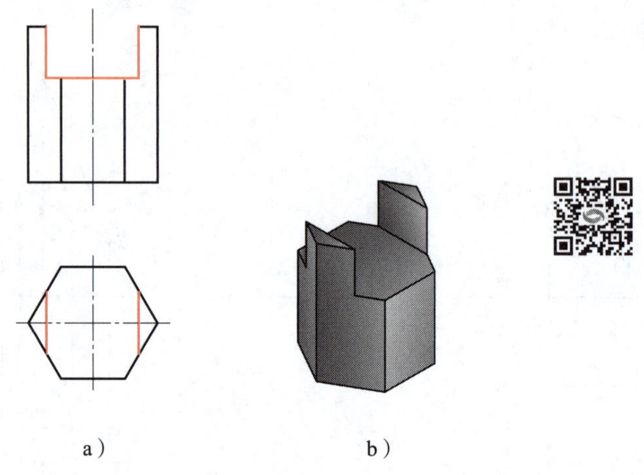

图 3-13　补画开槽正六棱柱的左视图

a）主、俯视图　b）立体图

表 3-7　补画开槽正六棱柱的左视图

| 步骤 | 图例 |
| --- | --- |
| （1）绘制正六棱柱的左视图 | 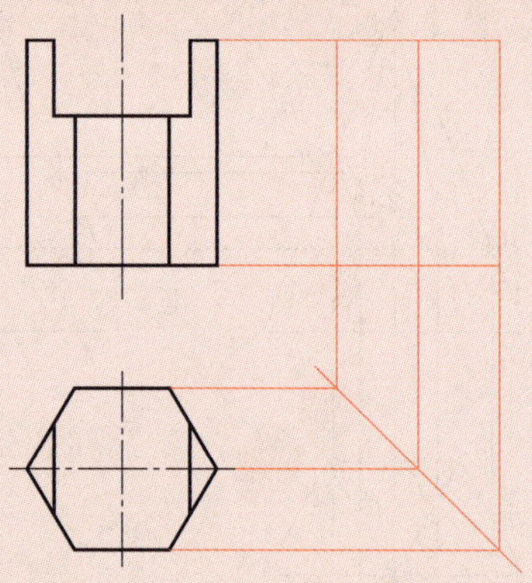 |
| （2）求作矩形槽的左视图<br>作图时应注意，将槽底被遮挡的部分画成细虚线 | 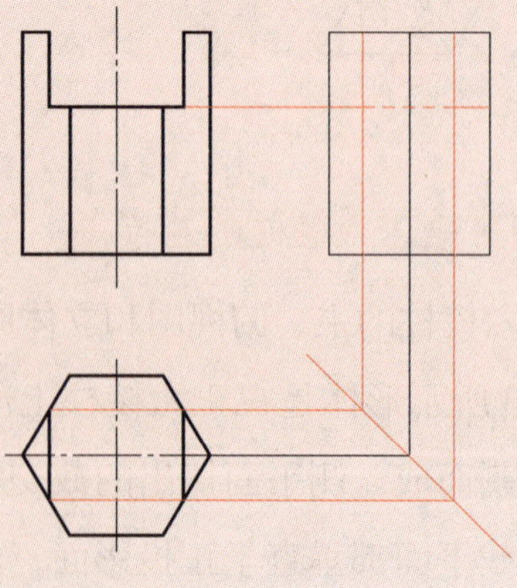 |

续表

| 步骤 | 图例 |
| --- | --- |
| （3）擦除作图线和开槽后消失的轮廓线，按线型描深图线 | |

## 二、平面截割圆柱体

### 想一想

用一个平面截割圆柱体，会得到什么形状的截交线？

#### 1. 圆柱截交线的类型

根据截割平面与圆柱面轴线的相对位置不同，圆柱截交线有三种情况，见表 3-8。

表 3-8　　平面截割圆柱体

| 截平面位置 | 平行于圆柱轴线 | 垂直于圆柱轴线 | 倾斜于圆柱轴线 |
| --- | --- | --- | --- |
| 立体图 | | | |

续表

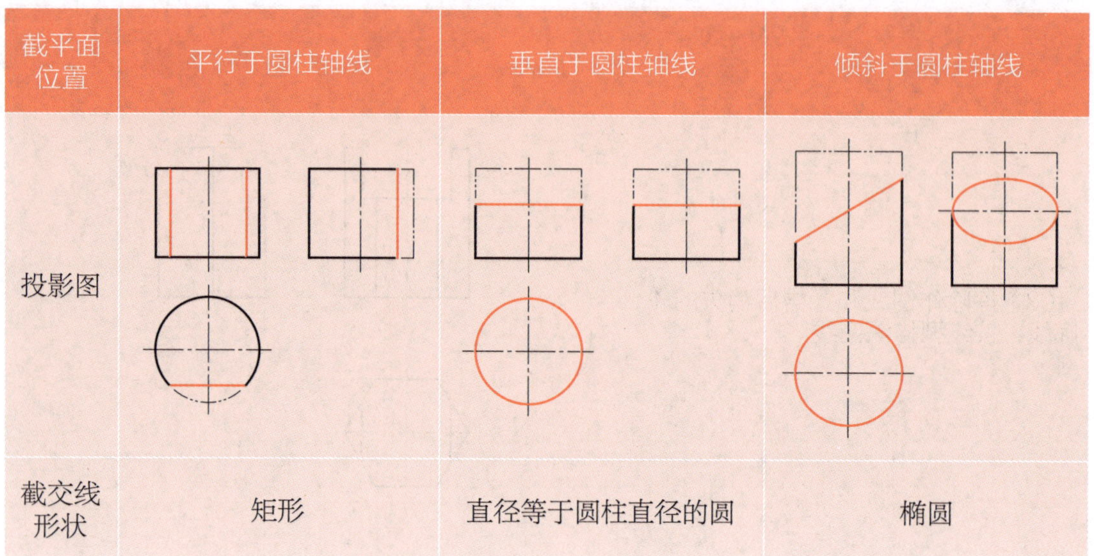

| 截平面位置 | 平行于圆柱轴线 | 垂直于圆柱轴线 | 倾斜于圆柱轴线 |
| --- | --- | --- | --- |
| 投影图 | | | |
| 截交线形状 | 矩形 | 直径等于圆柱直径的圆 | 椭圆 |

## 2. 平面斜割圆柱体截交线的画法

如图 3-14 所示为平面斜割圆柱体的立体图和主、俯视图，绘制其左视图。

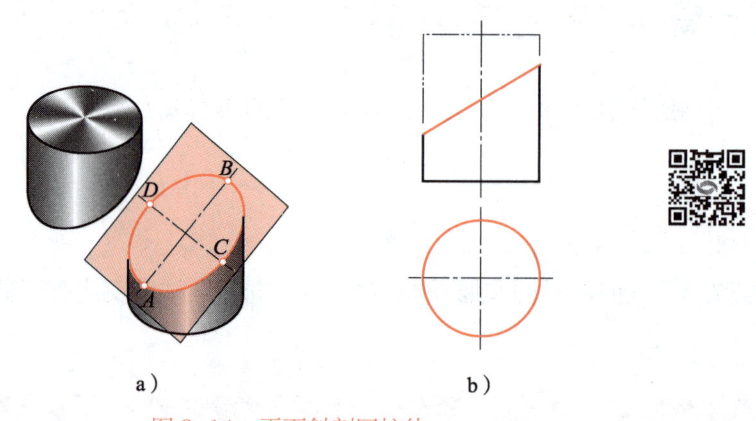


图 3-14　平面斜割圆柱体

a）立体图　b）主、俯视图

（1）分析已知条件

观察图 3-14a 不难看出，平面斜割圆柱体时，平面与圆柱面的截交线为椭圆。在该椭圆上有 4 个特殊点，即最低点 *A*、最高点 *B*、最前点 *C* 和最后点 *D*。

在截交线或相贯线上的最高、最低、最前、最后、最左、最右点，及在回转体最外素线上的点称为特殊点，在其他位置的点称为一般点。

由于平面斜割圆柱体的截交椭圆（见图 3-14a）是圆柱面和截割平面的共有线，因此它具有两个性质：一是，该椭圆在圆柱面上，具有圆柱面的投影特性——水平投影为圆；二是，该椭圆在正垂截割平面上，具有正垂面的投影特性——正面投影积聚成直线。因此，该截交线的正面投影和水平投影都是已知的。

（2）作图步骤

已知椭圆的两个投影求第三投影，可先求多个椭圆上点的第三投影，再依次连接各点的投影，具体作图步骤见表 3-9。

表 3-9　　绘制平面斜割圆柱体的左视图

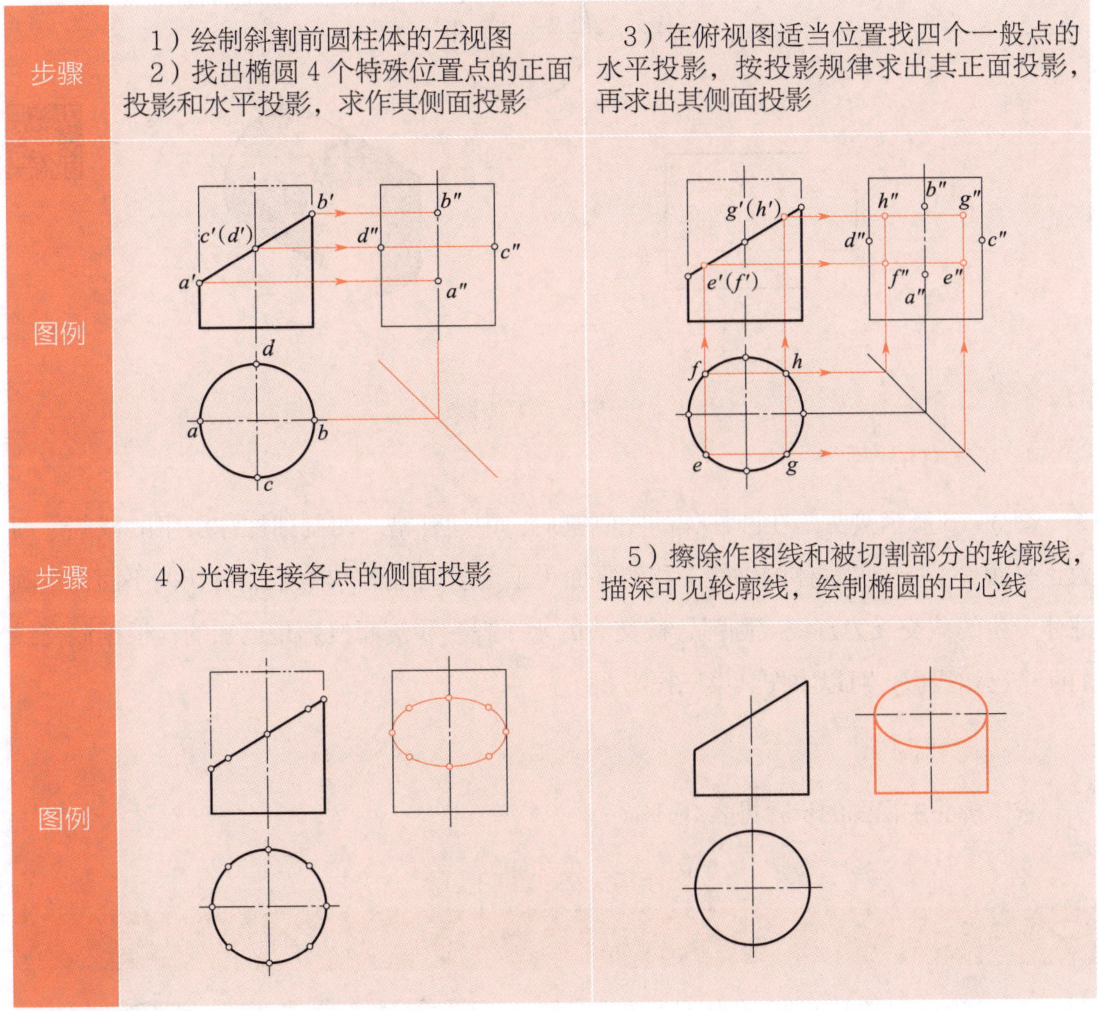

| 步骤 | 1）绘制斜割前圆柱体的左视图<br>2）找出椭圆 4 个特殊位置点的正面投影和水平投影，求作其侧面投影 | 3）在俯视图适当位置找四个一般点的水平投影，按投影规律求出其正面投影，再求出其侧面投影 |
| --- | --- | --- |
| 图例 | | |
| 步骤 | 4）光滑连接各点的侧面投影 | 5）擦除作图线和被切割部分的轮廓线，描深可见轮廓线，绘制椭圆的中心线 |
| 图例 | | |



## 想一想

如果图 3-14 中的截割平面与圆柱面的轴线成 45° 夹角，截交线在左视图中的投影是什么形状？

## 应用举例

### 绘制接头的主视图

根据图 3-15 所示接头的俯、左视图和立体图，分析截交线的形状，绘制接头的主视图。

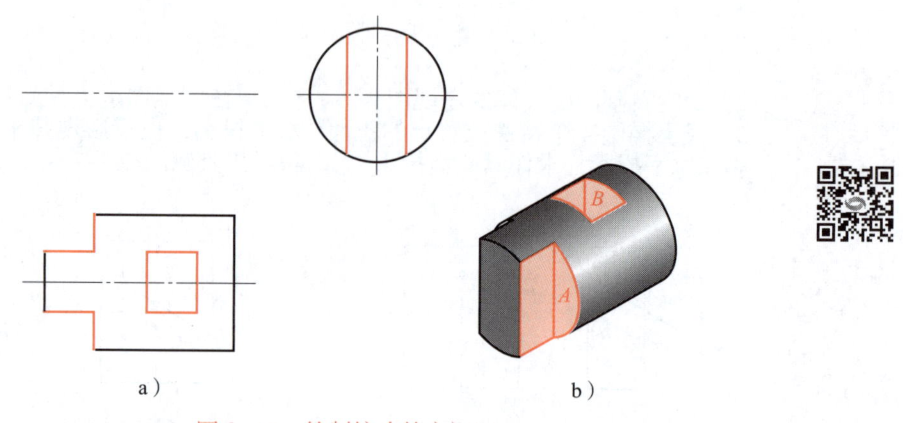


图 3-15　绘制接头的主视图

a）三视图　b）立体图

### 1. 形体分析

图 3-15 所示接头是在圆柱体的左侧割肩，中间开槽。切割圆柱体所用的截割平面为正平面（平行于圆柱体的轴线）和侧平面（垂直于圆柱体的轴线），各切割平面切割圆柱体产生的截交线为直线或圆弧，截交线的水平投影和侧面投影是已知的，根据截交线的两个已知投影，可以求作其第三投影。

### 2. 作图步骤

求作接头主视图的步骤见表 3-10。

表 3-10　求作接头主视图的步骤

| 步骤 | 图例 |
| --- | --- |
| （1）画切割前圆柱体的正面投影<br>（2）绘制左侧割肩时正平截割平面与圆柱面的截交线 | 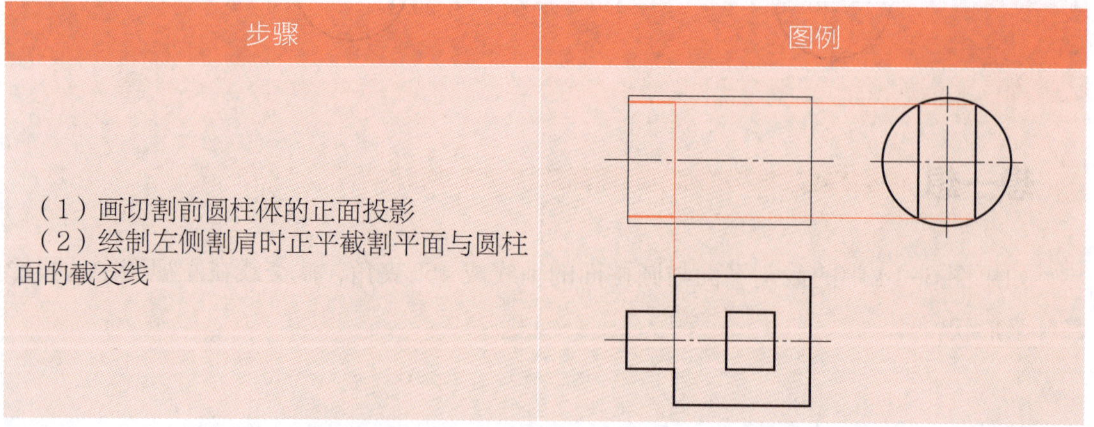 |

续表

| 步骤 | 图例 |
| --- | --- |
| （3）绘制左侧割肩时侧平截割平面 $A$ 的正面投影<br>作图时应注意：在主视图上，侧平截割平面投影 $a'$ 的两端和圆柱面最外素线间有间隙 | 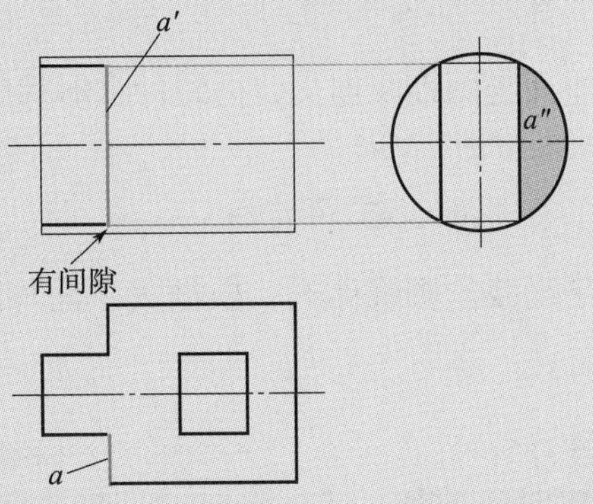  |
| （4）绘制圆柱中间开槽时正平截割平面与圆柱面的交线<br>作图时应注意：圆柱中间槽的宽度与左侧凸台的宽度相等，在左视图上的轮廓线重合 | 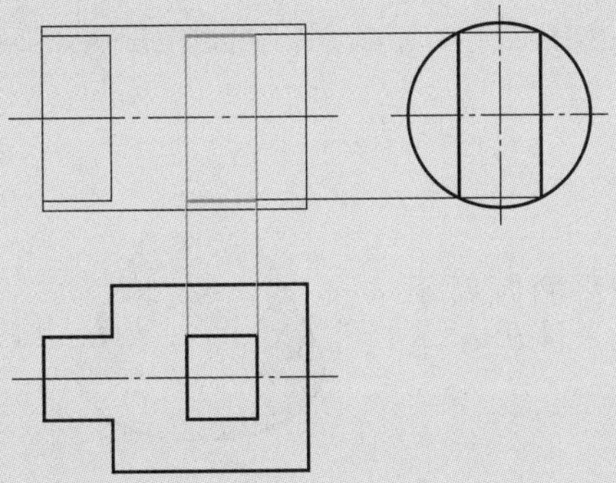 |
| （5）绘制圆柱中间开槽时侧平截割平面 $B$ 的正面投影<br>作图时应注意：在主视图上，侧平截割平面 $B$ 两端投影可见，画粗实线；平面 $B$ 的中间投影不可见，画细虚线 | 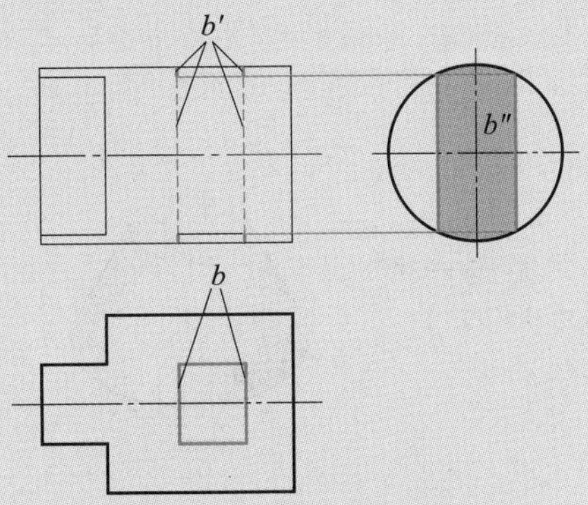  |
| （6）擦除多余作图线，按照规定描深图线<br>作图时应注意：圆柱中间开槽时，割去了部分最上素线和最下素线，要把割去部分的最外素线擦除 | 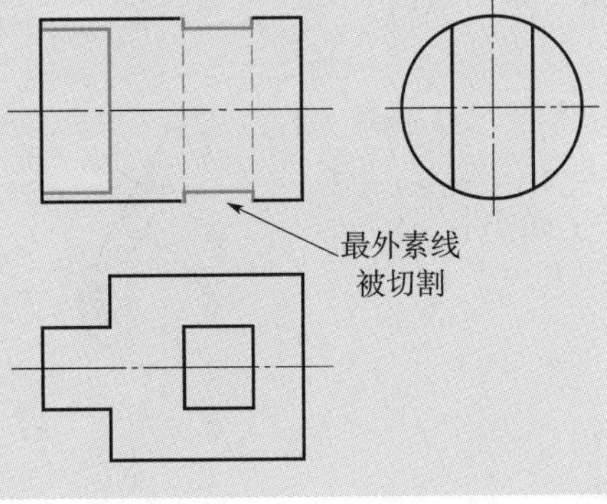  |

## 三、平面截割圆锥体

### 想一想

平面与圆锥面相交会得到什么形状的截交线？

### 1. 圆锥截交线的类型

平面截割圆锥体时，根据截平面与圆锥轴线位置的不同，其截交线有五种情况，见表 3-11。

表 3-11　　平面截割圆锥体

| 截平面位置 | 立体图 | 投影图 | 平面与圆锥面的截交线形状 |
|---|---|---|---|
| 截平面倾斜于轴线，且 $\theta>\alpha$ | 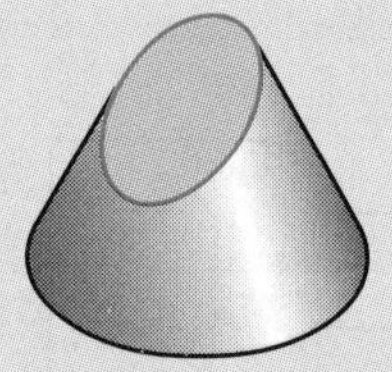 | 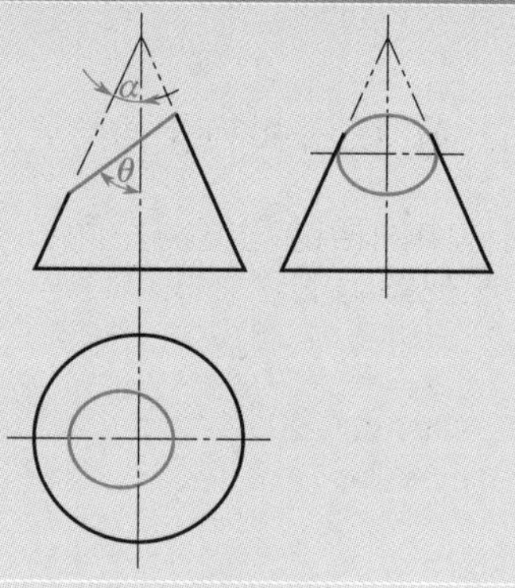 | 椭圆 |
| 截平面垂直于轴线（$\theta$=90°） | 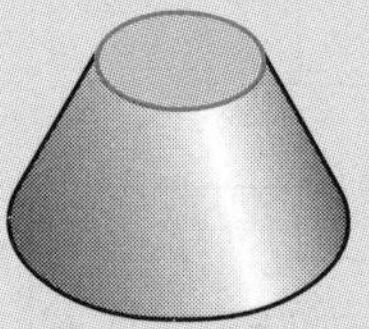 | 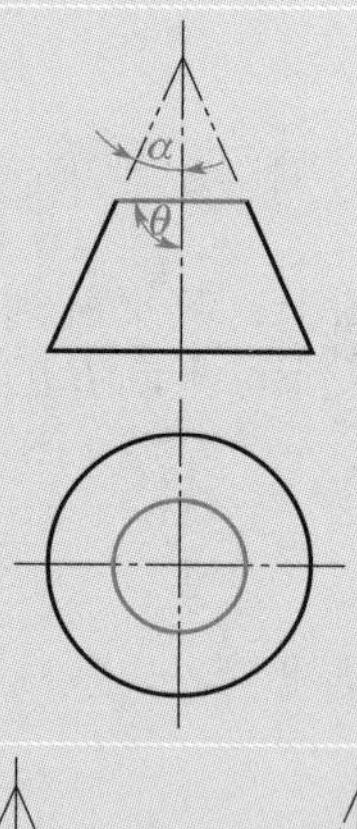 | 圆 |
| 截平面平行于素线（$\theta=\alpha$） | 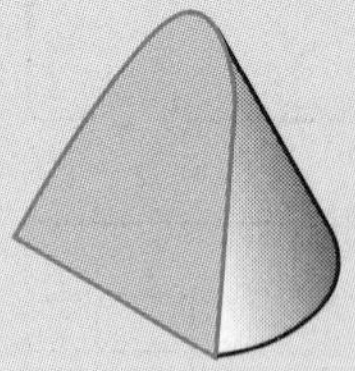 | 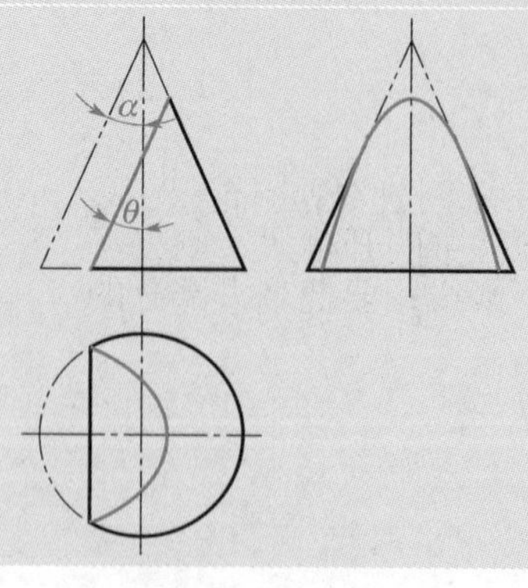 | 抛物线 |

续表

| 截平面位置 | 立体图 | 投影图 | 平面与圆锥面的截交线形状 |
|---|---|---|---|
| 截平面平行于轴线 |  | α | 双曲线 |
| 截平面过锥顶 |  |  | 两相交素线 |

## 2. 平面斜割圆锥体截交线的画法

如图 3-16 所示，圆锥被正垂面切割，求作其俯视图和左视图。

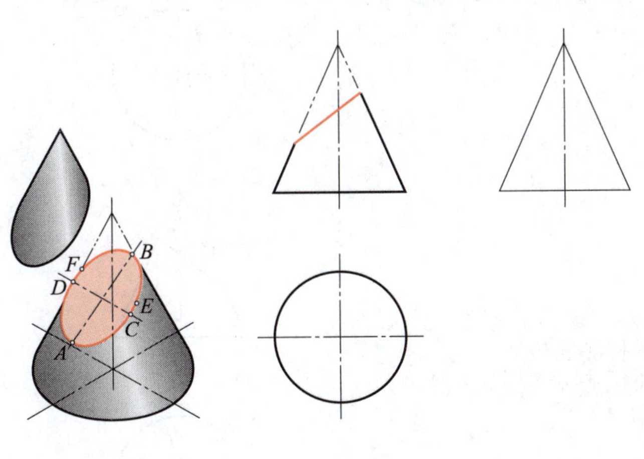


图 3-16　求作正垂面切割圆锥的截交线

a）立体图　b）三视图

（1）形体分析

由图 3-16a 可以看出，在该圆锥上的截交线为一封闭曲线（椭圆），该曲线是截割平面与圆锥面的共有线。因此，其正面投影与截割平面（正垂面）的正面投影重合，同时具备圆锥表面上线的特性，可用辅助平面法求曲线上点的投影。

（2）作图步骤

图 3-16b 上正垂面截割圆锥体截交线的作图步骤见表 3-12。

表 3-12　正垂面截割圆锥体截交线的作图步骤

| 步骤 | 图例 |
|---|---|
| 1）作椭圆最上（右）点 *B*、最下（左）点 *A* 的水平投影和侧面投影<br>*A*、*B* 两点分别为圆锥最左素线和最右素线上的点，可直接利用投影规律求得其水平投影和侧面投影 | 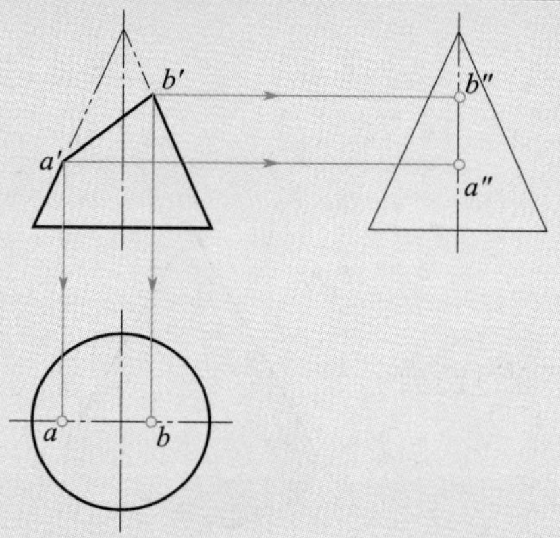 a′ b′ b″ a″ a b |
| 2）作椭圆最前点 *C*、最后点 *D* 的水平投影和侧面投影<br>① *c*′（*d*′）点是线段 *a*′*b*′ 的中点<br>②先利用辅助平面法求得 *c*、*d*，然后利用投影规律求得 *c*″、*d*″ | 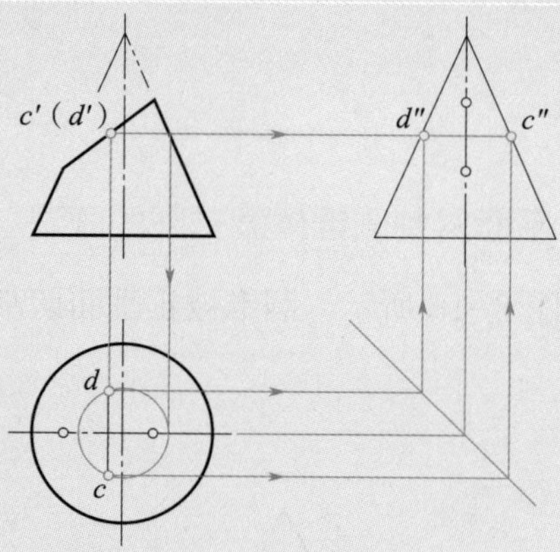 c′（d′） d″ c″ d c |
| 3）作椭圆与最前（最后）素线的交点 *E*（*F*）的水平投影和侧面投影<br>根据 *e*′（*f*′），利用投影规律求得 *e*″ 和 *f*″，然后再求得 *e* 和 *f* | 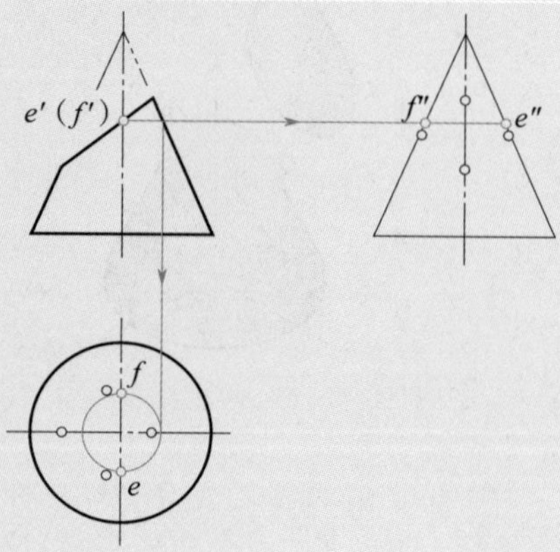 e′（f′） f″ e″ f e |

续表

| 步骤 | 图例 |
| --- | --- |
| 4）作一般点的投影<br>在主视图上找适当的一般点的正面投影 $i'$（$j'$），求作其水平投影和侧面投影<br>作图时应注意：先利用辅助平面法求得 $i$、$j$，然后利用投影规律求得 $i''$、$j''$ | |
| 5）依次连接各点的同面投影，完成椭圆的绘制 | |
| 6）补全左视图上的轮廓线，绘制轴线、中心线<br>7）擦除作图线，按照规定描深图线 | |

### 3. 平面竖割圆锥体截交线的画法

如图 3-17 所示，求作平面竖割圆锥体的截交线在左视图上的投影。

由于平面平行于圆锥的轴线，所以截交线为双曲线，其正面投影和水平投影与截割平面的投影重合，其侧面投影的作图步骤见表 3-13。

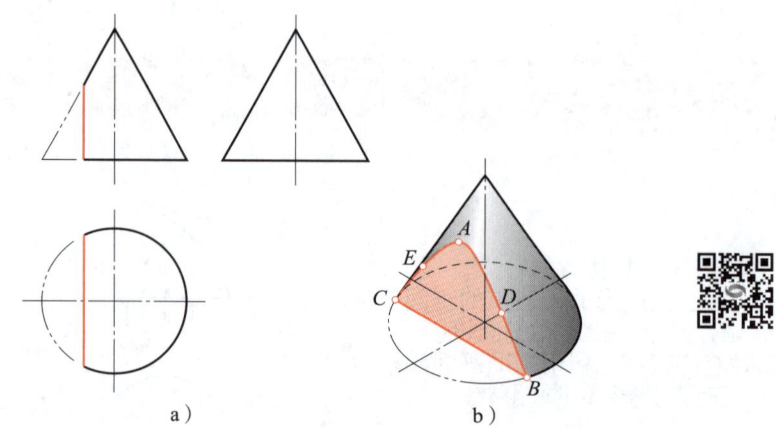


图 3-17　求作平面竖割圆锥体的截交线

a）三视图　b）立体图

表 3-13　　平面竖割圆锥体的作图步骤

| | | |
|---|---|---|
| 步骤 | （1）求作最高点 $A$ 的侧面投影<br>$A$ 点在最左素线上，可利用点的投影规律直接求出 $a''$ | （2）求作最低点 $B$（也是最前点）、$C$（也是最后点）的侧面投影<br>$B$、$C$ 点在底圆上，可利用点的投影规律直接求出 $b''$ 和 $c''$ |
| 图例 | 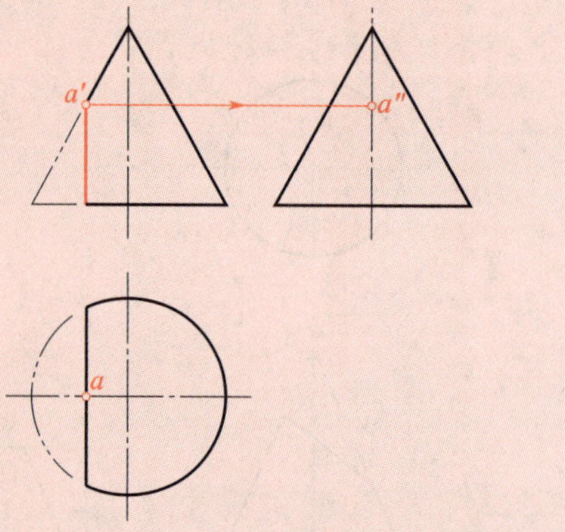 | 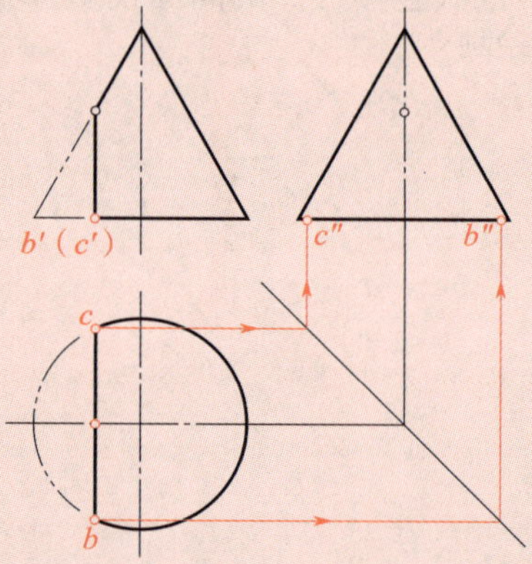 |
| 步骤 | （3）求作一般点 $D$、$E$ 的侧面投影<br>过 $d'(e')$ 作水平辅助平面，先求出 $d$、$e$，再求出 $d''$、$e''$ | （4）连接各点，擦除作图线，按照规定的线型描深图线 |
| 图例 | 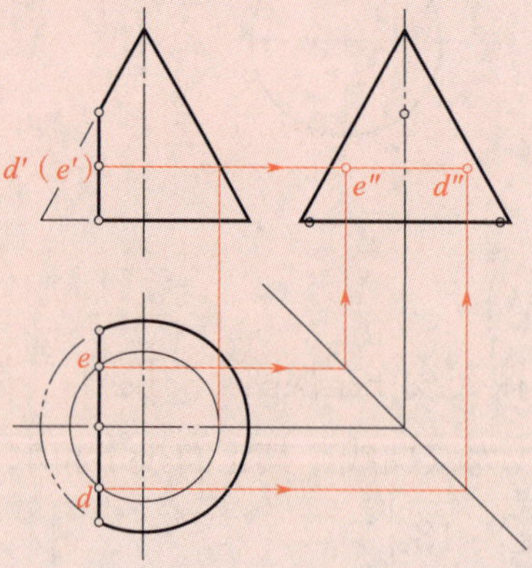 | 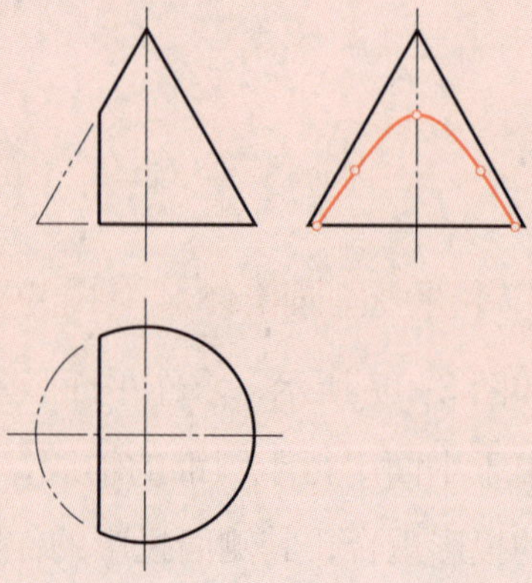 |

## 四、平面截割球体

### 1. 球体上的截交线

平面截割球体时，截交线为圆。截平面与投影面的位置不同，其截交线的投影也不同，具体见表 3-14。

表 3-14　球体上的截交线

| 截平面位置 | 截平面为正平面 | 截平面为水平面 | 截平面为正垂面 |
|---|---|---|---|
| 立体图 | 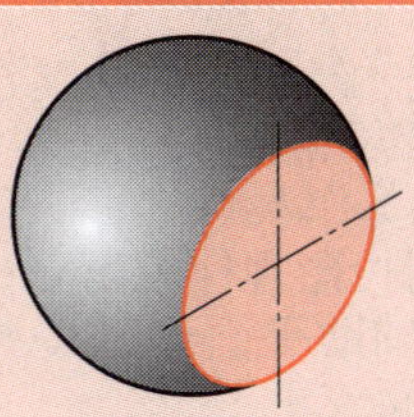 | 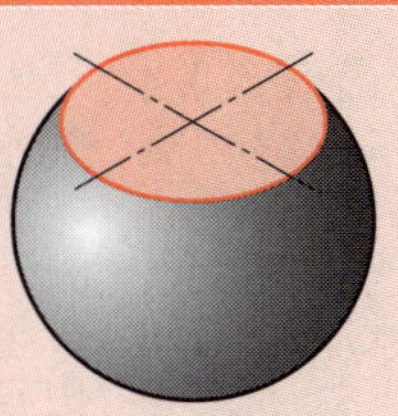 | 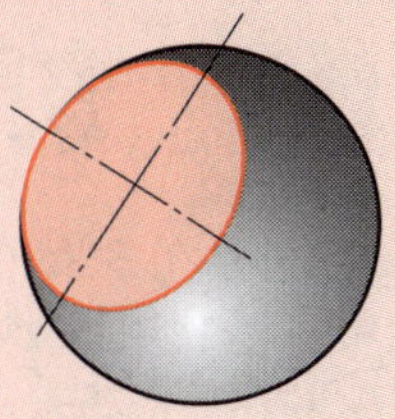 |
| 投影图 | 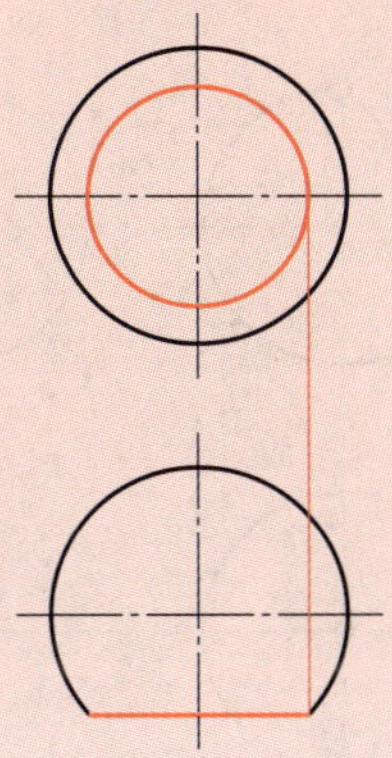 | 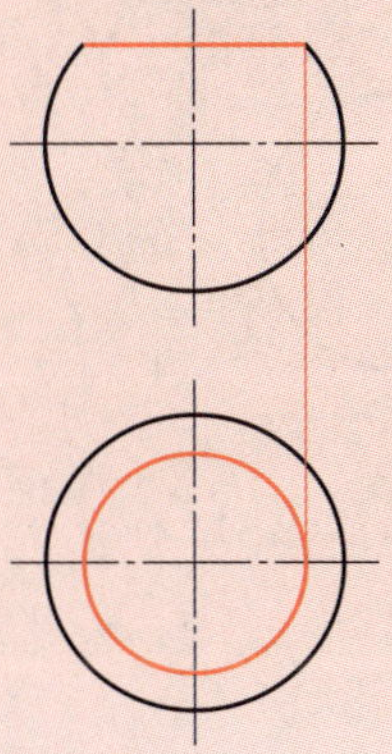 | 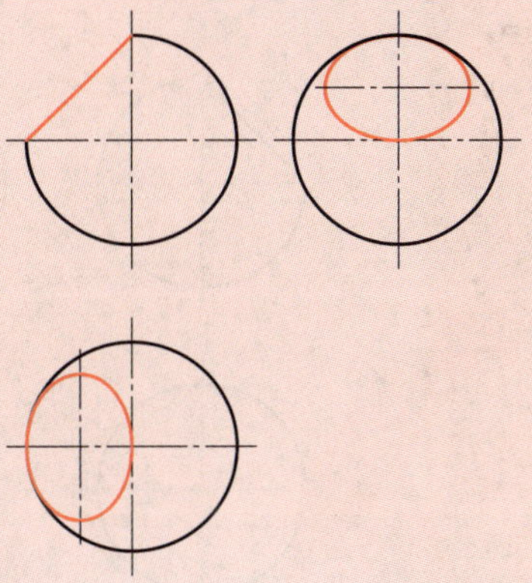 |

### 2. 正垂面截割球体的截交线画法

如图 3-18 所示，球体被正垂面截割，试完成其俯视图和左视图。

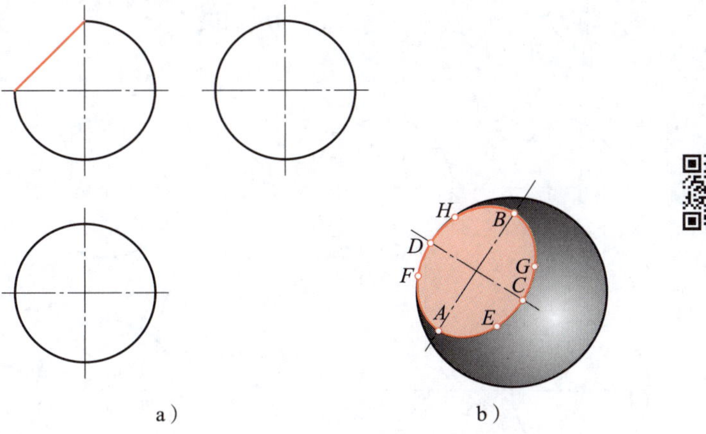


图 3-18　完成正垂面截割球体的俯、左视图

a）三视图　b）立体图

（1）形体分析

平面截割球体产生的截交线为圆。由图 3-18b 可以看出，正垂面截割球体，在球体上产生一个圆，该圆是截割平面与球面的共有线。其正面投影与截平面的投影重合，水平投影和侧面投影为椭圆。

（2）作图步骤

正垂面截割球体的截交线的作图步骤见表 3-15。

表 3-15　　正垂面截割球体的截交线的作图步骤

| | | |
|---|---|---|
| 步骤 | 1）求作截交面上最左点（最低点）*A* 和最右点（最高点）*B* 的水平投影和侧面投影<br>*A*、*B* 在球体的前后半球分界圆上，可直接利用投影规律求得其水平投影和侧面投影 | 2）求作椭圆的最前点 *C*、最后点 *D* 的水平投影和侧面投影<br>过 $c'(d')$ 作水平辅助平面，先求出 *c*、*d*，再利用投影规律求出 $c''$、$d''$<br>提示：辅助平面可以是水平面，也可以是侧平面或正平面 |
| 图例 | 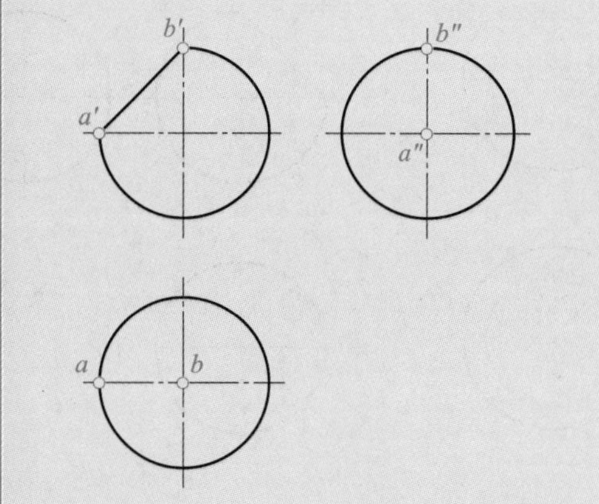 | 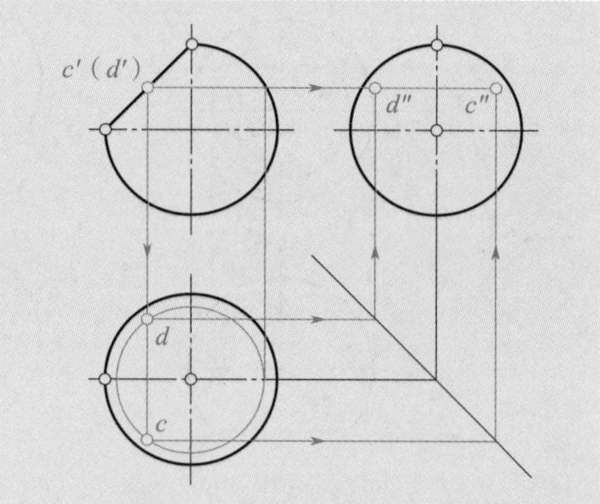 |
| 步骤 | 3）作一般点的水平投影和侧面投影<br>①过 *E*、*F* 点作侧平辅助平面，先求其侧面投影 $e''$、$f''$；然后利用投影规律求水平投影 *e*、*f*<br>②用同样的方法可求出一般点 *G*、*H* 的侧面投影和水平投影 | 4）连接各点的同面投影，完成椭圆的绘制<br>5）擦除作图线，按照规定的线型描深图线 |
| 图例 | 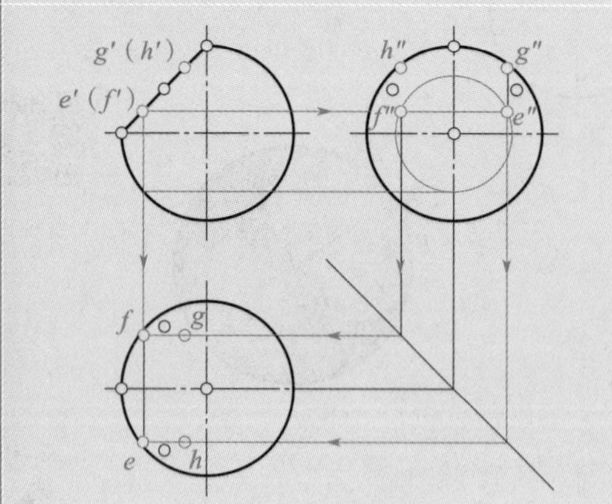 | 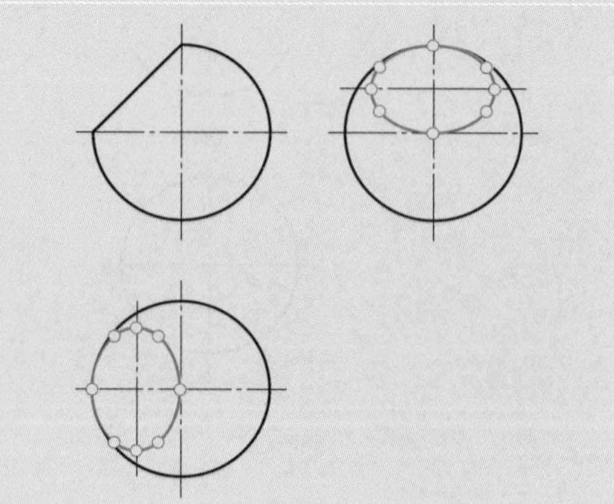 |

### 3. 绘制半球开槽的截交线

在球体上开槽是机械中的常见结构，图 3–19 所示为半球开槽的三视图和立体图，补画半球开槽后的俯、左视图上的缺线。

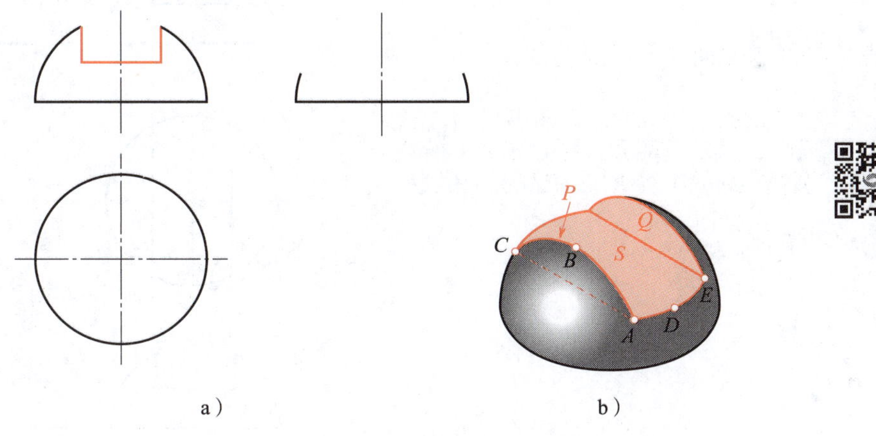


图 3–19　补画半球开槽后的俯、左视图

a）三视图　b）立体图

（1）形体分析

如图 3–19b 所示，半球开槽用了两个左右对称的侧平面（*P*、*Q*）和一个水平面（*S*），它们与球相交得到的截交线都是圆弧，完成本任务的关键是求出截交圆弧的半径。

（2）作图步骤

补画半球开槽的俯、左视图上的缺线的作图步骤见表 3–16。

表 3–16　　补画半球开槽的俯、左视图上的缺线的作图步骤

| 步骤 | 图例 |
| --- | --- |
| 1）补画侧平面 *P* 与球面的截交线的未知投影<br>①侧平面 *P* 与球面的截交线（*ABC*）为圆弧，侧面投影（$a''b''c''$）为圆弧，水平投影（*abc*）为竖线<br>②先利用投影规律求作侧面投影，再求作水平投影<br>注：圆弧 $a''b''c''$ 的半径 $R_1$ 在主视图上确定 | 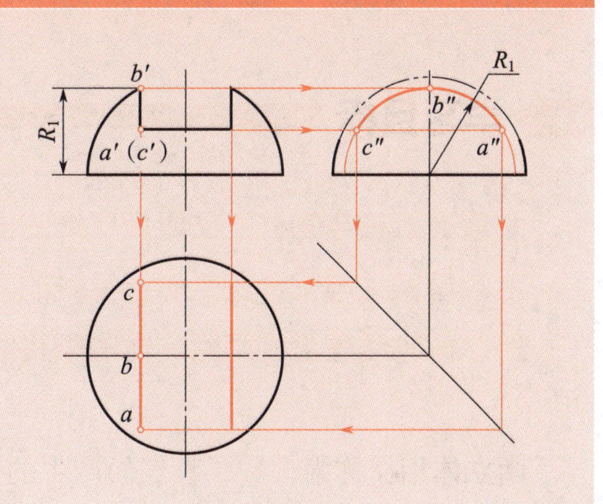 |

续表

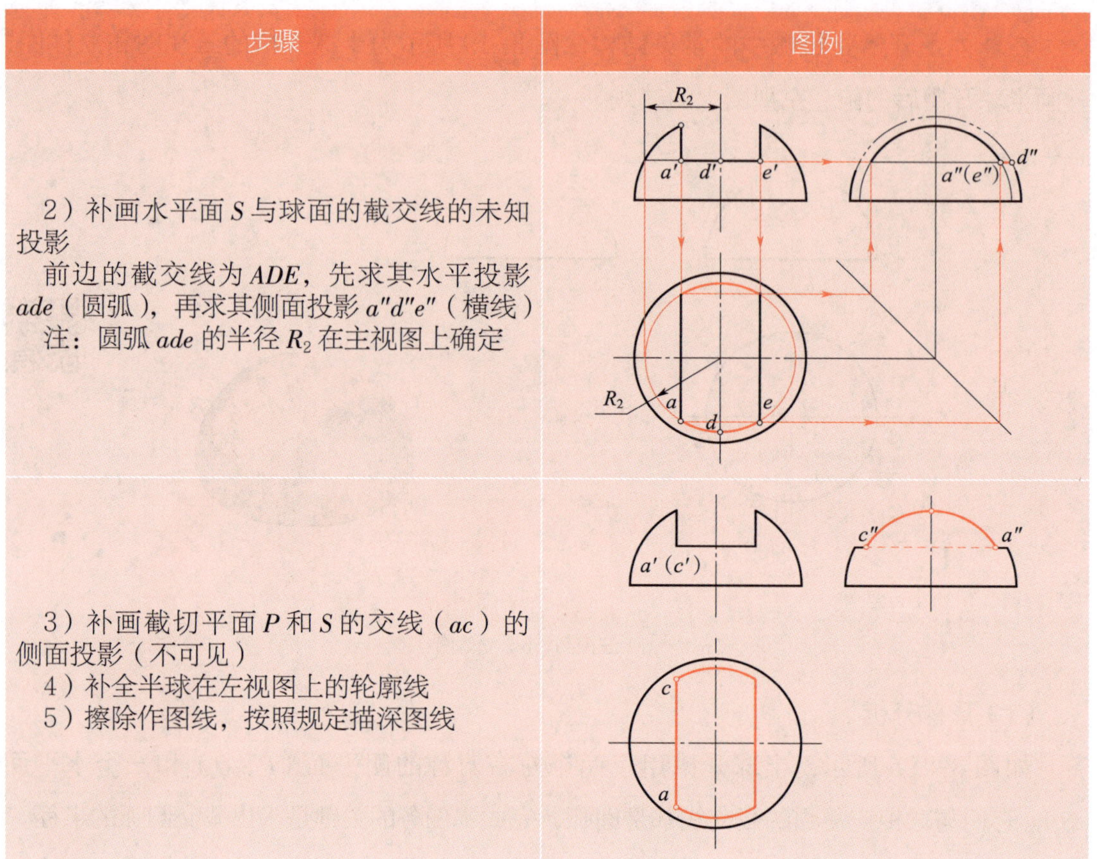


| 步骤 | 图例 |
| --- | --- |
| 2）补画水平面 $S$ 与球面的截交线的未知投影<br>前边的截交线为 $ADE$，先求其水平投影 $ade$（圆弧），再求其侧面投影 $a''d''e''$（横线）<br>注：圆弧 $ade$ 的半径 $R_2$ 在主视图上确定 | |
| 3）补画截切平面 $P$ 和 $S$ 的交线（$ac$）的侧面投影（不可见）<br>4）补全半球在左视图上的轮廓线<br>5）擦除作图线，按照规定描深图线 | |

# §3-3 相贯线

## 学习目标

1. 掌握圆柱与圆柱正交时相贯线的画法。
2. 掌握圆柱与圆锥正交时相贯线的画法。
3. 了解轴线重合的两回转体的相贯线的形状。

两立体相交称为相贯，其表面产生的交线称为相贯线。相贯线是两相交立体表面的共有线，相贯线上的点是两立体表面的共有点。

相贯线的作图方法：求作相贯线上一系列共有点，然后进行连线。

工程中常见的相贯主要是圆柱、圆锥和球体之间的轴线正交相贯。

## 想一想

一般情况下，两个圆柱面相交的相贯线是空间曲线，思考：什么情况下得到的相贯线是平面曲线？

## 一、两圆柱轴线正交相贯

### 1. 两圆柱轴线正交相贯的类型

两圆柱轴线正交相贯的类型见表 3-17。一般情况下，其相贯线是一条空间曲线。

表 3-17　　两圆柱轴线正交相贯的类型

| 尺寸变化 | $D_1>D_2$ | $D_1=D_2$ | $D_1<D_2$ |
| --- | --- | --- | --- |
| 立体图 | 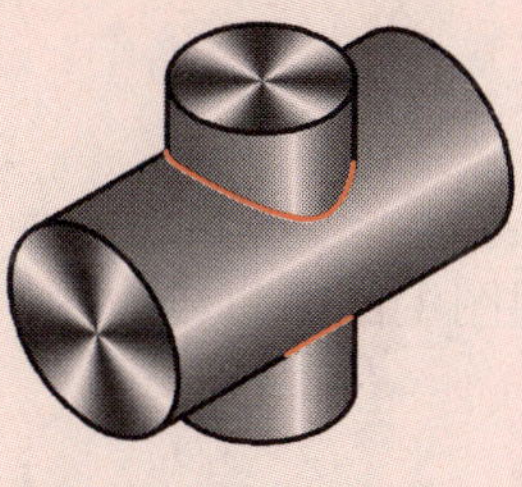 | 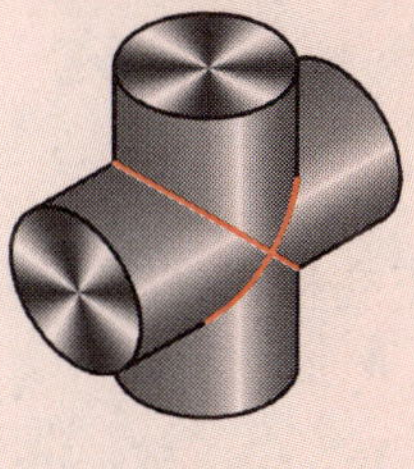 | 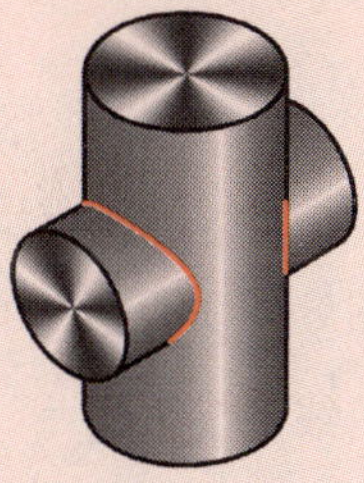 |
| 三视图 | 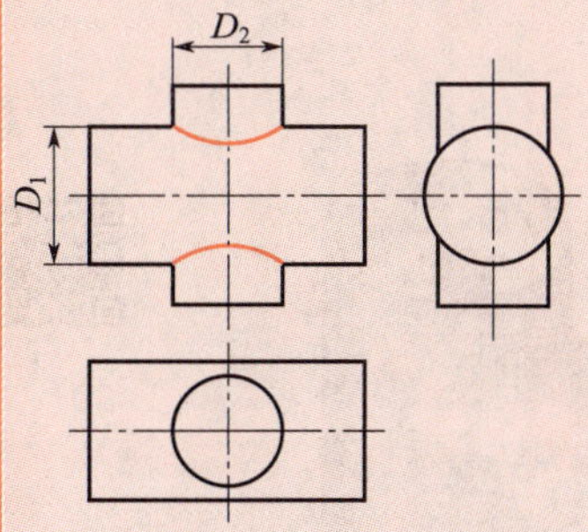 $D_1$、$D_2$ | 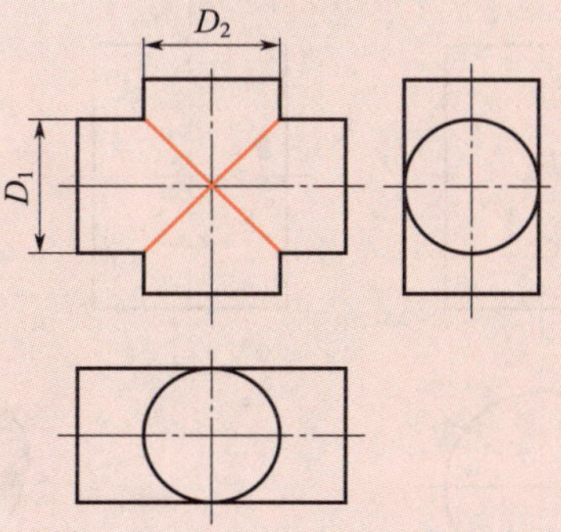 $D_1$、$D_2$<br>相贯线为平面曲线（两个椭圆） | 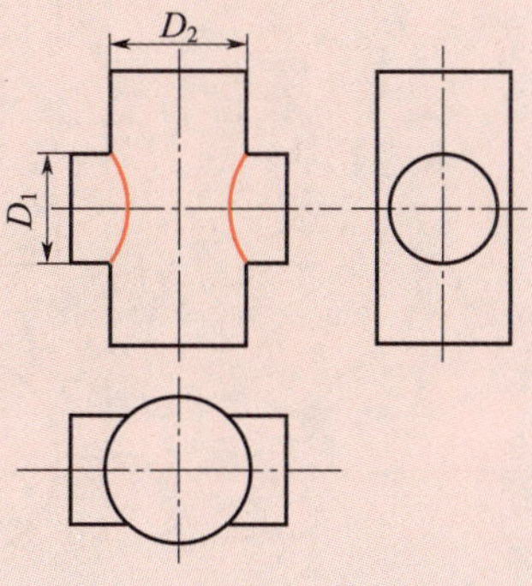 $D_1$、$D_2$ |

### 2. 常见圆柱穿孔的相贯线

圆柱穿孔时的相贯线见表 3-18。圆柱相贯时，圆柱面上相贯处的最外素线不再存在。

表 3-18　圆柱穿孔时的相贯线

| 类型 | 圆柱与圆柱孔相贯 | 不等径圆柱孔相贯 | 等径圆柱孔相贯 |
| --- | --- | --- | --- |
| 立体图 | | | |
| 三视图 | | | |

### 3. 两圆柱轴线正交相贯线的画法

图 3-20 所示为两圆柱轴线正交相贯，下面以补画主视图上的相贯线为例，分析求作相贯线的方法。

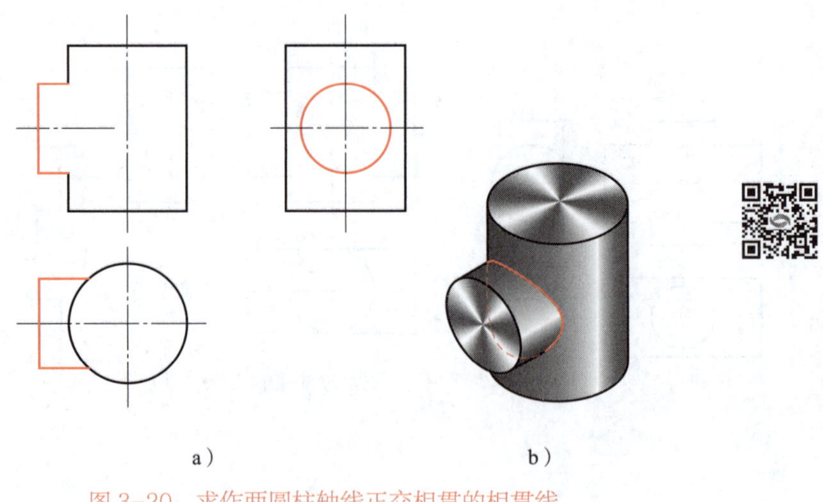

a）　　b）

图 3-20　求作两圆柱轴线正交相贯的相贯线

a）三视图　b）立体图

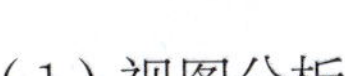

（1）视图分析

由图 3-20b 可知，两圆柱直径不同，轴线垂直相交（正交），其中大圆柱的轴线垂直于水平投影面，故大圆柱面的水平投影为圆；小圆柱的轴线垂直于侧投影面，故小圆柱面的侧面投影为圆。相贯线（空间封闭曲线）是两圆柱面的交线，也是两圆柱面的共有线，因此具有两圆柱面的投影特性，即相贯线的水平投影与大圆柱面的投影重合（为圆的一部分圆弧），相贯线的侧面投影与小圆柱的侧面投影重合（为整圆）。

（2）作图步骤

图 3-20a 所示圆柱相贯线的水平投影和侧面投影是已知的。在作图时，可以先找出相贯线上的特殊点，再在适当位置选取一般点，并根据点的投影规律求作未知投影，光滑连接各点即得到相贯线的未知投影。具体作图步骤见表 3-19。

表 3-19 求作两圆柱轴线正交相贯的相贯线

| 步骤 | 图例 |
|---|---|
| 1）作特殊点的投影<br>先找出相贯线上的最高点Ⅰ和最低点Ⅲ（该两点同时是最左点）、最前点Ⅱ和最后点Ⅳ（该两点同时是最右点）的侧面投影和水平投影，求出正面投影 | 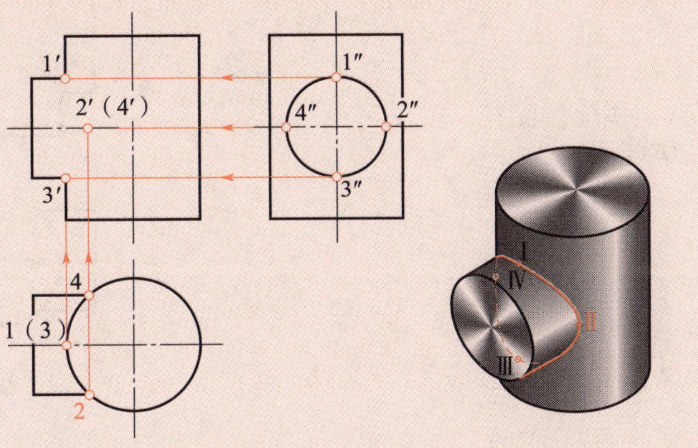 1′ 2′（4′） 3′ 1″ 4″ 2″ 3″ 4 1（3） 2 Ⅰ Ⅳ Ⅱ Ⅲ |
| 2）作一般点的投影<br>在适当位置选取一般点Ⅴ、Ⅵ、Ⅶ、Ⅷ，找出其侧面投影，利用点的投影规律和相贯线上点的水平投影在大圆上两个条件，求出其水平投影，然后根据点的两面投影求作其正面投影 | 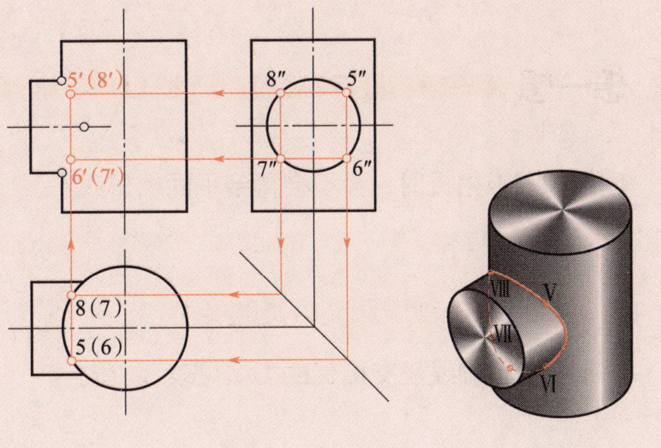 5′（8′） 6′（7′） 8″ 5″ 7″ 6″ 8（7） 5（6） Ⅷ Ⅴ Ⅶ Ⅵ |

续表

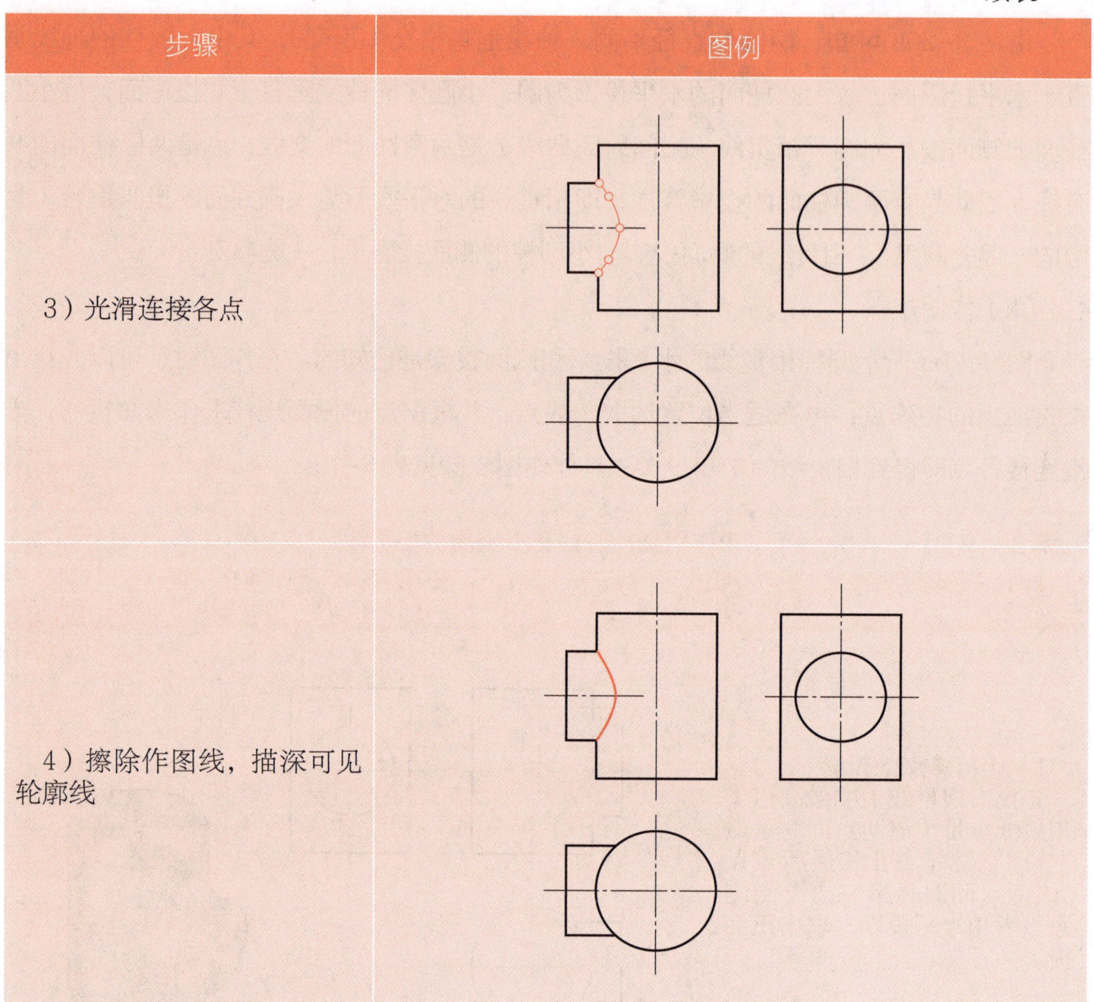

| 步骤 | 图例 |
|---|---|
| 3）光滑连接各点 | |
| 4）擦除作图线，描深可见轮廓线 | |

## 二、圆锥与圆柱正交相贯

### 想一想

圆柱和圆锥相贯时，会不会得到平面相贯线？

### 1. 圆锥与圆柱轴线正交相贯的类型

圆锥与圆柱轴线正交相贯的类型见表 3-20。

表 3-20　　圆锥与圆柱轴线正交相贯的类型

| 类型 | 立体图 | 三视图 |
|---|---|---|
| 圆柱穿过圆锥 | | |
| 圆柱与圆锥共切于一个球 | | 相贯线为平面曲线（椭圆） |
| 圆锥穿过圆柱 | | |

### 2. 圆锥台与圆柱轴线正交相贯线的画法

图 3-21 所示为圆锥台与圆柱轴线正交相贯，两立体相交产生了一条封闭的空间曲线，分析该相贯线的形状及特性，补画主、俯视图上的相贯线投影。

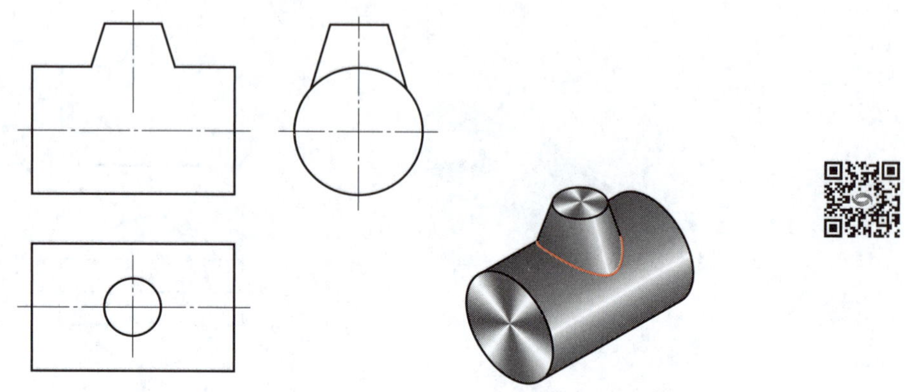

图 3-21　求作圆锥台与圆柱轴线正交相贯的相贯线

（1）视图分析

圆锥台与圆柱轴线垂直相交，其相贯线为左右、前后都对称的封闭空间曲线。由于圆柱轴线垂直于侧投影面，其侧面投影积聚成圆，因此，相贯线的侧面投影也积聚在该圆周上，是圆锥台和圆柱共有部分的一段圆弧。相贯线的正面投影和水平投影可采用辅助平面法绘制。

（2）作图步骤

作图时应先在左视图上找到 4 个特殊点的投影，利用投影规律作出其正面投影和水平投影；然后在左视图上找到一般点的投影，过一般点作水平辅助平面，先用辅助平面法求作一般点的水平投影，再利用投影规律求作其正面投影。求作圆锥台与圆柱轴线正交相贯的相贯线的作图步骤见表 3-21。

表 3-21　求作圆锥台与圆柱轴线正交相贯的相贯线的作图步骤

| 步骤 | 图例 |
|---|---|
| 1）作特殊点的投影<br>根据相贯线的最高点 $C$、$D$（也是最左点、最右点）和最低点 $A$、$B$（也是最前点、最后点）的侧面投影 $c''$、$d''$ 和 $a''$、$b''$，作出正面投影 $c'$、$d'$、$a'$、$b'$ 以及水平投影 $c$、$d$、$a$、$b$ | 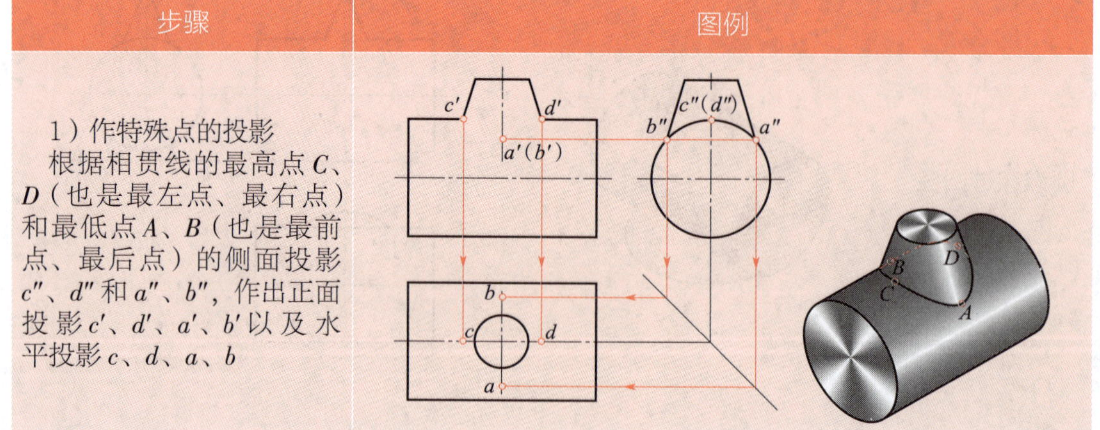 |

续表

| 步骤 | 图例 |
|---|---|
| 2）作一般点的投影<br>在适当位置作水平辅助平面，其与圆锥面的交线是水平圆，与圆柱面的交线是两条平行直线，与相贯线的交点为 $E$、$F$、$G$、$H$，侧面投影为 $e''$、$f''$、$g''$、$h''$。先作出水平圆的水平投影，然后利用投影规律求出一般点的水平投影 $e$、$f$、$g$、$h$，再由水平投影作出正面投影 $e'$、$f'$、$g'$、$h'$ | 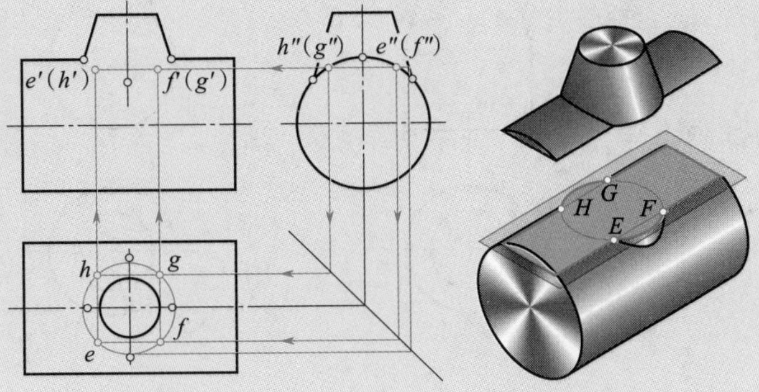  |
| 3）光滑连接各点<br>4）擦除作图线，描深可见轮廓线 | 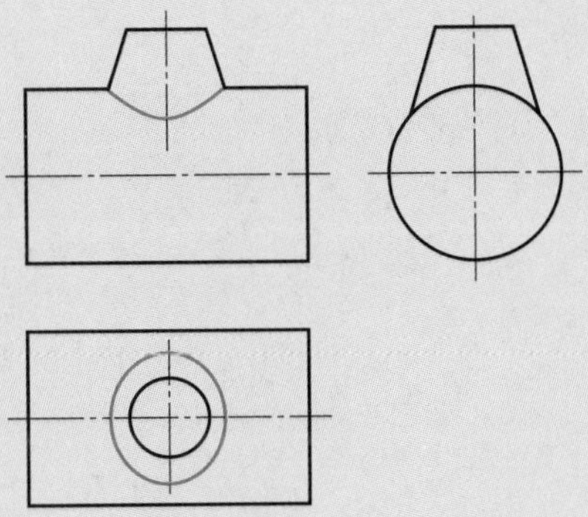 |

## 三、轴线重合的两回转体相贯

轴线重合的两回转体相贯的相贯线为圆，其相贯线的画法见表 3-22。

表 3-22　　轴线重合的两回转体相贯的相贯线

| 类型 | 圆锥与圆柱相贯 | 圆柱与球相贯 | 圆锥与球相贯 |
|---|---|---|---|
| 立体图 | 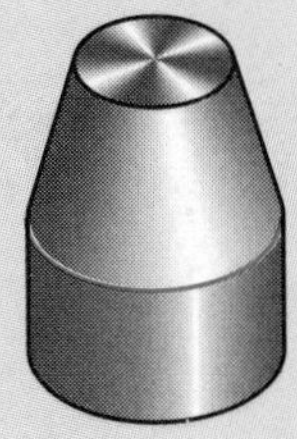 | 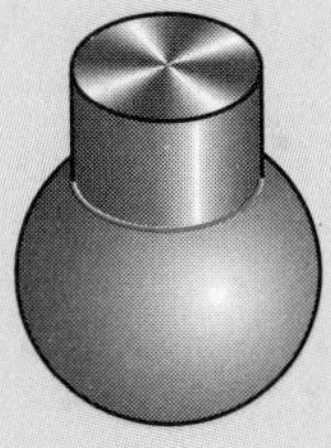 | 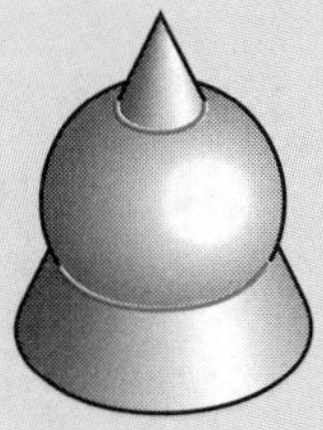 |

续表

| 类型 | 圆锥与圆柱相贯 | 圆柱与球相贯 | 圆锥与球相贯 |
| --- | --- | --- | --- |
| 投影图 | 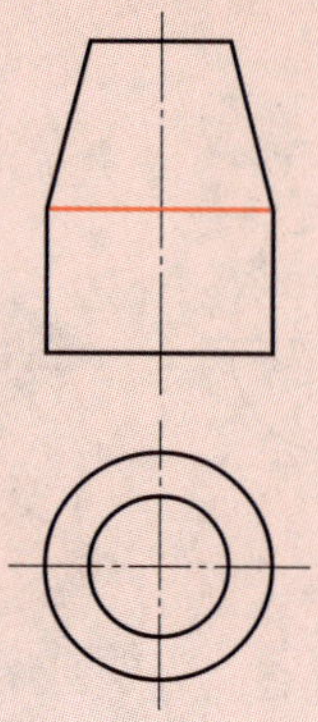 | 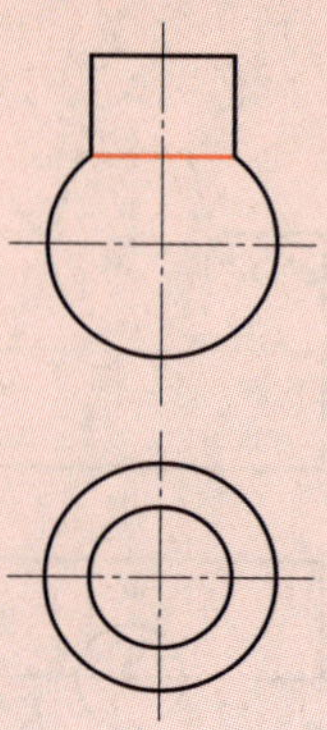 | 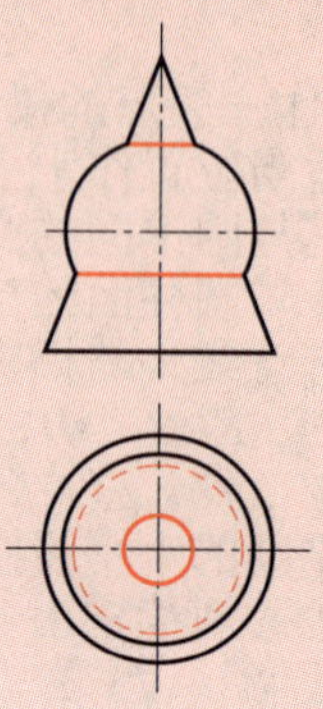 |

# 第四章
# 组合体

## §4-1 组合体的类型及表面连接关系

### 学习目标

了解组合体的类型及表面连接关系。

### 一、组合体的类型

在汽车零件中，很少看到由基本几何体单独形成的零件，绝大多数零件都是由两个或两个以上基本几何体组合而成的。由两个或两个以上的基本几何体组成的形体称为组合体。按照形体特征，组合体可分为叠加类组合体、切割类组合体、综合类组合体三种，其概念及典型图例见表 4-1。

表 4-1　　组合体的概念及典型图例

| 类型 | 叠加类组合体 | 切割类组合体 | 综合类组合体 |
| --- | --- | --- | --- |
| 概念 | 由几个基本几何体叠加而成的组合体 | 在一个基本几何体上切割去除某些形体而形成的组合体 | 既有叠加，又有切割的组合体 |
| 图例 |  |  |  |

## 二、组合体的表面连接关系

### 想一想

两立体表面相切时，在相切处是否绘制轮廓线?

在绘制组合体的三视图时，必须分析清楚形体相邻表面之间的关系，才能保证既不多画线，又不漏画线。形体上相邻两表面的连接关系有共面、相错、相切、相交等，见表 4-2。

表 4-2　　组合体的表面连接关系

| 形式 | 形体 | 正确画法 | 错误画法 |
| --- | --- | --- | --- |
| 1. 共面<br>两立体表面处于同一平面内，两相邻表面的投影之间无分界线 | 上下长方体的前面“共面” | 无交线 | 多线 |

续表

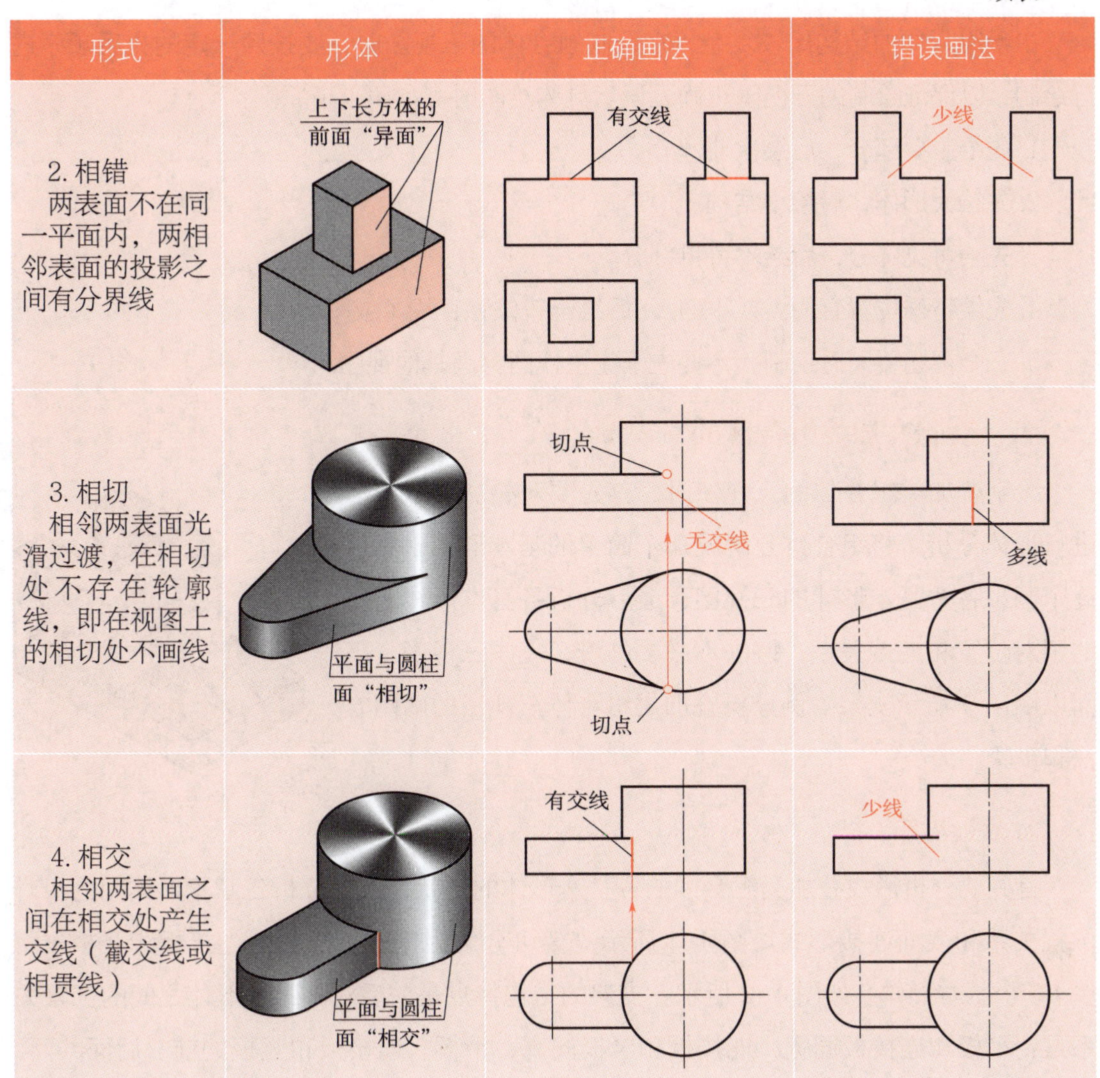

| 形式 | 形体 | 正确画法 | 错误画法 |
|---|---|---|---|
| 2. 相错<br>两表面不在同一平面内，两相邻表面的投影之间有分界线 | 上下长方体的前面“异面” | 有交线 | 少线 |
| 3. 相切<br>相邻两表面光滑过渡，在相切处不存在轮廓线，即在视图上的相切处不画线 | 平面与圆柱面“相切” | 切点<br>无交线<br>切点 | 多线 |
| 4. 相交<br>相邻两表面之间在相交处产生交线（截交线或相贯线） | 平面与圆柱面“相交” | 有交线 | 少线 |

# §4-2 ｜绘制组合体的三视图

## 学习目标

1. 了解绘制组合体的三视图的基本原则。
2. 掌握叠加类、切割类和综合类组合体的三视图的画法。
3. 能正确绘制组合体的三视图。

## 一、绘制组合体的三视图的基本原则

由于组合体的结构比较复杂，在绘制组合体的三视图时，要按照一定的先后顺序进行绘制，以保证绘制的三视图正确无误。具体绘图时可参照以下原则：

1. 先绘主要部分，后绘次要部分。
2. 先绘大形体，后绘小结构。
3. 先绘可见部分，后绘不可见部分。
4. 先绘特殊位置直线（或平面），后绘一般位置直线（或平面）。
5. 三个视图要同时绘制，不要先画完主视图再画其他视图。

## 二、绘制叠加类组合体的三视图

绘制叠加类组合体的三视图时，首先要对叠加类组合体进行形体分析，将组合体分解成几个简单的基本形体；然后逐个画出各个基本形体的三视图；最后分析各基本形体之间的相对位置和连接关系，擦去不必要的线，完成三视图。下面以图 4-1 所示支架为例分析叠加类组合体三视图的画图方法和步骤。

图 4-1　支架

### 1. 分析形体

首先要分析形成叠加类组合体的各基本形体的形状，然后分析各基本形体间的相对位置关系和表面连接形式。图 4-1 所示支架可分解为平板、肋板、连接板和竖板（两块）5 个基本形体，如图 4-2 所示。支架的结构特点是前后对称，各形体之间的位置关系是：平板和连接板同宽，连接板和竖板同高，平板、连接板和竖板的前、后面共面，肋板下靠平板，右靠连接板。

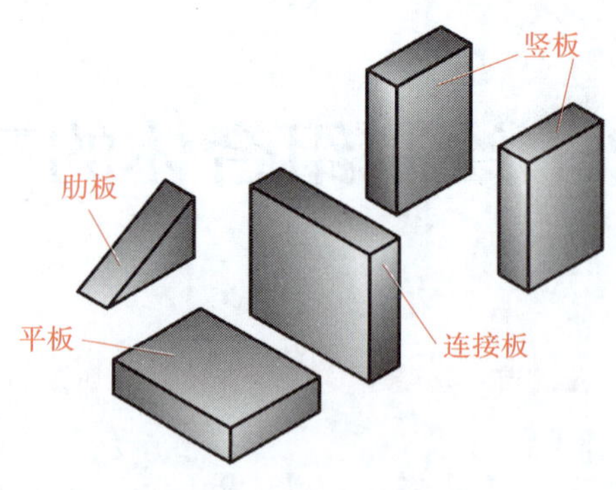


图 4-2　支架的组成

### 2. 绘制三视图

在绘制支架的三视图时，应先绘制三视图的基准线，然后逐一绘制连接板、平板、竖板和肋板的三视图，最后校核、描深图形。支架三视图的绘图方法和步骤见表 4-3。

表 4-3　　支架三视图的绘图方法和步骤

| 方法和步骤 | 图例 |
| --- | --- |
| （1）绘制作图基准线<br>绘制主、左视图的高度基准线。绘制连接板左侧平面在主、俯视图上的投影，并以此作为长度基准线。绘制俯、左视图的前后对称中心线，作为宽度基准线 | |
| （2）绘制连接板<br>测量连接板的长度、宽度、高度，先绘制其主视图，再绘制俯、左视图 | 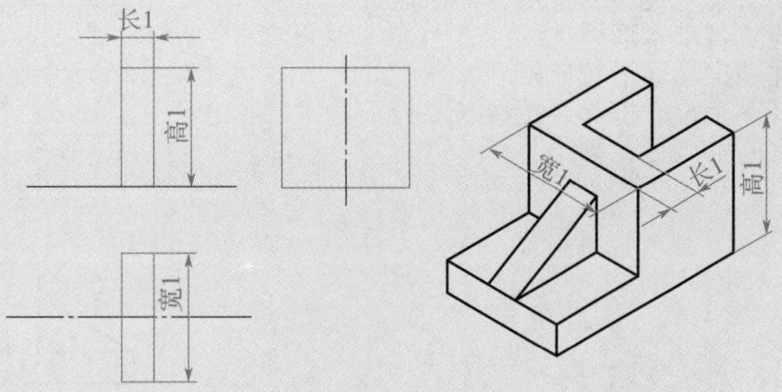 长1　高1　宽1　宽1　长1　高1 |
| （3）绘制平板<br>1）测量平板的长度和高度，先绘制主视图，再绘制俯、左视图<br>2）分析连接板和平板的连接关系可知，这两个形体的前面和后面共面，因此应擦除主视图上平板和连接板之间的可见轮廓线 | 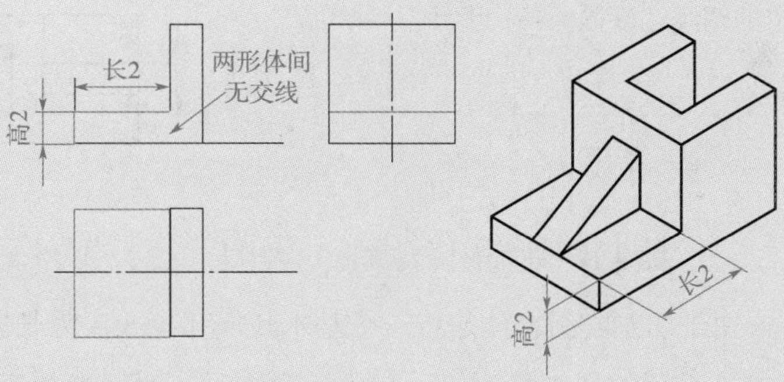 长2　两形体间无交线　高2　长2　高2 |
| （4）绘制竖板<br>1）测量竖板的长度，绘制竖板的主视图，测量竖板的宽度，绘制俯、左视图<br>2）擦除主视图上连接板与竖板之间的可见轮廓线<br>3）连接板与两竖板相连形成凹槽，将凹槽在主、左视图上的投影用细虚线表达 | 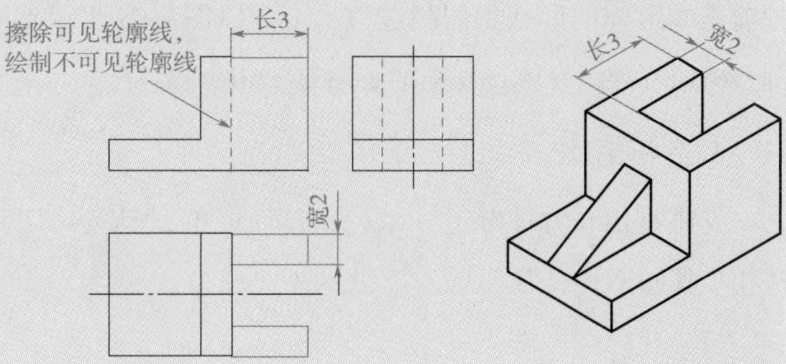 擦除可见轮廓线，绘制不可见轮廓线　长3　宽2　长3　宽2 |

续表

| 方法和步骤 | 图例 |
| --- | --- |
| （5）绘制肋板<br>1）测量肋板的高度，绘制肋板的主视图<br>2）测量肋板的宽度，绘制肋板的俯视图<br>3）根据“高平齐，宽相等”的投影规律绘制肋板的左视图 | 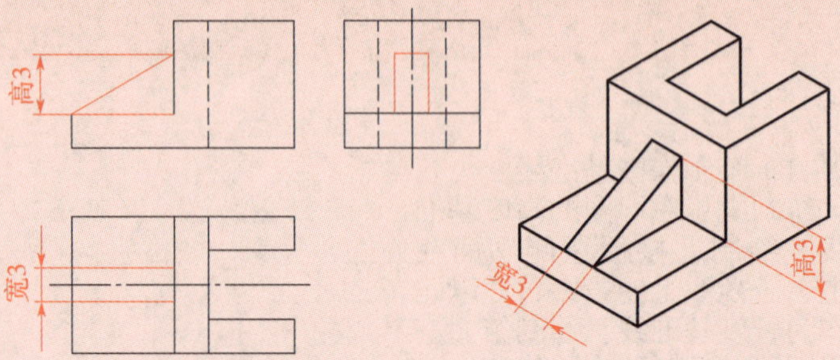 高3　宽3　宽3　高3 |
| （6）校核三视图<br>对照立体形状，根据投影规律，反复校核三视图，要重点检查各基本形体之间的表面连接情况。通过校核发现，在俯视图上没有擦除连接板与竖板之间的可见轮廓线 | 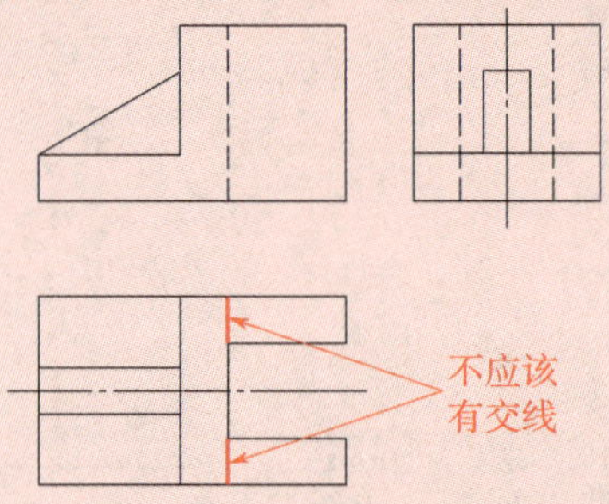 不应该有交线 |
| （7）描深图形<br>擦除多余作图线，按标准规定的图线宽度描深各种图线 | 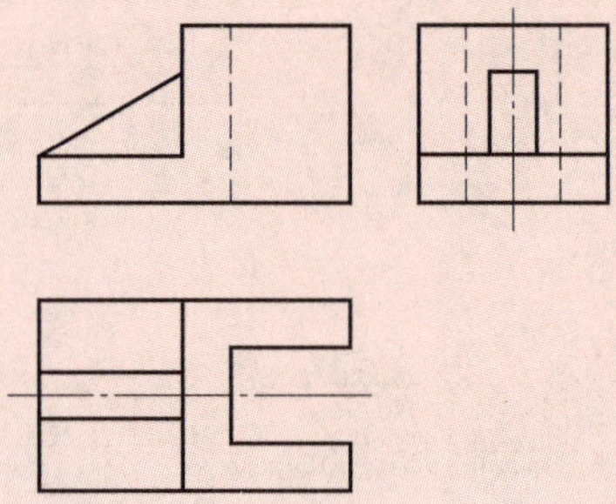 |

## 三、绘制切割类组合体的三视图

由于切割类组合体是将一个基本几何体（一般为长方体）进行一系列的切割得到的，在分析形体时，要弄清楚形体切割前基本形体的形状和切割过程。下面以图 4-3 所示支座为例分析切割类组合体三视图的画图方法和步骤。

图 4-3　支座

### 1. 分析形体

支座是由长方体经过一系列切割而成的，其具体切割方法和步骤如图 4-4 所示。

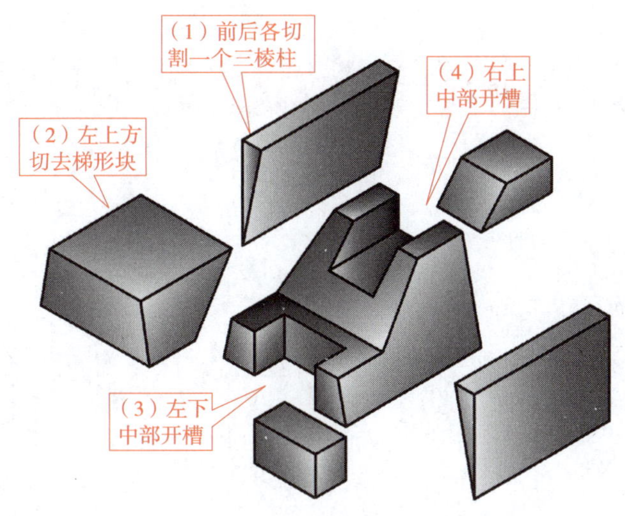


图 4-4　支座的形成

## 2. 绘制三视图

在绘制切割类组合体的三视图时，一般先绘制切割前基本几何体的三视图，然后根据切割步骤逐步绘制出组合体的三视图。支座三视图的作图方法和步骤见表 4-4。

表 4-4　支座三视图的作图方法和步骤

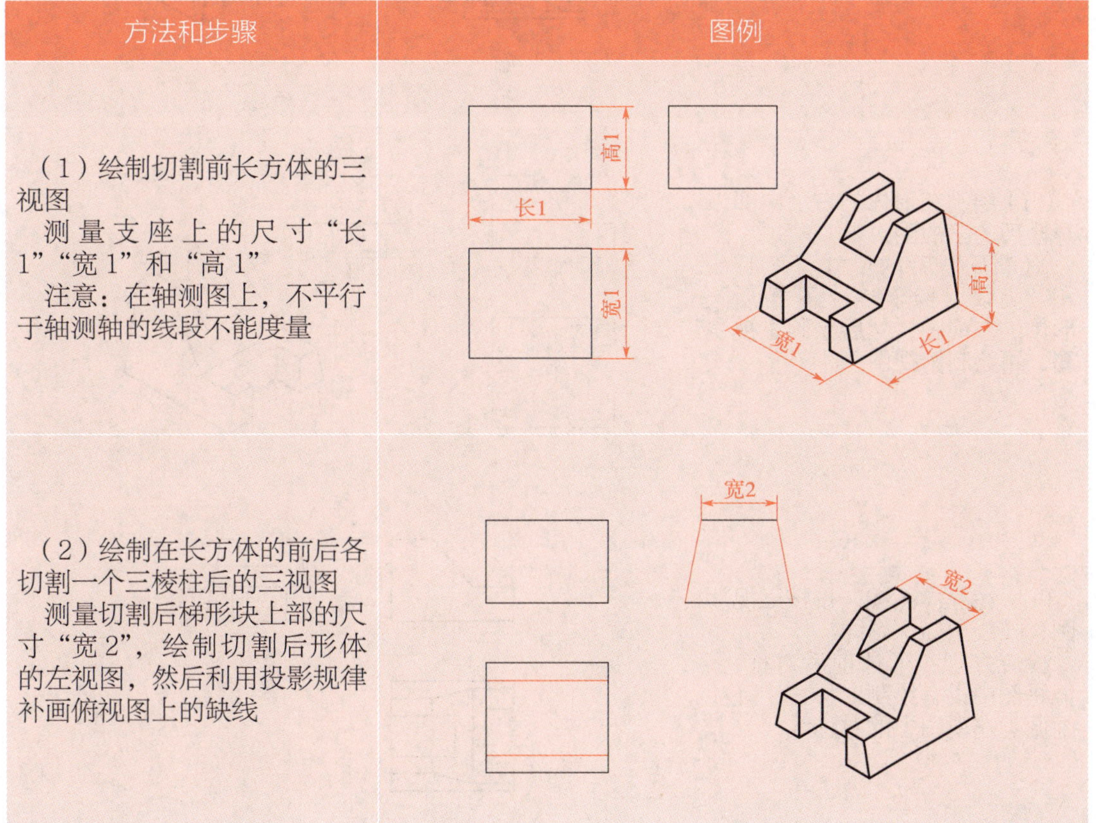


| 方法和步骤 | 图例 |
| --- | --- |
| （1）绘制切割前长方体的三视图<br>测量支座上的尺寸“长1”“宽1”和“高1”<br>注意：在轴测图上，不平行于轴测轴的线段不能度量 | |
| （2）绘制在长方体的前后各切割一个三棱柱后的三视图<br>测量切割后梯形块上部的尺寸“宽2”，绘制切割后形体的左视图，然后利用投影规律补画俯视图上的缺线 | |

续表

| 方法和步骤 | 图例 |
| --- | --- |
| （3）绘制在形体的左上方切去一个梯形块后的三视图<br>测量切割后形体的尺寸“长2”“长3”和“高2”，绘制切割后形体的主视图，然后绘制左视图，再绘制俯视图 | 长2 长3 高2 |
| （4）绘制在形体左下中部开槽后的三视图<br>测量开槽后的尺寸“宽3”和“长4”，绘制左下开槽后形体的俯视图，然后绘制主、左视图 | 长4 宽3 |
| （5）绘制在形体的右上中部开槽后的三视图<br>测量开槽后的尺寸“宽4”和“高3”，绘制右上开槽后形体的左视图，然后绘制主视图，再绘制俯视图 | 宽4 高3 |
| （6）擦除作图线，校核三视图，按线型描深图线<br>检查发现：形体前后对称，但是图中没有绘制对称线，补画俯、左视图上的对称线 | |

## 四、绘制综合类组合体的三视图

### 想一想

如何绘制综合类组合体的三视图？

图 4-5 所示座体是“既有叠加，又有切割”的综合类组合体，下面根据立体图绘制三视图。

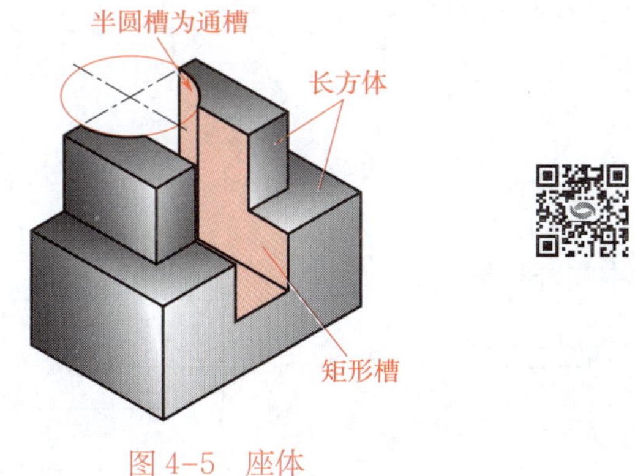


图 4-5　座体

### 1. 分析形体

该形体由两个长方体叠加而成，在形体的后面开有半圆槽，中间开有矩形槽。

### 2. 绘制三视图

综合类组合体大都以叠加为主，绘制其三视图时可采用“先叠加，后切割”的方法。座体三视图的作图方法和步骤见表 4-5。

表 4-5　　座体三视图的作图方法和步骤

| 方法和步骤 | 图例 |
| --- | --- |
| （1）绘制上、下长方体的三视图<br>注意：该形体左右对称，在主、俯视图上需要绘制左右对称线 | |

续表

| 方法和步骤 | 图例 |
| --- | --- |
| （2）绘制形体后面切割半圆槽后形成的轮廓线<br>1）先绘制半圆槽的俯视图，然后绘制主、左视图<br>2）擦除俯视图上切割半圆槽后消失的轮廓线<br>3）绘制半圆槽的水平中心线 | 擦除切割半圆槽后消失的轮廓线 |
| （3）绘制形体中间开矩形槽后的轮廓线<br>1）先绘制矩形槽的主视图，再绘制俯视图，最后绘制左视图<br>2）矩形槽和半圆槽相交产生截交线<br>3）擦除切割矩形槽后消失的轮廓线 | 擦除消失的半圆柱面的最前素线<br>擦除消失的轮廓线 |
| （4）擦除作图线，校核三视图，按线型描深图线 | |

# §4-3 | 识读组合体的视图

## 学习目标

1. 了解读图的基本要领。
2. 掌握形体分析法，能运用形体分析法识读叠加类组合体的视图。
3. 掌握线面分析法，能运用线面分析法识读切割类组合体的视图。
4. 能综合运用形体分析法和线面分析法识读综合类组合体的视图。

## 一、读图的基本要领

### 想一想

用两个视图表达物体时，能否完全确定物体的形状？

### 1. 几个视图同时看

一般情况下，两个视图可以基本确定物体的形状，但在有些情况下也不尽然，表 4-6 中列出了几种两视图相同，但物体结构形状不一样的情况。由此可知，在某些情况下，两个视图不一定能确定物体的形状，在看图时一定要将三视图联系起来分析才能确定物体的形状。

表 4-6　视图相近的物体

| 序号 | 物体三视图及轴测图 | | 三视图比较 |
|---|---|---|---|
| 1 | 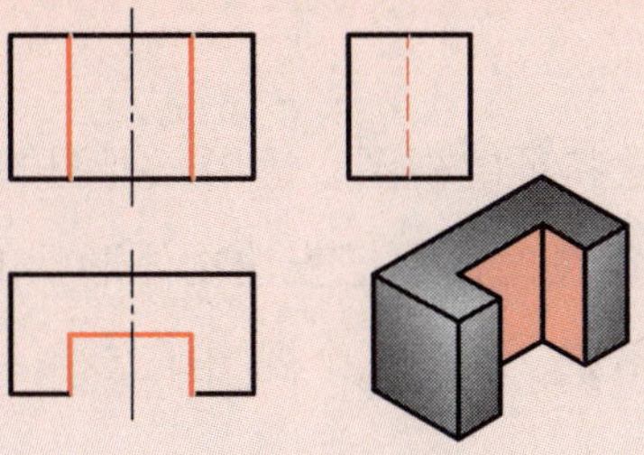 | 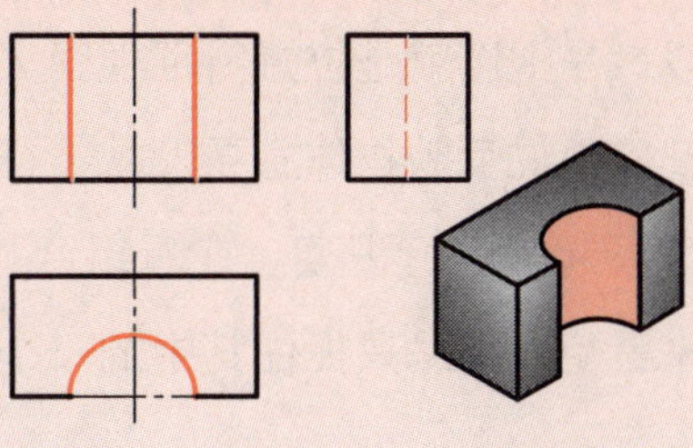 | 主视图和左视图相同 |

续表

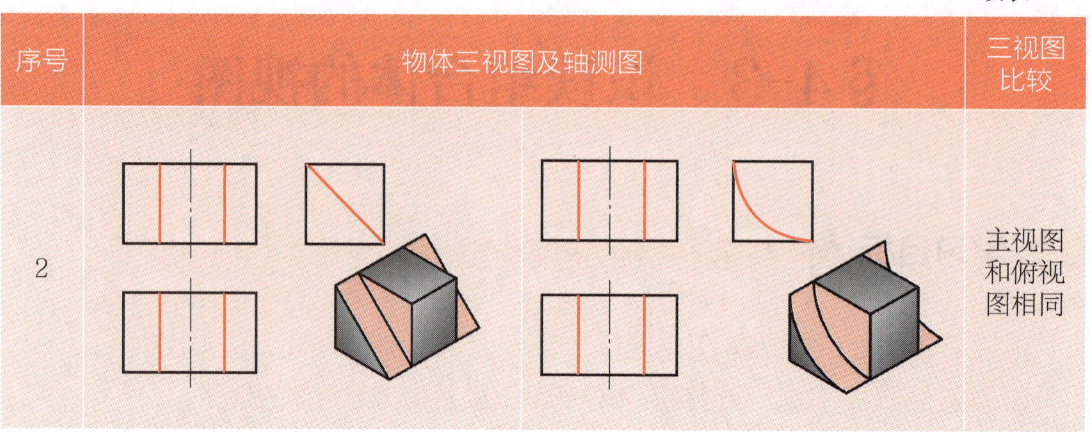

| 序号 | 物体三视图及轴测图 | 三视图比较 |
| --- | --- | --- |
| 2 | | 主视图和俯视图相同 |

## 2. 重点分析特征视图

物体的特征视图分为形状特征视图和位置特征视图两种。

形状特征视图是指最能反映物体形状特征的视图。图 4-6 所示底板的俯视图就是形状特征视图。

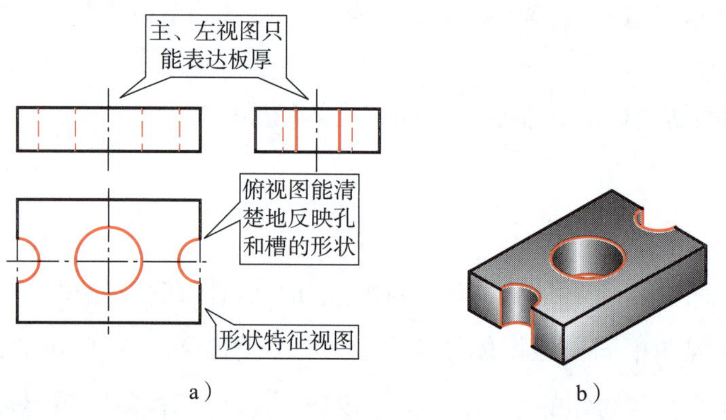


图 4-6　形状特征视图举例

a）三视图　b）立体图

位置特征视图是指最能反映组合体各形体间相互位置关系的视图。图 4-7a 所示支架的主、俯视图无法确定结构 1、2 的位置，它表示的可能是图 4-7b 的形体，也可能是图 4-7c 的形体。图 4-8 给出形体的主、左视图，在左视图上结构 1、2 的凹凸表达得十分清楚，所以该左视图就是位置特征视图。

看图时，应抓住反映物体主要形状特征和位置特征的视图，运用三视图的投影规律，将几个视图联系起来进行识读。在看组合体的三视图时，要把表达物体形状的三视图作为一个整体来看待，切忌只抓住其中的一个视图不放，或把三个视图孤立看待。

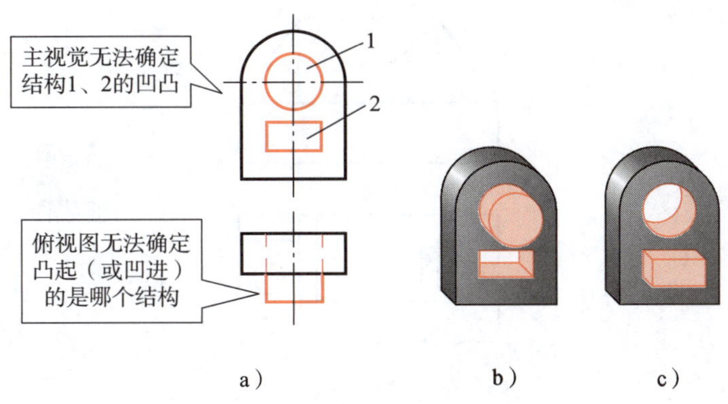


图 4-7　支架

a）两视图　b）形体一　c）形体二

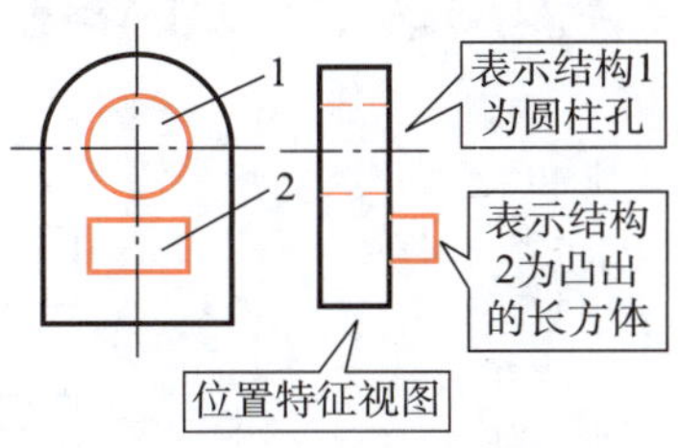


图 4-8　支架的位置特征视图

### 3. 遵循看图原则

看组合体的视图时，应遵循以下基本原则：

（1）先看主要部分，后看次要部分。

（2）先看容易看懂的部分，后看难以确定的部分。

（3）先看整体形状，后看细小结构。

（4）先看外部结构，后看内部形状。

## 二、形体分析法

在看组合体的视图时，仅仅依靠空间想象能力是不够的，还需要掌握必要的看图方法。形体分析法是看图的最基本方法，它是指：从最能反映物体形状、位置特征的主视图入手，将复杂的视图按线框分成几个部分；然后运用三视图的投影规律，找出各线框在其他视图上的投影，从而分析各组成部分的形状和它们之间的位置；最后综合起来，想象组合体的整体形状。

形体分析法主要用于看叠加类组合体的视图。运用形体分析法看图时，要把视图上的每一个线框都看成是一个基本形体的投影。图 4-9 所示为支承座的主、俯视图，下面以补画其左视图为例，学习形体分析法的看图方法和步骤，见表 4-7。

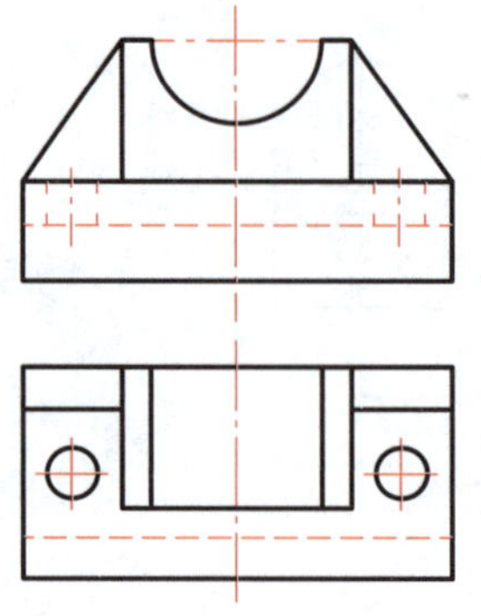

图 4-9　支承座的主、俯视图

表 4-7　　支承座的看图方法和步骤

<table>
<tr><th colspan="2">方法和步骤</th><th>图例</th></tr>
<tr><td colspan="2">1. 按线框分部分<br>从最能反映该组合体形状和位置特征的主视图入手，将其划分成Ⅰ、Ⅱ、Ⅲ、Ⅳ四个部分</td><td>Ⅳ Ⅰ Ⅱ Ⅲ</td></tr>
<tr><td rowspan="3">2. 对投影，想形状<br>运用投影规律，分别找出主视图上的四个线框在俯视图上的投影，然后逐一想象它们的形状，并分别绘制左视图</td><td>（1）分析线框Ⅲ所对应的主、俯视图可知，形体为在长方体底板的下面后部割去了一个小长方体，并在左、右各钻了一个小孔</td><td>Ⅲ</td></tr>
<tr><td>（2）分析线框Ⅰ所对应的主、俯视图可知，线框Ⅰ所表达的形体是一个带有半圆槽的长方体。该形体在底板Ⅲ的上面中间位置，其后面与底板平齐</td><td>Ⅰ</td></tr>
<tr><td>（3）分析线框Ⅳ所对应的主、俯视图可知，其形状为三棱柱，其后面和形体Ⅰ、Ⅲ同面<br>（4）线框Ⅱ所表达的形体形状与线框Ⅳ相同</td><td>Ⅳ Ⅱ</td></tr>
</table>

续表

| 方法和步骤 | 图例 |
| --- | --- |
| 3. 综合起来，想象整体形状<br>在看懂每个基本形体的基础上，想象它们的相互位置，在大脑中逐渐形成物体的整体形状 | 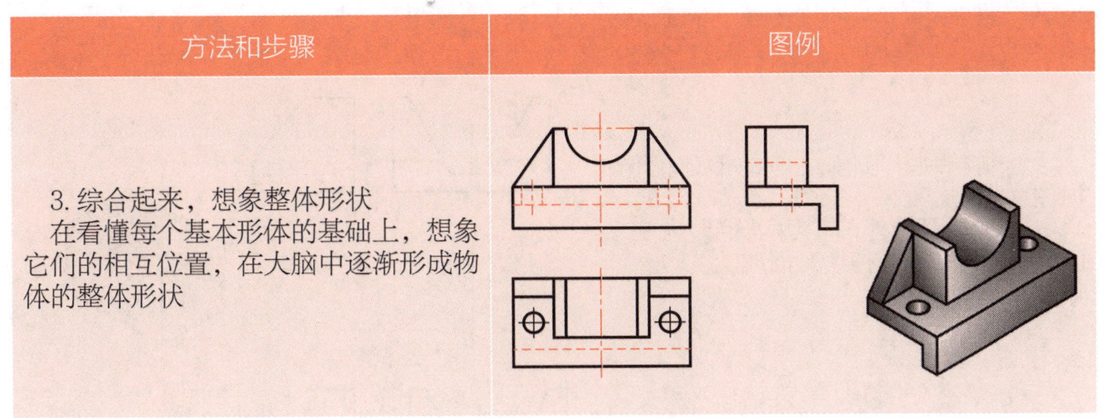 |

## 三、线面分析法

线面分析法一般用于识读切割类组合体的视图，它是指：假想把物体分解成点、线、面，运用点、线、面的投影特性，分析视图中线条、线框的含义和空间位置，以达到看懂视图的目的。

图 4-10 所示为定位挡块的主、左视图，该形体是一个典型的切割类组合体，下面以识读定位挡块的主、左视图，补画俯视图为例，分析切割类组合体的看图方法和步骤。

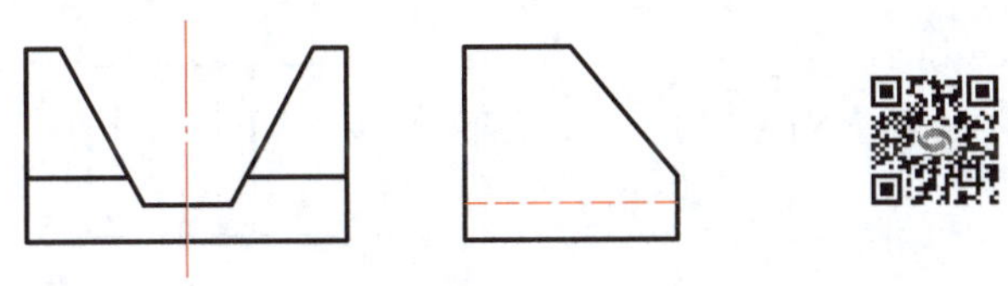

图 4-10　定位挡块的主、左视图

由于定位挡块的左视图的前上方有一条斜线，可以设想该形体的前上方用侧垂面切割，通过“对投影”，可知在主视图上的相应位置有一条横线（见图 4-11 ①），因此设想成立。在主视图上有一个 V 形槽，可以设想在形体的中间用两个正垂面和一个水平面开槽，通过“对投影”可知在左视图上的相应位置有一条横线（见图 4-11 ②细虚线），因此该设想也成立。识读定位挡块的主、左视图，补画俯视图的方法和步骤见表 4-8。

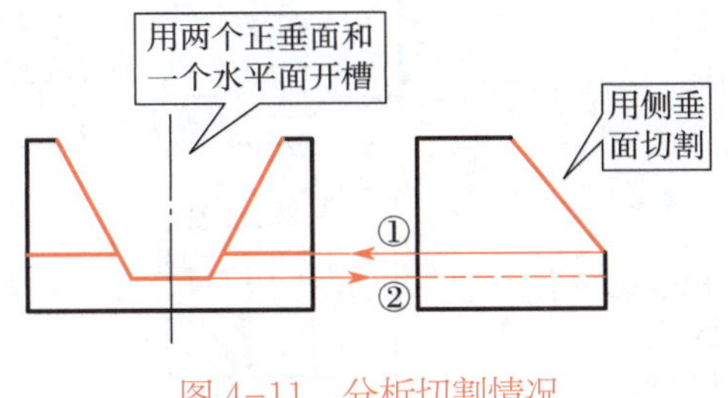


图 4-11　分析切割情况

表 4-8　　补画定位挡块俯视图的方法和步骤

<table>
<tr><th colspan="2">方法和步骤</th><th>图例</th></tr>
<tr><td colspan="2">1. 绘制挡块未切割之前的形体的俯视图<br>主、左视图的外围轮廓以矩形为主，因此该形体由长方体切割而成</td><td>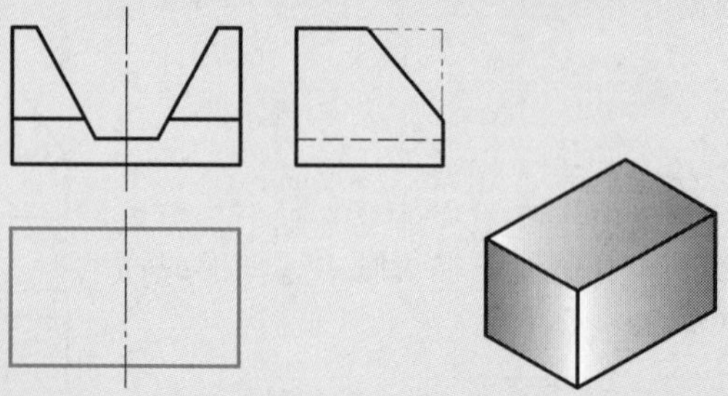</td></tr>
<tr><td colspan="2">2. 绘制在形体前上方用侧垂面割去一个三棱柱后的左视图<br>分析切割后侧垂面 P 的正面投影和侧面投影，求作其水平投影</td><td>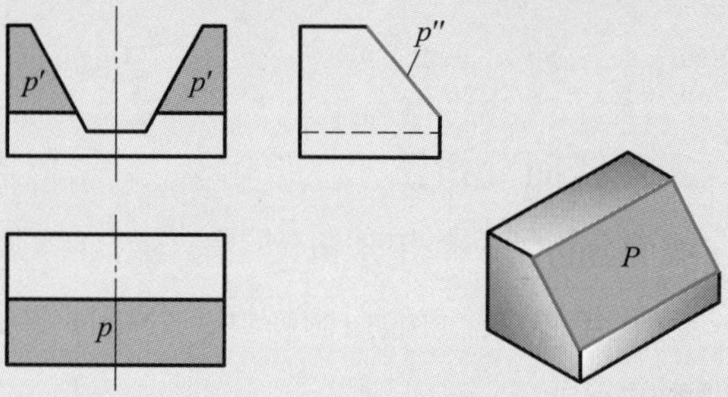</td></tr>
<tr><td rowspan="2">3. 绘制用两个正垂面和一个水平面开槽后的俯视图</td><td>（1）面分析<br>1）分析水平面 Q 的正面投影和侧面投影，可知该平面为水平面，其形状为长方形<br>2）根据水平面 Q 的正面投影和侧面投影，求作水平投影<br>3）擦去多余的图线</td><td></td></tr>
<tr><td>（2）线分析<br>1）分析正垂面和侧垂面的交线（AB）的正面投影和侧面投影，可知该线段为一般位置直线<br>2）根据线段 AB 的两面投影求作其水平投影</td><td>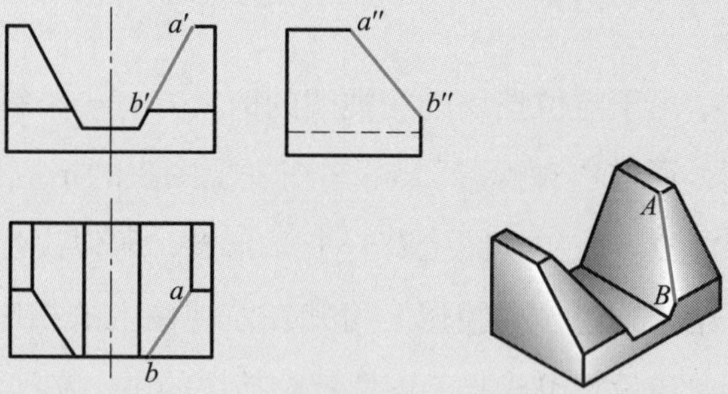</td></tr>
<tr><td colspan="2">4. 校核<br>（1）分析直线 BC<br>通过分析直线 BC 的三面投影可知，该直线为正平线，它与直线 AB 不是一条直线<br>（2）分析正垂面 ABCDE<br>该平面是五边形，其正面投影为斜线，水平投影和侧面投影都是五边形<br>5. 综合想象立体的整体形状</td><td>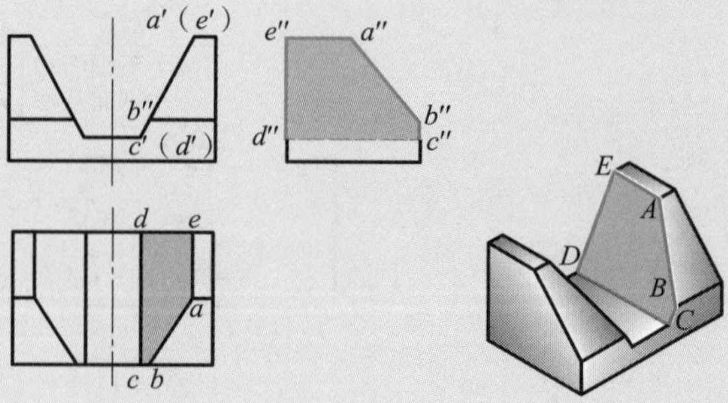</td></tr>
</table>

在用线面分析法看图时，并不是形体上所有的线、面都要分析，而是重点分析看不懂的线、面。需要分析的平面大都是投影面垂直面或一般位置平面，需要分析的直线一般为投影面平行线或一般位置直线。

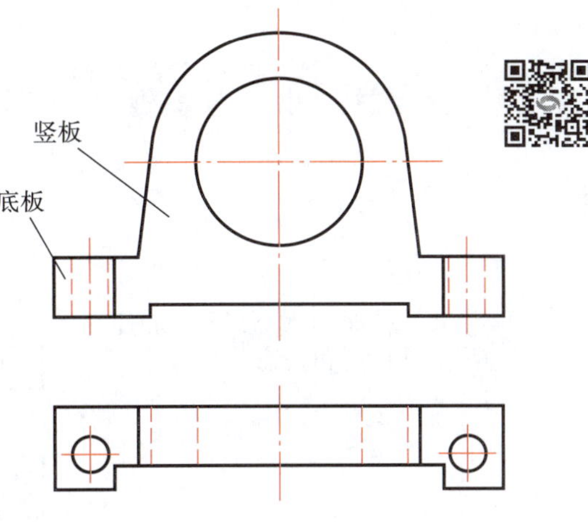


图 4-12　汽车发动机前悬置支架

## 四、识读综合类组合体的视图

图 4-12 所示为某汽车发动机前悬置支架，该形体是“既有叠加，又有切割”的综合类组合体，要求看懂主、俯视图，补画其左视图。

### 1. 形体分析

图 4-12 所示前悬置支架可分为底板和竖板两部分，底板为长方体，在底板的前面和下面加工有不同宽度的槽，在底板的左右加工有小孔；竖板由半圆柱和梯形块组成，在竖板上加工有通孔。

### 2. 补画左视图

补画汽车发动机前悬置支架左视图的方法和步骤见表 4-9。

表 4-9　补画汽车发动机前悬置支架左视图的方法和步骤

| 方法和步骤 | 图例 |
|---|---|
| （1）补画底板外部结构的左视图<br>底板的外形在主、俯视图中都是矩形线框，显然其形状是长方体<br>（2）补画竖板外部结构的左视图<br>竖板主视图上方为圆弧，下方为梯形，俯视图为矩形，所以竖板为半圆柱与梯形块的组合体 | |
| （3）补画在底板的前面加工竖槽的侧面投影<br>作图时应注意：底板上竖槽的槽底与竖板的前面在同一个平面上 | |

续表

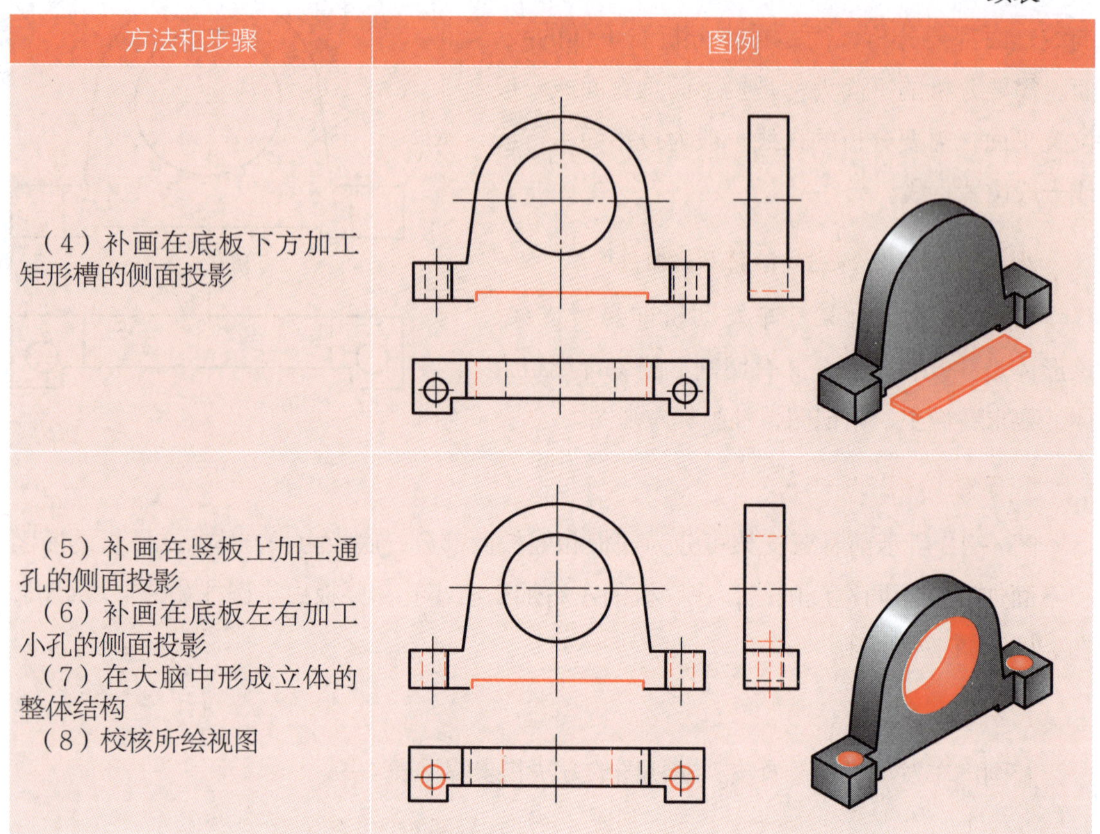

| 方法和步骤 | 图例 |
| --- | --- |
| （4）补画在底板下方加工矩形槽的侧面投影 | |
| （5）补画在竖板上加工通孔的侧面投影<br>（6）补画在底板左右加工小孔的侧面投影<br>（7）在大脑中形成立体的整体结构<br>（8）校核所绘视图 | |

# §4-4 | 组合体的尺寸标注

## 学习目标

1. 了解组合体尺寸的种类，了解尺寸基准的概念。
2. 掌握组合体尺寸标注的基本要求和常见尺寸注法。
3. 能标注简单组合体的尺寸。

## 一、组合体尺寸的种类

图 4-13 所示为轴承座的三视图和轴测图，为确定形体大小，在三视图上标注了尺寸，下面以此为例分析组合体三视图上的尺寸。

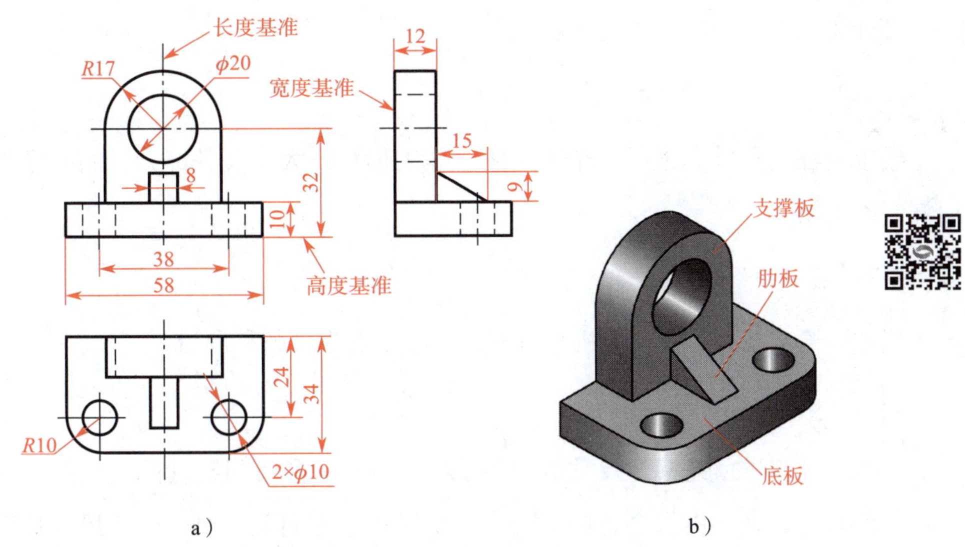


图 4-13 轴承座的尺寸标注
a）三视图 b）轴测图

组合体三视图上的尺寸分为定形尺寸和定位尺寸两种。

### 1. 定形尺寸

确定各基本形体大小的尺寸称为定形尺寸。

图 4-13 中的轴承座由底板、支撑板和肋板三部分组成，各部分的定形尺寸有：

（1）底板的长“58”、宽“34”、高“10”，底板圆角半径“*R*10”和底板上 2 个小圆孔的直径尺寸“2 × *ϕ* 10”。

（2）支撑板的圆弧半径“*R*17”、轴孔直径“*ϕ* 20”及支撑板的宽度尺寸“12”。

（3）肋板的长度尺寸“8”、高度尺寸“9”和宽度尺寸“15”。

### 2. 定位尺寸

确定形体间相对位置的尺寸称为定位尺寸。

在图 4-13 中标注的定位尺寸有：确定底板圆孔中心位置的尺寸“38”和“24”，确定支撑板轴孔中心位置的尺寸“32”等。

## 二、标注尺寸的基本要求

标注组合体尺寸必须做到正确、完整、清晰。

### 1. 正确

所谓正确就是所注的尺寸数值要正确无误，注法要严格遵守国家标准《机械制图 尺寸注法》（GB/T 4458.4—2003）和《技术制图 简化表示法 第 2 部分：尺寸注法》

（GB/T 16675.2—2012）中的规定。

### 2. 完整

要求所注的尺寸必须能完全确定组合体的形状、大小及各部分之间的相对位置，不遗漏、不重复。

### 3. 清晰

尺寸要恰当布局，便于查找和看图，不至于发生误解和混淆。

## 三、尺寸基准

所谓尺寸基准就是标注尺寸的起始位置，或者说是度量尺寸的起始点。由于空间的组合体都有长、宽、高三个方向的尺寸，所以每个方向至少要有一个尺寸基准。选择基准时，一般把物体上较大的加工平面（底面或端面）、轴线、对称平面等几何要素作为尺寸基准。在图 4-13a 中，长度方向的尺寸基准（长度基准）为零件左右对称面，高度方向的尺寸基准（高度基准）为零件底面，宽度方向的尺寸基准（宽度基准）为零件后面。

## 四、常见尺寸注法

### 1. 常见薄板的尺寸注法

对于图 4-14 所示的板状结构，除了标注定形尺寸外，确定孔、槽位置的定位尺寸是必不可少的。由于板的基本形状和孔、槽的分布形式不同，孔、槽定位尺寸的标注形式也不一样。在图 4-14d 中，四个小孔的定位尺寸按长、宽方向标注；在图 4-14e、f 中，标注了小孔中心定位圆的直径。断续的圆弧一般标注直径，而不是半径，如图 4-14b、c 所示。

### 2. 截割体的尺寸标注

截割体的尺寸标注如图 4-15a 所示，截交线是平面和圆柱面相交时自然产生的图线，所以在截交线上不允许标注尺寸，图 4-15b 左视图上标“×”的尺寸是错误的。

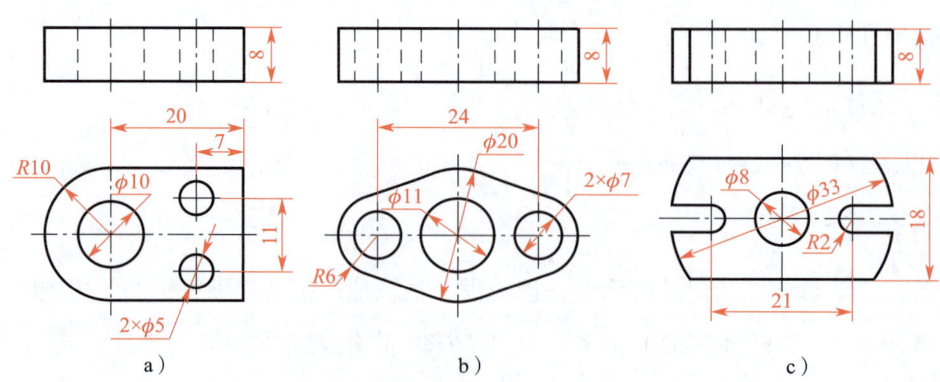

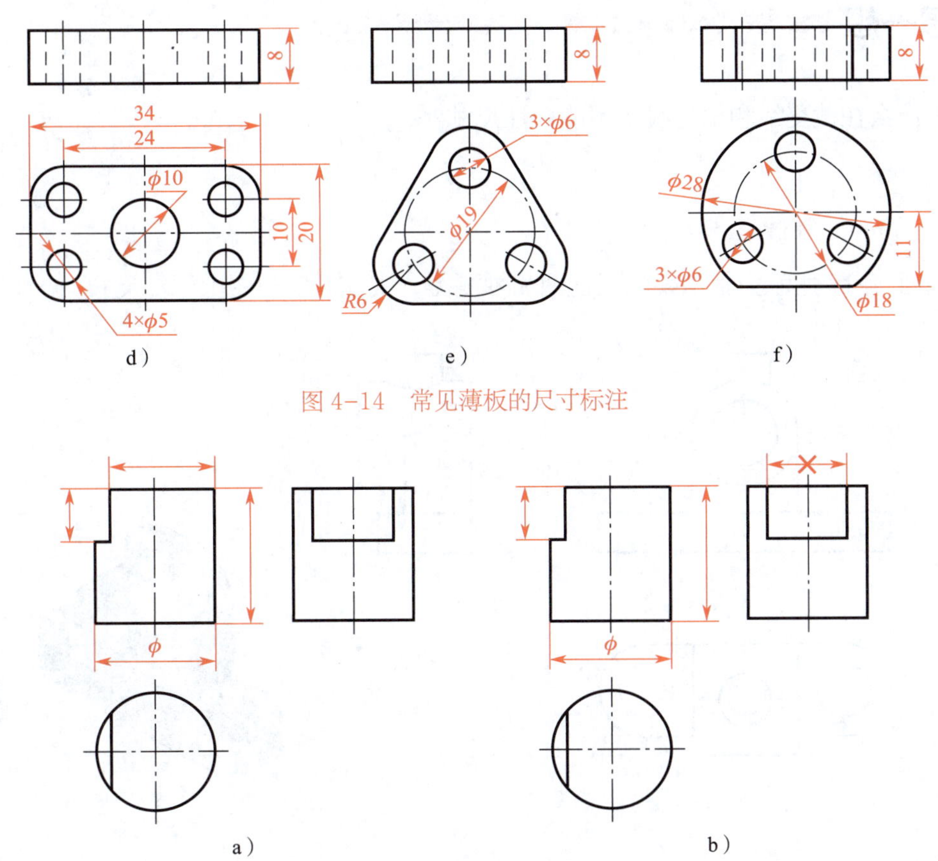


图 4-14　常见薄板的尺寸标注



图 4-15　截割体的尺寸标注

a）正确　b）错误

## 3. 相贯体的尺寸标注

相贯体的尺寸标注如图 4-16a 所示，相贯线是两曲面立体相交自然产生的交线，所以在相贯线上也不能标注尺寸，图 4-16b 主视图上标“×”的尺寸是错误的。

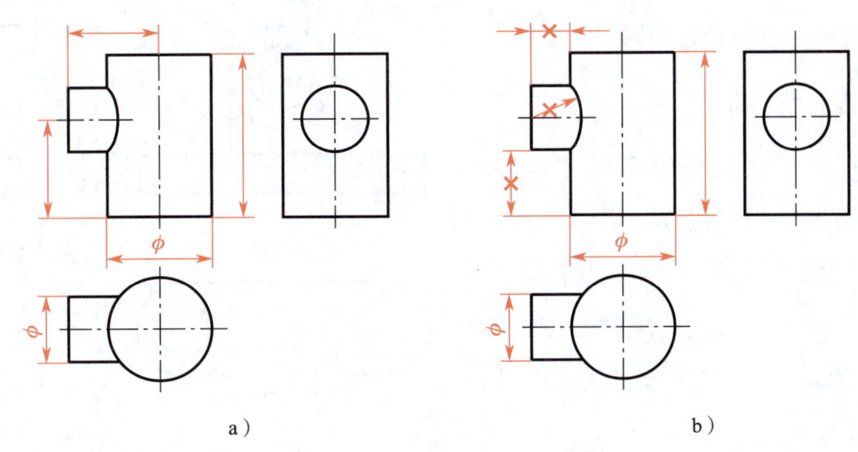


图 4-16　相贯体的尺寸标注

a）正确　b）错误

## 想一想

为什么在截交线和相贯线上不能标注尺寸?

## 五、标注组合体的尺寸

如图 4-17 所示为轴承架的三视图和轴测图，试在其三视图上标注尺寸。

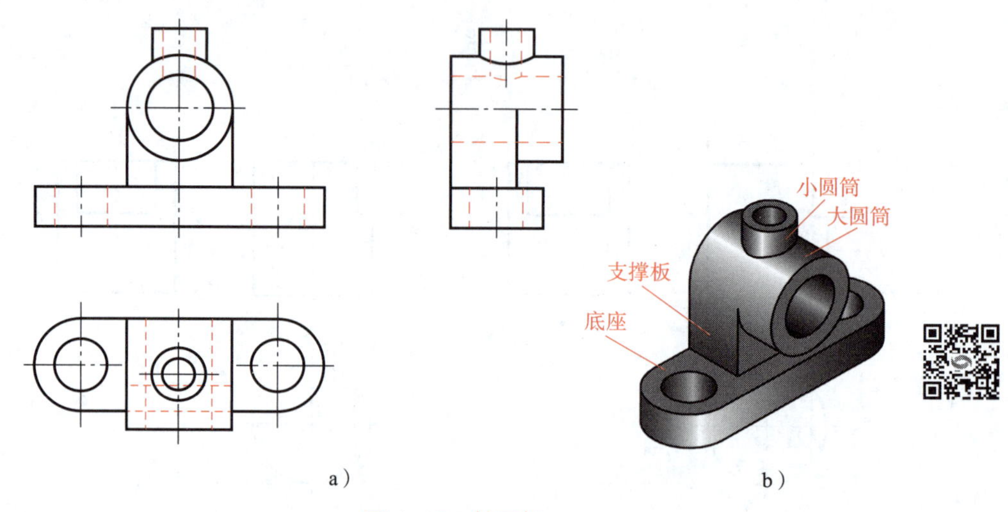


图 4-17　轴承架

a）三视图　b）轴测图

标注组合体尺寸前，首先要进行形体分析，看懂三视图。分析图 4-17 不难看出，该轴承座由底座、支撑板、大圆筒和小圆筒四部分组成。

标注尺寸容易出现的问题是重复标注尺寸或漏注尺寸。为避免出现类似问题，标注尺寸时，应参照组合体的绘图步骤进行，并对标注的尺寸进行反复校核。

### 1. 选择尺寸基准

标注尺寸前首先要确定尺寸基准。根据轴承架的结构和用途，选择轴承架的左右对称面为长度方向的尺寸基准，零件的后面为宽度方向的尺寸基准，零件的底面为高度方向的尺寸基准，如图 4-18 所示。

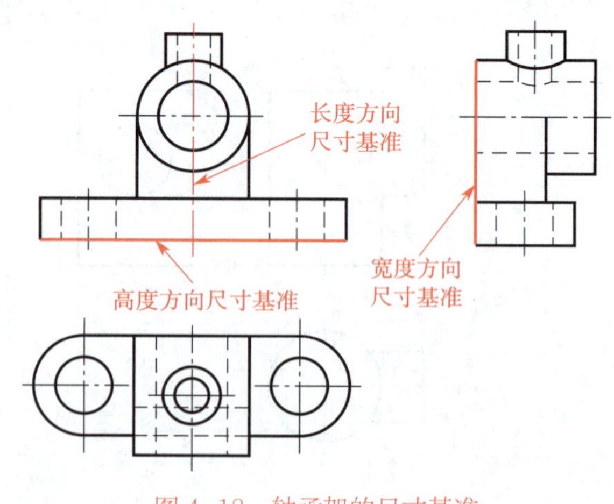


图 4-18　轴承架的尺寸基准

## 2. 标注尺寸

轴承架尺寸标注的步骤见表 4-10。

表 4-10 轴承架尺寸标注的步骤

| 步骤 | 图例 | 注意事项 |
|---|---|---|
| （1）标注底座的尺寸<br>标注底座两侧半圆头的圆弧半径 $R17$ mm、圆孔直径 2×$\phi$20 mm、圆孔的定位尺寸 75 mm 和底座的高度 15 mm | 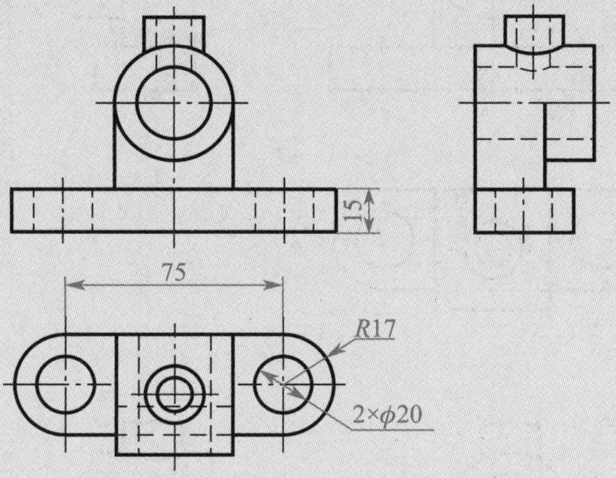 | 虽然在底座的左右两端各有一个半圆，但是不可标注成“2×$R17$”的形式 |
| （2）标注大圆筒的尺寸<br>1）标注大圆筒的定形尺寸，包括内圆孔的直径 $\phi$25 mm、外圆直径 $\phi$40 mm、宽度尺寸为 42 mm<br>2）标注大圆筒高度方向的定位尺寸 45 mm | 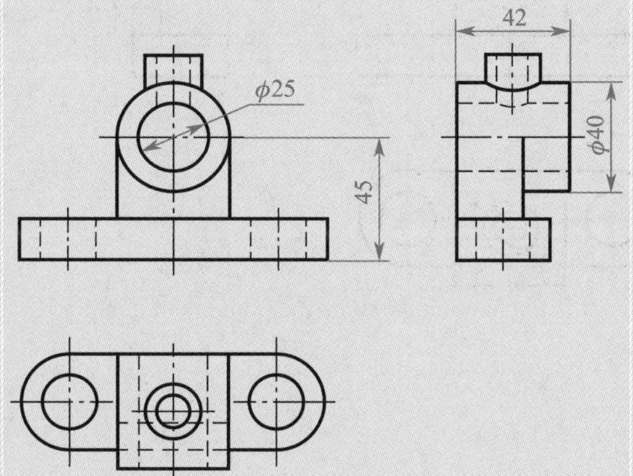 | 大圆筒的轴线与底座的左右对称面重合，大圆筒的后面与底座的后面重合，故这两个方向不需要标注定位尺寸 |
| （3）标注支撑板的尺寸<br>标注支撑板宽度方向的定形尺寸 25 mm | 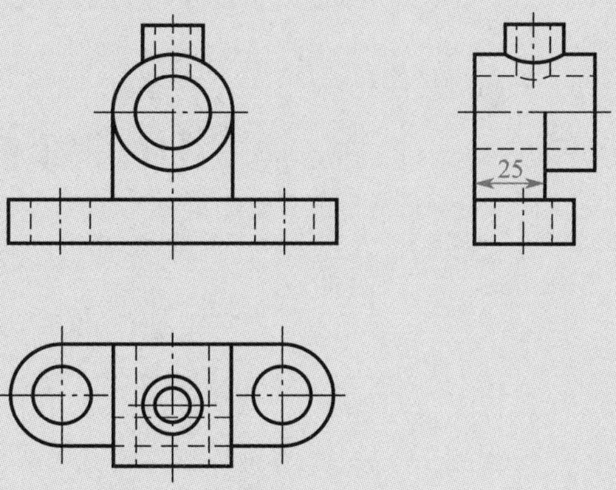 | （1）由于支撑板的长度与大圆筒外圆的直径相等，所以不需要标注长度方向的定形尺寸；由于支撑板位于底座和大圆筒之间，所以不需要标注高度方向的定形尺寸<br>（2）确定支撑板的位置无须任何尺寸，所以不必标注支撑板的定位尺寸 |

续表

| 步骤 | 图例 | 注意事项 |
| --- | --- | --- |
| （4）标注小圆筒的尺寸<br>1）标注小圆筒的定形尺寸，包括内圆直径 $\phi$12 mm 和外圆直径 $\phi$20 mm<br>2）标注小圆筒高度方向的定位尺寸 75 mm | 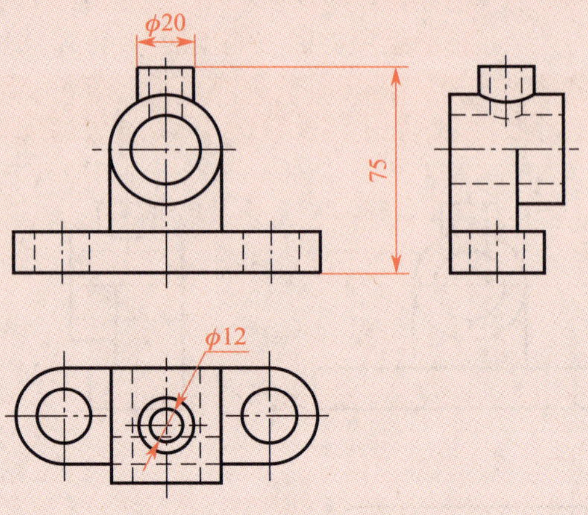 $\phi$20　75　$\phi$12 | （1）高度尺寸 75 mm 具有确定小圆筒高度的作用<br>（2）小圆筒相对于大圆筒前后、左右对称，所以在这两个方向上不需要标注定位尺寸 |
| （5）校核尺寸 | 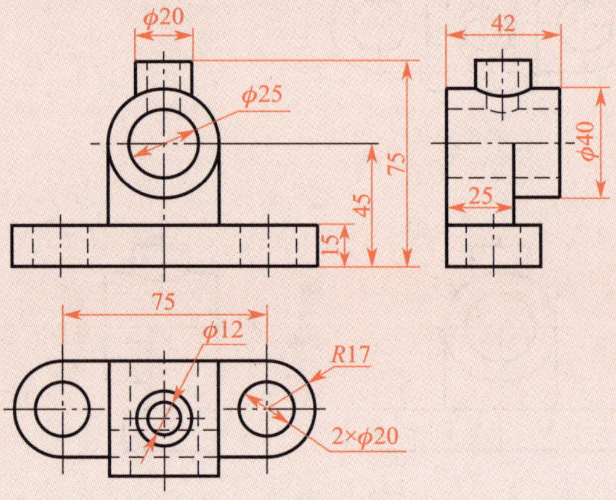 $\phi$20　42　$\phi$25　$\phi$40　75　45　25　15　75　$\phi$12　R17　2×$\phi$20 | 反复校核尺寸，补全漏注的尺寸，擦去多余的尺寸，使之达到“完整、正确、清晰”的要求 |

# 第五章
# 机械图样的基本表达方法

在生产实际中，汽车零件的结构形状多种多样。有些零件的结构比较简单，仅需一个或两个视图，再配以尺寸标注就可以将其表达清楚；而有些零件的形状和结构比较复杂，即使用三个视图也难以清楚地表达其内外结构，因此还需要采用一些其他的表达方法，如视图、剖视图、断面图和局部放大图等。

## §5-1 视图

### 学习目标

1. 了解基本视图、向视图、局部视图和斜视图的概念。
2. 掌握视图、向视图、局部视图和斜视图的基本画法规定。

视图有基本视图、向视图、局部视图和斜视图四种。

## 一、基本视图

物体在三投影面体系中得到三视图，如果在原有三投影面体系的三个投影面的基础上，再增设三个互相垂直的投影面，使其构成一个正六面体，这六个投影面统称为基本投影面，如图 5-1 所示。将物体放入六个基本投影面体系中，分别由前、后、左、右、上、下六个方向，向六个基本投影面投射，即得到六个基本视图。除主视图、俯视图、左视图外，新增加的三个基本视图为：

右视图：将物体由右向左投射所得到的视图。

仰视图：将物体由下向上投射所得到的视图。

后视图：将物体由后向前投射所得到的视图。

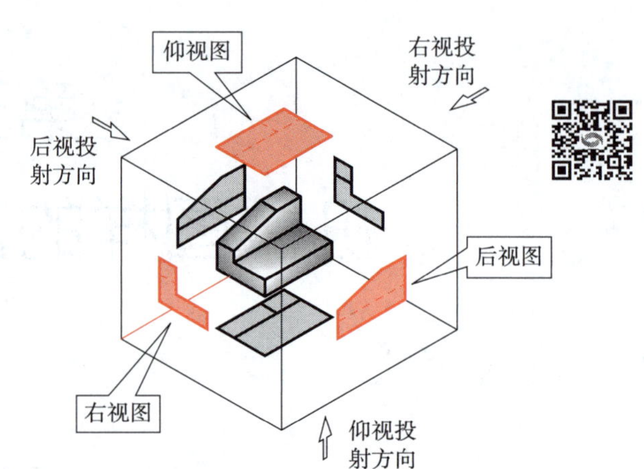

图 5-1　六个基本视图的形成

六个基本投影面按照图 5-2 所示展开后，各视图的位置如图 5-3 所示，六个基本视图之间仍然符合“长对正，高平齐，宽相等”的投影规律，即主视图、俯视图、仰视图、后视图“等长”，主视图、左视图、右视图、后视图“等高”，俯视图、左视图、右视图、仰视图“等宽”。

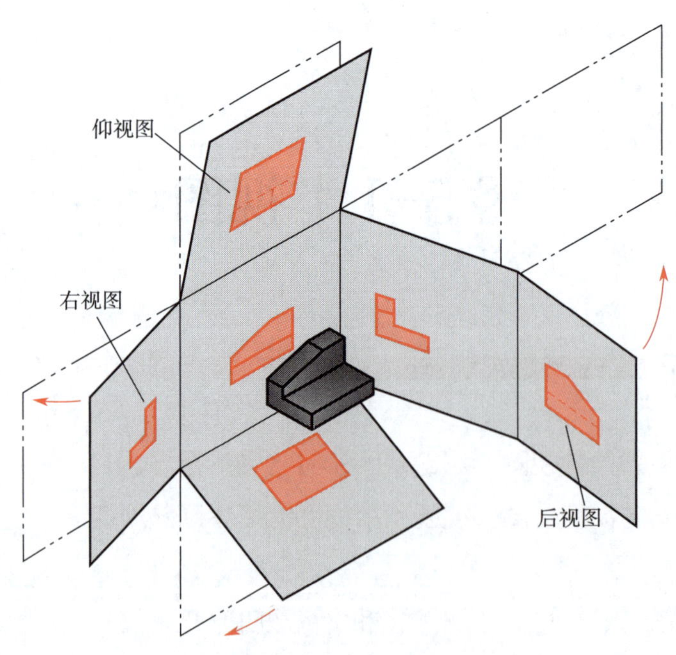

图 5-2　六个基本投影面的展开

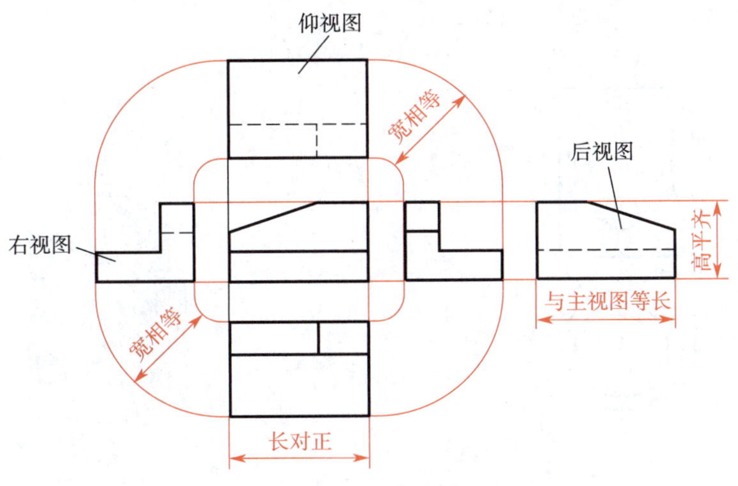


图 5-3 六个基本视图及投影规律

## 二、向视图

可自由配置的视图称为向视图，如图 5-4 所示。国家标准规定：在向视图上方标注大写拉丁字母，在相应视图的附近用箭头指明投射方向，并标注相同的字母。

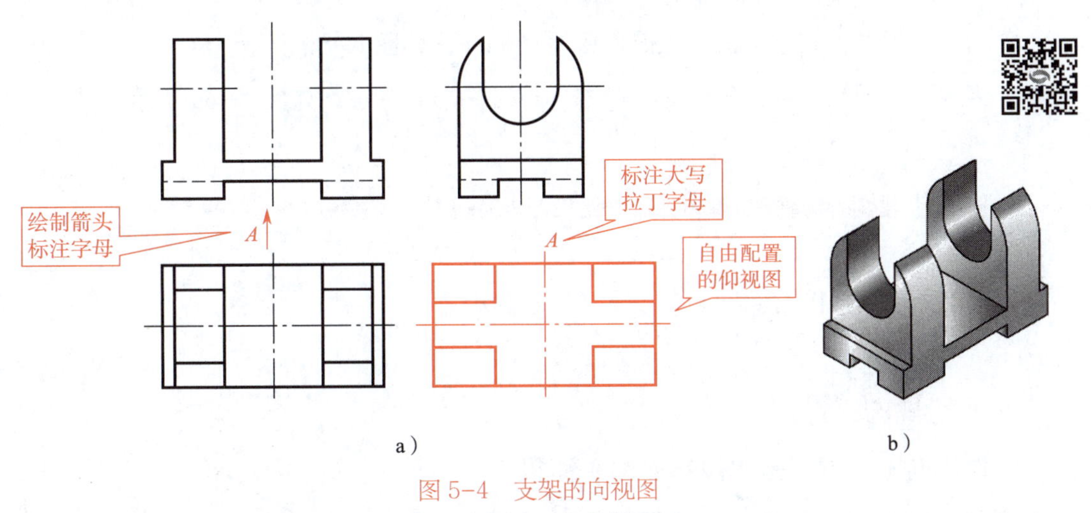


图 5-4 支架的向视图

a）向视图 b）立体图

### 想一想

向视图与基本视图有何异同？

## 三、局部视图

在图 5-5 的 4 个视图中，除了主视图和俯视图外，其他 2 个视图都仅仅绘制了机件的一部分结构。这种将物体的某一部分向基本投影面投射所得到的视图称为局部视图。

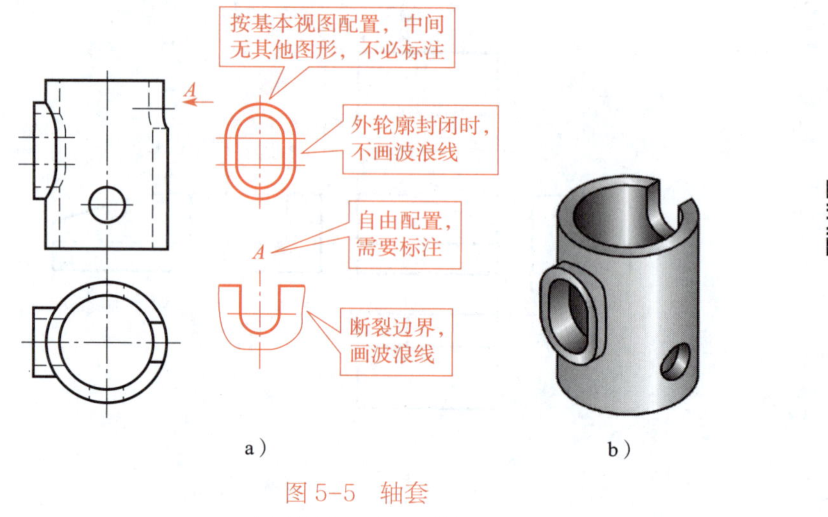


图 5-5　轴套

a）局部视图　b）立体图

国家标准规定：

1. 画局部视图时，其断裂边界用波浪线绘制。当所表示的局部视图的外轮廓封闭时，则不必画出其断裂边界线，如图 5-5a 所示。

2. 当局部视图按基本视图配置时，则不必标注，如图 5-5a 所示。

3. 当局部视图按向视图配置时，则按向视图的形式标注，如图 5-5a 所示。

## 想一想

局部视图与向视图有何异同？

## 四、斜视图

将物体向不平行于基本投影面的平面投射所得到的视图称为斜视图。斜视图的形成如图 5-6 所示，其画法和标注如图 5-7a 所示。一般情况下，斜视图是物体局部结构的投影，其断裂边界的画法与局部视图相同，斜视图的标注与向视图的标注相同。必要时，允许将斜视图旋转配置，表示该视图名称的大写拉丁字母应靠近旋转符号的箭头端，如图 5-7b 所示。

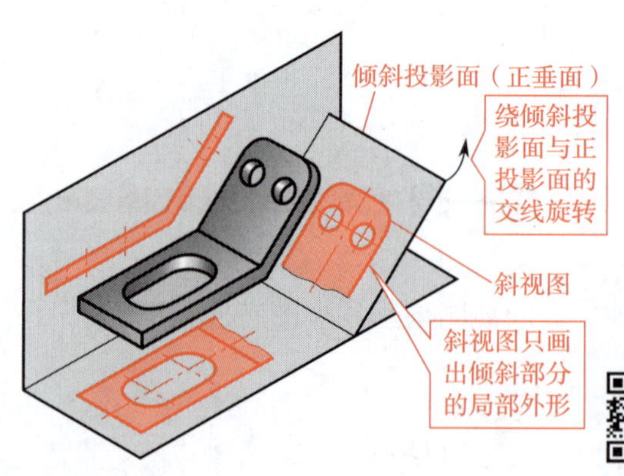

图 5-6　弯板斜视图的形成

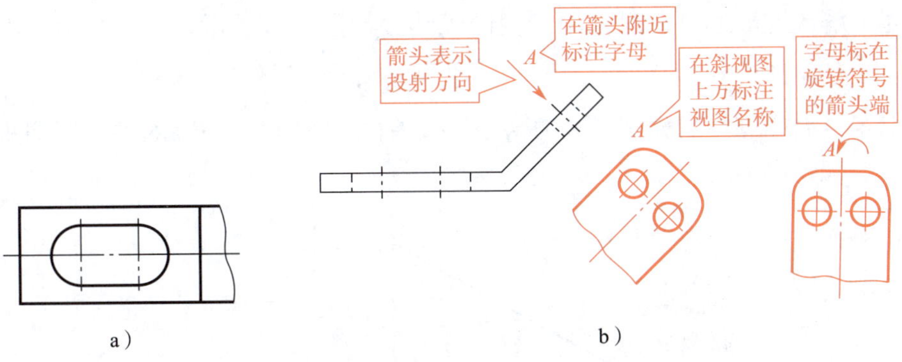


图 5-7　弯板的斜视图

## 想一想

斜视图与局部视图有何异同？

# §5-2 | 剖视图

## 学习目标

1. 了解剖视图的概念，掌握全剖视图、半剖视图、局部剖视图的概念和画法。

2. 了解剖视图的标注方法。

3. 掌握剖切面的种类及单一剖切平面、几个平行的平面和几个相交的剖切平面的全剖视图的画法。

## 想一想

用细虚线表达内部结构有何缺点？

## 一、剖视图的形成与标注

### 1. 剖视图的形成

当物体的内部结构较复杂时，在视图中用细虚线表达内部结构将给画图和看图带来不便，为了解决这一问题，可采用剖视图表达。如图 5-8 所示，假想用剖切面剖开物体，将处于观察者与剖切面之间的部分移去，将其余部分向投影面投射，所得到的图形就是剖视图，简称剖视。如图 5-9 所示，汽车前轮毂油封内座圈的主视图即采用了剖视图。

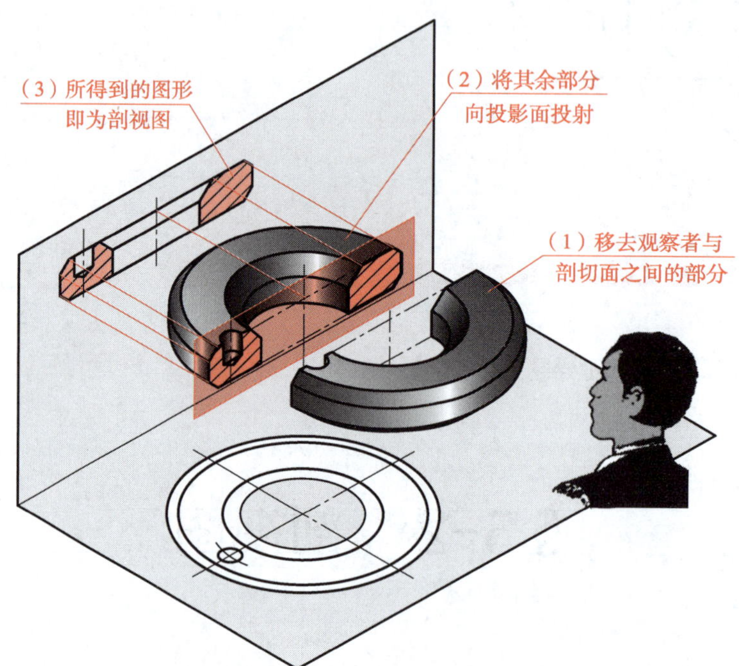

图 5-8　剖视图的形成

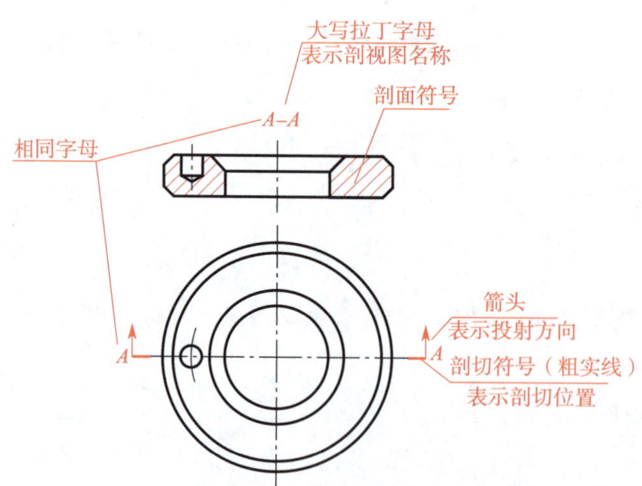


图 5-9　汽车前轮毂油封内座圈的剖视图

**小提示**

（1）在画剖视图时，剖切平面后的可见轮廓线应全部画出，不可只画剖切断面的形状。

（2）由于剖视图是假想剖开机件得到的，当物体的一个视图画成剖视图时，其他视图仍应完整地画出。

（3）在不致引起误解时，应避免使用细虚线表示不可见的结构。

### 2. 剖面符号

在剖视图中，剖切面与物体接触的部分（剖面区域）应画出表示材料类别的剖面符号，常用材料的剖面符号见表 5-1。金属零件的剖面符号应以适当角度的细实线绘制，最好与主要轮廓线或剖面区域的对称线成 45° 角，且相互平行、间隔均匀，如图 5-9 所示。

表 5-1　　常用材料的剖面符号（摘自 GB/T 4457.5—2013）

| 材料名称 | 剖面符号 | 材料名称 | 剖面符号 |
|---|---|---|---|
| 金属材料（已有规定剖面符号者除外） | | 木质胶合板（不分层数） | |
| 线圈绕组元件 | | 基础周围的泥土 | |
| 转子、电枢、变压器和电抗器等的迭钢片 | | 混凝土 | |
| 非金属材料（已有规定剖面符号者除外） | | 钢筋混凝土 | |
| 型沙、填沙、粉末冶金、陶瓷刀片、硬质合金刀片等 | | 砖 | |
| 玻璃及供观察用的其他透明材料 | | 格网（筛网、过滤网等） | |

续表

| 材料名称 | | 剖面符号 | 材料名称 | 剖面符号 |
|---|---|---|---|---|
| 木材 | 纵断面 | | 液体 | |
| | 横断面 | | | |

### 3. 剖视图的标注

为反映剖切关系，需要对剖视图进行标注。剖视图的标注如图 5-9 所示，一般应在剖视图的上方用大写拉丁字母标出剖视图的名称“×-×”，在剖切面的起止处用剖切符号（粗实线）表示剖切位置，在剖切符号两端用箭头表示投射方向，并在附近注上与剖视图名称相同的大写拉丁字母（斜体）。在以下情况下，剖视图的标注可以简化和省略。

（1）当剖视图按投影关系配置，中间没有其他图形隔开时，可以省略箭头（参见图 5-16 的俯视图）。

（2）当单一剖切平面通过物体的对称平面或基本对称平面，且剖视图按投影关系配置，中间没有其他图形隔开时，可以省略标注（参见图 5-10 的主视图）。

（3）当单一剖切平面的剖切位置明确时，局部剖视图不必标注（参见图 5-12 的主视图）。

## 二、剖视图的种类及画法

根据剖切范围的不同，剖视图可分为全剖视图、半剖视图和局部剖视图三种。

### 1. 全剖视图

用剖切面完全地剖开物体所画的剖视图称为全剖视图。图 5-10 所示为汽车备胎架，其剖切平面通过机件的前后对称面将机件剖成两半。

### 2. 半剖视图

当物体具有对称平面时，向垂直于对称平面的投影面上投射所得到的图形，以对称中心线为界，一半画成剖视图，另一半画成视图，这种图形称为半剖视图。图 5-11a 所示为某汽车牵引钩弹簧衬套的半剖视图，这种表达方式既可以表达内部结构，又可以表达外部形状。

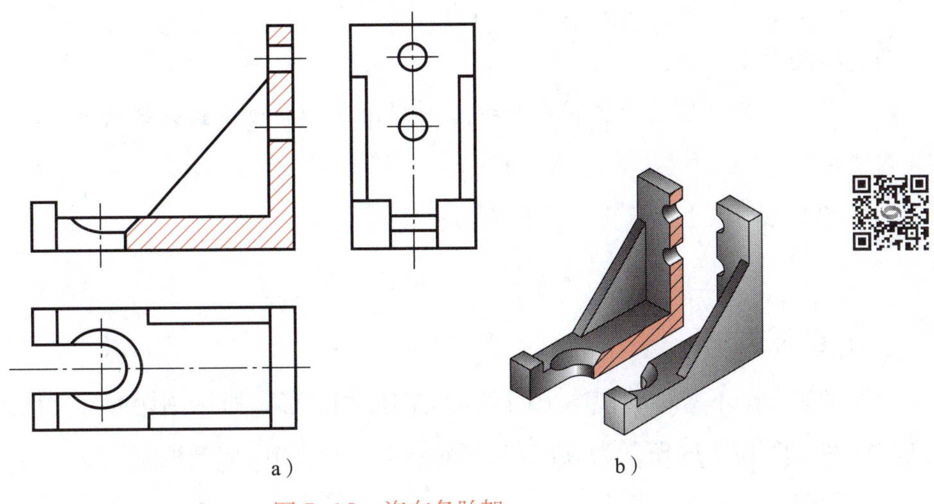


图 5-10　汽车备胎架

a）全剖视图　b）立体图

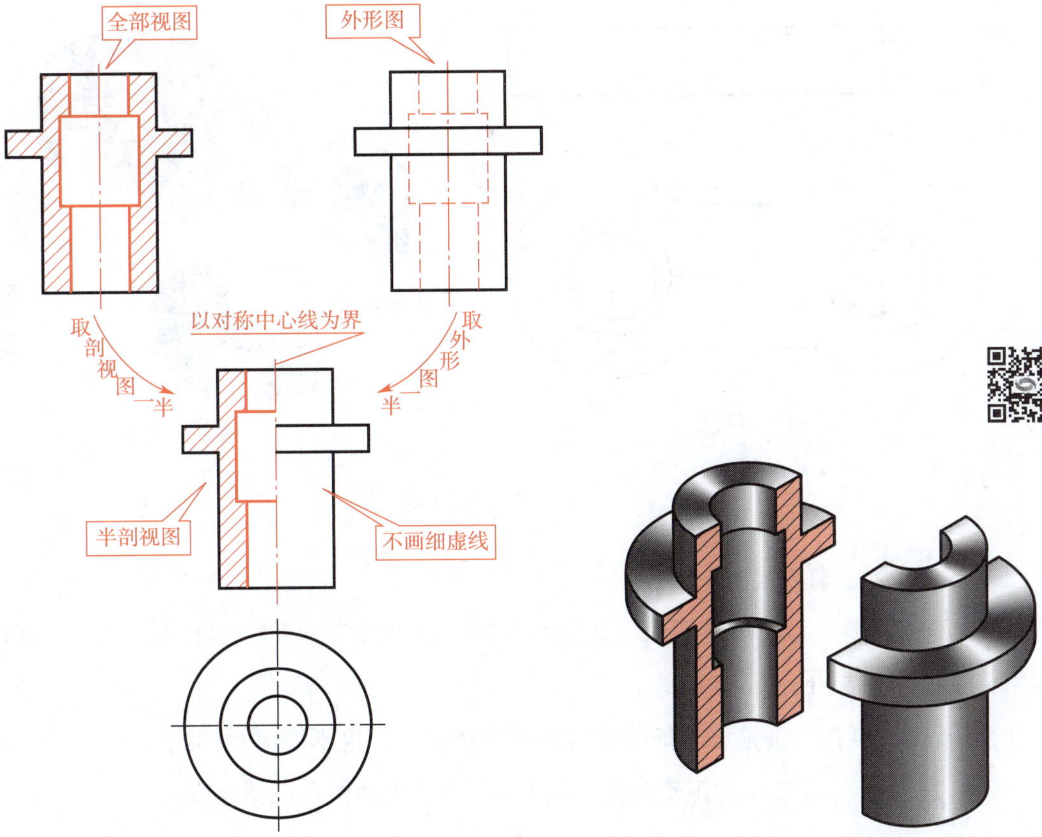

全部视图
外形图
取剖视图一半
以对称中心线为界
取外形图一半
半剖视图
不画细虚线
a）
b）

图 5-11　汽车牵引钩弹簧衬套

a）半剖视图　b）立体图

**小提示**

（1）半剖视图的半个视图与半个剖视图的分界线应画成细点画线，而不能画成粗实线。

（2）外形图上表达内部结构的细虚线一般应省略。

### 3. 局部剖视图

为了在一个不对称的视图上同时表达内形和外形，可用剖切面局部地剖开物体而绘制剖视图。图 5-12a 所示为某汽车后钢板弹簧吊耳的局部剖视图，这种用剖切面局部地剖开物体所画出的剖视图称为局部剖视图。

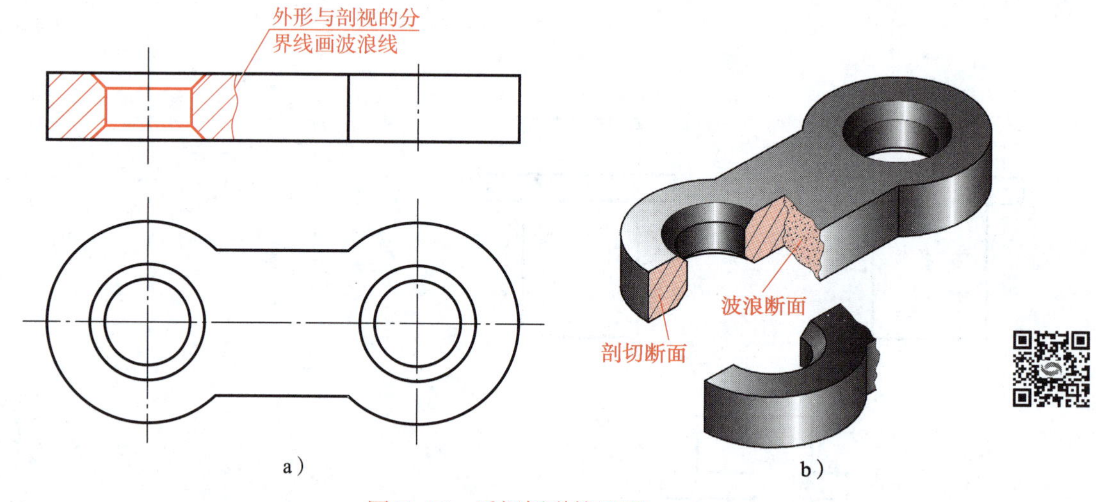


图 5-12　后钢板弹簧吊耳

a）局部剖视图　b）立体图

画局部剖视图时应注意以下几点：

（1）局部剖视图与视图之间应以波浪线为界。波浪线应画在物体的实体上，不能画在物体的中空处或超出图形轮廓线。

（2）局部剖视图的波浪线不能与图形的轮廓线重合，也不能用轮廓线代替。

图 5-13 所示为波浪线的正确画法，图 5-14 所示为波浪线的错误画法。

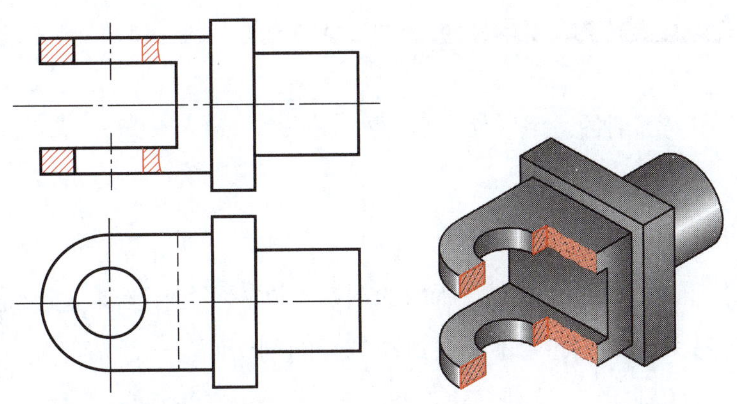

图 5-13　波浪线的正确画法

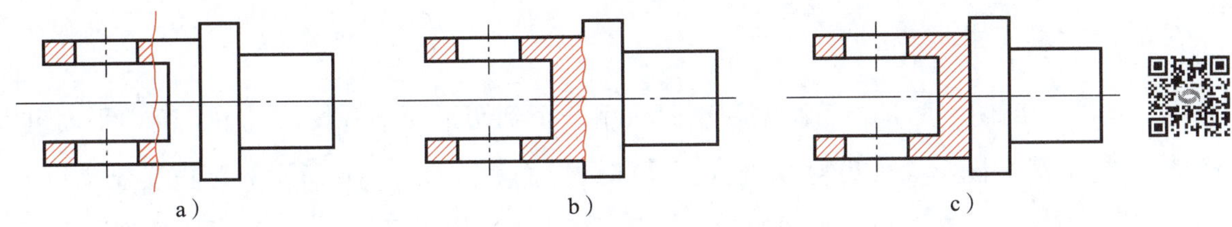


图 5-14　波浪线的错误画法

a）波浪线绘制在中空处和超出图形轮廓线　b）波浪线与图形轮廓线重合　c）波浪线用图形轮廓线代替

**小提示**

在画剖视图时，当对称图形的轮廓线与对称中心线重合时，应避免采用半剖视图，而应采用局部剖视图。如图 5-15 所示的轴套，虽然它左右对称，但由于方孔在主视图上的轮廓线与对称中心线重合，所以不宜采用半剖视图，而应采用局部剖视图。

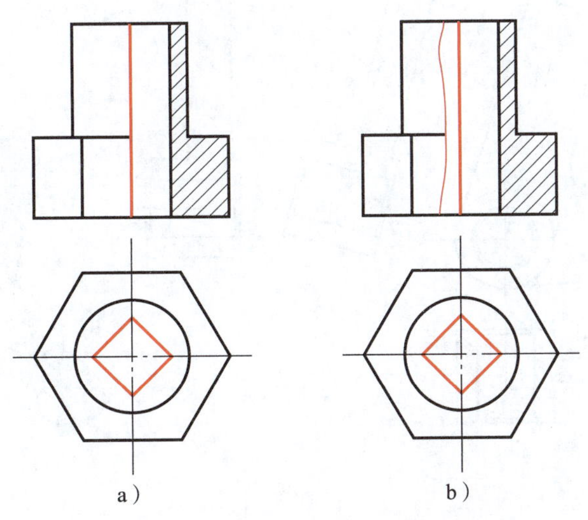


图 5-15　轴套宜采用局部剖视图表达

a）错误　b）正确

## 想一想

全剖、半剖和局部剖各适用于什么场合？

## 三、剖切面的种类

在前面所介绍的三种剖视图中，所用的剖切平面皆平行于基本投影面，但机件的内部结构形状差异甚大，常需选用不同数量和位置的剖切面。一般情况下，可选择单一剖切平面、几个平行的剖切平面、几个相交的剖切平面（交线垂直于某一投影面）三种剖切平面。

### 1. 单一剖切平面

单一剖切平面是指，画剖视图时只用一个剖切平面剖开物体。单一剖切平面可以平行于基本投影面，也可以垂直于基本投影面。如图 5-16 所示为某汽车制动杠杆，图 5-16a 中的 *B–B* 全剖视图的剖切平面平行于水平投影面，*A–A* 全剖视图的剖切平面垂直于正投影面。为画图方便，可将用不平行于基本投影面的剖切平面剖切得到的剖视图旋转放正配置，并在剖视图名称旁按图形的旋转方向标注旋转符号，剖视图的名称应注写在旋转符号的箭头端（见图 5-16b）。

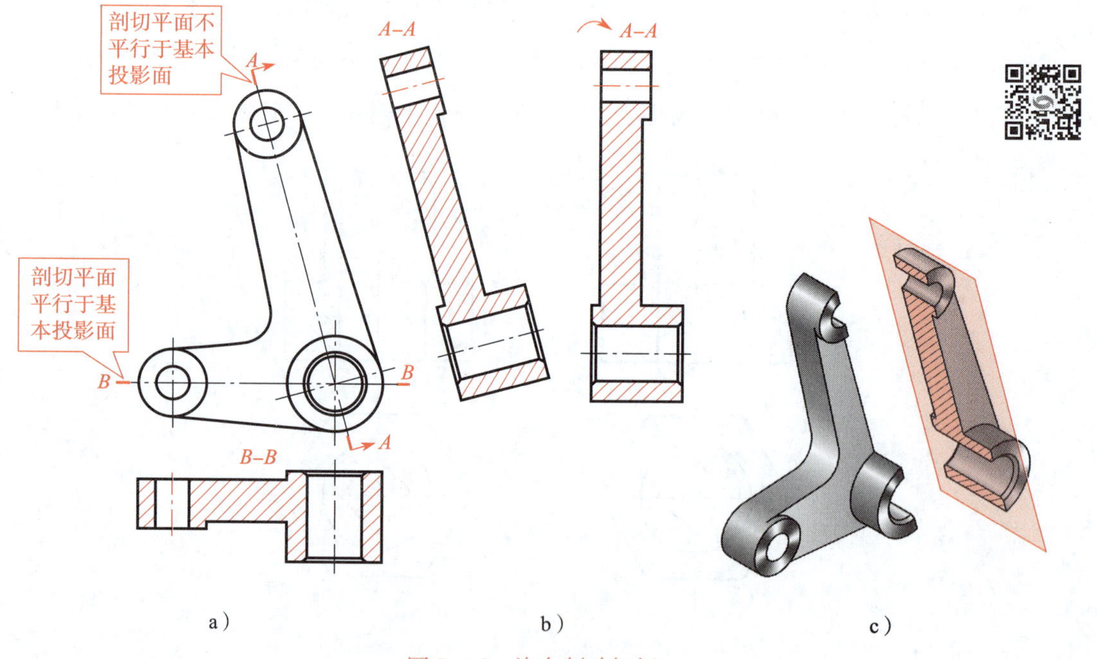


图 5-16　汽车制动杠杆

a）单一剖切平面　b）旋转放正的剖视图　c）立体图

## 2. 几个平行的剖切平面

如图 5-17 所示为某汽车发动机气缸盖后堵盖板，其俯视图用了三个平行于水平投影面的剖切平面剖开物体，从而使形体中不同层次的内部结构在一个剖视图中得到表达。这种剖开物体所用的两个或多个平行的剖切平面称为几个平行的剖切平面。

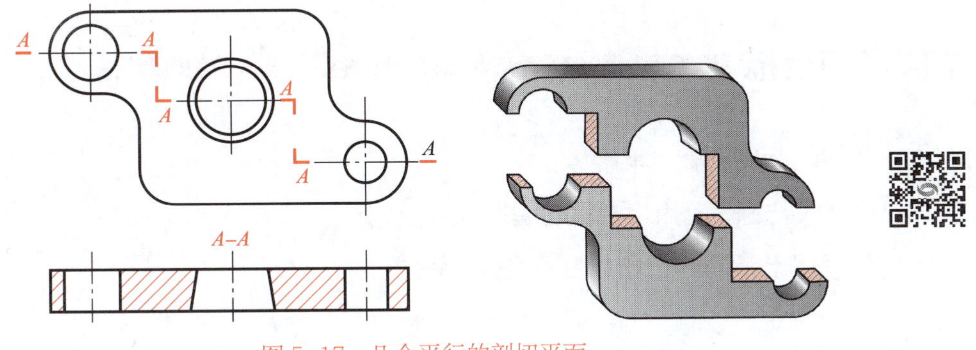


图 5-17　几个平行的剖切平面

## 3. 几个相交的剖切平面

图 5-18 所示端盖的主视图用了一个正平面和一个侧垂面作为剖切平面，两剖切平面的交线与回转体的轴线重合。这种剖开物体所用的剖切平面称为两相交的剖切平面，一般情况下剖切平面的交线垂直于某一个基本投影面。

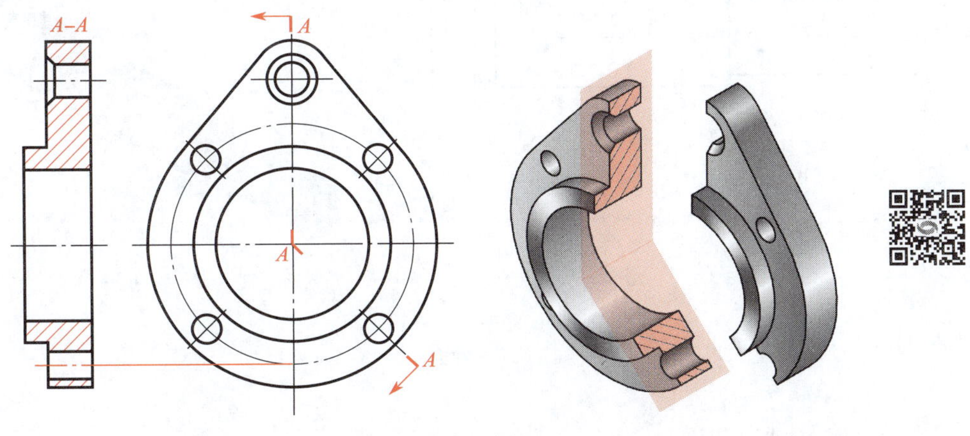


图 5-18　几个相交的剖切平面

**小提示**

在用几个相交的剖切平面剖开物体后，倾斜剖切平面所剖到的结构应旋转到与选定的投影面平行后再进行投射（见图 5-18）。此时，旋转部分的某些结构不再符合直接的投影关系。

# §5-3 | 断面图

## 学习目标

1. 了解断面图的概念和种类。
2. 掌握移出断面图和重合断面图的画法。
3. 了解移出断面图和重合断面图的标注方法。

假想用剖切面将机件的某处切断，仅画出剖切面与物体接触部分的图形，称为断面图。如图 5-19 所示的机油泵轴，为了表达键槽的深度，假想在键槽处用垂直于轴线的剖切平面将轴切断，只画出断面的形状，并在断面上画出剖面线。断面图分为移出断面图和重合断面图两种。

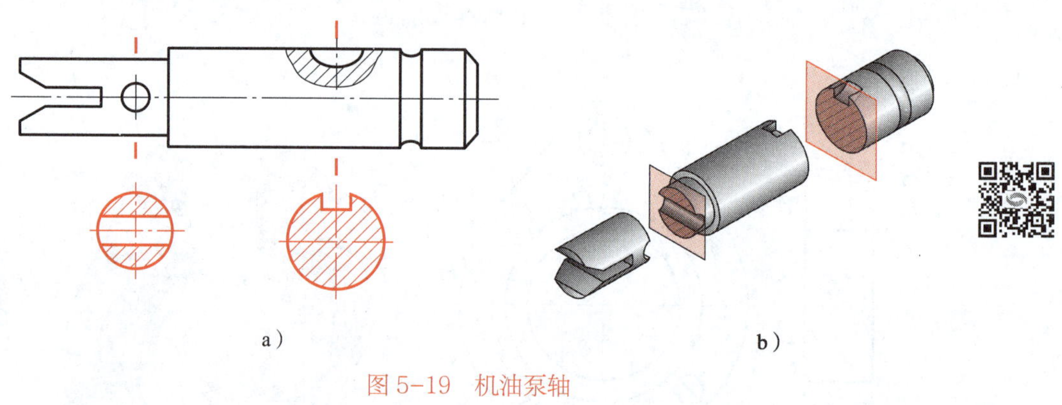


图 5-19　机油泵轴

a）视图和断面图　b）立体图

## 一、移出断面图

画在视图轮廓之外的断面图称为移出断面图。如图 5-20 所示，移出断面图①表达键槽的形状，移出断面图②表达圆孔的形状，移出断面图③表达方孔的形状。

画移出断面图时应注意：

1. 当剖切平面通过回转面形成的孔或凹坑的轴线时，这些结构应按剖视绘制，如图 5-20 中的断面图②所示。

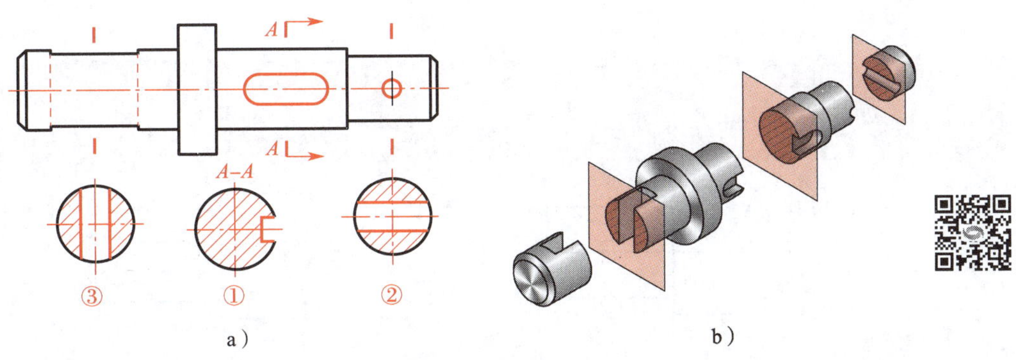


图 5–20　移出断面图

a）视图和断面图　b）立体图

2. 当剖切平面通过非圆孔，会导致出现完全分离的图形时，这些结构也应按剖视绘制，如图 5–20 中的断面图③所示。

移出断面图也需要标注剖切位置符号、表示投射方向的箭头和断面图的名称等。移出断面图的标注方法与剖视图的基本相同，在某些情况下移出断面图的标注也可以简化或省略，见表 5–2。

表 5–2　　移出断面图的标注

| 移出断面图的位置 | 移出断面图形状对称 | 移出断面图形状不对称 |
| --- | --- | --- |
| 在剖切位置延长线上 | 不必标注字母和箭头 | 不必标注字母 |
| 按投影关系配置 | 一般不必标注箭头 | 一般不必标注箭头 |

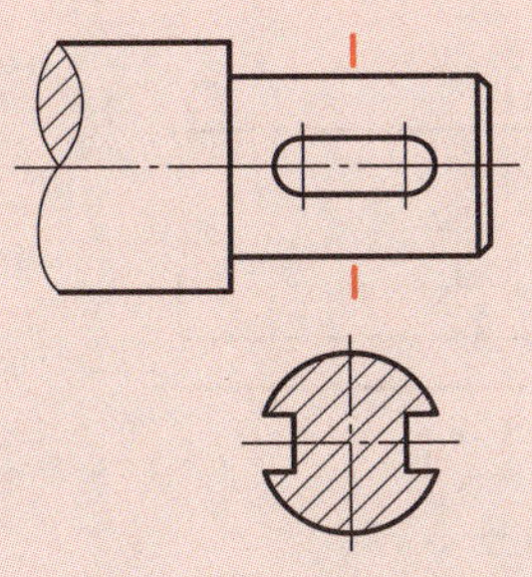

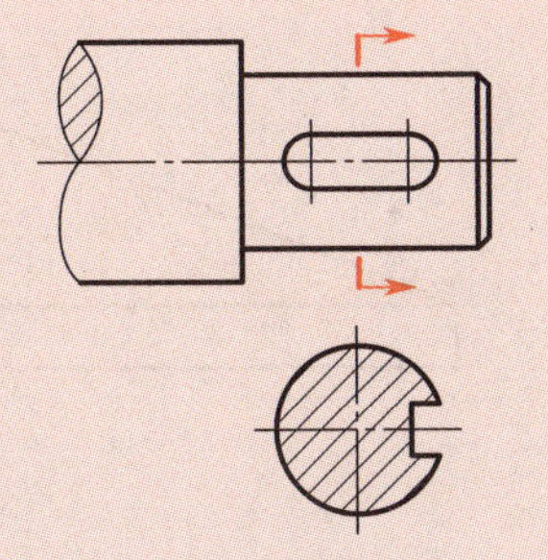

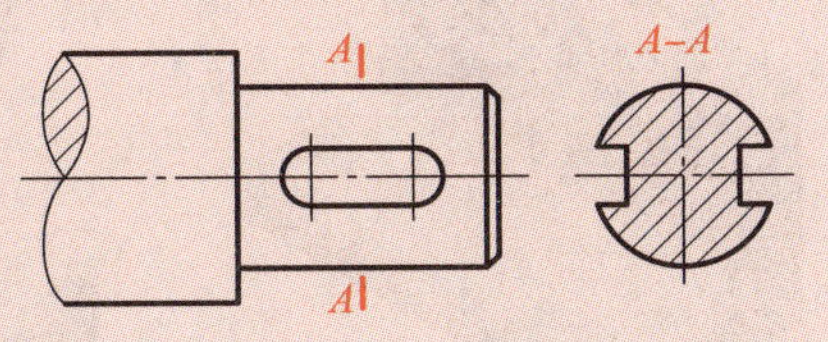

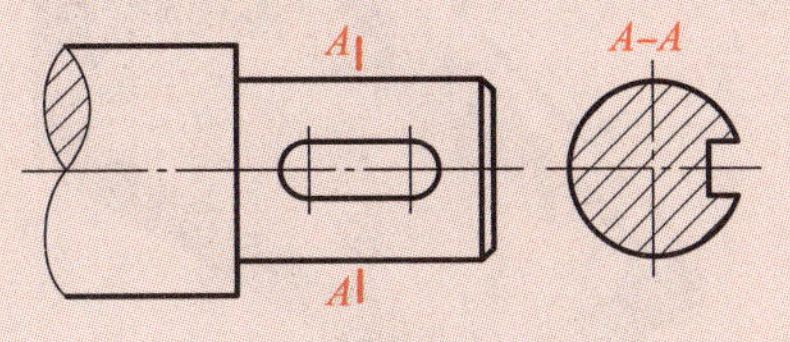

续表

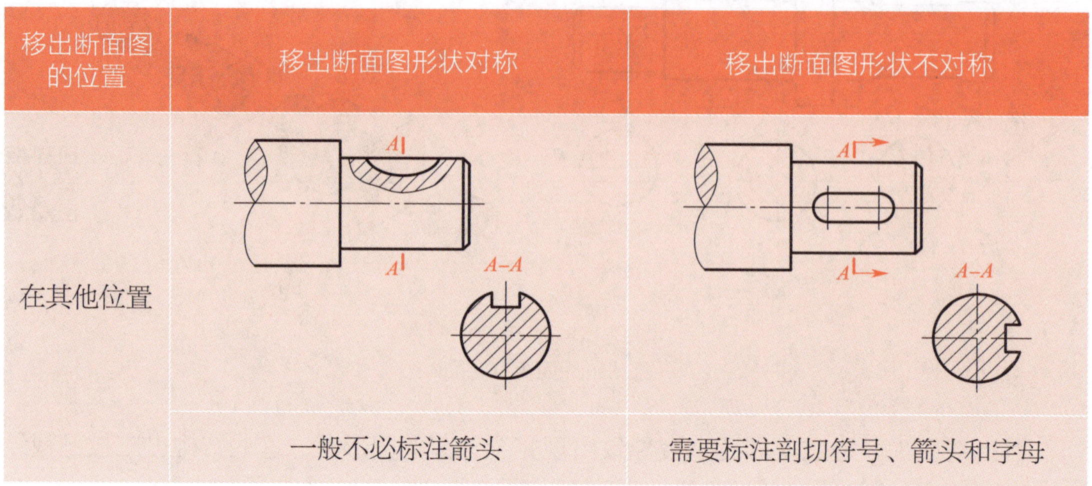

| 移出断面图的位置 | 移出断面图形状对称 | 移出断面图形状不对称 |
| --- | --- | --- |
| 在其他位置 | A A A–A | A A A–A |
| | 一般不必标注箭头 | 需要标注剖切符号、箭头和字母 |

## 二、重合断面图

图 5–21 所示的断面图绘制在视图轮廓线之内，绘制在视图轮廓线之内的断面图称为重合断面图。画重合断面图时应注意：

1. 重合断面图的轮廓线用细实线绘制。

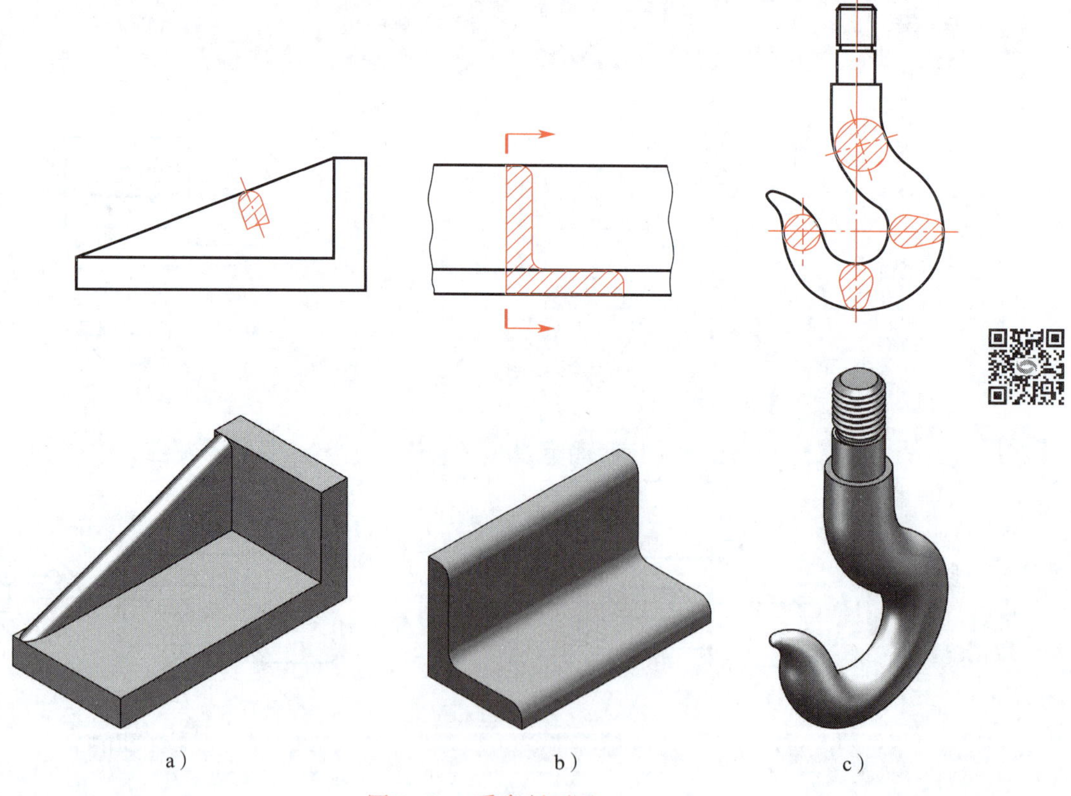


图 5–21　重合断面图

2. 当视图中的轮廓线与重合断面图的轮廓线重叠时，视图的轮廓线应完整画出，不能间断（见图 5-21b）。

3. 不对称的重合断面图可省略标注，对称的重合断面图不必标注。

### 想一想

移出断面图和重合断面图在画法上有何异同？

# §5-4 | 其他表达方法

### 学习目标

1. 掌握局部放大图的画法及标注方法。

2. 掌握肋板和均布孔的画法，了解其他常用的规定画法和简化画法。

3. 了解第三角投影法，能绘制第三角投影的三视图，能将第三角投影的视图转换为第一角投影视图。

## 一、局部放大图

用大于原图形所采用的比例画出的物体部分结构的图形称为局部放大图，如图 5-22 所示。

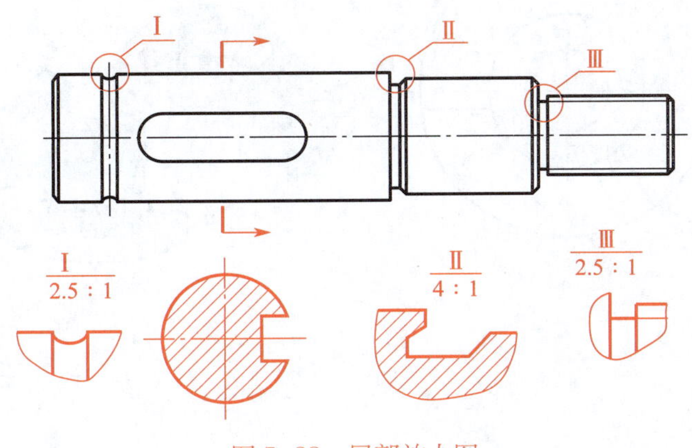


图 5-22　局部放大图

局部放大图的画法规则：

1. 绘制局部放大图时，一般用细实线圈出被放大部位（见图 5-22 主视图上的细实线圆），其放大的图形尽量配置在被放大部位附近。

2. 局部放大图断裂处的边界线用波浪线绘制。

3. 当物体上有多处被放大部位时，必须用罗马数字依次标明，并在相应局部放大图上方以分数形式标出相同的罗马数字和放大比例。仅有一个放大图时，只需标注比例即可，如图 5-23 所示。

4. 局部放大图可画成视图、剖视图和断面图，与被放大部位原来的表达方法无关。

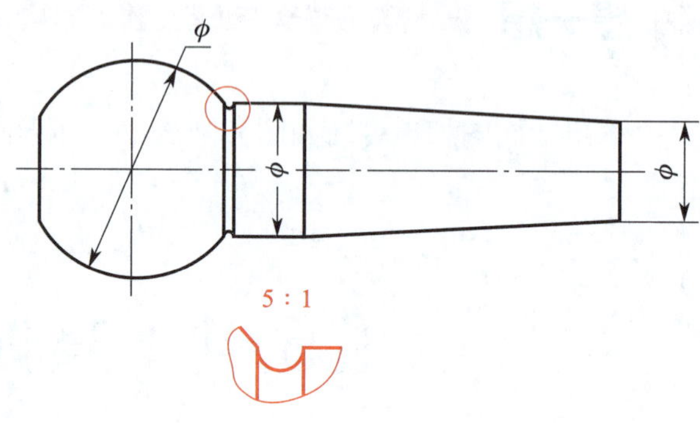


图 5-23　球头销的局部放大图

## 二、图样的简化表示法

1. 对于机件的肋、轮辐及薄壁等，如按纵向剖切，这些结构都不画剖面符号，而用粗实线将它们与其邻接部分分开。当零件回转体上均匀分布的肋、轮辐、孔等结构不处于剖切平面上时，可将这些结构旋转到剖切平面上画出，如图 5-24 所示。

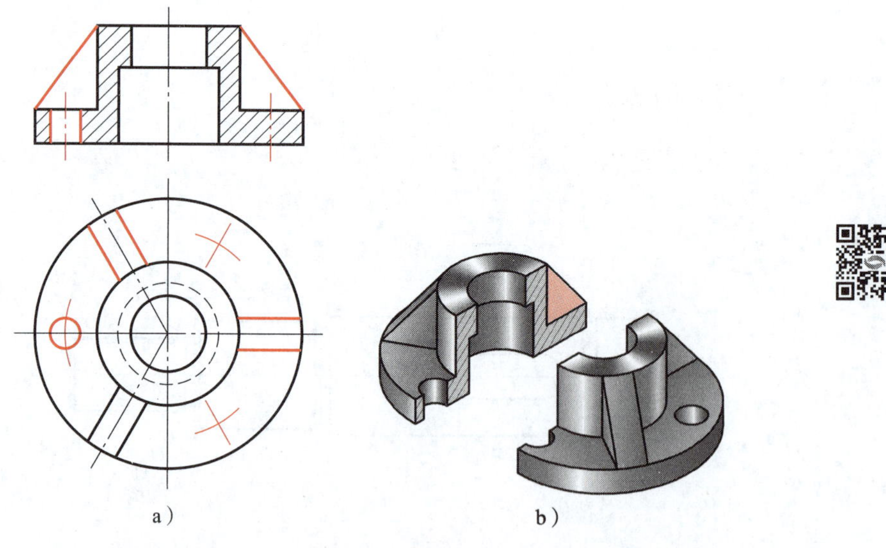


图 5-24　肋板及孔的规定画法

a）视图　b）立体图

2. 若干直径相同且成规律分布的孔，可以仅画出一个或少量几个，其余只需用细点画线或“+”表示其中心位置，如图 5-25 所示。

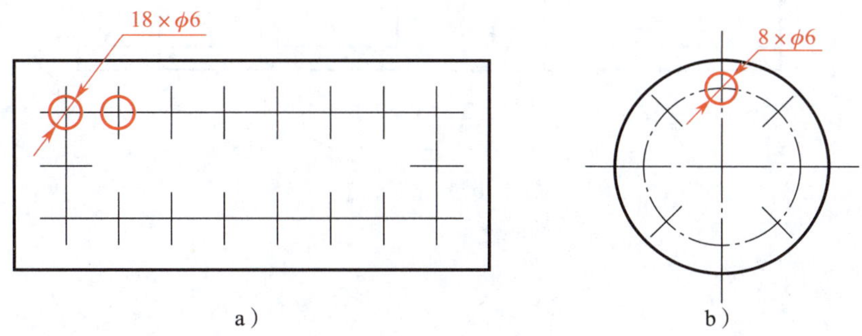

图 5-25　成规律分布的等直径孔的画法

3. 较长的机件（如轴、杆等），当其沿长度方向的形状一致或按一定规律变化时，可断开后缩短绘制，但尺寸仍按实长进行标注，断裂处的边界线可用波浪线、双折线或细双点画线表示，如图 5-26 所示。

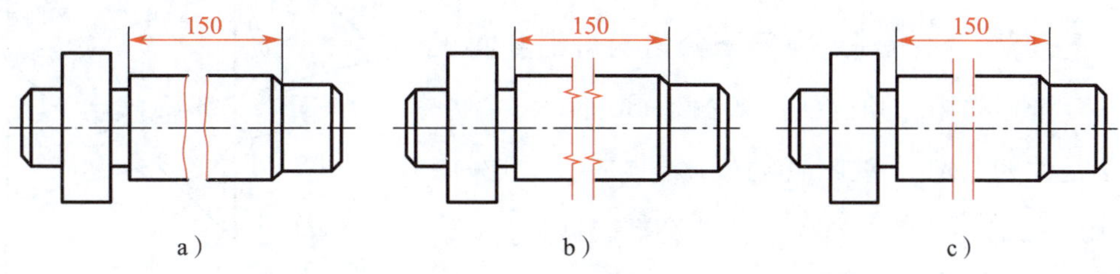

图 5-26　断裂处的画法
a）断裂边界处画波浪线　b）断裂边界处画双折线　c）断裂边界处画细双点画线

4. 当图形不能充分表达平面时，可用平面符号（两条相交的细实线）表示，如图 5-27 所示。

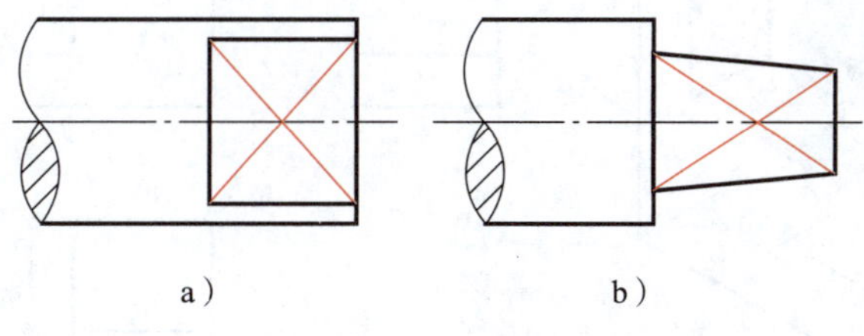

图 5-27　平面表示法

5. 在不至于引起误解时，图中的截交线、相贯线等可以简化，如用直线或圆弧代替非圆曲线，如图 5-28 所示。

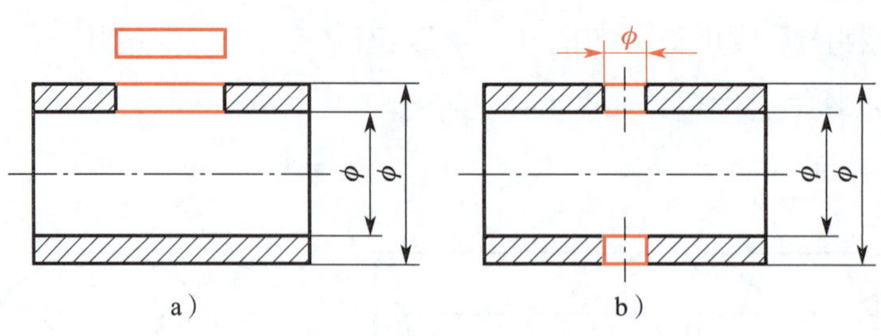


图 5-28　截交线和相贯线的简化画法

a）截交线　b）相贯线

## 三、第三角投影

### 1. 第三角画法的三视图

图 5-29 所示为三个互相垂直相交的投影面将空间分为八个部分，每一部分为一个分角，依次为Ⅰ～Ⅷ分角。

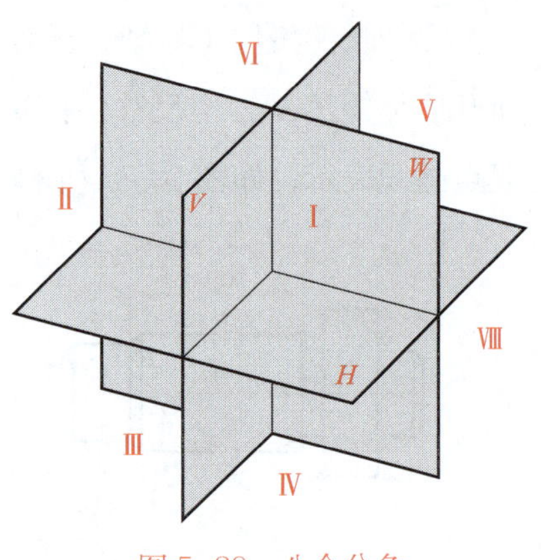


图 5-29　八个分角

将机件放在第一分角内得到多面正投影的方法称为第一角画法；将机件放在第三分角内得到多面正投影的方法称为第三角画法。如图 5-30 所示，第一角画法是使机件处于观察者与投影面之间，即保持“人、物、投影面”的位置关系。如图 5-31 所示，第三角画法是使投影面处于观察者与物体之间，即保持“人、投影面、物”的位置关系。

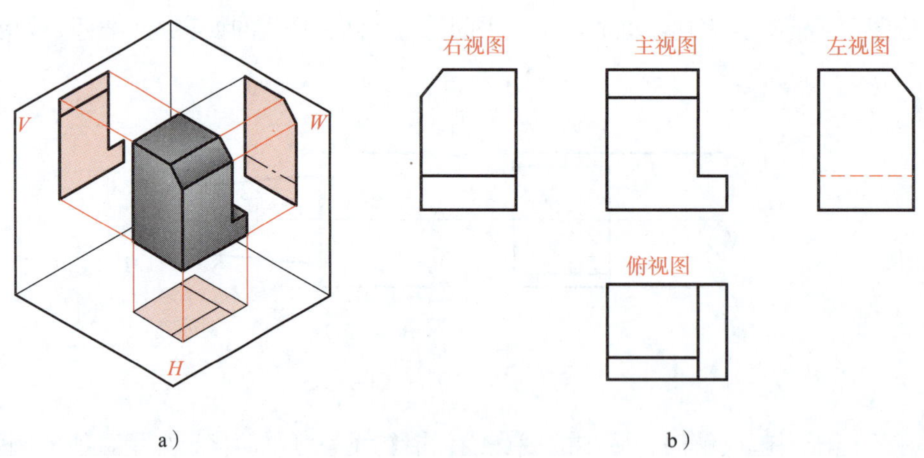


图 5-30　第一角画法

a）立体图　b）视图

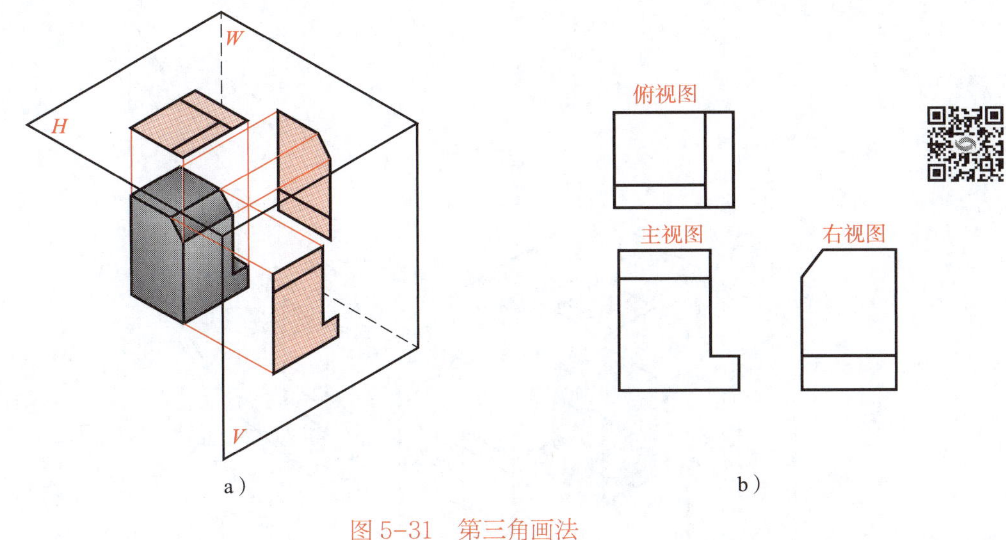


图 5-31　第三角画法

a）立体图　b）三视图

如图 5-31a 所示，在第三角画法中，由前向后投射，在正投影面上所得到的视图称为主视图；由上向下投射，在水平投影面上得到的视图称为俯视图；由右向左投射，在侧投影面上所得到的视图称为右视图。

使正投影面保持不动，将水平投影面沿其与正投影面的交线向上翻转 90°，将侧投影面沿其与正投影面的交线向右翻转 90°，即得到如图 5-31b 所示的三视图。

由图 5-31b 可以看出，俯视图在主视图的上方，右视图在主视图的右方。相应的视图之间仍然保持“长对正、高平齐、宽相等”的对应关系。

对比分析图 5-30 和图 5-31 可知，第三角投影的主、俯、右视图和第一角投影的主、俯、右视图的形状相同，但是俯视图和右视图的位置不同，第三角投影的俯视图在主视图上方，右视图在主视图右侧。

### 2. 比较第三角画法与第一角画法的六个基本视图

将物体向正六面体的 6 个平面（基本投影面）进行投射，按照图 5-32 所示方法展开，即得到第三角画法的 6 个基本视图。

用第三角画法绘制的 6 个基本视图如图 5-33 所示，俯视图在主视图上方，仰视图在主视图下方，右视图在主视图右侧，左视图在主视图左侧，后视图在右视图右侧。

第一角画法的 6 个基本视图如图 5-34 所示，对比分析图 5-33 和图 5-34 可以清楚地看出：第三角画法的俯视图、仰视图、右视图、左视图的形状与第一角画法的相同，但位置不同。例如，第三角画法的右视图在主视图的右侧，而第一角画法的右视图在主视图左侧。两种画法的主视图和后视图的形状和位置则完全一样。

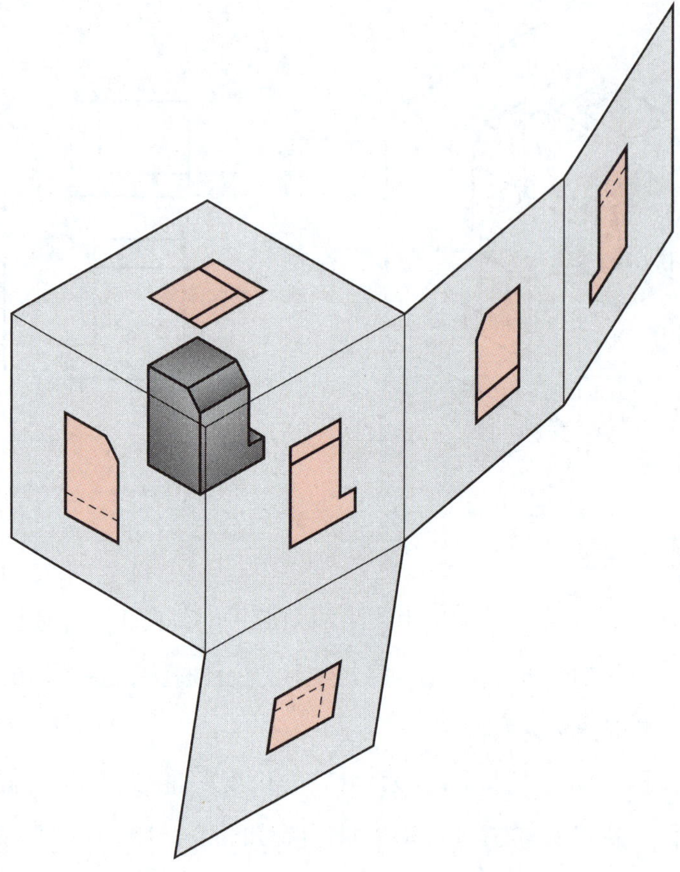

图 5-32　第三角画法的 6 个基本视图的投影与展开

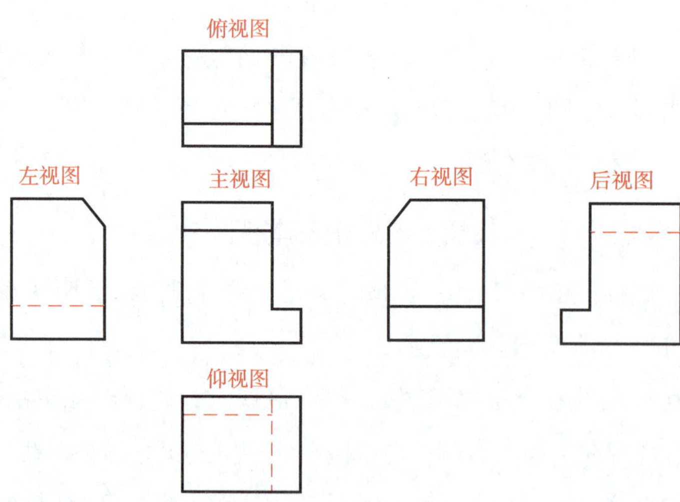


图 5-33　第三角画法的 6 个基本视图

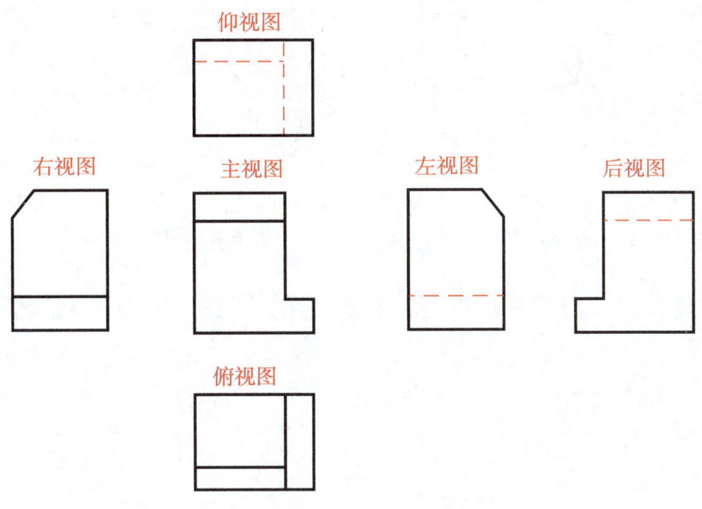

图 5-34　第一角画法的 6 个基本视图

## 3. 将第三角画法的视图转换成第一角画法的视图

由于第三角画法的视图与第一角画法的视图的形状相同，只是有的视图的位置不同，因此可以采用向视图的标注方式将第三角画法的视图转换成第一角画法的视图，图 5-33 所示的第三角画法的视图转换成第一角画法后的视图如图 5-35 所示。第三角画法的视图转换后，可以很容易使不懂第三角投影图的人员看懂第三角投影的图样。

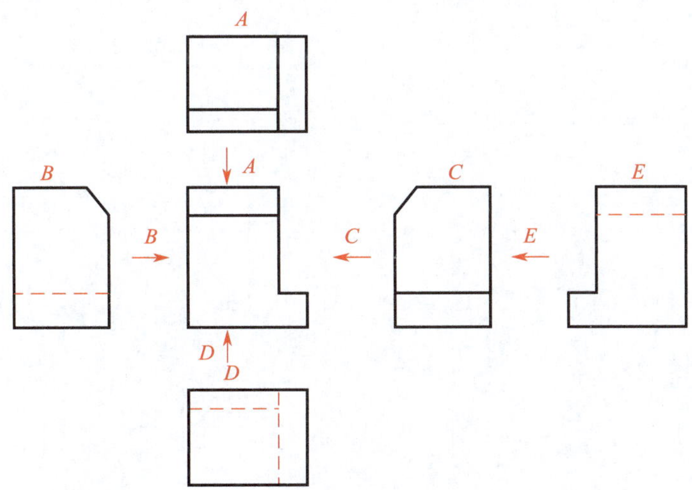

图 5-35　将第三角画法的视图转换成第一角画法的视图

## 4. 第一角画法与第三角画法的识别符号

为了识别第一角画法与第三角画法，国家标准规定了相应的识别符号，如图 5-36 所示，该符号一般标注在图样的标题栏中。

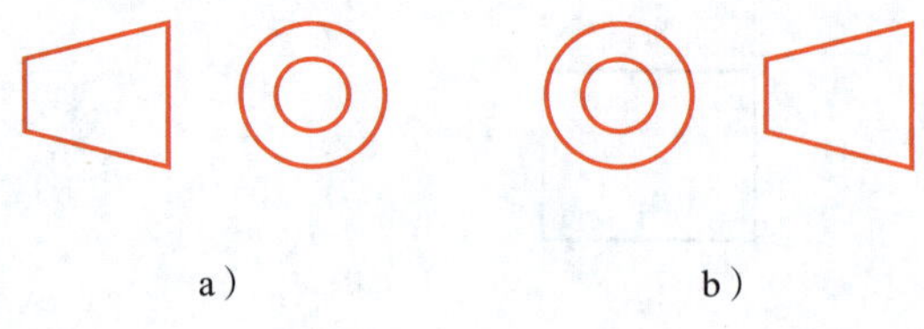

a） b）

图 5-36　第一角画法与第三角画法的识别符号

a）第一角画法符号　b）第三角画法符号

采用第三角画法时，必须在标题栏中标出识别符号；采用第一角画法时，识别符号可以省略标注。

# 第六章 机械图样的特殊画法

在汽车的装配及安装过程中，广泛使用螺栓、螺钉、螺母、键、销、滚动轴承等零件，由于这些零件应用广、用量大，国家标准对这些零件的结构、规格尺寸和技术要求做了统一规定，实现了标准化，所以它们被统称为标准件。此外，对齿轮、弹簧等常用机件的部分结构要素也实行了标准化。为了减少设计和绘图工作量，国家标准对上述常用机件以及某些多次重复出现的结构要素（如紧固件上的螺纹或齿轮上的轮齿）规定了简化的特殊画法。

## §6-1 | 螺纹及螺纹紧固件的画法

### 学习目标

1. 了解螺纹的基本结构，掌握外螺纹、内螺纹和螺纹连接图的画法。
2. 了解螺纹紧固件的结构。

3. 掌握螺栓连接图、螺钉连接图和双头螺柱连接图的画法。

## 一、螺纹直径

在圆柱（或圆锥）外表面上形成的螺纹称为外螺纹（见图 6–1a）；在圆柱（或圆锥）内表面上形成的螺纹称为内螺纹（见图 6–1b）。螺纹直径主要有螺纹大径、螺纹小径、公称直径等，如图 6–1 所示。

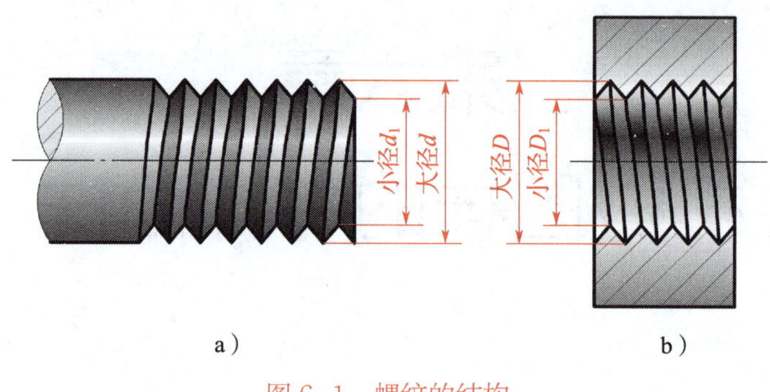


图 6–1 螺纹的结构
a）外螺纹 b）内螺纹

### 1. 螺纹大径

螺纹大径是指与外螺纹牙顶或内螺纹牙底相切的假想圆柱（或圆锥）的直径，外螺纹大径用 $d$ 表示，内螺纹大径用 $D$ 表示。

### 2. 螺纹小径

螺纹小径是指与外螺纹牙底或内螺纹牙顶相切的假想圆柱（或圆锥）的直径，外螺纹小径用 $d_1$ 表示，内螺纹小径用 $D_1$ 表示。

### 3. 公称直径

公称直径是指代表螺纹尺寸的直径。除管螺纹外，公称直径是指螺纹的大径。

外螺纹的大径和内螺纹的小径又被称为顶径，外螺纹的小径和内螺纹的大径又被称为底径。

## 二、螺纹的画法

螺纹属于标准结构，所以没必要按照其实际形状绘制图形，国家标准《机械制图 螺纹及螺纹紧固件表示法》（GB/T 4459.1—1995）中对螺纹的画法进行了明确的规定，螺纹的规定画法见表 6–1。

表 6-1　　螺纹的规定画法

| 名称 | 图例 | 画法规定 |
| --- | --- | --- |
| 外螺纹 | 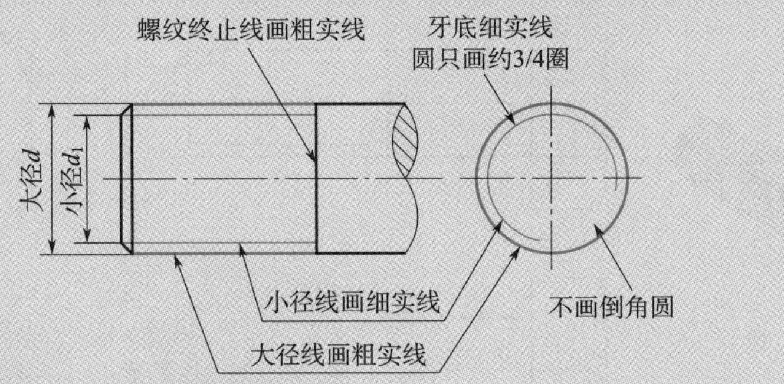 螺纹终止线画粗实线<br>牙底细实线圆只画约3/4圈<br>大径$d$<br>小径$d_1$<br>小径线画细实线<br>不画倒角圆<br>大径线画粗实线 | （1）牙顶用粗实线绘制，牙底用细实线绘制。作图时，小径尺寸可以取 $d_1 \approx 0.85\ d$（或 $D_1 \approx 0.85\ D$）<br>（2）在反映螺纹轴线的视图中，螺纹终止线用粗实线绘制，表示螺纹牙底的细实线画入倒角<br>（3）在垂直于螺纹轴线的视图中，表示牙底的细实线圆只画约 3/4 圈，不画倒角圆<br>（4）在反映螺纹轴线的剖视图中，剖面线画至牙顶粗实线处 |
| 内螺纹 | 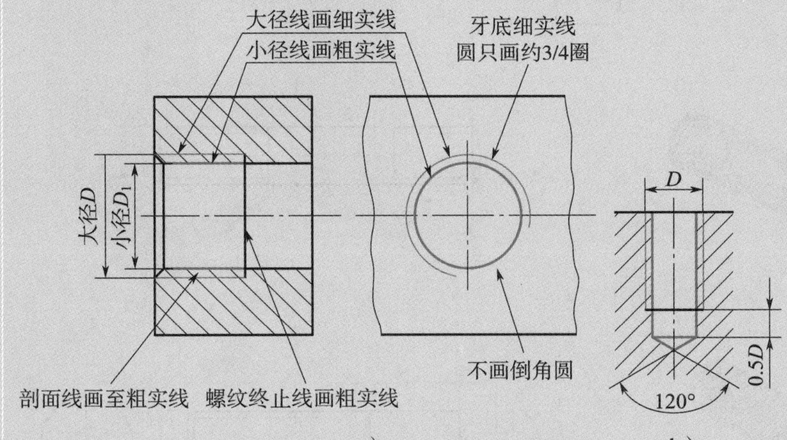 大径线画细实线<br>小径线画粗实线<br>牙底细实线圆只画约3/4圈<br>大径$D$<br>小径$D_1$<br>$D$<br>$0.5D$<br>$120°$<br>不画倒角圆<br>剖面线画至粗实线　螺纹终止线画粗实线<br>a）　b） | |
| 螺纹旋合 | 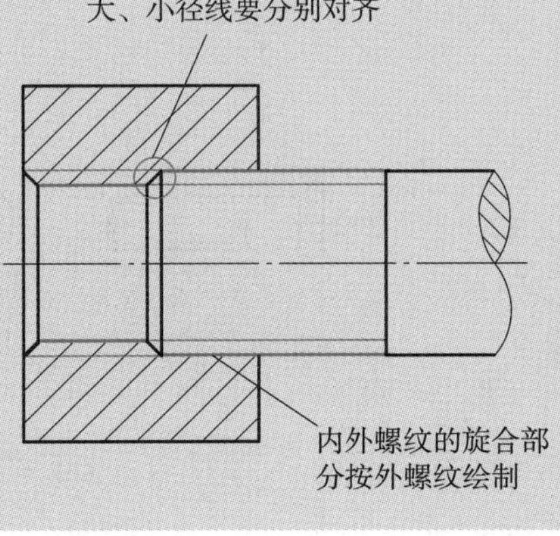 大、小径线要分别对齐<br>内外螺纹的旋合部分按外螺纹绘制 | （1）内外螺纹的旋合部分应按外螺纹的画法绘制，其余部分仍按各自的画法绘制<br>（2）内、外螺纹的大、小径线要分别对齐 |

## 三、螺纹紧固件及其画法

常用的螺纹紧固件有螺栓、螺母、双头螺柱、螺钉和垫圈等，其结构和画法见表 6-2。

表 6-2　　常用螺纹紧固件的结构和画法

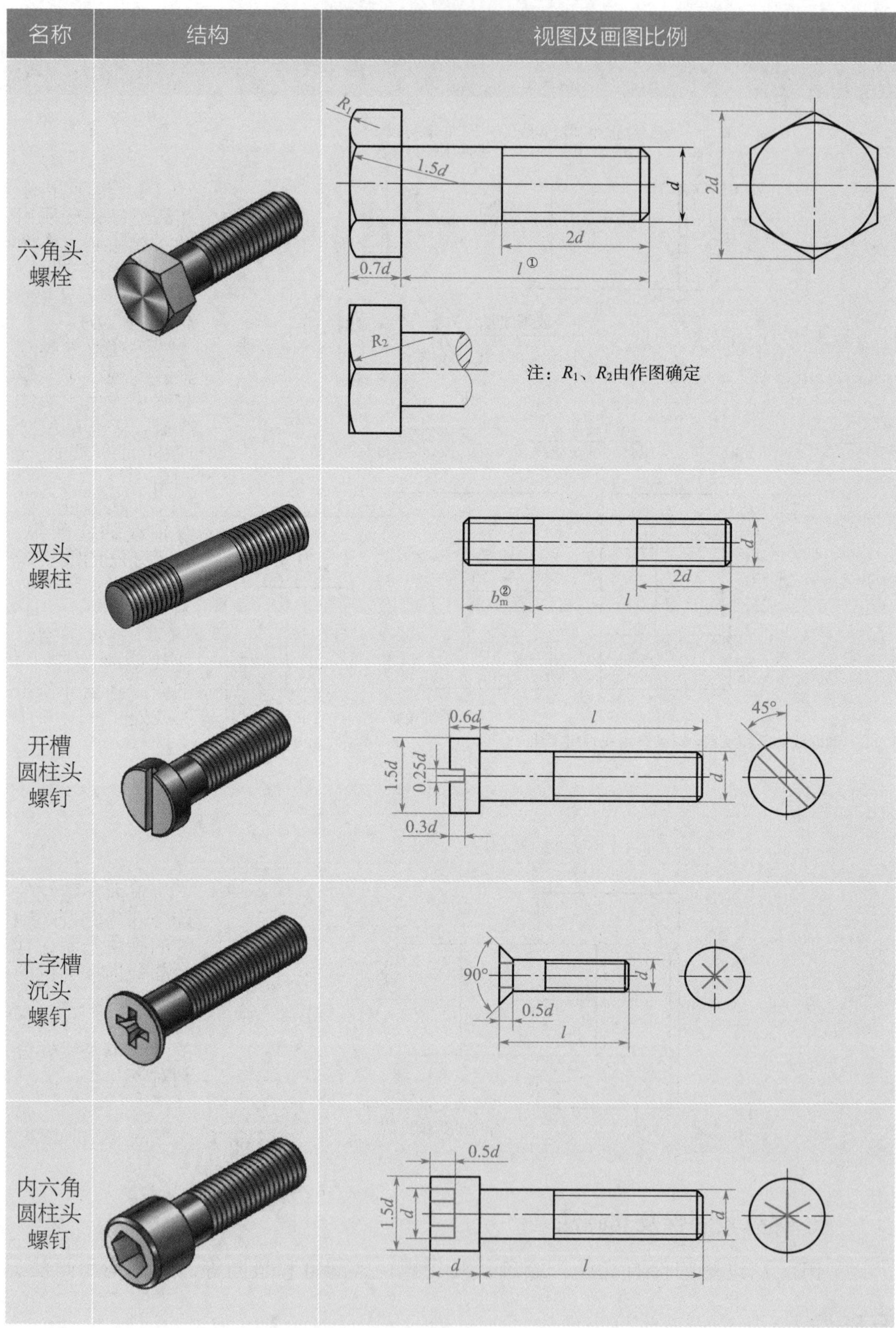

| 名称 | 结构 | 视图及画图比例 |
| --- | --- | --- |
| 六角头螺栓 | | $R_1$、1.5$d$、$d$、2$d$、2$d$、0.7$d$、$l$①、$R_2$<br>注：$R_1$、$R_2$由作图确定 |
| 双头螺柱 | | $d$、2$d$、$b_m$②、$l$ |
| 开槽圆柱头螺钉 | | 0.6$d$、$l$、45°、1.5$d$、0.25$d$、$d$、0.3$d$ |
| 十字槽沉头螺钉 | | 90°、$d$、0.5$d$、$l$ |
| 内六角圆柱头螺钉 | | 0.5$d$、1.5$d$、$d$、$d$、$d$、$l$ |

续表

| 名称 | 结构 | 视图及画图比例 |
| --- | --- | --- |
| 六角螺母 | 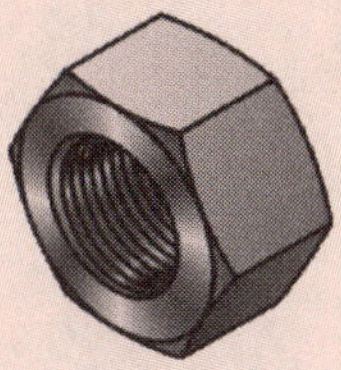 | 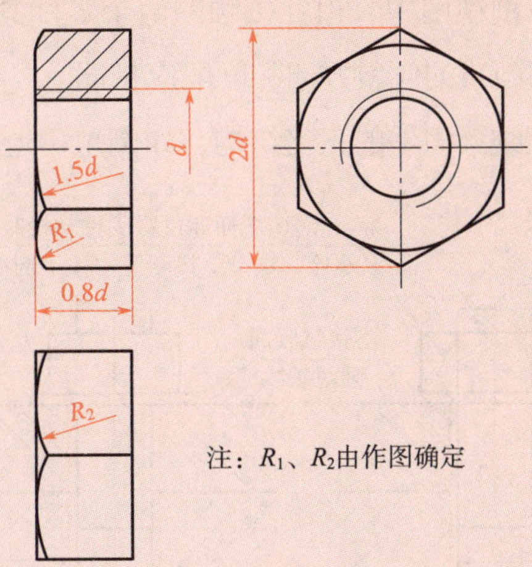 注：$R_1$、$R_2$由作图确定 |
| 平垫圈 |  | 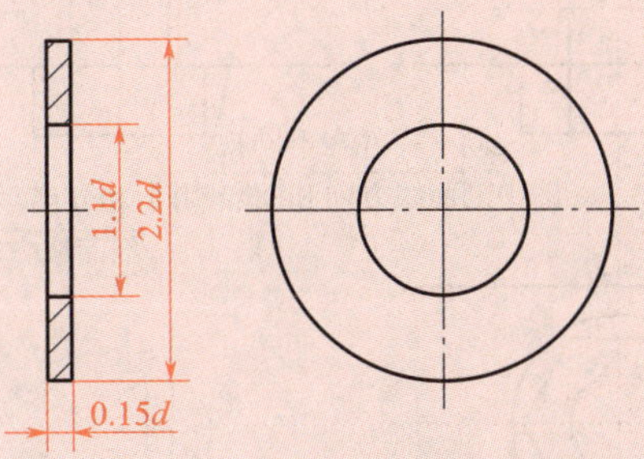 |
| 弹簧垫圈 |  | 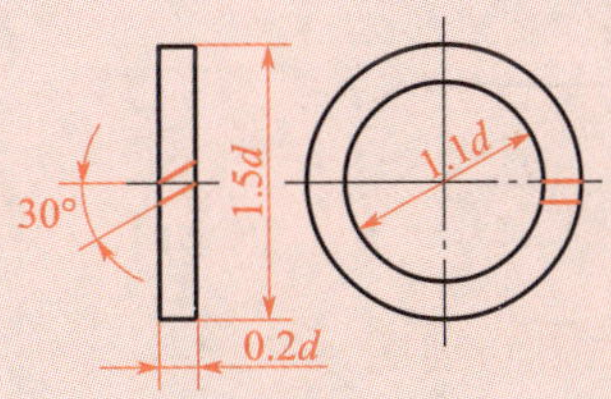 |

注：① $l$ 为螺栓、双头螺柱、螺钉的公称长度，可通过查阅相关手册获得。

② $b_m$ 为双头螺柱旋入端的长度，其取值与被旋入零件的材料有关。一般钢或青铜取 $b_m$=1$d$；铸铁取 $b_m$=1.25$d$ 或 $b_m$=1.5$d$；铝合金取 $b_m$=2$d$。

## 四、螺纹紧固件连接图的画法

常用的螺纹紧固件连接有螺栓连接、螺钉连接和双头螺柱连接。

### 1. 螺栓连接图的画法

螺栓连接图的画法如图 6–2 所示。

画螺纹紧固件的连接图时应注意：

（1）当剖切平面通过螺栓、螺钉、螺母及垫圈等紧固件的轴线时，这些零件应按不剖切绘制，即只画外形。

（2）两相邻零件，接触面只画一条粗实线，不得将轮廓线特意加粗；凡不接触的表面，不论间隙多小，在图上均应画出两条轮廓线。

（3）在剖视图中，相互接触的两个零件其剖面线方向应相反。而同一个零件在不同视图中的剖面线的倾斜方向和间隔应相同。

（4）螺纹紧固件的工艺结构，如倒角、退刀槽、缩颈、凸肩等均可省略不画。

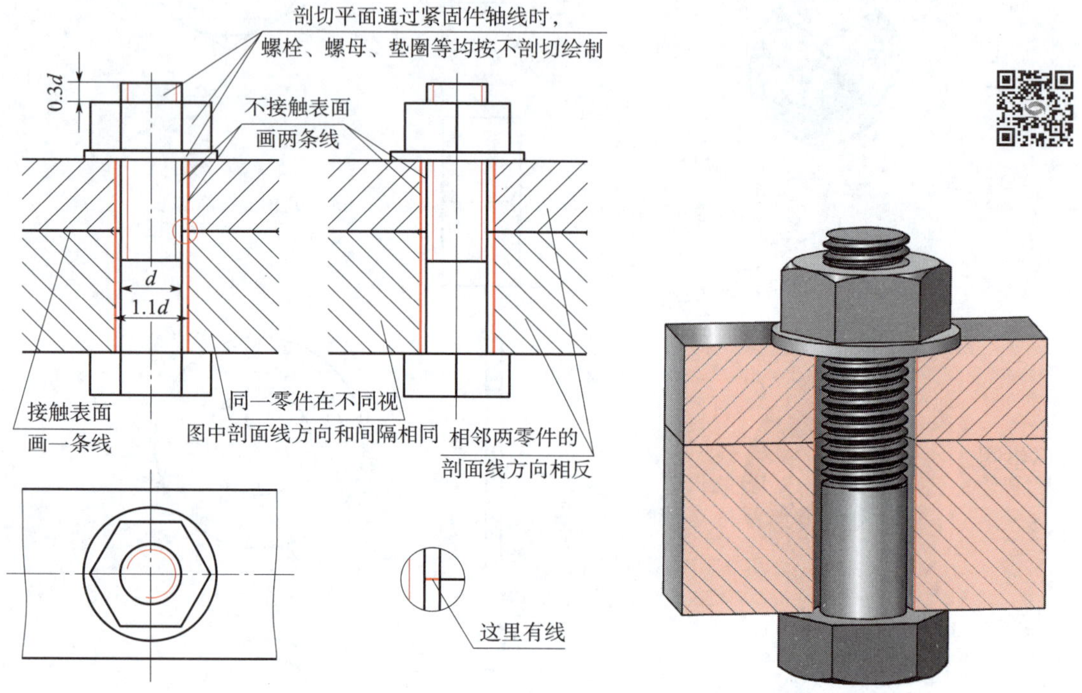


图 6-2　螺栓连接图的画法

## 2. 螺钉连接图的画法

开槽圆柱头螺钉连接图的画法如图 6-3 所示。

画螺钉连接图时应注意：

（1）开槽圆柱头螺钉头部的槽可以用粗线（宽度约为粗实线的 1～2 倍）简化表示。

（2）螺钉和螺孔的旋合部分按外螺纹绘制，其余部分仍按各自的画法绘制。

（3）螺钉的螺纹终止线应画在螺孔的孔口之上。

（4）左视图上螺钉头的画法与主视图相同。

## 3. 双头螺柱连接图的画法

双头螺柱连接图的画法如图 6-4 所示。

画双头螺柱连接图时应注意：

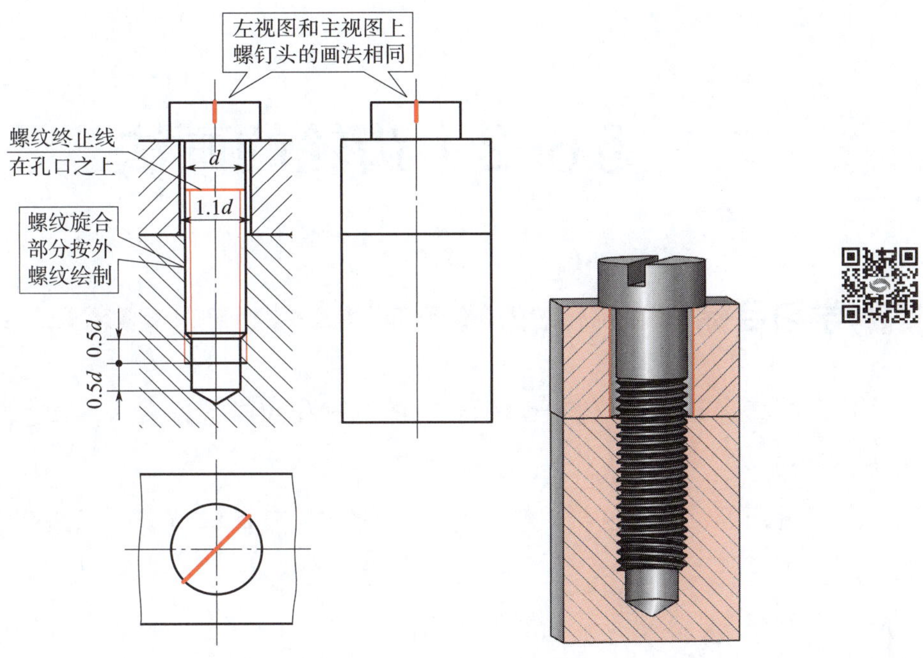


图 6-3　开槽圆柱头螺钉连接图的画法

（1）为了保证连接牢固，双头螺柱的旋入端应全部旋入螺孔内，所以旋入端的螺纹终止线应与螺孔件的孔口平齐。

（2）主、左视图上弹簧垫圈开口的画法相同，由左上向右下倾斜。

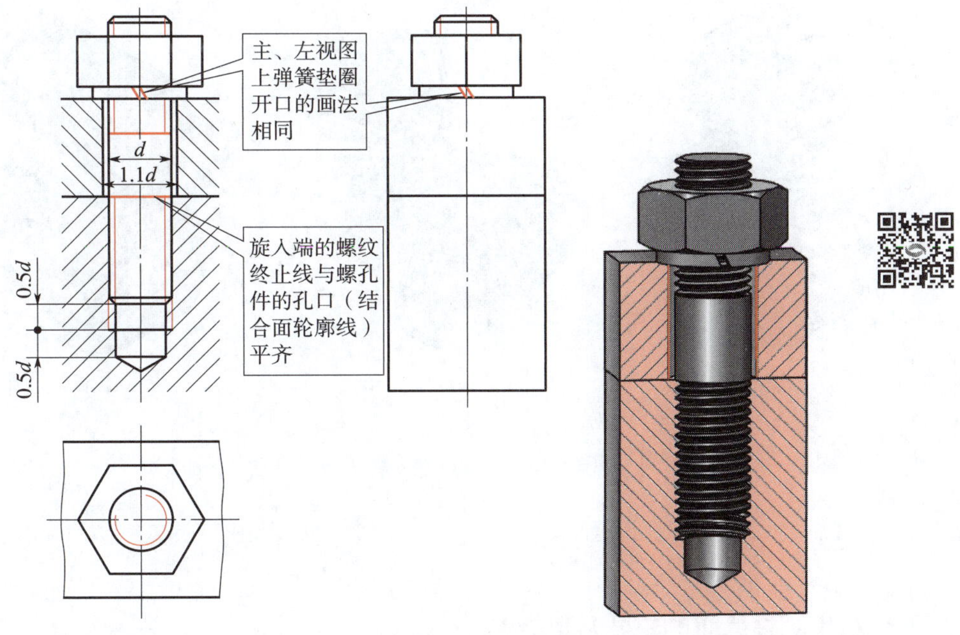


图 6-4　双头螺柱连接图的画法

# §6-2 齿轮的画法

## 学习目标

1. 了解直齿圆柱齿轮主要几何要素的名称和尺寸计算方法，掌握圆柱齿轮及啮合图的画法。

2. 了解直齿锥齿轮主要几何要素的名称和尺寸计算方法，掌握锥齿轮及啮合图的画法。

3. 了解蜗轮、蜗杆及啮合图的画法。

齿轮是机械设备中应用最广泛的一种传动零件，它们成对使用，可用来传递动力、改变转速和运动方向。常用的齿轮传动形式有圆柱齿轮传动、锥齿轮传动、蜗杆传动等，如图 6-5 所示。

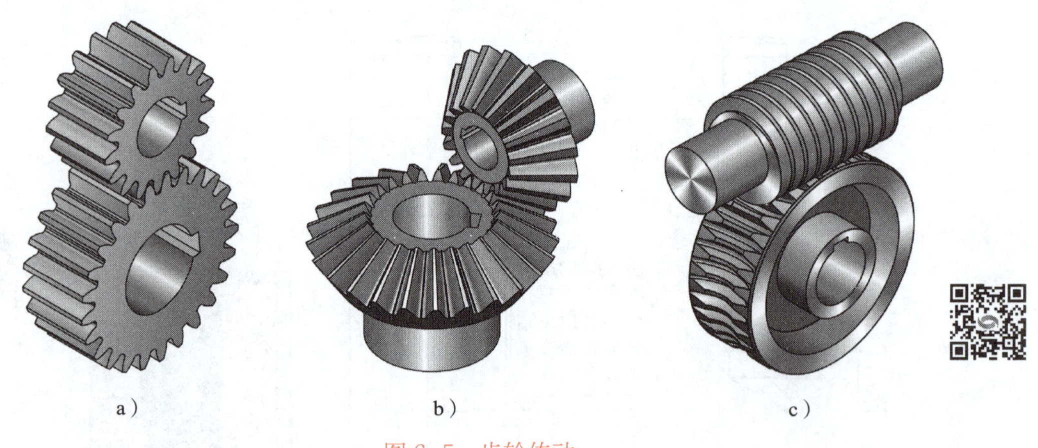


图 6-5 齿轮传动

a）圆柱齿轮传动 b）锥齿轮传动 c）蜗杆传动

## 一、直齿圆柱齿轮的画法

### 1. 直齿圆柱齿轮的主要几何要素

直齿圆柱齿轮主要几何要素的名称及有关参数如图 6-6 所示，其概念及代号见表 6-3，直齿圆柱齿轮主要几何要素的尺寸计算公式见表 6-4。

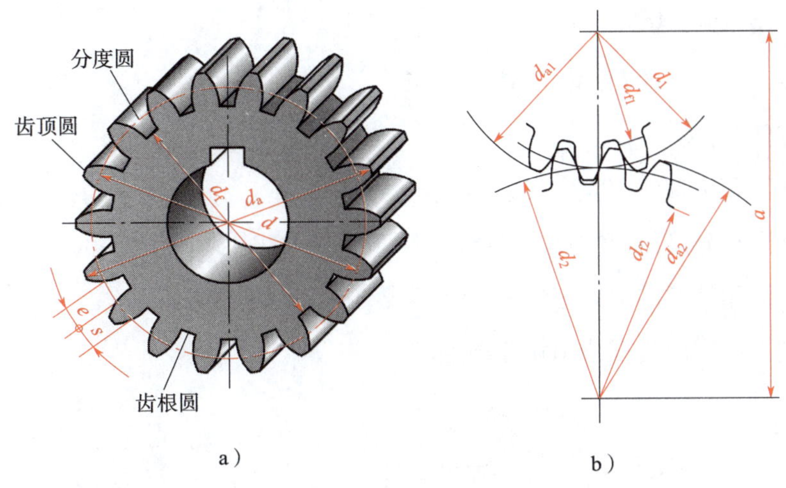


图 6–6　直齿圆柱齿轮各部分的名称及有关参数

a）单个齿轮　b）齿轮啮合

**表 6–3　直齿圆柱齿轮主要几何要素的概念及代号**

| 序号 | 要素名称 | 概念 | 代号 |
|---|---|---|---|
| 1 | 齿顶圆 | 通过齿轮各轮齿顶部的圆 | 直径 $d_a$ |
| 2 | 齿根圆 | 通过齿轮各齿槽底部的圆 | 直径 $d_f$ |
| 3 | 齿厚 | 一个轮齿两侧齿廓间的弧长 | $s$ |
| 4 | 齿槽宽 | 齿槽两齿廓间的弧长 | $e$ |
| 5 | 分度圆 | 计算齿轮各部分尺寸的基准圆，该圆上的齿厚（$s$）与齿槽宽（$e$）相等 | 直径 $d$ |
| 6 | 齿数 | 齿轮的轮齿数量 | $z$ |
| 7 | 模数 | 计算齿轮几何要素的一个重要参数，已标准化，具体可查阅有关标准 | $m$ |
| 8 | 中心距 | 两齿轮轴线之间的距离 | $a$ |

**表 6–4　直齿圆柱齿轮主要几何要素的尺寸计算公式**

| 名称 | 代号 | 公式 |
|---|---|---|
| 分度圆直径 | $d$ | $d=mz$ |
| 齿顶圆直径 | $d_a$ | $d_a=m(z+2)$ |
| 齿根圆直径 | $d_f$ | $d_f=m(z-2.5)$ |
| 中心距 | $a$ | $a=\frac{1}{2}d_1+\frac{1}{2}d_2=\frac{1}{2}m(z_1+z_2)$ |

### 2. 单个直齿圆柱齿轮的画法

单个直齿圆柱齿轮的画法如图 6-7 所示。

画图时应注意：

（1）齿顶圆和齿顶线用粗实线绘制。

（2）分度圆和分度线用细点画线绘制。

（3）齿根圆和外形图中的齿根线用细实线绘制，也可省略不画。

（4）在剖视图中的齿根线用粗实线绘制。

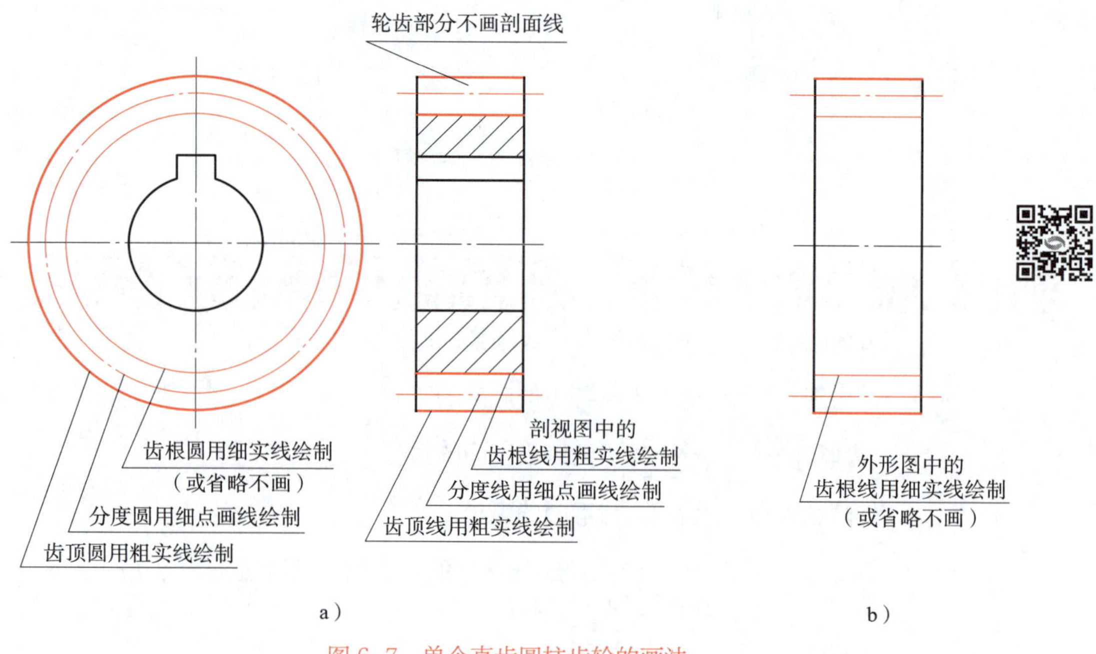


图 6-7　单个直齿圆柱齿轮的画法

a）剖视图　b）外形图

### 3. 两直齿圆柱齿轮啮合图的画法

两直齿圆柱齿轮啮合图的画法如图 6-8 所示。

画图时应注意：

（1）两齿轮的分度圆相切。

（2）剖切平面通过两齿轮的轴线剖切时（见图 6-8a 左视图），在啮合区将一个齿轮的轮齿用粗实线绘制，另一个齿轮的轮齿被遮挡的部分用细虚线绘制，也可省略不画。

（3）在反映齿轮轴线的外形图中（见图 6-8b 左视图），啮合区内的齿顶圆不需要画出，重合的分度线用粗实线绘制。

（4）啮合区外的其余部分均按单个齿轮绘制，外形图中的齿根圆和齿根线一般省略不画。

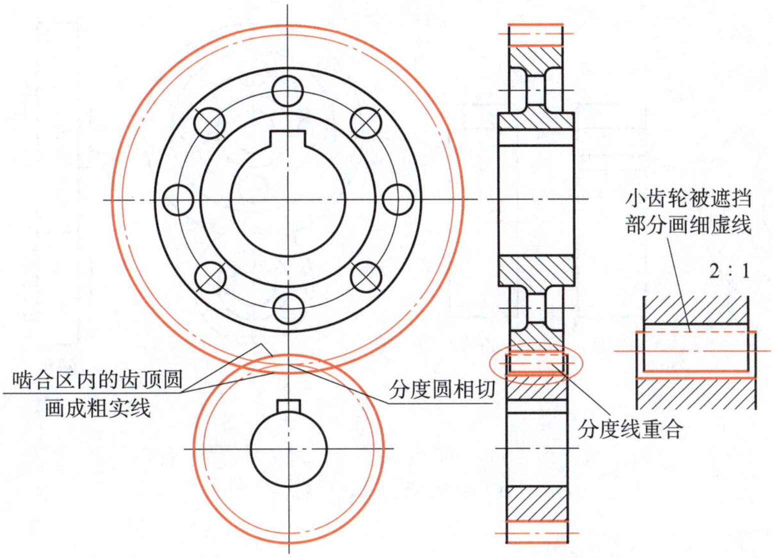

小齿轮被遮挡部分画细虚线
2 : 1
啮合区内的齿顶圆画成粗实线
分度圆相切
分度线重合

a）

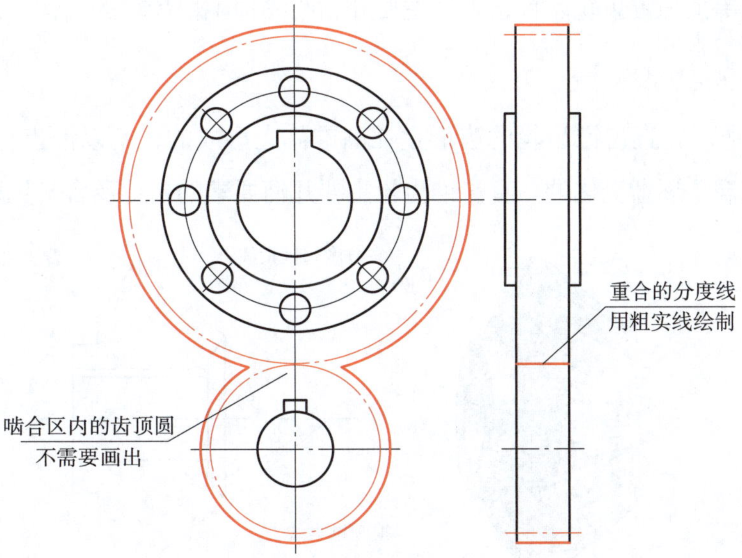

重合的分度线用粗实线绘制
啮合区内的齿顶圆不需要画出

b）

图 6-8　两直齿圆柱齿轮啮合图的画法
a）剖视图　b）外形图

## 4. 斜齿圆柱齿轮和人字齿轮的画法

斜齿圆柱齿轮和人字齿轮的画法与直齿圆柱齿轮类似，当需要表达齿轮的轮齿方向时，可在未剖切处用三条平行的细实线表示轮齿的方向，如图 6-9 所示。

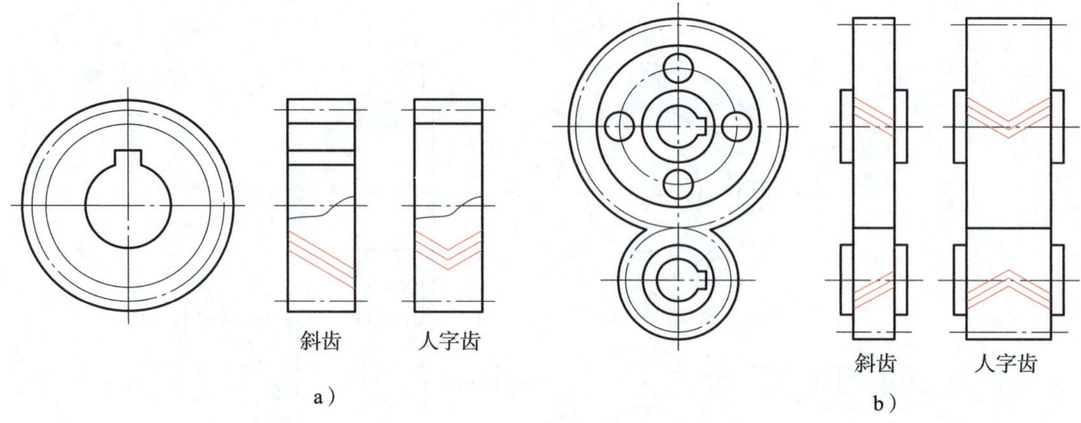


图 6-9　斜齿圆柱齿轮和人字齿轮的画法

a）单个齿轮　b）啮合图

## 二、直齿锥齿轮的画法

直齿锥齿轮用于两轴相交时的传动，通常情况下两轴互相垂直。直齿锥齿轮分为收缩顶隙锥齿轮和等顶隙锥齿轮两种，下面主要介绍收缩顶隙锥齿轮的结构、尺寸和画法。

### 1. 直齿锥齿轮的结构

如图 6-10 所示，直齿锥齿轮的齿形是在圆锥体上形成的，所以锥齿轮一端大、另一端小，它的齿高是逐渐变化的。直齿锥齿轮主要几何要素的名称及含义见表 6-5。

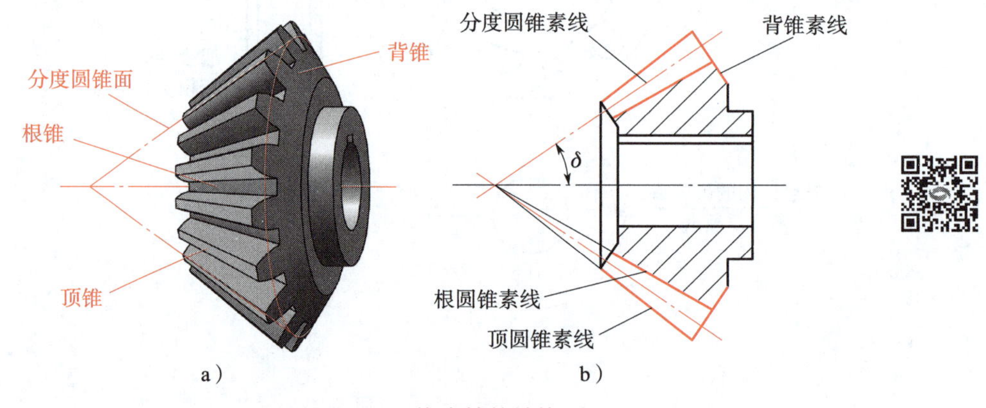


图 6-10　锥齿轮的结构

a）立体图　b）剖视图

表 6-5　直齿锥齿轮主要结构要素的名称及含义

| 要素名称 | 含义 |
|---|---|
| 分度圆锥面 | 锥齿轮的分度曲面 |
| 顶锥 | 锥齿轮的齿顶曲面 |
| 根锥 | 锥齿轮的齿根曲面 |
| 背锥 | 锥齿轮大端的一个锥面，其母线与分锥垂直相交 |

### 2. 直齿锥齿轮的几何尺寸及其计算公式

直齿锥齿轮的几何尺寸如图 6-11 所示，其计算公式见表 6-6。为了便于设计制造，国家标准规定以大端参数为标准值。锥齿轮的背锥素线与分度圆锥素线垂直。锥齿轮轴线与分度圆锥素线间的夹角称为分度圆锥角（$\delta$），当相啮合的两锥齿轮轴线垂直时，$\delta_1+\delta_2=90°$。

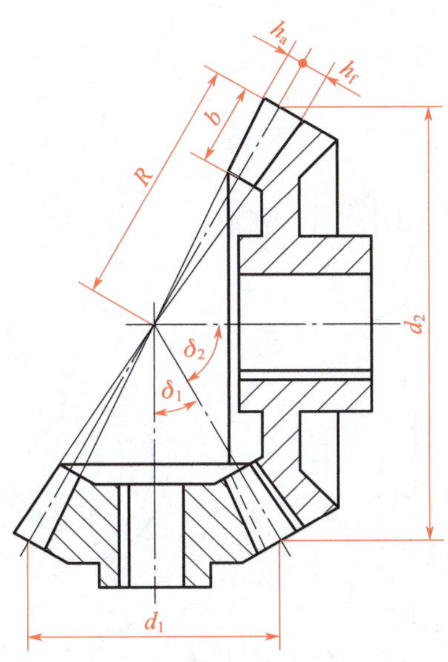


图 6-11　直齿锥齿轮的几何尺寸

表 6-6　标准直齿锥齿轮主要几何尺寸的计算公式

| 名称 | 符号 | 计算公式 |
|---|---|---|
| 分度圆锥角 | $\delta$ | $\delta_1=\arctan\frac{z_1}{z_2}$，$\delta_2=90°-\delta_1$ |
| 分度圆直径 | $d$ | $d_1=mz_1$，$d_2=mz_2$ |
| 齿顶高 | $h_a$ | $h_a=h_{a1}=h_{a2}=m$ |
| 齿根高 | $h_f$ | $h_f=h_{f1}=h_{f2}=1.2m$ |
| 锥距 | $R$ | $R=\frac{1}{2}\sqrt{d_1^2+d_2^2}$ |
| 齿宽 | $b$ | $b\leqslant R/3$ |

### 3. 直齿锥齿轮的画法

直齿锥齿轮的画法如图 6-12 所示。画图时应注意：在投影为圆的视图上用粗实线画出大端和小端的齿顶圆，用细点画线画出大端的分度圆，齿根圆及小端的分度圆不画。

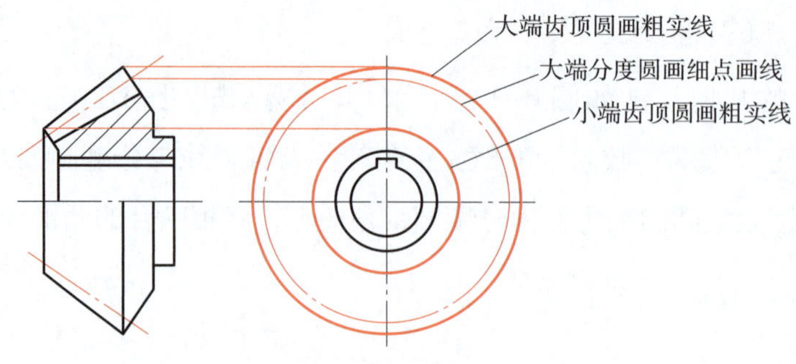

图 6-12　直齿锥齿轮的画法

## 4. 直齿锥齿轮啮合图的画法

直齿锥齿轮啮合图的画法如图 6-13 所示，其啮合区的画法与直齿圆柱齿轮类似。

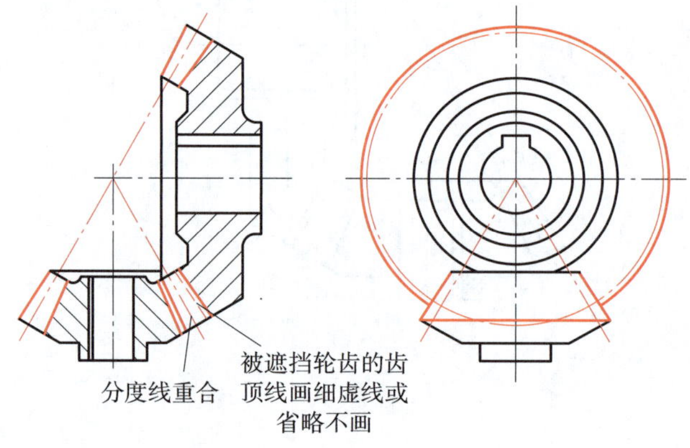


a）

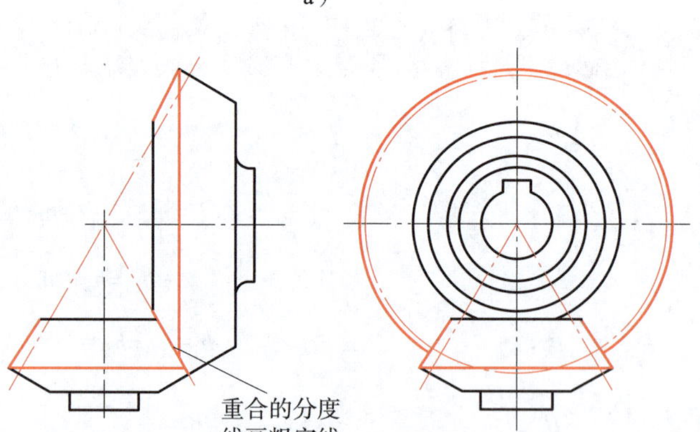


b）

图 6-13　直齿锥齿轮啮合图的画法

a）剖视图　b）外形图

## 应用举例

已知两个配对的直齿锥齿轮的形状如图 6–11 所示，其模数 $m$=3.5 mm，小齿轮齿数 $z_1$=25，大齿轮齿数 $z_2$=43，试计算齿轮的主要几何尺寸，并绘制小直齿锥齿轮和大直齿锥齿轮的视图和齿轮啮合图。

### 1. 计算直齿锥齿轮的主要几何尺寸

锥齿轮的主要几何尺寸计算见表 6–7。

表 6–7　　锥齿轮的主要几何尺寸计算

| 名称 | 符号 | 计算公式 | |
|---|---|---|---|
| | | 小锥齿轮 | 大锥齿轮 |
| 齿顶高 | $h_a$ | $h_a=m=3.5$ mm | |
| 齿根高 | $h_f$ | $h_f=1.2m=4.2$ mm | |
| 分度圆直径 | $d$ | $d_1=mz_1=87.5$ mm | $d_2=mz_2=150.5$ mm |
| 分度圆锥角 | $\delta$ | $\delta_1=\arctan\frac{z_1}{z_2}=30°10'25''$ | $\delta_2=90°-\delta_1=59°49'35''$ |
| 锥距 | $R$ | $R=\frac{1}{2}\sqrt{d_1^2+d_2^2}\approx87.04$ mm | |
| 齿宽 | $b$ | $b\leqslant R/3$，取 $b$=16 mm | |

### 2. 绘制小直齿锥齿轮

单个锥齿轮通常用两个视图表达，并且其反映轴线的视图采用全剖视图。在投影为圆的视图中只画大、小端齿顶圆和大端分度圆。小直齿锥齿轮的画图步骤见表 6–8。

表 6–8　　小直齿锥齿轮的画图步骤

| 步骤 | 图例 |
|---|---|
| （1）画分度圆锥、背锥、大端分度圆等 | 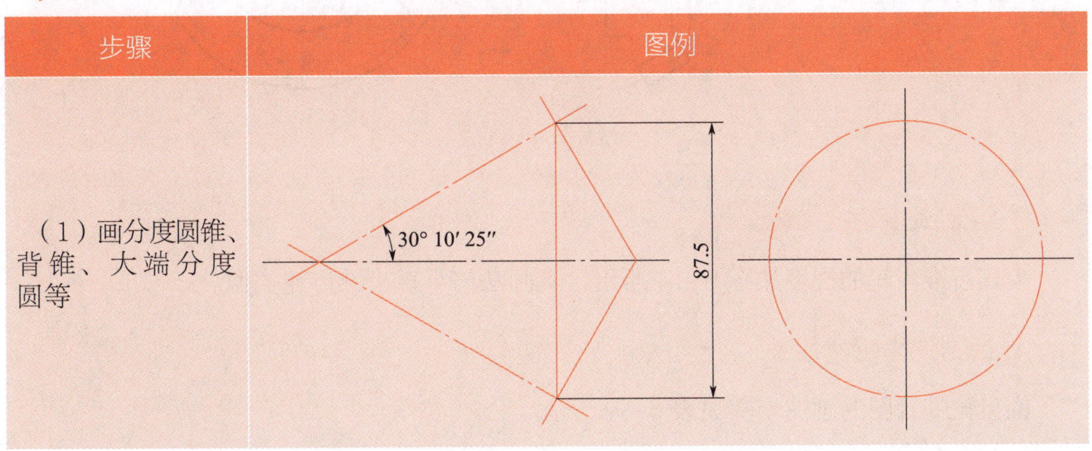  |

续表

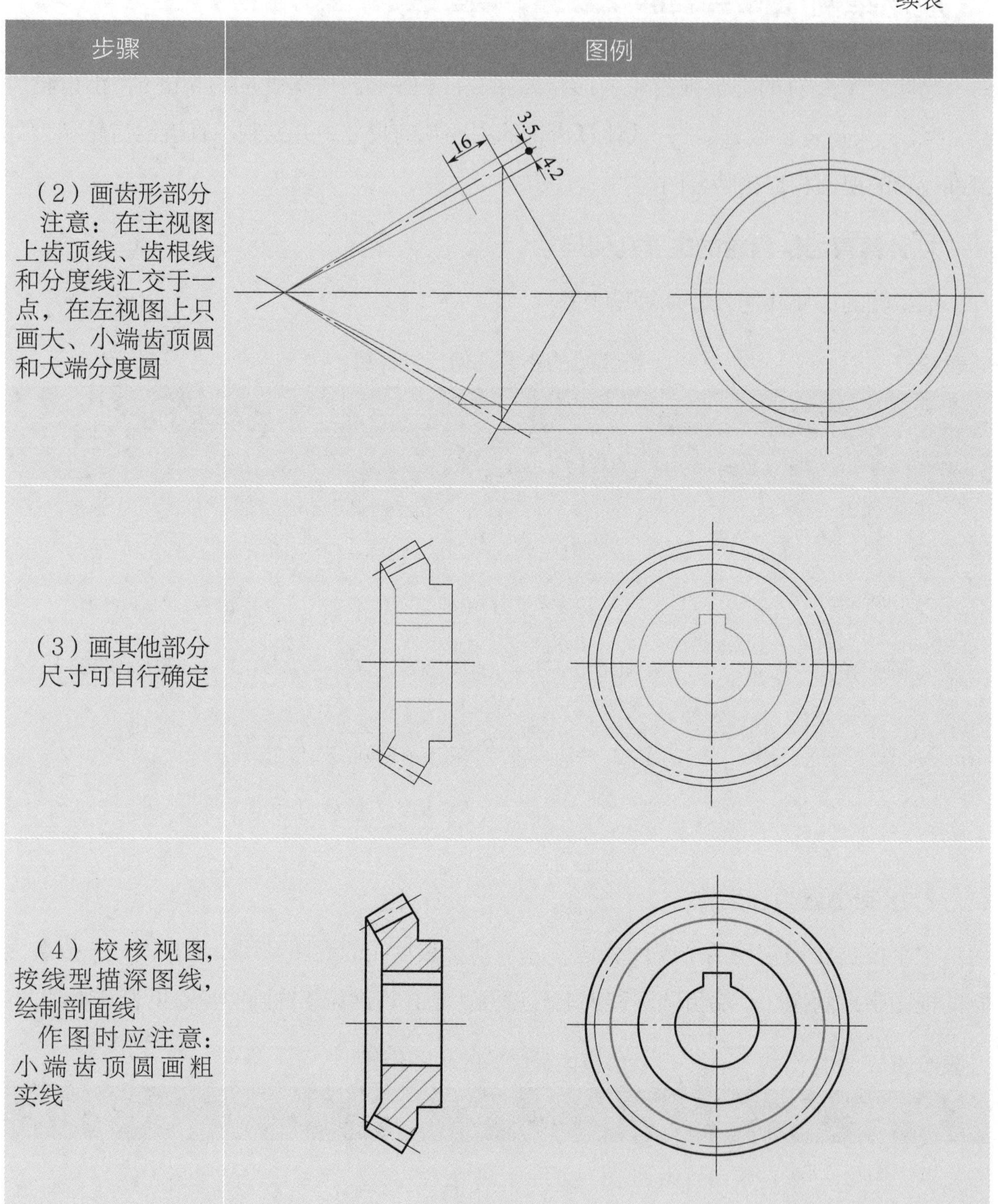


| 步骤 | 图例 |
|---|---|
| （2）画齿形部分<br>注意：在主视图上齿顶线、齿根线和分度线汇交于一点，在左视图上只画大、小端齿顶圆和大端分度圆 | |
| （3）画其他部分<br>尺寸可自行确定 | |
| （4）校核视图，按线型描深图线，绘制剖面线<br>作图时应注意：小端齿顶圆画粗实线 | |

### 3. 绘制大直齿锥齿轮

大直齿锥齿轮的视图如图 6-14 所示，其画法与小直齿锥齿轮类似。

### 4. 绘制锥齿轮啮合图

锥齿轮啮合图的画图步骤见表 6-9。

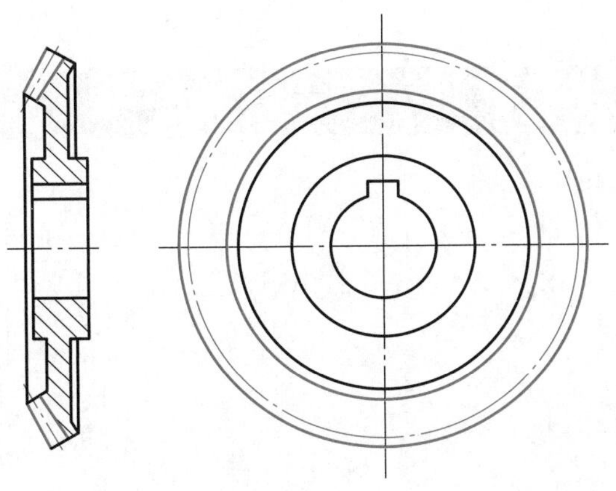

图 6-14　大直齿锥齿轮

表 6-9　锥齿轮啮合图的画图步骤

| 步骤 | 图例 |
| --- | --- |
| （1）画分度圆锥 | 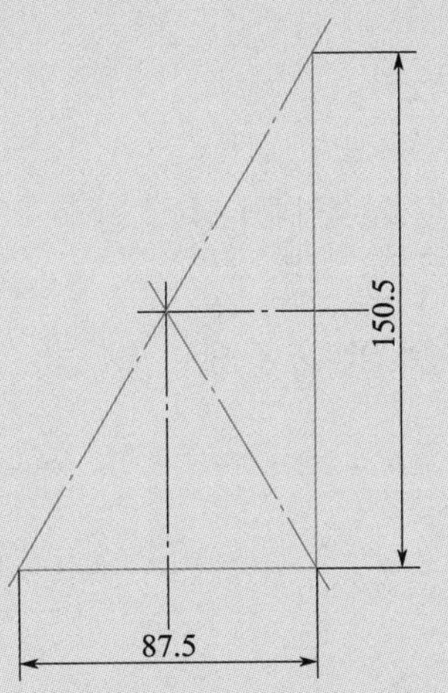 150.5<br>87.5 |
| （2）画齿形部分 | 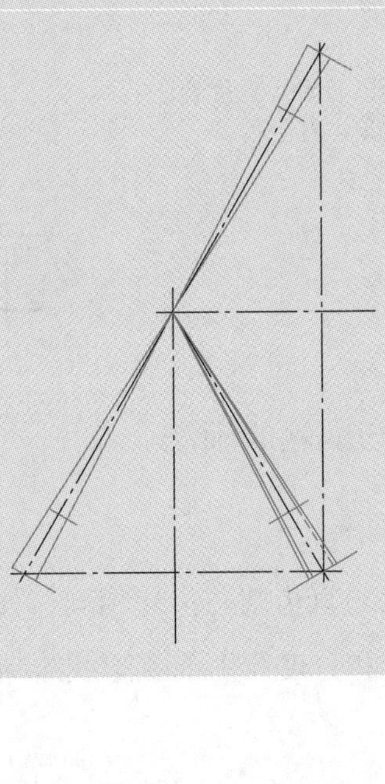 |

续表

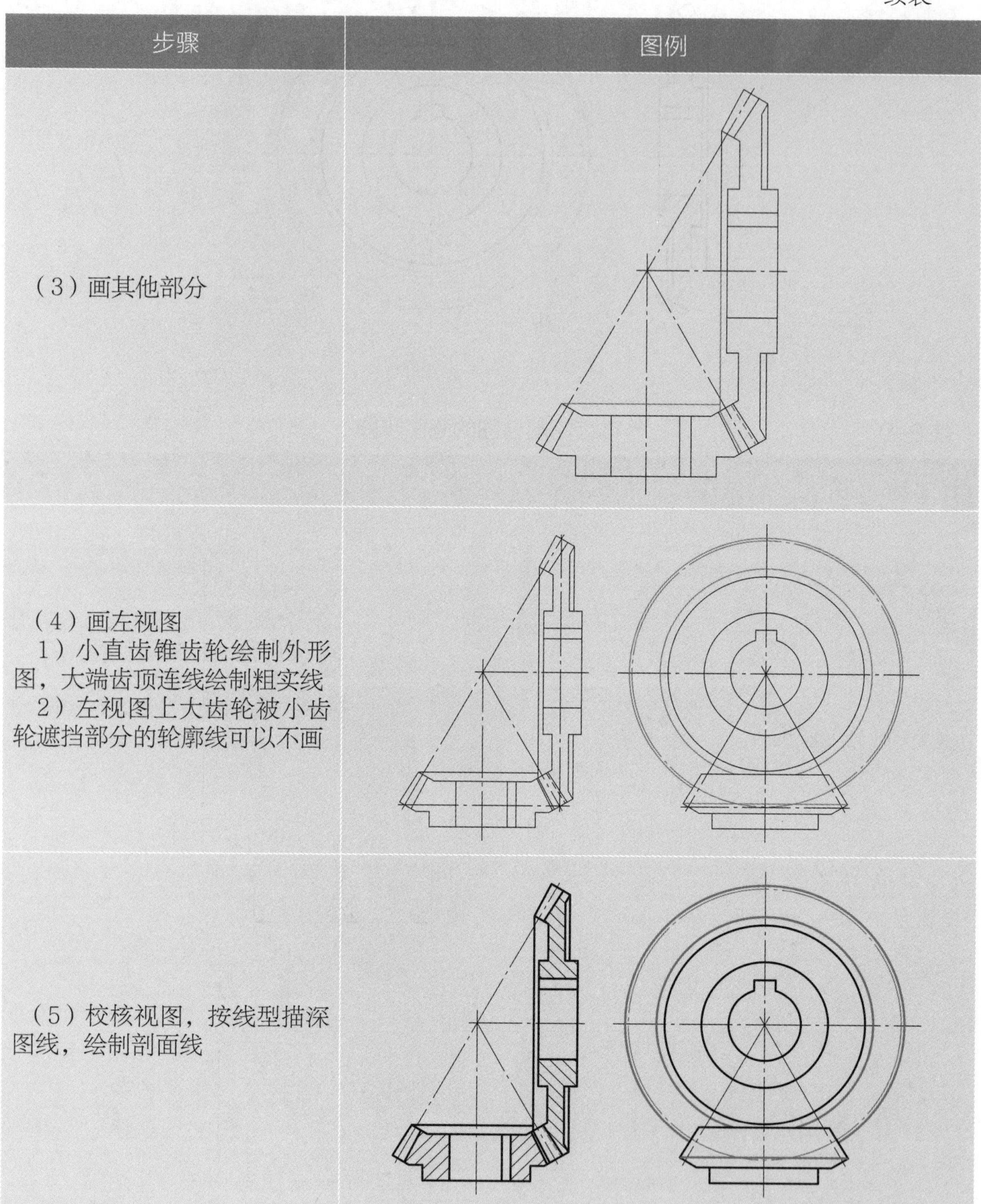

| 步骤 | 图例 |
| --- | --- |
| （3）画其他部分 | |
| （4）画左视图<br>1）小直齿锥齿轮绘制外形图，大端齿顶连线绘制粗实线<br>2）左视图上大齿轮被小齿轮遮挡部分的轮廓线可以不画 | |
| （5）校核视图，按线型描深图线，绘制剖面线 | |

## 三、蜗杆与蜗轮的画法

### 1. 蜗杆的画法

蜗杆的画法与直齿圆柱齿轮相同，如图 6-15 所示。蜗杆的齿顶圆和齿顶线用粗实线绘制，分度圆和分度线用细点画线绘制。在剖视图中，齿根圆和齿根线用粗实线绘制

（见图 6-15b）；在未剖的视图中，齿根圆和齿根线用细实线绘制（见图 6-15c），或省略不画。

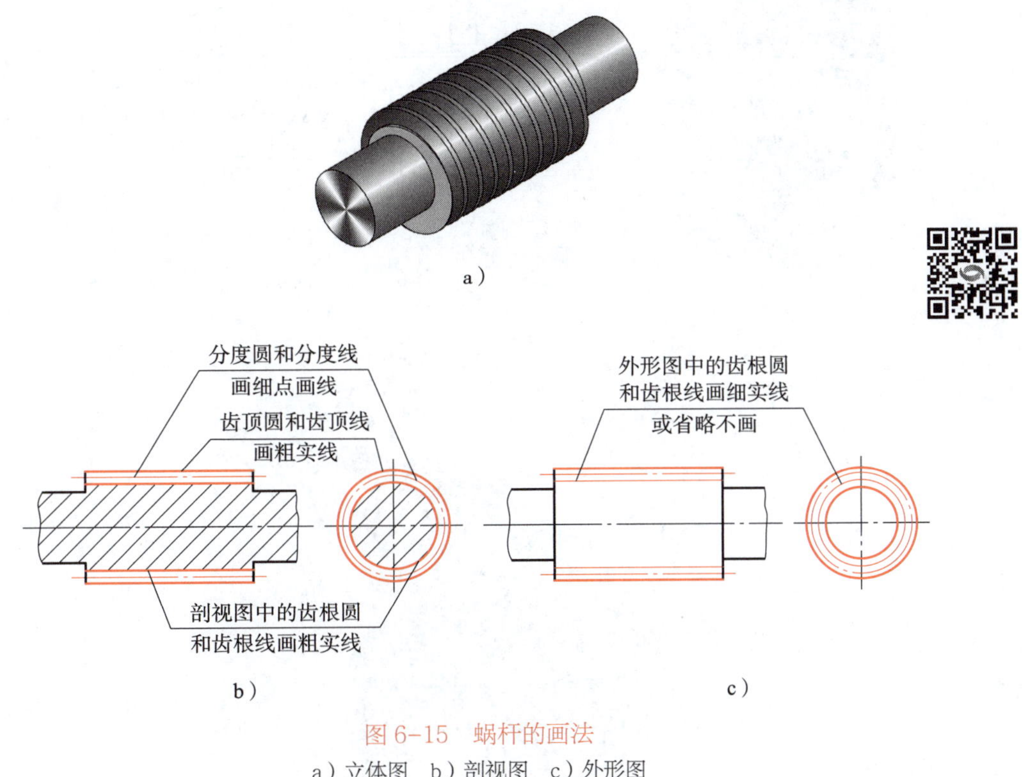


图 6-15　蜗杆的画法

a）立体图　b）剖视图　c）外形图

## 2. 蜗轮的画法

蜗轮的画法如图 6-16 所示，画图时应注意；

（1）在反映蜗轮轴线的剖视图上，分度线圆弧画细点画线，其半径等于蜗杆分度圆半径。齿顶线圆弧、齿根线圆弧画粗实线。

（2）在蜗轮的端视图上，只画分度圆（细点画线）和顶圆（粗实线）。

## 3. 蜗杆与蜗轮啮合图的画法

图 6-17 所示为蜗杆与蜗轮啮合图的画法，其中图 6-17b 所示为外形图，画图时要保证蜗杆的分度线与蜗轮的分度圆相切。在蜗杆投影为圆的外形图中，蜗轮被蜗杆遮住部分可不画；在蜗轮投影为圆的外形图中，啮合区内蜗杆的齿顶线和蜗轮的齿顶圆都用粗实线画出。图 6-17c 所示为蜗杆与蜗轮啮合时的剖视图，注意啮合区域剖开处蜗杆分度线与蜗轮分度圆相切。

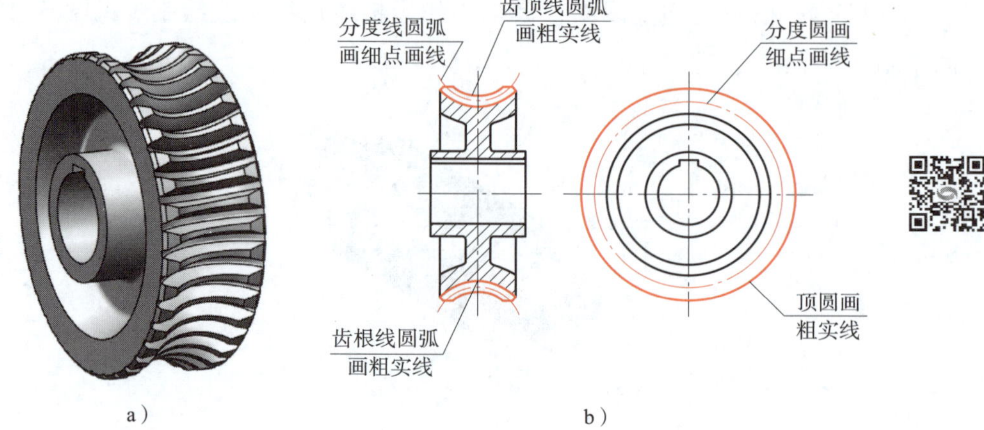


图 6-16　蜗轮的画法

a）立体图　b）视图

a）

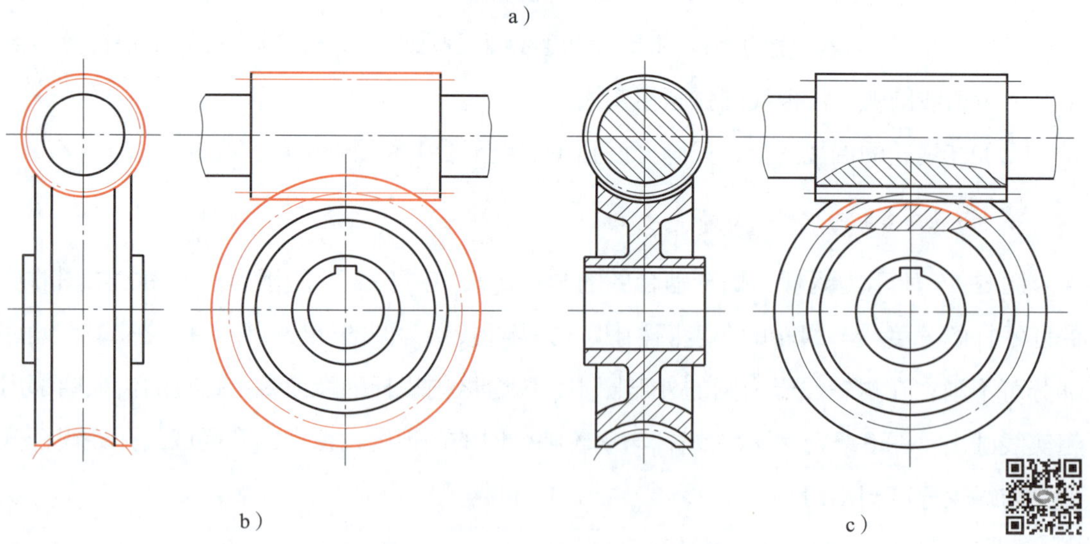


图 6-17　蜗杆与蜗轮啮合图的画法

a）立体图　b）外形图　c）剖视图

# §6-3 | 键、销连接的画法

## 学习目标

1. 掌握普通平键连接图和半圆键连接图的画法。
2. 掌握内、外花键和花键连接图的画法。
3. 掌握销连接图的画法。

键和销属于标准件，键连接和销连接是两种常用的可拆卸连接形式。

## 一、键连接的画法

键连接可以实现轴与轴上零件（如齿轮、带轮等）之间的周向固定，常用的键连接有普通型平键连接、半圆键连接和花键连接等。

### 1. 普通型平键连接的画法

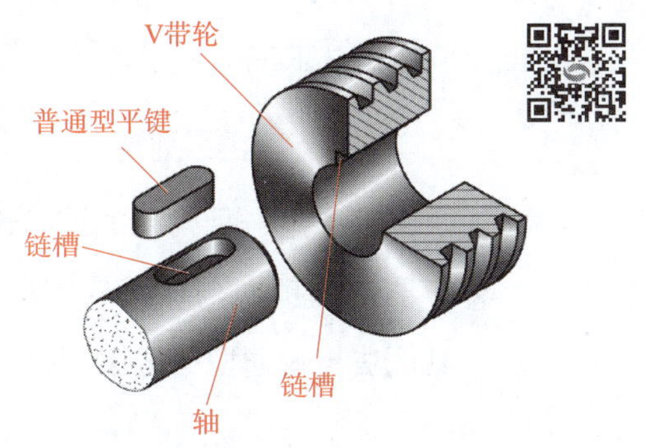

图 6-18　普通型平键连接

普通型平键连接如图 6-18 所示。普通型平键的两侧面是工作表面，连接时与键槽接触，键的顶端与孔上的键槽底面之间有间隙。

普通型平键分为 A 型、B 型和 C 型三种，其结构如图 6-19 所示。

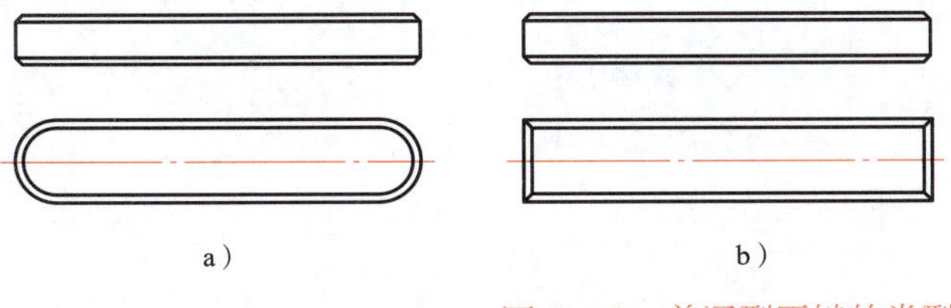

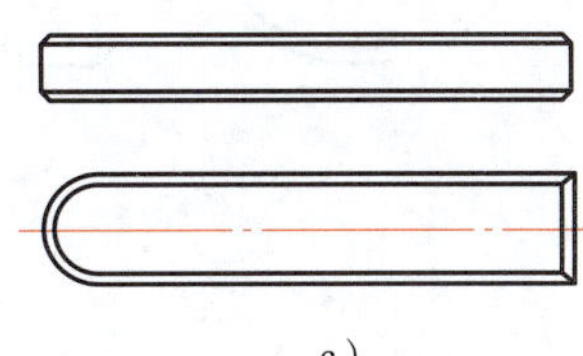


图 6-19　普通型平键的类型
a）A 型　b）B 型　c）C 型

普通型平键连接图的画法如图 6-20 所示。画图时应注意：

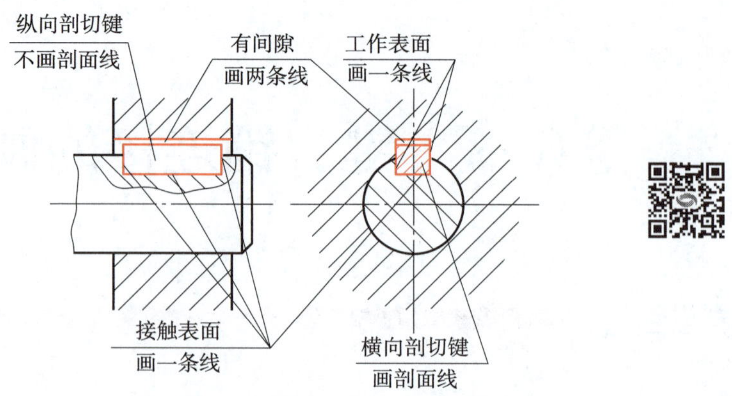


图 6-20　普通型平键连接图的画法

（1）由于普通型平键的侧面是工作表面，连接时与键槽接触，接触表面应画一条线。

（2）键在安装时应首先嵌入轴上的键槽中，因此键与轴上键槽的底面之间是接触表面，应画一条线。

（3）键的顶端与孔上的键槽顶面之间有间隙，应画两条线，即分别画出它们的轮廓线。

（4）纵向剖切键时，键按不剖切处理；横向剖切键时，键上应画剖面线。故在图 6-20 中，主视图上平键按不剖切处理，左视图上平键按剖切处理。

## 2. 半圆键连接的画法

半圆键也是一种常用的连接键，其形状如图 6-21a 所示。半圆键的工作面也是两侧面，半圆键的顶端与孔上的键槽底面之间有间隙。半圆键连接图的画法如图 6-21b 所示，其画法与普通型平键相同。

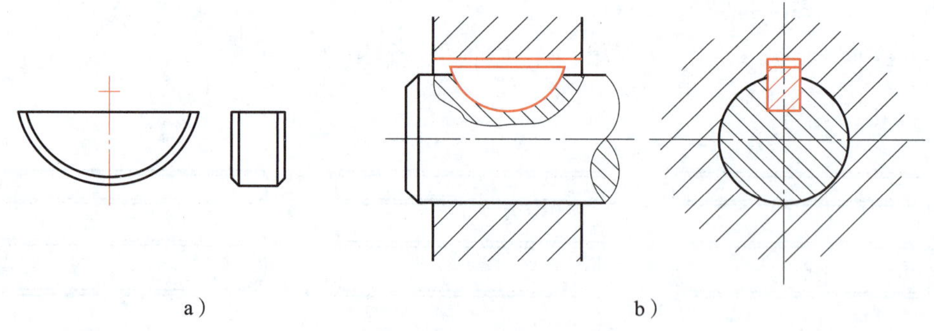


图 6-21　半圆键及其连接图

a）半圆键　b）半圆键连接图的画法

## 3. 花键连接的画法

花键连接分为矩形花键连接和渐开线花键连接。矩形花键连接如图 6-22 所示，包

括外花键（花键轴）和内花键（花键孔）。在花键轴和花键孔上各有 6 个相互啮合的键齿。工作时，内花键可以在花键轴上滑动，并且与花键轴一起转动。下面介绍矩形花键及其连接图的画法。

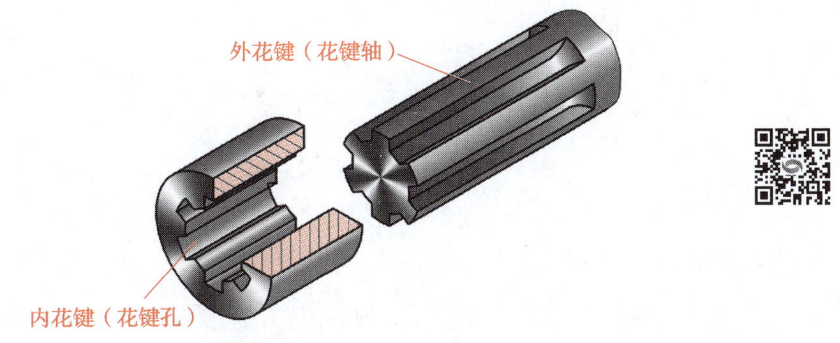

图 6-22　矩形花键连接

（1）矩形外花键的画法

矩形外花键的视图如图 6-23 所示。在与花键轴线平行的视图上，大径用粗实线绘制，小径用细实线绘制；花键工作长度的终止端和尾部长度的末端也用细实线绘制，尾部画成与轴线成 30° 角的细实线。在垂直于花键轴线剖切后的断面图上可画出一部分或全部齿形。在垂直于花键轴线的外形视图上，花键小径画成完整的细实线圆，花键端部的倒角圆不画，如图 6-24 所示。

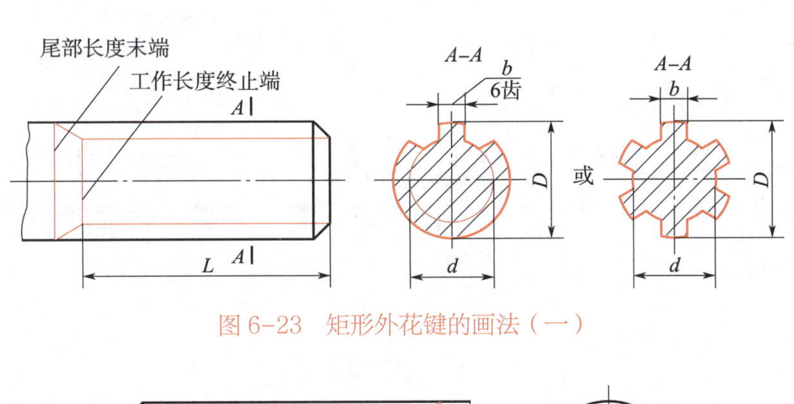

图 6-23　矩形外花键的画法（一）

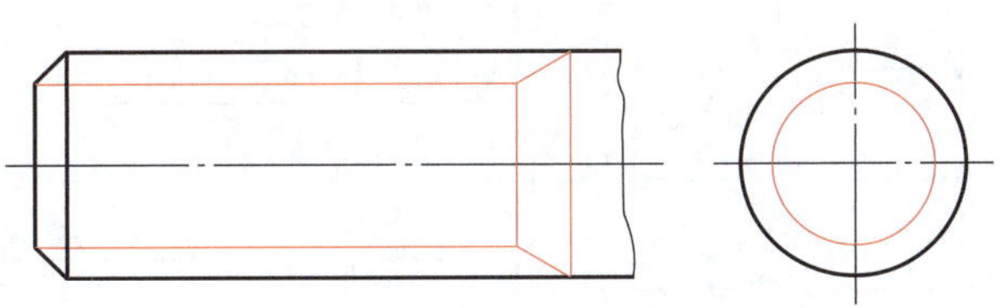
图 6-24　矩形外花键的画法（二）

（2）矩形内花键的画法

矩形内花键的画法如图 6-25 所示。在与内花键轴线平行的视图上，大径和小径均用粗实线绘制，在端视图上用局部视图画出一部分或全部齿形。

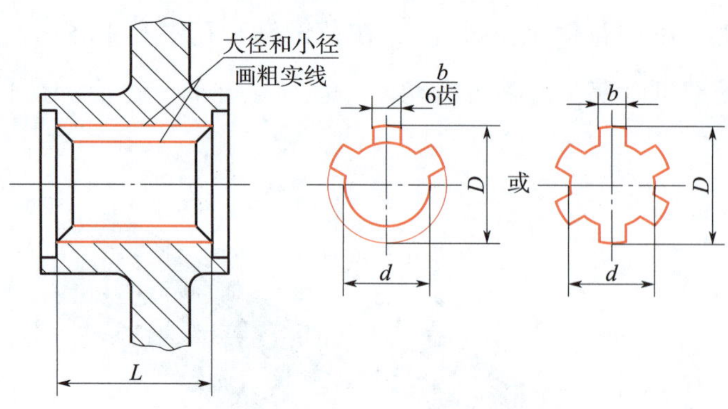


图 6-25　矩形内花键的画法

（3）花键连接图的画法

花键连接图的画法如图 6-26 所示，在剖视图中，其连接部分按外花键绘制。

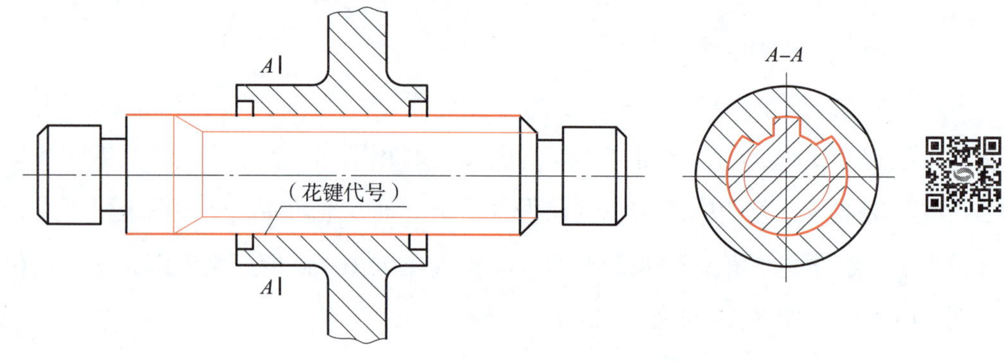


图 6-26　花键连接图的画法

## 二、销连接的画法

销是标准件，常用的销有圆柱销和圆锥销，它们常用作零件间的连接和定位，图 6-27 所示为圆柱销和圆锥销连接图的画法。画图时应注意：当剖切平面通过销的轴线剖切时，销按未剖切绘制。

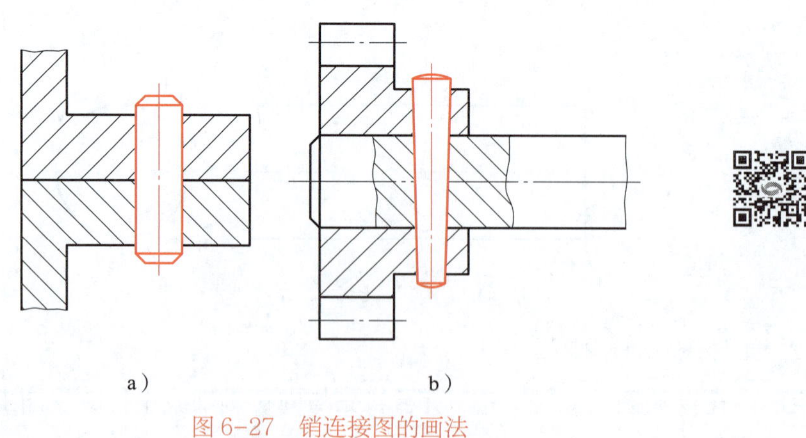


图 6-27　销连接图的画法

a）圆柱销连接　b）圆锥销连接

# §6-4 | 滚动轴承的画法

## 学习目标

掌握滚动轴承的通用画法和规定画法，了解滚动轴承的特征画法。

滚动轴承是一种支撑转动轴的标准件，由于它能大大减小轴与孔之间的摩擦力而得到广泛应用。图 6-28 所示为几种最常用的滚动轴承的结构。

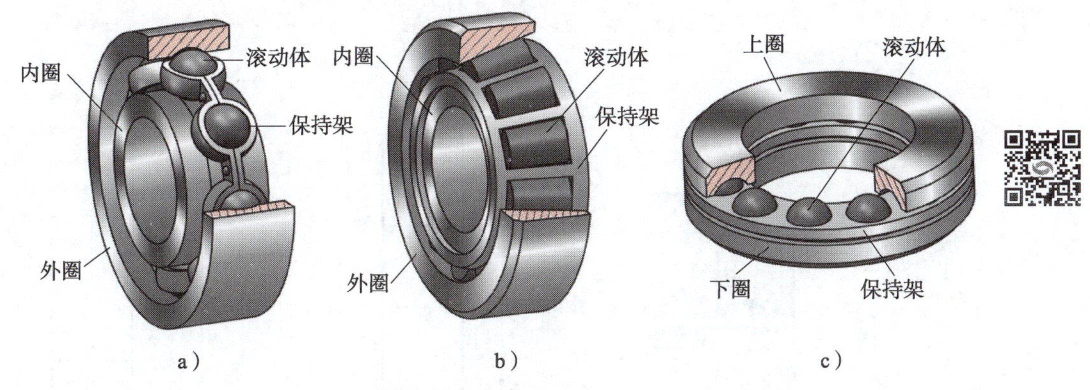


图 6-28　滚动轴承的结构

a）深沟球轴承　b）圆锥滚子轴承　c）推力球轴承

滚动轴承一般由内圈（下圈）、外圈（上圈）、滚动体、保持架四部分组成。在装配图中绘制滚动轴承时，不必绘制其详细结构，一般可用通用画法、特征画法和规定画法进行表达。

### 一、滚动轴承的通用画法

在装配图中，若不必确切地表示滚动轴承的外形轮廓、载荷特性及结构特征时，可采用通用画法。通用画法是在轴的两侧用矩形线框（粗实线）及位于线框中央正立的十字形符号（粗实线）表示，如图 6-29 所示。通用画法适用于表达各种类型的滚动轴承。

### 二、滚动轴承的特征画法

在装配图的剖视图中，若需要形象地表达滚动轴承的结构特征时，可采用特征画法。滚动轴承的特征画法是在表达轴承的矩形线框（粗实线）内，用粗实线画出表示滚动轴承结构特征和载荷特性的要素符号。常用滚动轴承的结构、特征画法和规定画法见表 6–10。

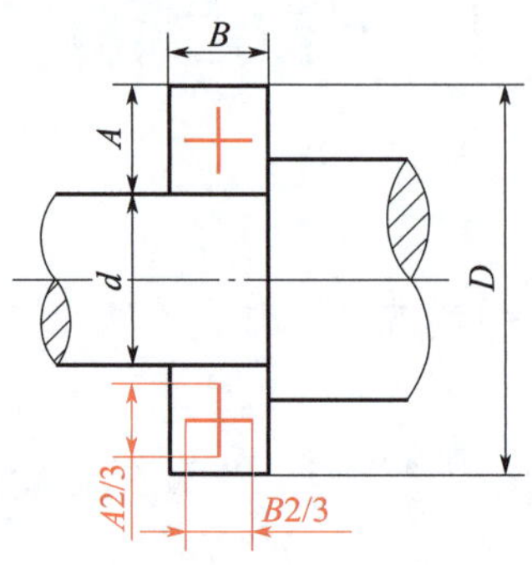


图 6–29 滚动轴承的通用画法

**表 6–10 常用滚动轴承的结构、特征画法和规定画法**

| 名称和标准号 | 装配示意图 | 特征画法 | 规定画法 |
|---|---|---|---|
| 深沟球轴承（GB/T 276—2013） | | B<br>2B/3<br>A<br>B/6<br>D<br>d | B/2<br>A/2<br>A<br>A/2<br>60°<br>D<br>d<br>B |
| 圆锥滚子轴承（GB/T 297—2015） | | B<br>30°<br>A<br>D<br>d<br>B/6<br>2B/3 | T<br>C<br>A/2<br>A<br>A/4<br>A/2<br>T/2<br>15°<br>D<br>d<br>B |

续表

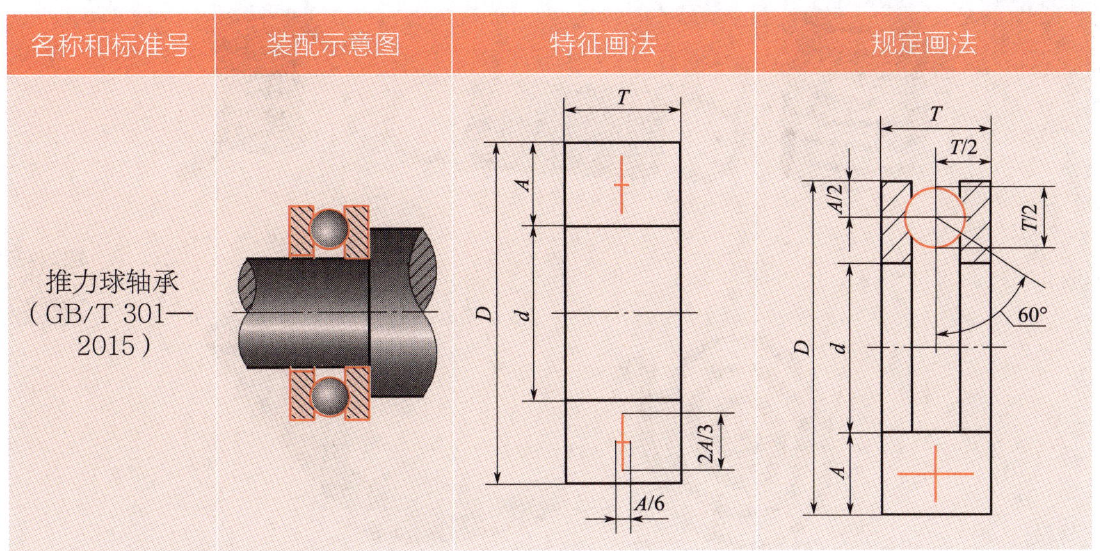

| 名称和标准号 | 装配示意图 | 特征画法 | 规定画法 |
|---|---|---|---|
| 推力球轴承（GB/T 301—2015） | | | |



## 三、滚动轴承的规定画法

当需要表达滚动轴承的主要结构时，可采用规定画法，常用滚动轴承的规定画法见表 6-10。画图时应注意：

1. 在用规定画法绘制轴承时，内、外圈的剖面线应方向一致、间隔相同。

2. 规定画法一般只用在图的一侧，在图的另一侧应按通用画法绘制。

# §6-5 | 弹簧的画法

## 学习目标

1. 了解圆柱螺旋压缩弹簧各部分的名称及代号。
2. 了解圆柱螺旋弹簧和板弹簧的画法。
3. 掌握圆柱螺旋弹簧在装配图中的画法。

弹簧是用途很广的常用零件，主要用于减振、夹紧、储能和测力等。弹簧的种类很多，常用的有圆柱螺旋压缩弹簧、圆柱螺旋拉伸弹簧、圆柱螺旋扭转弹簧、平面涡卷弹簧和板弹簧等，如图 6-30 所示。

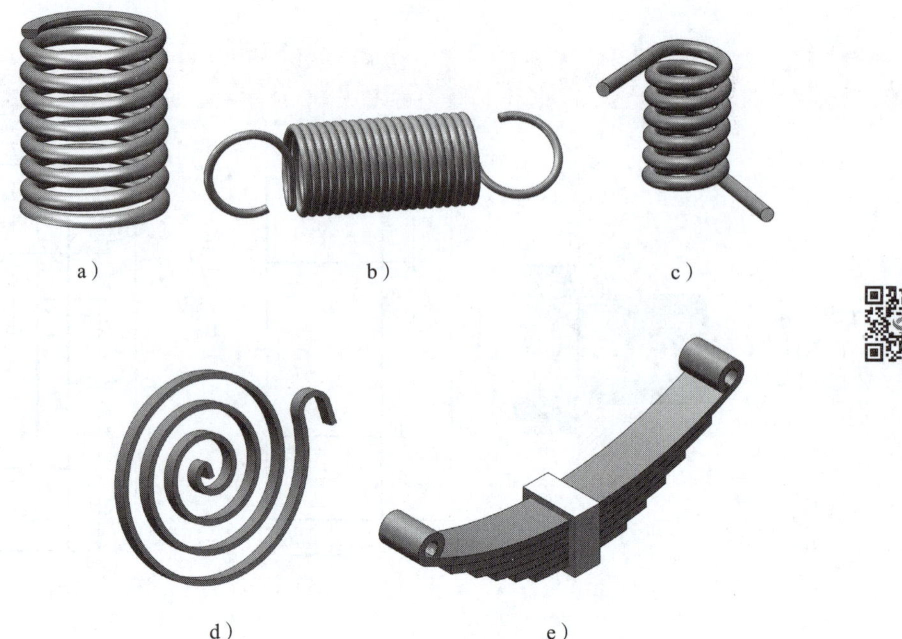


图 6-30　弹簧的分类

a）圆柱螺旋压缩弹簧　b）圆柱螺旋拉伸弹簧　c）圆柱螺旋扭转弹簧　d）平面涡卷弹簧　e）板弹簧

## 一、圆柱螺旋压缩弹簧的主要几何尺寸

圆柱螺旋压缩弹簧的主要几何尺寸如图 6-31 所示。

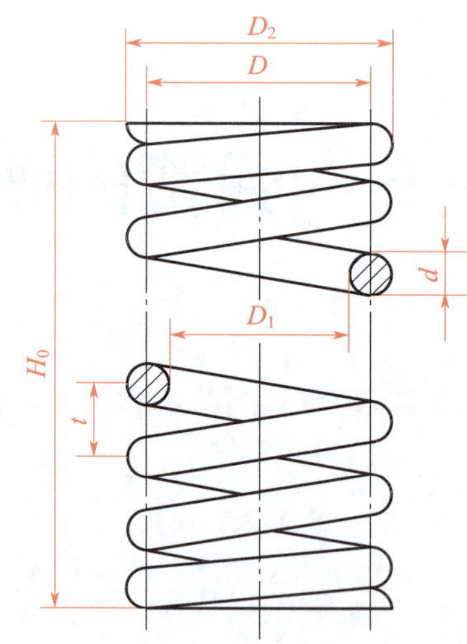


图 6-31　圆柱螺旋压缩弹簧的主要几何尺寸

### 1. 弹簧直径

（1）线径

线径是指用来缠绕弹簧的钢丝直径，用 $d$ 表示。

（2）弹簧外径

弹簧外径是指弹簧的外圈直径，用 $D_2$ 表示。

（3）弹簧内径

弹簧内径是指弹簧的内圈直径，用 $D_1$ 表示。

（4）弹簧中径

弹簧中径是指弹簧内径和外径的平均值，用 $D$ 表示。

$$D=(D_1+D_2)/2=D_1+d=D_2-d$$

### 2. 弹簧圈数

（1）有效圈数

有效圈数是指弹簧能保持相同节距的圈数，用 $n$ 表示。

（2）支撑圈数

支撑圈数是指为使弹簧工作平稳，将圆柱螺旋压缩弹簧两端并紧磨平的圈数，用 $n_2$ 表示。一般情况下，支撑圈数有 1.5 圈、2 圈、2.5 圈等几种。

（3）总圈数

有效圈数与支撑圈数之和称为总圈数，用 $n_1$ 表示。

$$n_1=n+n_2$$

### 3. 节距

节距是指除两端支撑圈外，圆柱螺旋弹簧两相邻有效圈截面中心线的轴向距离，用 $t$ 表示。

### 4. 弹簧的旋向

圆柱螺旋弹簧的旋向一般为右旋，在组合弹簧中各层弹簧的旋向为左右旋向相间，外层一般为右旋。

### 5. 自由高度（长度）

弹簧的自由高度是指弹簧无负荷作用时的高度（长度），用 $H_0$ 表示。

圆柱螺旋压缩弹簧的自由高度受端部结构的影响，难以计算出精确值。其近似计算公式为：

$$H_0=nt+(n_2-0.5)d$$

## 二、圆柱螺旋弹簧的画法

圆柱螺旋弹簧的视图如图 6-32 所示。

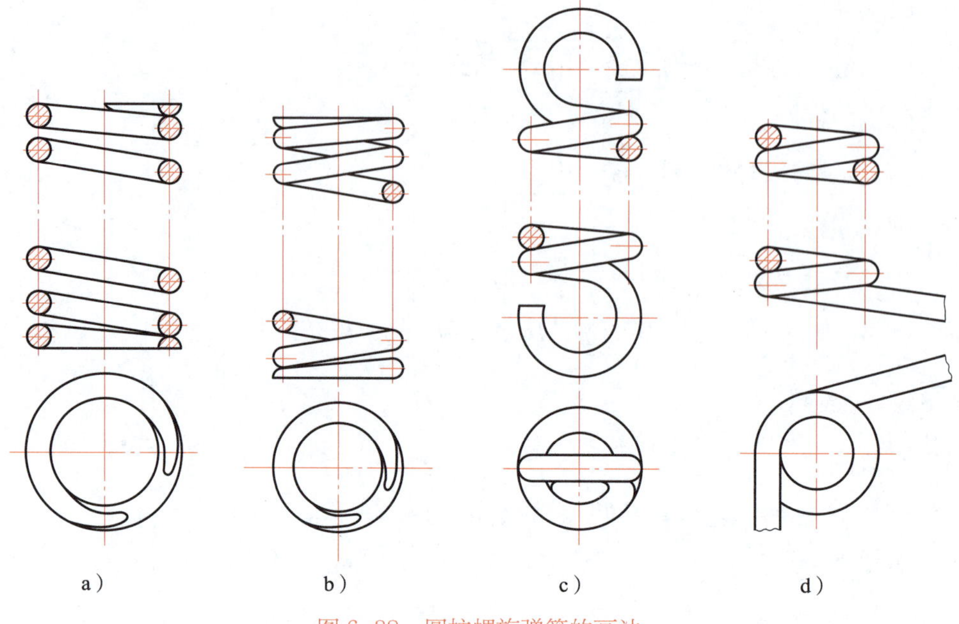


图 6-32　圆柱螺旋弹簧的画法

a)、b) 压缩弹簧　c) 拉伸弹簧　d) 扭转弹簧

其画法规定如下：

1. 在平行于圆柱螺旋弹簧轴线的投影面的视图中，其各圈的轮廓应画成直线。

2. 左、右螺旋弹簧均可画成右旋，对必须保证的旋向要求应在“技术要求”中注明。

3. 对于圆柱螺旋压缩弹簧，如要求两端并紧且磨平时，不论支承圈的圈数多少和末端贴紧情况如何，均按图 6-32a、b 的形式绘制。必要时也可按支承圈的实际结构绘制。

4. 有效圈数在四圈以上的螺旋弹簧中间部分可以省略。圆柱螺旋弹簧中间部分省略后，允许适当缩短图形的长度。

## 三、圆柱螺旋弹簧在装配图中的画法

圆柱螺旋弹簧在装配图中的画法如图 6-33 所示。

其画法规定如下：

1. 被弹簧遮挡的结构一般不画出，可见部分的轮廓线画至弹簧外轮廓线或钢丝断面中心线。

2. 当弹簧的钢丝断面直径在图形上小于等于 2 mm 时，可用示意画法或采用涂黑表示。

## 四、板弹簧的画法

板弹簧是汽车悬架中应用最广泛的弹性组件，它由若干片不等长但等宽、等厚的合金钢弹簧片组成，图 6-34 所示为某汽车前悬架板弹簧。画图时应注意，板弹簧一般按照自由状态下的形状绘制。

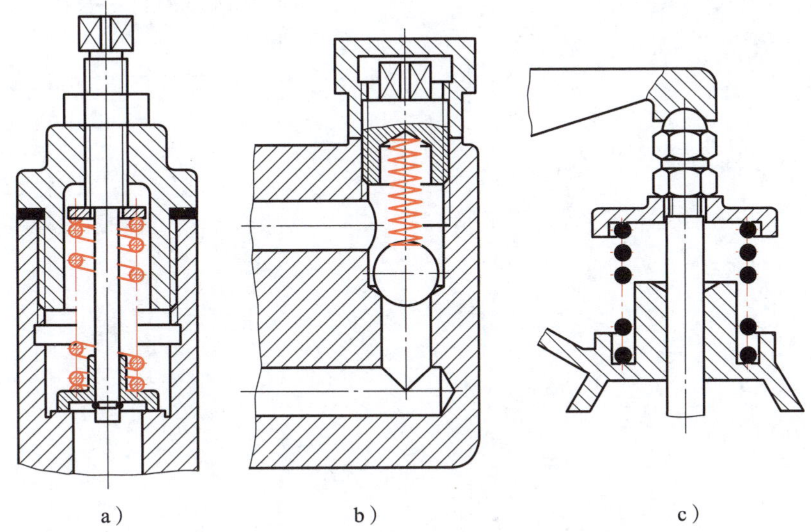


图 6-33　圆柱螺旋弹簧在装配图中的画法

a）普通画法　b）示意画法　c）涂黑表示

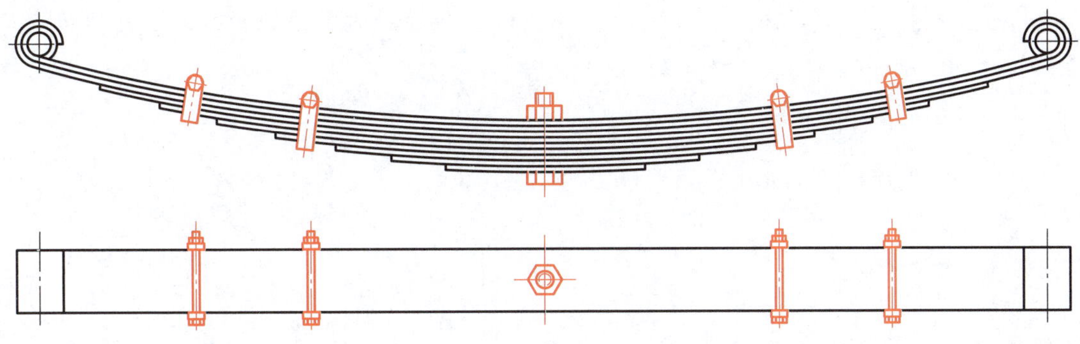

图 6-34　汽车前悬架板弹簧

## 应用举例

已知圆柱螺旋压缩弹簧的外径 $D_2$=42 mm，弹簧簧丝直径 $d$=5 mm，节距 $t$=11 mm，有效圈数 $n$=8，支承圈数 $n_2$=2.5，右旋。试画出该弹簧的剖视图。

### 1. 尺寸计算

弹簧中径 $D=D_2-d$=42−5=37 mm。

自由高度 $H_0=nt+(n_2-0.5)d$=8×11+（2.5−0.5）5=98 mm。

### 2. 绘制剖视图

绘制圆柱螺旋压缩弹簧剖视图的步骤见表 6-11。

表 6-11　　绘制圆柱螺旋压缩弹簧剖视图的步骤

| 步骤 | （1）绘制作图基准线 | （2）绘制弹簧的支承圈 |
| --- | --- | --- |
| 图例 | 98<br>37 | $\phi5$ |
| 步骤 | （3）绘制弹簧的有效圈 | （4）绘制各圈轮廓线，绘制剖面线，按线型描深图线 |
| 图例 | 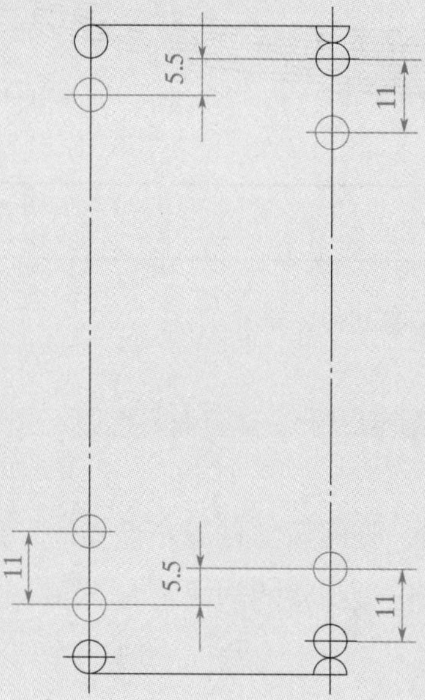 5.5<br>11<br>11<br>5.5<br>11 | |

# 第七章
# 机械图样的识读

## §7-1 | 机械图样的技术要求

### 学习目标

1. 了解公称尺寸、极限尺寸、极限偏差、公差的概念，能进行它们之间的尺寸换算。了解公差带的概念，能绘制公差带图，能识读和标注尺寸公差。

2. 掌握配合的概念，了解配合的种类和配合制度，能根据公差带图分析配合性质。掌握配合在图样上的标注方法，能识读和标注配合代号。

3. 了解几何公差的类型、名称及符号。掌握常用几何公差的概念和公差带，能看懂其公差框格及基准符号的含义，能识读和标注常见几何公差及基准。

4. 了解轮廓算术平均偏差的概念，了解表面结构代号的含义，能识读和标注表面结构代号。

### 想一想

图 7-1 所示为定位销零件图，在图中除图形和尺寸标注外，还有哪些标注能表达零

件的信息？

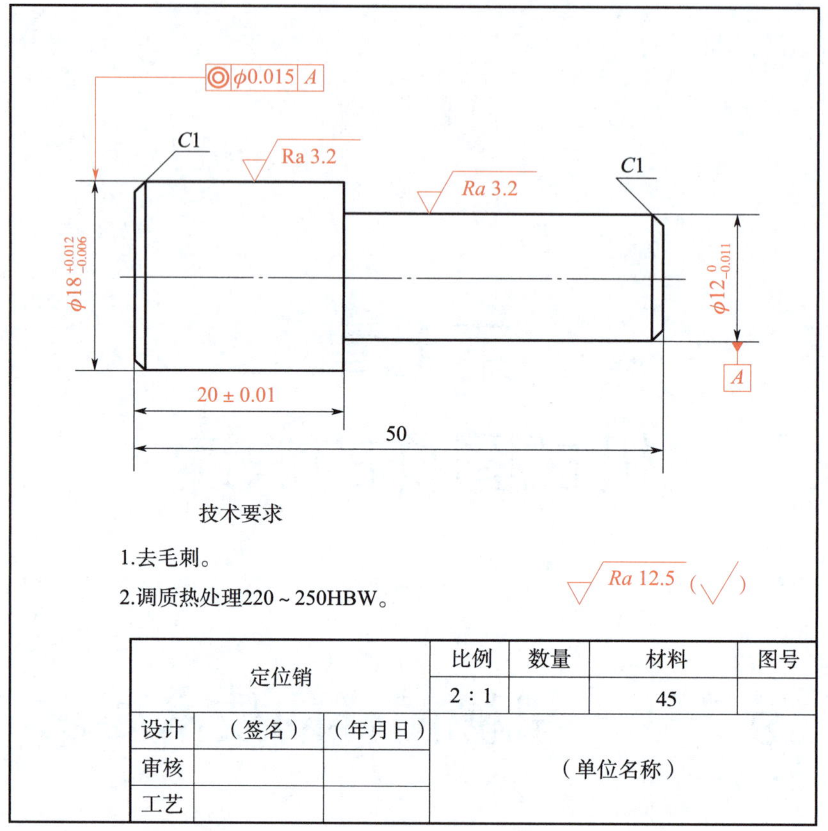

图 7-1　定位销零件图

在汽车机械零部件的生产过程中，由于机床精度、刀具磨损、测量误差、工人技术水平等因素，所加工零件的尺寸、几何形状和表面结构总是存在一定的误差，为保证零件能够使用，就必须将误差控制在一定的范围内。

技术要求是机械图样上必不可少的重要组成部分，它包括制造和检验所需的全部技术参数，归纳起来主要分为尺寸公差、几何公差、表面结构要求、材料的热处理及表面处理要求等。在给出这些要求时，凡是国家标准已规定了代号和符号的，应直接标注在视图上；无规定代号或符号时，则以“技术要求”为标题，在标题栏附近逐条用文字说明。

例如，在图 7-1 所示定位销零件图上，标注了尺寸公差、几何公差和表面结构要求等，还用文字标注了热处理等方面的要求。

## 一、尺寸公差与配合

### 1. 尺寸与极限

（1）公称尺寸

公称尺寸是指由图样规范定义的理想形状要素的尺寸，它由设计者根据零件的使用要求，通过计算、试验或按类比法确定的尺寸。孔、轴的公称尺寸分别用 $D$、$d$ 表示。例如，图 7-1 中尺寸 $\phi 18^{+0.012}_{-0.006}$ 中的公称尺寸 $d=\phi 18$ mm。

（2）极限尺寸

尺寸要素可以是一个球体、一个圆、两条直线、两个相对平行面、一个圆柱体、一个楔块等。尺寸要素的尺寸所允许的极限值称为极限尺寸。尺寸要素允许的最大尺寸称为上极限尺寸，尺寸要素允许的最小尺寸称为下极限尺寸。

（3）极限偏差

极限偏差分为上极限偏差和下极限偏差。上极限尺寸减其公称尺寸所得的代数差称为上极限偏差；下极限尺寸减其公称尺寸所得的代数差称为下极限偏差。孔的上、下极限偏差分别用 ES 和 EI 表示；轴的上、下极限偏差分别用 es 和 ei 表示。

例如，图 7-1 中轴尺寸 $\phi 18^{+0.012}_{-0.006}$ 的上极限偏差为 +0.012 mm，下极限偏差为 -0.006 mm。

公称尺寸、极限尺寸、极限偏差和公差之间的关系如图 7-2 所示。

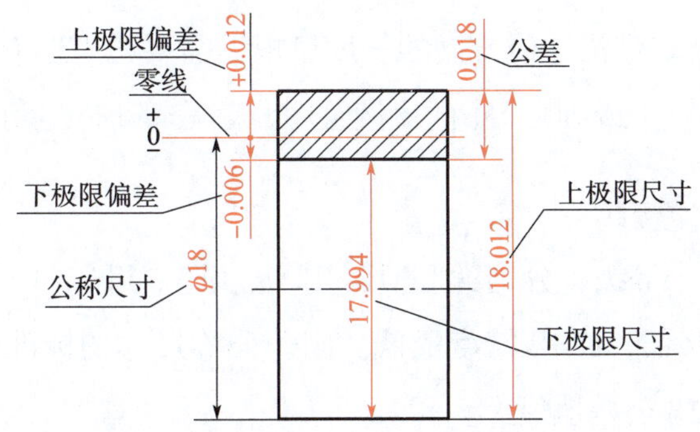


图 7-2 公称尺寸、极限尺寸、极限偏差和公差之间的关系

尺寸 $\phi 18^{+0.012}_{-0.006}$ 的上极限尺寸为：

$$上极限尺寸 = 公称尺寸 + 上极限偏差 =18+0.012=18.012\text{ mm}$$

尺寸 $\phi 18^{+0.012}_{-0.006}$ 的下极限尺寸为：

$$下极限尺寸 = 公称尺寸 + 下极限偏差 =18+(-0.006)=17.994\text{ mm}$$

（4）公差

上极限尺寸与下极限尺寸之差称为公差。公差与公称尺寸、极限尺寸和极限偏差之间的关系如图 7-2 所示。

公差 =｜上极限尺寸 - 下极限尺寸｜=｜上极限偏差 - 下极限偏差｜

尺寸 $\phi 18^{+0.012}_{-0.006}$ 的公差为：+0.012-（-0.006）=0.018 mm。

## 2. 公差带

将公称尺寸、极限偏差、公差之间的关系用放大比例画成的简图称为公差带图，如图 7-3 所示。上极限尺寸和下极限尺寸（包括上极限尺寸和下极限尺寸）的尺寸变动值称为公差带。它由公差大小和相对公称尺寸的位置确定。

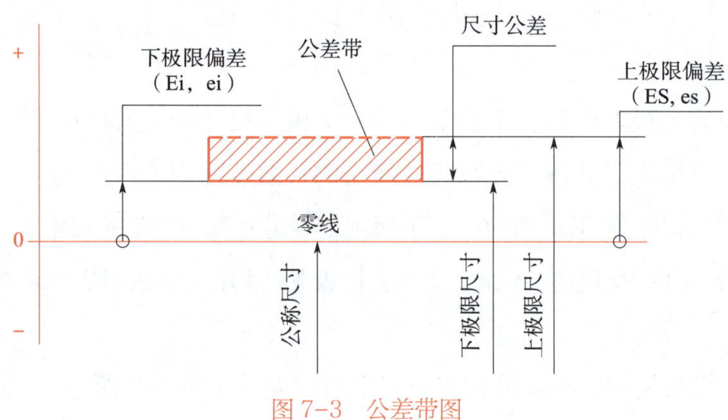


图 7-3　公差带图

画公差带图时，公差带沿零线方向的长度可根据需要适当选取，在垂直于零线的宽度方向，一般可用 200：1 或 500：1 的比例绘图，偏差较小的也可以用 1 000：1。

## 3. 标准公差与基本偏差

标准公差分为 20 个等级，分别为 IT01、IT0、IT1、IT2、…、IT18。其中，IT01 精度最高，其余依次降低，IT18 精度最低。同一公称尺寸的标准公差值依次增大，即 IT01 公差值最小，IT18 公差值最大。

基本偏差是指，在公差带图中靠近零线的那个极限偏差，它可能是上极限偏差，也可能是下极限偏差。国家标准规定，孔、轴的基本偏差各有 28 种，如图 7-4 所示。基本偏差用字母表示，孔的基本偏差用大写字母表示，轴的基本偏差用小写字母表示。常用标准公差的数值和基本偏差的数值可查阅国家标准《产品几何技术规范（GPS） 线性尺寸公差 ISO 代号体系 第 1 部分：公差、偏差和配合的基础》（GB/T 1800.1—2020）。

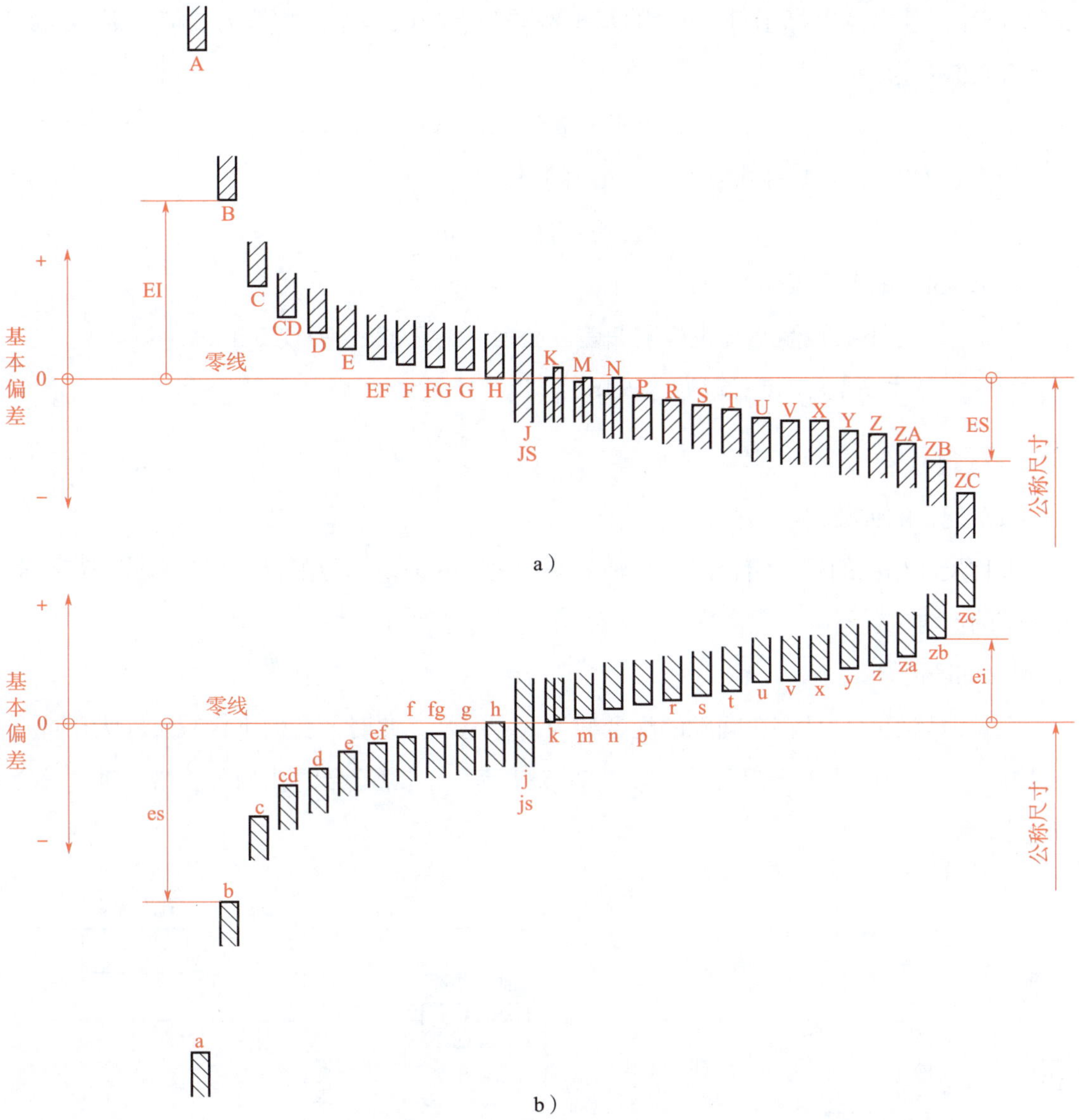

a）

b）

图 7-4　基本偏差系列图

a）孔的基本偏差系列　b）轴的基本偏差系列

有公差要求的尺寸，除了可以标注上、下极限偏差外，还可以标注公差带代号。公差带代号是由基本偏差标示符和公差等级组成的。例如，尺寸 $\phi 18^{+0.012}_{-0.006}$ 与“$\phi$18j7”的含义是一样的，“$\phi$18j7”中的“j”为基本偏差标示符，“7”表示公差等级。

## 应用举例

求 $\phi$45h7 的上、下极限偏差。

$\phi$45h7 是轴的尺寸（轴的基本偏差标示符用小写字母表示），查阅 GB/T 1800.1—

2020 可知，基本偏差标示符“h”的基本偏差为上极限偏差，数值为“0”，则 $\phi$45h7 的上极限偏差为：

$$上极限偏差 =0\ mm$$

查阅 GB/T 1800.1—2020 得 $\phi$45h7 的公差为：

$$公差 =0.025\ mm$$

则 $\phi$45h7 的下极限偏差为：

$$下极限偏差 = 上极限偏差 - 公差 =0-0.025=-0.025\ mm$$

所以，尺寸 $\phi$45h7 可书写为“$\phi 45^{\ 0}_{-0.025}$”。

## 4. 配合

（1）配合的种类

公称尺寸相同的相互结合的孔和轴公差带之间的关系称为配合，按照孔公差带和轴公差带的相对位置不同，配合分为间隙配合、过渡配合和过盈配合三种。

1）间隙配合

孔和轴装配时总是存在间隙的配合称为间隙配合。此时，孔的下极限尺寸大于或在极端状态下等于轴的上极限尺寸。如图 7-5a 所示，间隙配合的孔的公差带在轴的公差带之上。

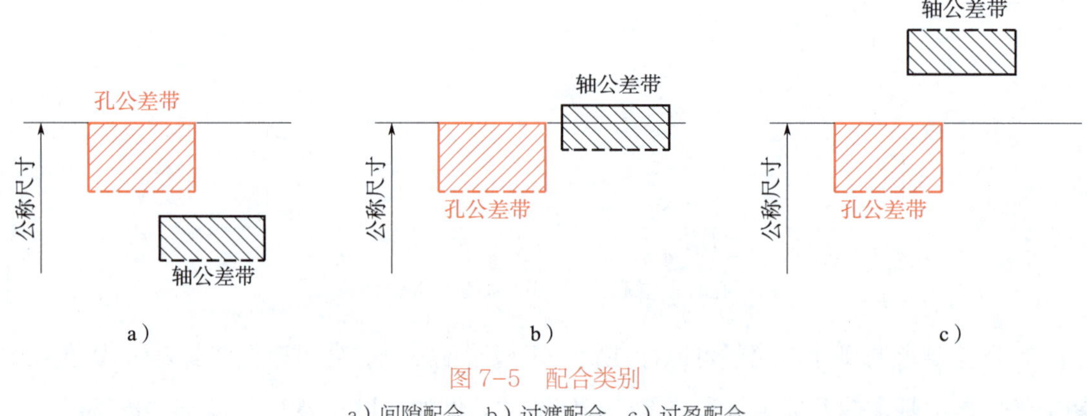


图 7-5　配合类别

a）间隙配合　b）过渡配合　c）过盈配合

2）过渡配合

孔和轴装配时可能具有间隙或过盈的配合称为过渡配合。在过渡配合中，孔和轴的公差带或完全重叠或部分重叠，如图 7-5b 所示。因此，是否形成间隙或过盈取决于孔和轴的实际尺寸。

3）过盈配合

孔和轴装配时总是存在过盈的配合称为过盈配合。此时，孔的上极限尺寸小于或在极端情况下等于轴的下极限尺寸。如图 7-5c 所示，过盈配合的孔的公差带在轴的公差带之下。

（2）配合制

配合制分为基孔制和基轴制两种。

1）基孔制

基本偏差为一定的孔的公差带，与不同基本偏差的轴的公差带形成各种配合的制度称为基孔制。基孔制的孔为配合的基准孔，它的基本偏差（下极限偏差）为零，基本偏差标示符为“H”。

2）基轴制

基本偏差为一定的轴的公差带，与不同基本偏差的孔的公差带形成各种配合的制度称为基轴制。基轴制的轴为配合的基准轴，它的基本偏差（上极限偏差）为零，基本偏差标示符为“h”。

（3）配合代号的组成

国家标准规定，配合代号用分式表示，分子为孔的公差带代号，分母为轴的公差带代号，即

“公称尺寸$\frac{\text{孔的公差带代号}}{\text{轴的公差带代号}}$”或“公称尺寸 孔的公差带代号 / 轴的公差带代号”

在配合代号中，如果分子含有 H，即为基孔制配合；如果分母含有 h，即为基轴制配合；若分子含有 H，分母也含有 h，一般既可看作基孔制配合，也可看作基轴制配合。

如 $\phi 30\frac{H8}{f7}$表示公称尺寸为 $\phi$30 mm，基孔制配合，基准孔的公差等级为 8 级，轴的基本偏差为 f、公差等级为 7 级，其配合代号还可以写成 $\phi$30H8/f7。

## 应用举例

分析配合尺寸 $\phi 38\frac{H7}{g6}$的配合制和种类。

解：（1）因 $\phi 38\frac{H7}{g6}$的配合代号的分子中含有字母“H”，所以该配合为基孔制配合。

（2）查阅《产品几何技术规范（GPS） 线性尺寸公差 ISO 代号体系 第 1 部分：公差、偏差和配合的基础》（GB/T 1800.1—2020），可计算出 $\phi$38H7 的上、下极限偏

差（$\phi 38^{+0.025}_{0}$ mm）和 $\phi$38g6 的上、下极限偏差（$\phi 38^{-0.009}_{-0.025}$ mm），画出孔和轴的公差带图，如图 7-7 所示。分析图 7-7 可知，此时孔的公差带在轴的公差带之上，所以该配合为间隙配合。

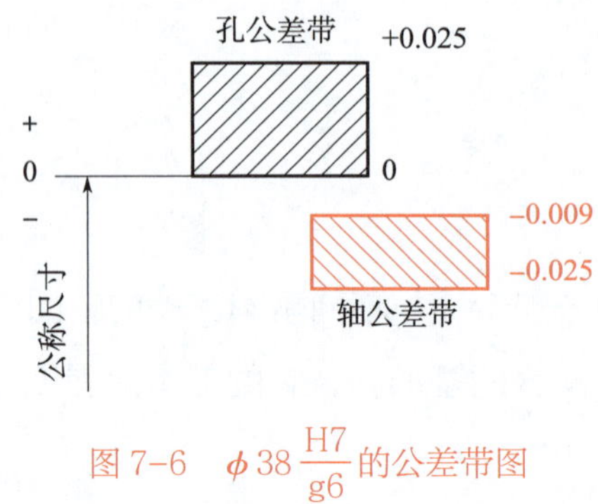


图 7-6　$\phi 38\frac{H7}{g6}$ 的公差带图

## 5. 公差与配合代号在图样上的标注

（1）尺寸公差在图样上的标注

在图样上标注尺寸公差时，必须遵循以下规定：

1）尺寸公差的上极限偏差标注在公称尺寸的右上方，下极限偏差标注在公称尺寸的右下方，其数字比尺寸数字小一号，如图 7-7 中的尺寸 $\phi 20^{+0.025}_{-0.008}$。

2）当上极限偏差（或下极限偏差）为 0 时，小数点后的“0”一般不注出，要将上、下极限偏差的个位“0”对齐，如图 7-7 中的尺寸 $\phi 30^{\ 0}_{-0.013}$。

3）当上、下极限偏差小数点后的数字位数不同时，可以用“0”补齐，且小数点对齐，如图 7-7 中的尺寸 $\phi 45^{-0.025}_{-0.050}$。

4）当尺寸公差的上、下极限偏差的数字相同，正负号相反时，只需注写一次数字，且高度与公称尺寸相同，并在极限偏差与公称尺寸之间注出符号“±”，如图 7-7 中的尺寸 57 ± 0.02。

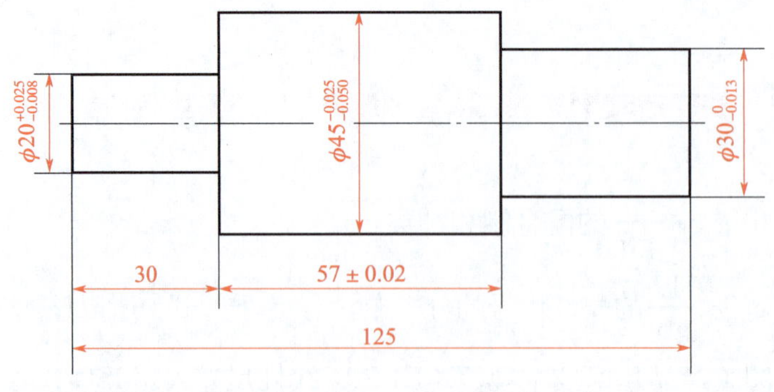


图 7-7　尺寸公差在图样中的标注

5）标注公差带代号时，公差带代号与公称尺寸的数字等高，如图 7-8 所示。

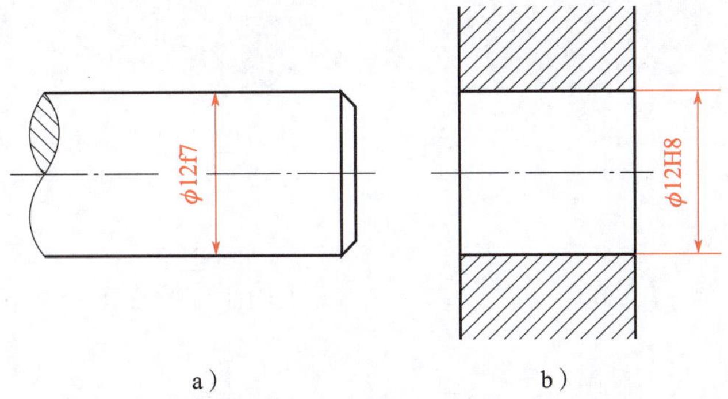


图 7-8　公差带代号在图样中的标注

a）轴的公差带代号　b）孔的公差带代号

（2）配合代号在图样上的标注

配合代号在图样上的标注形式如图 7-9 所示。

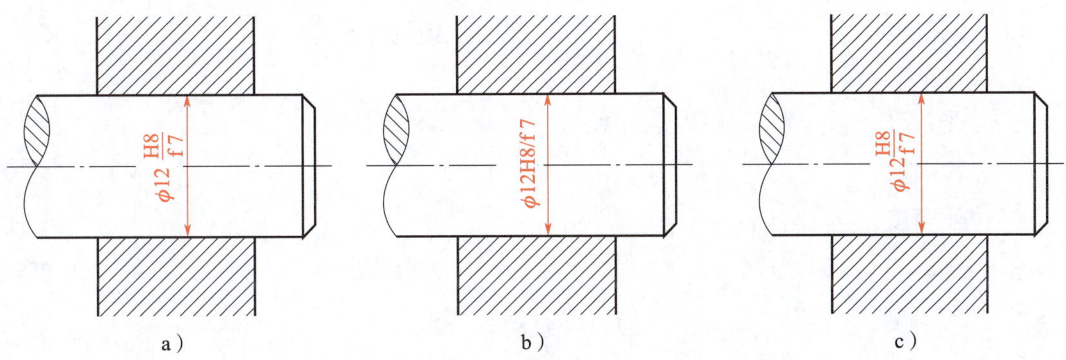


图 7-9　配合代号在图样上的标注形式

## 二、几何公差

零件在加工以后，其实际几何形状相对于理想几何形状总存在一定的误差。几何公差是对零件上各要素的形状及其相互间的方向或位置精度所给出的重要技术要求。

### 1. 几何公差的几何特征及符号

几何公差的几何特征及符号见表 7-1。

表 7-1　　几何公差的几何特征及符号

| 公差类型 | 几何特征 | 符号 | 有无基准 |
|---|---|---|---|
| 形状公差 | 直线度 | — | 无 |
| | 平面度 | ⏥ | 无 |
| | 圆度 | ○ | 无 |
| | 圆柱度 | ⌭ | 无 |
| | 线轮廓度 | ⌒ | 无 |
| | 面轮廓度 | ⌓ | 无 |
| 方向公差 | 平行度 | // | 有 |
| | 垂直度 | ⊥ | 有 |
| | 倾斜度 | ∠ | 有 |
| | 线轮廓度 | ⌒ | 有 |
| | 面轮廓度 | ⌓ | 有 |
| 位置公差 | 位置度 | ⌖ | 有或无 |
| | 同心度（用于中心点） | ◎ | 有 |
| | 同轴度（用于轴线） | ◎ | 有 |
| | 对称度 | ⌯ | 有 |
| | 线轮廓度 | ⌒ | 有 |
| | 面轮廓度 | ⌓ | 有 |
| 跳动公差 | 圆跳动 | ↗ | 有 |
| | 全跳动 | ⌰ | 有 |

## 2. 被测要素与基准要素

被测要素是指图样上给出几何公差要求的要素，是被检测的对象。

基准要素是指用来确定被测要素方向或位置的要素。

被测要素和基准要素可以是零件上某结构的表面、棱线，也可以是对称面、轴线等。

## 3. 几何公差框格与基准符号的格式

几何公差在图样中一般以矩形框格的形式给出，如图 7-10a 所示，几何公差框格由几何特征符号、公差数值和有关符号、基准字母、指引线组成（形状公差只有几何特征符号和公差数值两项内容）。基准符号如图 7-10b 所示，它由带大写字母的方框、直线和三角形（涂黑或空白）组成。无论基准符号的方向如何，字母都应水平书写。

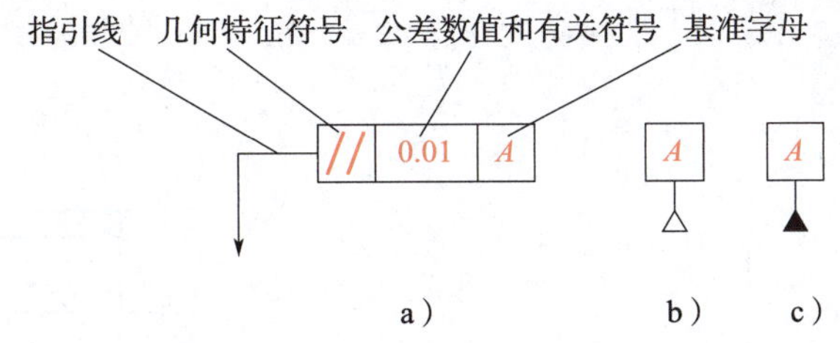


图 7-10　几何公差框格和基准符号

a）几何公差框格　b）、c）基准符号

### 4. 常用几何公差项目

几何公差项目非常多，下面介绍几种常用的几何公差的功用、公差带的含义及标注示例。

（1）直线度

直线度用于限制平面内的直线或空间直线的形状误差，国家标准规定的直线度公差带有三种，其公差带的含义及标注见表 7-2。

表 7-2　直线度公差

| 项目 | 功用 | 公差带的含义 | 标注示例 |
| --- | --- | --- | --- |
| 给定平面 | 用于限制给定平面内的直线的形状误差 | 注：图中 $a$ 为任意距离<br>公差带为在给定平面内和给定方向上，间距等于公差值 $t$ 的两平行直线所限定的区域 | — 0.1<br>在任一平行于图示投影面的平面内，上表面的实际线应限制在距离等于公差值 0.1 mm 的两平行直线之间 |
| 给定方向 | 用于限制给定方向上的直线的形状误差 | 在给定方向上，公差带是距离为公差值 $t$ 的两平行平面所限定的区域 | — 0.1<br>被测实际棱线应限定在间距等于公差值 0.1 mm 的两平行平面之间 |

续表

| 项目 | 功用 | 公差带的含义 | 标注示例 |
| --- | --- | --- | --- |
| 任意方向 | 用于限制空间直线的形状误差 | 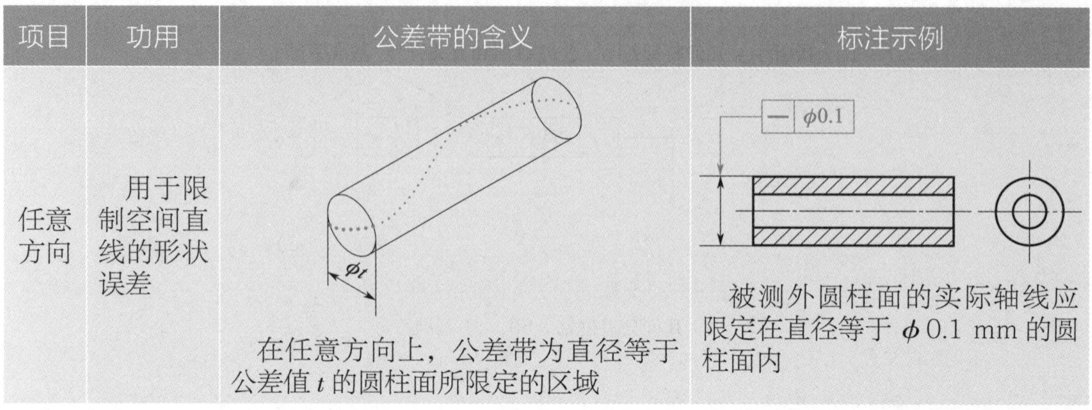 在任意方向上，公差带为直径等于公差值 $t$ 的圆柱面所限定的区域 | 被测外圆柱面的实际轴线应限定在直径等于 $\phi 0.1$ mm 的圆柱面内 |

（2）平面度

平面度是指单一实际平面所允许的变动全量，其公差带的含义及标注见表 7-3。

表 7-3　　平面度公差

| 项目 | 功用 | 公差带的含义 | 标注示例 |
| --- | --- | --- | --- |
| 平面度公差 | 用于限制被测实际平面的形状误差 | 公差带为间距等于公差值 $t$ 的两平行平面所限定的区域 | 被测实际表面应限定在间距等于公差值 0.08 mm 的两平行平面之间 |

（3）圆度

圆度是指单一实际圆所允许的变动全量，其公差带的含义及标注见表 7-4。

表 7-4　　圆度公差

| 项目 | 功用 | 公差带的含义 | 标注示例 |
| --- | --- | --- | --- |
| 圆度公差 | 用于限制回转表面径向截面轮廓的形状误差 | 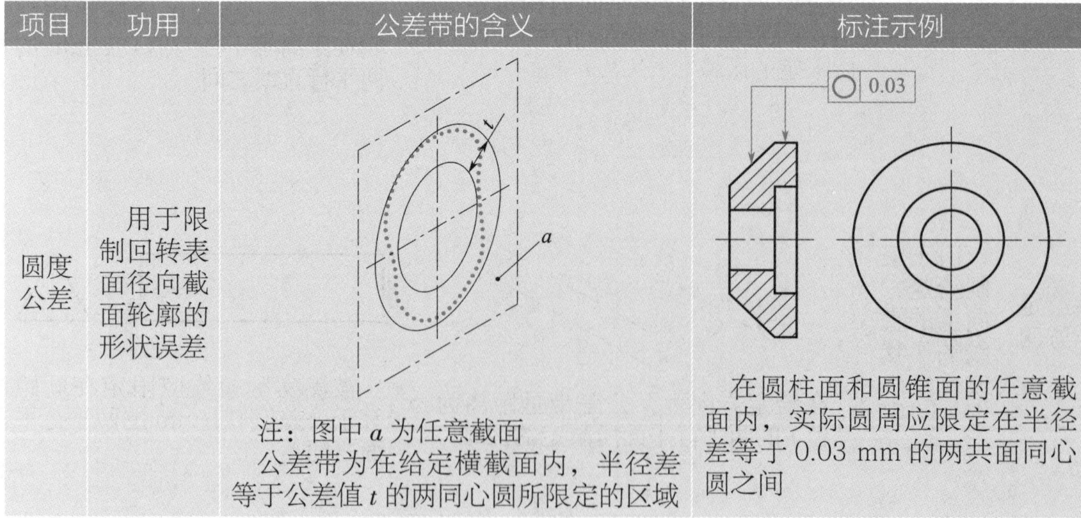 注：图中 $a$ 为任意截面<br>公差带为在给定横截面内，半径差等于公差值 $t$ 的两同心圆所限定的区域 | 在圆柱面和圆锥面的任意截面内，实际圆周应限定在半径差等于 0.03 mm 的两共面同心圆之间 |

（4）平行度

平行度是限制被测要素（平面或直线）相对于基准要素（平面或直线）在平行方向上变动全量的一项指标，用来控制被测要素相对于基准要素在平行方向偏离的程度。平行度公差分为四种形式，其公差带的含义及标注见表 7-5。

表 7-5　平行度公差

| 项目 | 功用 | 公差带的含义 | 标注示例 |
| --- | --- | --- | --- |
| 线对线的平行度公差 | 用于限制被测直线相对于基准直线的平行度误差 | 注：图中 $a$ 为基准轴线<br>若公差值前加注了符号 $\phi$，公差带为平行于基准轴线且直径等于公差值 $\phi t$ 的圆柱面所限定的区域 | // φ0.03 A<br>被测孔的实际轴线应限定在平行于基准轴线 $A$ 且直径等于 $\phi$0.03 mm 的圆柱面内 |
| 线对面的平行度公差 | 用于限制被测直线相对于基准平面的平行度误差 | 注：图中 $a$ 为基准平面<br>公差带为平行于基准平面且间距等于公差值 $t$ 的两平行平面所限定的区域 | // 0.03 B<br>被测孔的实际轴线应限定在平行于基准平面 $B$ 且间距等于 0.03 mm 的两平行平面之间 |

续表

| 项目 | 功用 | 公差带的含义 | 标注示例 |
|---|---|---|---|
| 面对线的平行度公差 | 用于限制被测平面相对于基准直线的平行度误差 | 注：图中 $a$ 为基准轴线<br>公差带为间距等于公差值 $t$ 且平行于基准轴线的两平行平面所限定的区域 | 实际表面应限定在间距等于 0.03 mm 且平行于基准轴线 $C$ 的两平行平面之间 |
| 面对面的平行度公差 | 用于限制被测平面相对于基准平面的平行度误差 | 注：图中 $a$ 为基准平面<br>公差带为间距等于公差值 $t$ 且平行于基准平面的两平行平面所限定的区域 | 实际表面应限定在间距等于 0.03 mm 且平行于基准平面 $D$ 的两平行平面之间 |

（5）垂直度

垂直度是限制被测要素（平面或直线）相对于基准要素（平面或直线）在垂直方向上变动全量的一项指标，即用来控制被测要素相对于基准要素的方向偏离 90° 的程度。垂直度公差分为四种形式，其公差带的含义及标注见表 7-6。

表 7-6　　垂直度公差

| 项目 | 功用 | 公差带的含义 | 标注示例 |
|---|---|---|---|
| 线对线的垂直度公差 | 用于限制被测直线相对于基准直线的垂直度误差 | 注：图中 $a$ 为基准轴线<br>公差带为间距等于公差值 $t$ 且垂直于基准轴线的两平行平面所限定的区域 | ⊥ 0.06 A<br>被测孔的实际轴线应限定在间距等于 0.06 mm 且垂直于基准轴线 $A$ 的两平行平面之间 |
| 线对面的垂直度公差 | 用于限制被测直线相对于基准平面的垂直度误差 | 注：图中 $a$ 为基准平面<br>若公差值前加注了符号 $\phi$，公差带为直径等于公差值 $\phi t$ 且轴线垂直于基准平面的圆柱面所限定的区域 | ⊥ $\phi$0.01 A<br>被测圆柱面的实际轴线应限定在直径等于 $\phi$0.01 mm 且垂直于基准平面 $A$ 的圆柱面内 |
| 面对线的垂直度公差 | 用于限制被测平面相对于基准直线的垂直度误差 | 注：图中 $a$ 为基准轴线<br>公差带为间距等于公差值 $t$ 且垂直于基准轴线的两平行平面所限定的区域 | ⊥ 0.08 A<br>实际表面应限定在间距等于 0.08 mm 且垂直于基准轴线 $A$ 的两平行平面之间 |

续表

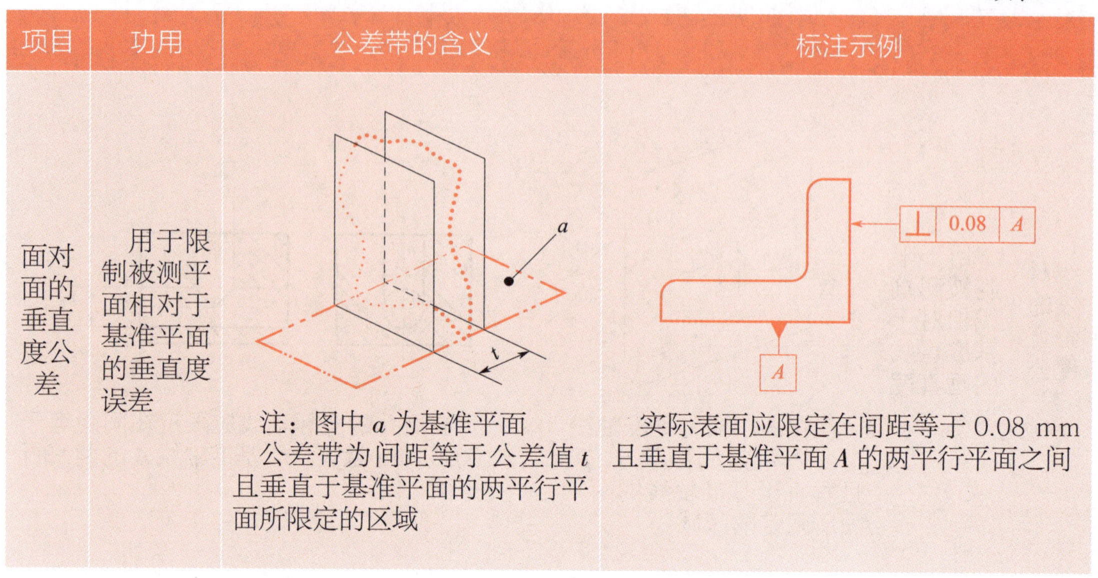

| 项目 | 功用 | 公差带的含义 | 标注示例 |
| --- | --- | --- | --- |
| 面对面的垂直度公差 | 用于限制被测平面相对于基准平面的垂直度误差 | 注：图中 *a* 为基准平面<br>公差带为间距等于公差值 *t* 且垂直于基准平面的两平行平面所限定的区域 | 实际表面应限定在间距等于 0.08 mm 且垂直于基准平面 *A* 的两平行平面之间 |

（6）同轴度

同轴度是指被测要素（轴线）相对于基准要素（轴线）的允许变动全量，它是限制被测轴线相对于基准轴线同轴的一项指标，其公差带的含义及标注见表 7–7。

表 7–7　同轴度公差

| 项目 | 功用 | 公差带的含义 | 标注示例 |
| --- | --- | --- | --- |
| 轴线对轴线的同轴度公差 | 用于限制被测要素的轴线相对于基准要素的轴线的同轴度误差 | $\phi t$　*a*<br>注：图中 *a* 为基准轴线<br>若公差值前加注了符号 $\phi$，公差带为直径等于公差值 $\phi t$ 的圆柱面所限定的区域，该圆柱面的轴线与基准轴线重合 | ◎ $\phi$0.08 *A–B*　*A*　*B*<br>大圆柱面的实际轴线应限定在直径等于 $\phi$0.08 mm、以公共基准轴线 *A–B* 为轴线的圆柱面内 |

（7）对称度

对称度公差是指被测要素（中心平面）的位置相对于基准要素（中心平面或轴线）的允许变动全量，是限制被测要素偏离基准要素的一项指标。对称度公差分为中心平面对中心平面和中心平面对轴线两种形式，其公差带的含义及标注见表 7–8。

表 7-8　　对称度公差

| 项目 | 功用 | 公差带的含义 | 标注示例 |
|---|---|---|---|
| 中心平面对中心平面的对称度公差 | 用于限制被测中心平面相对于基准中心平面的位置误差 | 注：图中 $a$ 为基准中心平面<br>公差带为间距等于公差值 $t$ 且对称于基准中心平面的两平行平面所限定的区域 | 被测键槽的实际中心平面应限定在间距等于 0.08 mm 且对称于公共基准中心平面 $A-B$ 的两平行平面之间 |
| 中心平面对轴线的对称度公差 | 用于限制被测中心平面相对于基准轴线的位置误差 | 注：图中 $a$ 为基准轴线，$P_0$ 为通过基准轴线的理想平面<br>公差带为间距等于公差值 $t$ 且对称于基准轴线（通过基准轴线的理想平面）的两平行平面所限定的区域 | 被测键槽的实际中心平面应限定在间距等于 0.1 mm 且对称于基准轴线 $A$（通过基准轴线 $A$ 的理想平面）的两平行平面之间 |

### 5. 几何公差在图样上的标注形式

几何公差在图样上的标注形式见表 7-9。

表 7-9　　几何公差在图样上的标注形式

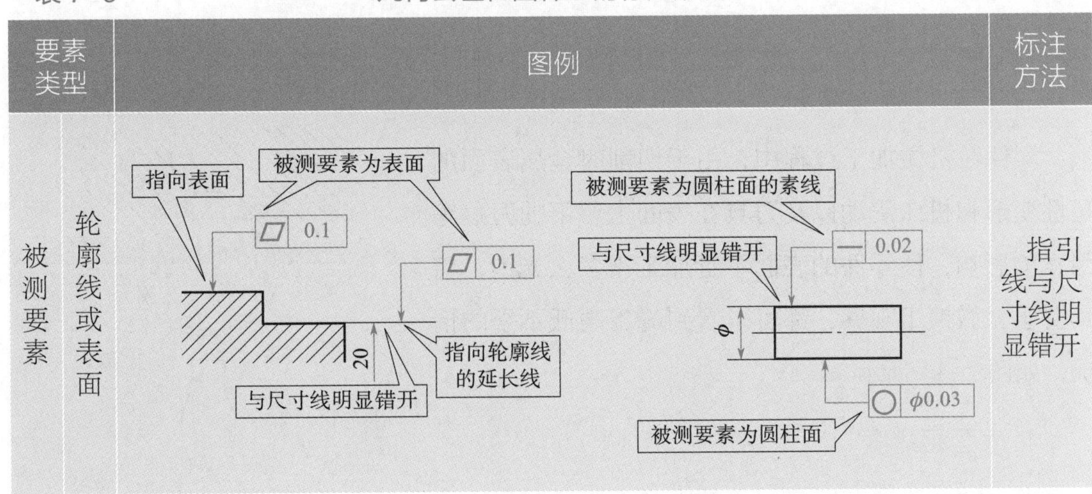

| 要素类型 | | 图例 | 标注方法 |
|---|---|---|---|
| 被测要素 | 轮廓线或表面 | （图例） | 指引线与尺寸线明显错开 |

续表

| 要素类型 | | 图例 | 标注方法 |
|---|---|---|---|
| 被测要素 | 轴线或中心平面 | 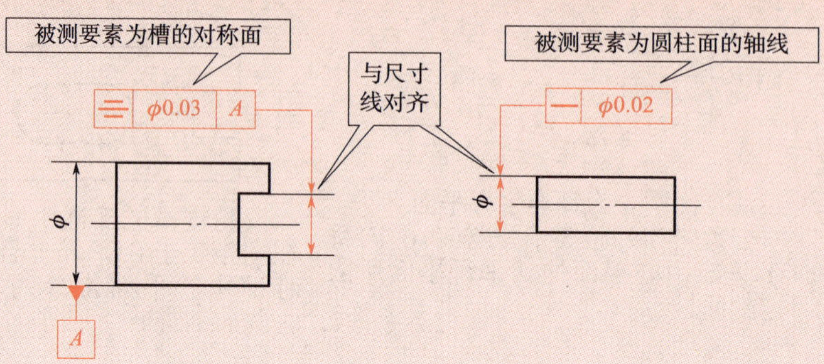 被测要素为槽的对称面<br>⌯ φ0.03 A<br>与尺寸线对齐<br>被测要素为圆柱面的轴线<br>— φ0.02<br>φ<br>A | 指引线与尺寸线对齐 |
| 基准要素 | 轮廓线或表面 | 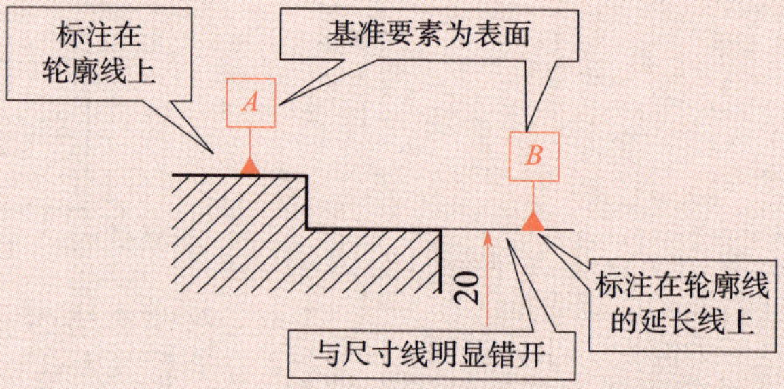 标注在轮廓线上<br>基准要素为表面<br>A<br>B<br>20<br>标注在轮廓线的延长线上<br>与尺寸线明显错开 | 基准符号与尺寸线明显错开 |
| | 轴线或中心平面 | 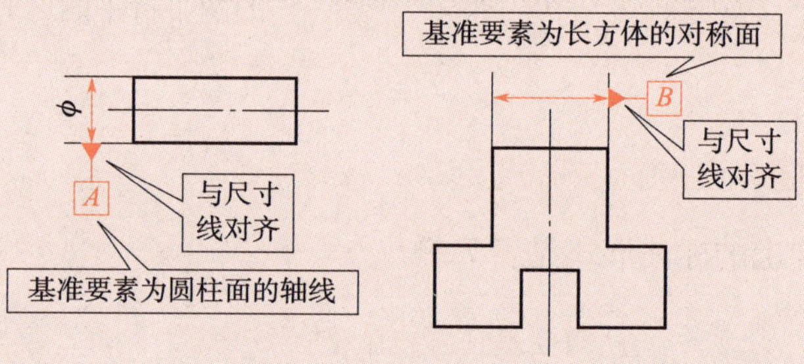 φ<br>A<br>与尺寸线对齐<br>基准要素为圆柱面的轴线<br>基准要素为长方体的对称面<br>B<br>与尺寸线对齐 | 基准符号中的细实线应与尺寸线对齐 |

## 三、表面结构要求

零件在机械加工过程中，由于切削时金属表面的塑性变形和机床震动以及刀具在表面上留下的刀痕等因素的影响，使零件的表面不管加工得多么光滑，将其置于显微镜下观察，都可以看到峰谷高低不平的情况，如图 7–11 所示。

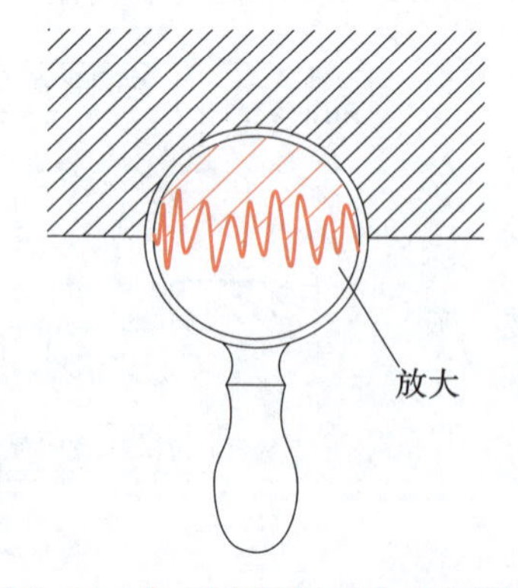

图 7–11　加工表面经放大后的图形

### 1. 表面粗糙度

表面结构要求有很多项，其中表面粗糙度最为常用。表面粗糙度是指加工表面上所具有的较小间距和峰谷所组成的微观几何形状特性。

表面粗糙度常用的评定参数有轮廓算术平均偏差 *Ra* 和轮廓最大高度 *Rz*，其中 *Ra* 为最常用的评定参数。一般来说，表面质量要求越高，*Ra* 值越小，加工成本也越高。

（1）取样长度 *l*

判别具有表面粗糙度特征而规定的一段基准线长度称为取样长度 *l*，如图 7-12 所示。

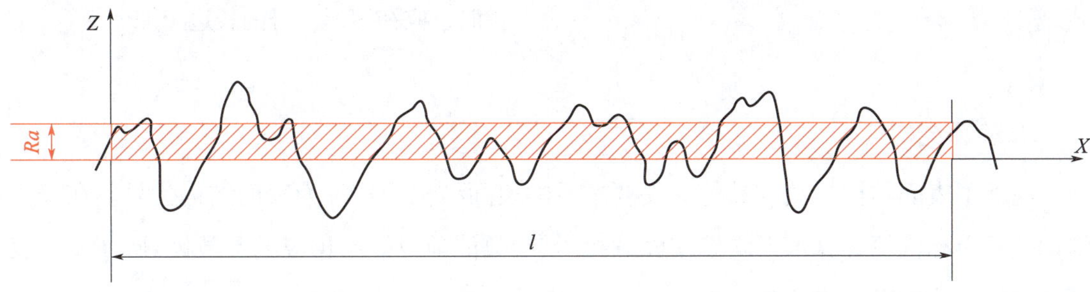


图 7-12　表面粗糙度轮廓

（2）轮廓算术平均偏差 *Ra*

在取样长度内，轮廓偏差绝对值的算术平均值称为轮廓算术平均偏差，其计算公式为：

$$Ra=\frac{1}{n}\left(z_1+z_2+\cdots+z_n\right)$$

式中　*Ra*——轮廓算术平均偏差，μm；

$z_1$，$z_2$，…，$z_n$——轮廓上各点至轮廓中线的距离，μm。

（3）轮廓最大高度 *Rz*

在取样长度内，轮廓峰顶线与轮廓谷底线之间的距离称为轮廓最大高度 *Rz*。

## 2. 表面结构的图形符号

表面结构的图形符号及其说明见表 7-10。

表 7-10　表面结构的图形符号及其说明

| 符号名称 | 符号 | 说明 |
|---|---|---|
| 基本图形符号 | √ | 由两条不等长的与标注表面成 60° 夹角的直线构成，仅用于简化代号标注，没有补充说明时不能单独使用 |
| 扩展图形符号 | ∀（带短横的符号） | 在基本图形符号上加一短横，表示指定表面用去除材料的方法获得，如通过车、铣、磨等切削加工获得的表面 |

续表

| 符号名称 | 符号 | 说明 |
|---|---|---|
| 扩展图形符号 |  | 在基本图形符号上加一圆圈，表示指定表面用非去除材料的方法获得，如铸造、锻造、冲压获得的表面 |
| 完整图形符号 |  | 当要求标注表面结构特征的补充信息时，应在图形符号的长边上加一横线 |

### 3. 表面结构代号

注写了表面结构参数或其他有关要求后的表面结构符号称为表面结构代号。在表面结构代号上标注轮廓算术平均偏差 *Ra* 时，其参数值前应标出相应的参数代号“*Ra*”。表面结构代号的应用示例见表 7-11。

表 7-11　　　　表面结构代号的应用示例

| 代号 | 含义 |
|---|---|
| *Ra* 25 | 表示表面用非去除材料的方法获得，轮廓算术平均偏差 *Ra* 为 25 μm |
| *Ra* 3.2 | 表示表面用去除材料的方法获得，轮廓算术平均偏差 *Ra* 为 3.2 μm |

### 4. 表面结构代号在图样中的标注

常见表面结构代号在图样中的标注见表 7-12。

表 7-12　　　　常见表面结构代号在图样中的标注

| 标注方法及说明 | 标注示例 |
|---|---|
| （1）表面结构代号标注在轮廓线上，或用带箭头的指引线引出标注 | 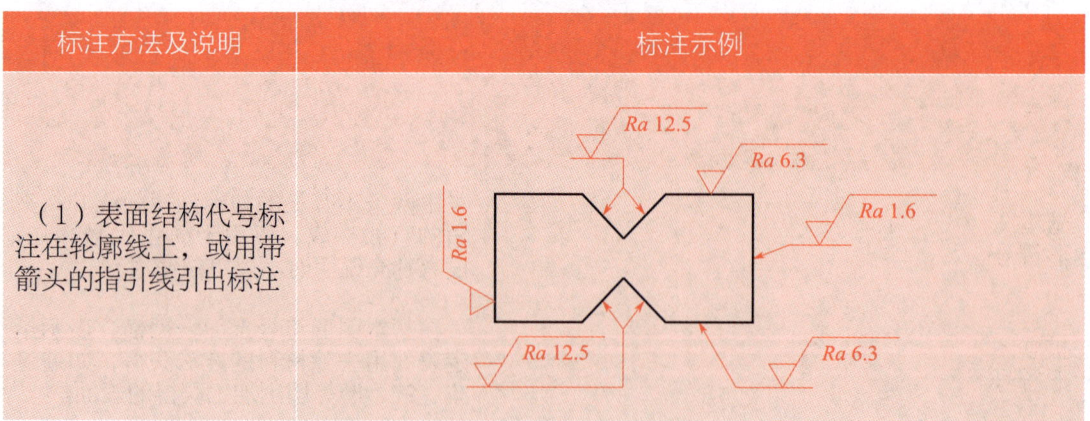 |

续表

| 标注方法及说明 | 标注示例 |
| --- | --- |
| （2）表面结构代号可以用带箭头或黑点的指引线引出标注 | 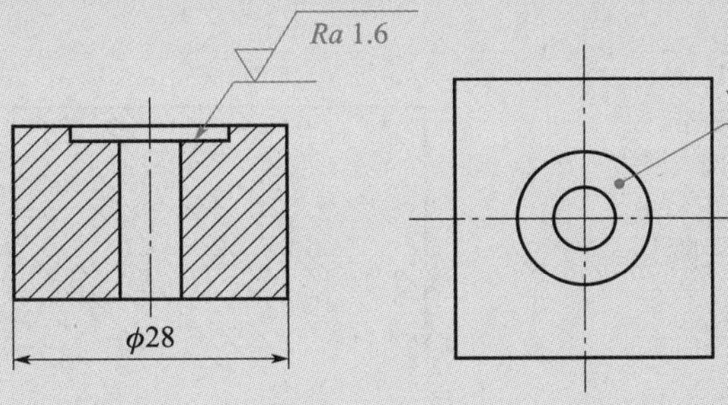 Ra 1.6　ϕ28　Ra 1.6 |
| （3）在不致引起误解时，表面结构代号可以标注在给定的尺寸线上 | 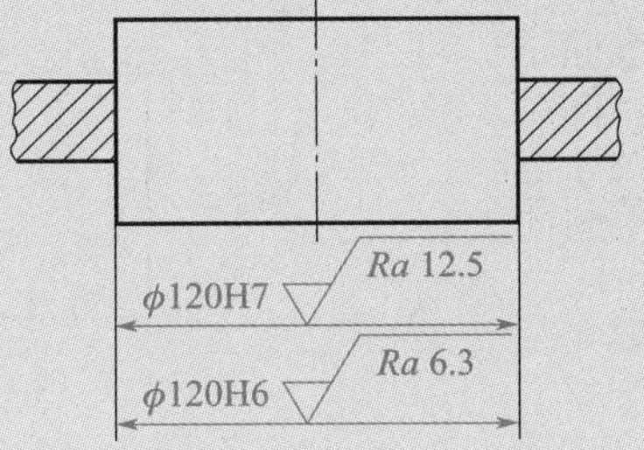 ϕ120H7　Ra 12.5　ϕ120H6　Ra 6.3 |
| （4）表面结构代号可以标注在圆柱特征的延长线上，或轮廓线的延长线上 | 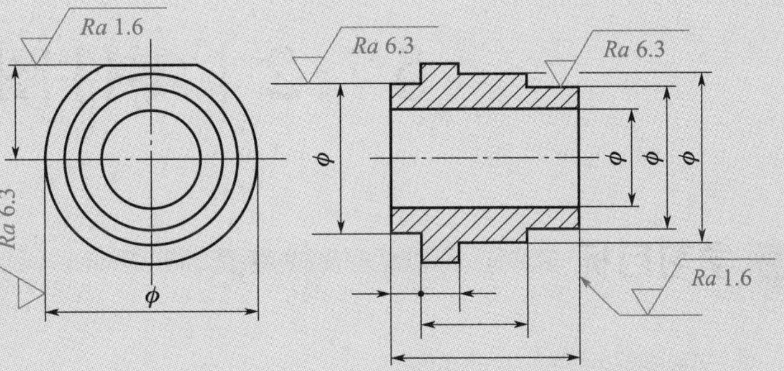 Ra 1.6　Ra 6.3　ϕ　Ra 6.3　Ra 6.3　ϕ　ϕ　ϕ　ϕ　Ra 1.6 |
| （5）表面结构代号可以标注在几何公差框格的上方 | 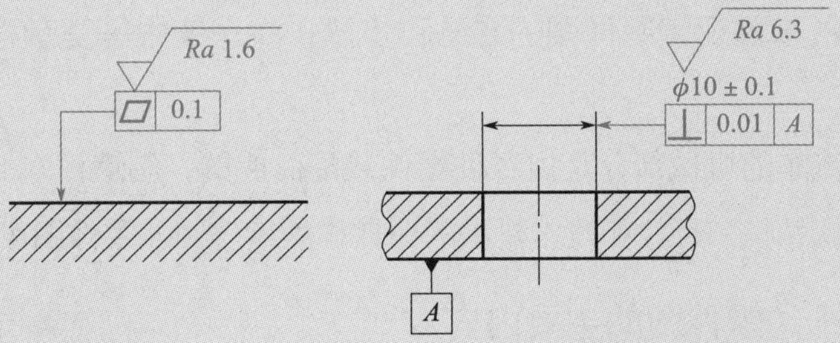 Ra 1.6　⏥ 0.1　Ra 6.3　ϕ10 ± 0.1　⊥ 0.01 A　A |
| （6）当多个表面具有相同的表面结构要求时，可将表面结构代号统一标注在标题栏附近 | 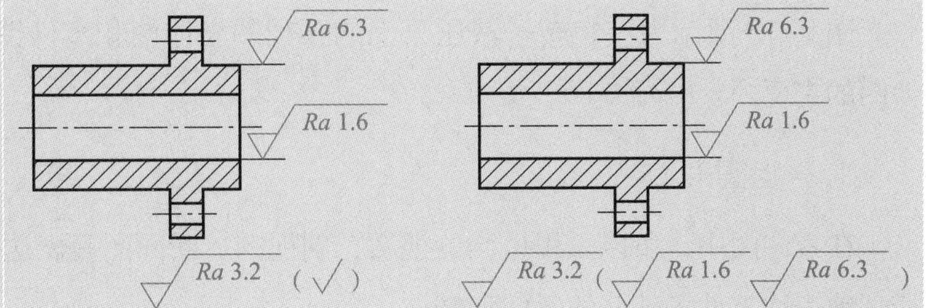 Ra 6.3　Ra 1.6　Ra 3.2（√）　Ra 6.3　Ra 1.6　Ra 3.2（Ra 1.6　Ra 6.3） |

续表

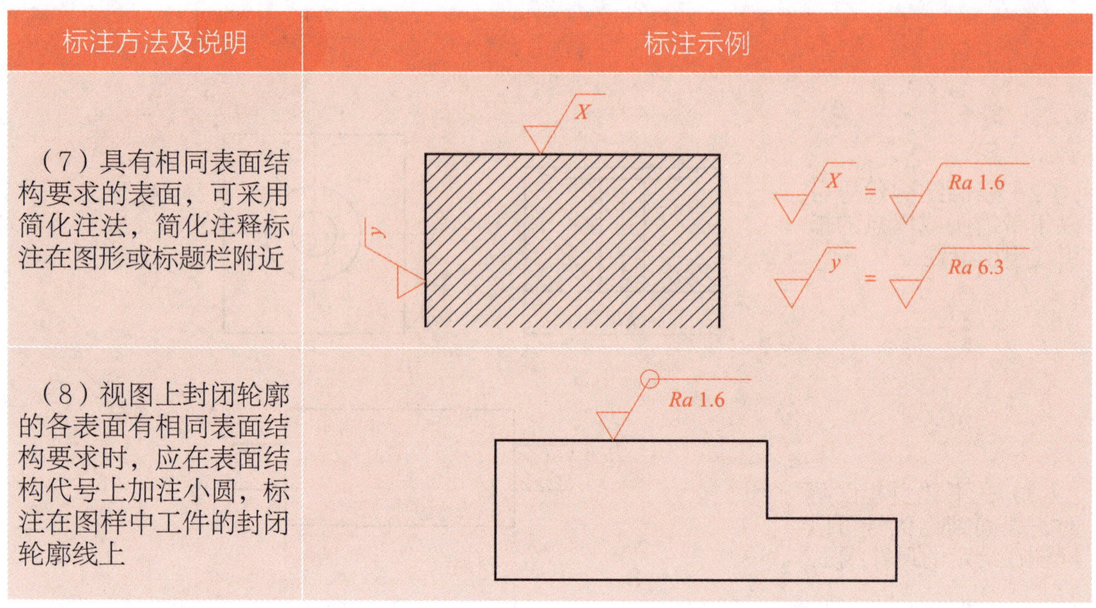

| 标注方法及说明 | 标注示例 |
| --- | --- |
| （7）具有相同表面结构要求的表面，可采用简化注法，简化注释标注在图形或标题栏附近 | X；y；X = Ra 1.6；y = Ra 6.3 |
| （8）视图上封闭轮廓的各表面有相同表面结构要求时，应在表面结构代号上加注小圆，标注在图样中工件的封闭轮廓线上 | Ra 1.6 |

# §7-2 零件图

## 学习目标

1. 了解零件图的主要内容。
2. 掌握识读零件图的方法和步骤，能识读中等复杂程度的零件图。

汽车的机械部分是由各种零件装配而成的，制造汽车必须首先加工零件。表达零件的形状结构、尺寸和技术要求的图样称为零件图。零件图可用于指导制造和检验零件。

## 一、零件图的主要内容

图 7-13 所示为汽车转子液压泵上的泵轴的立体图和零件图。下面以此为例分析零件图的主要内容。

### 1. 一组图形

在零件图中，可以采用适当的视图、剖视图、断面图等表达方法，以一组图形完整、清晰地表达零件各部分的形状和结构。

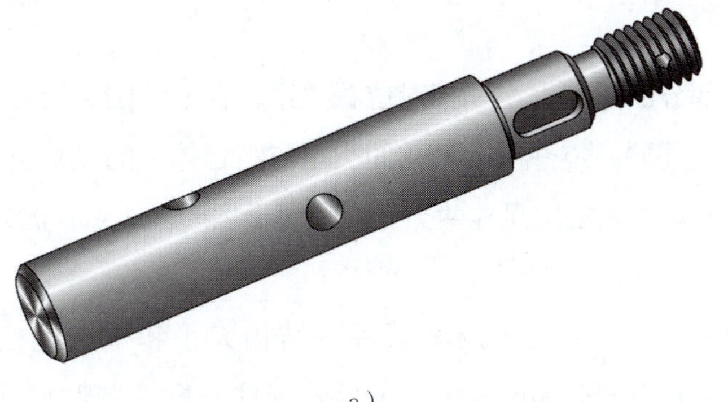

a）

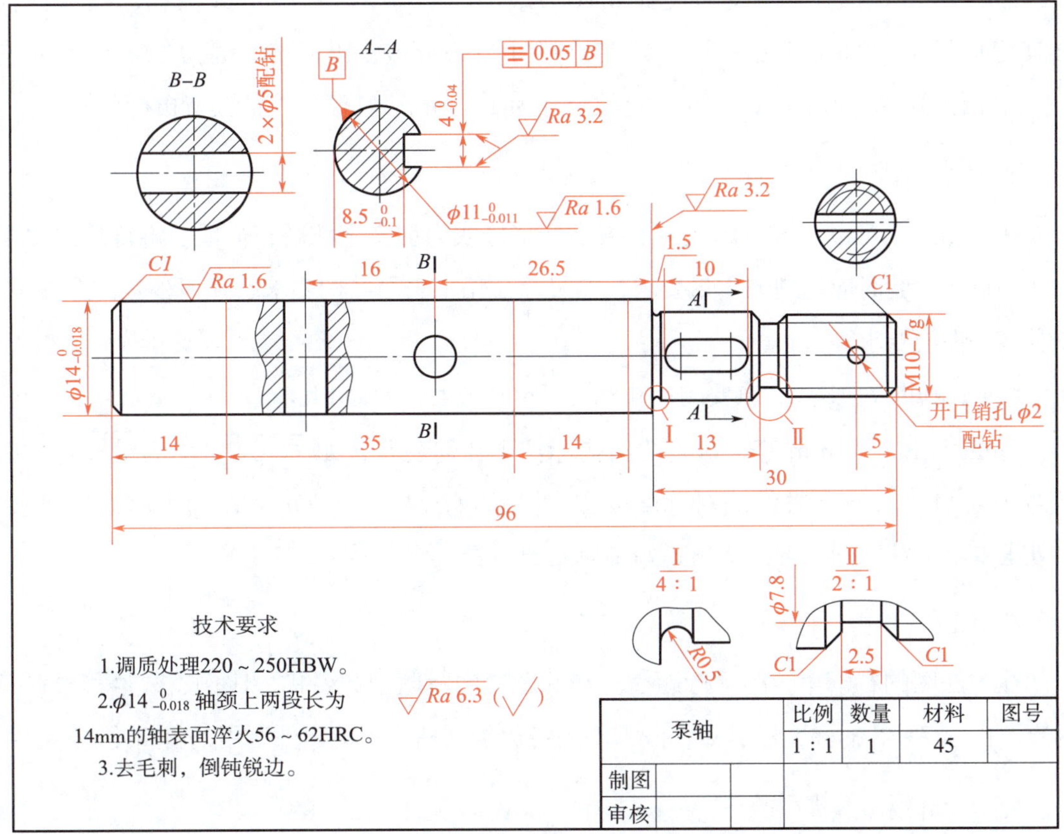


b）

图 7–13　汽车转子液压泵上的泵轴

a）立体图　b）零件图

零件图的视图应根据零件的结构形状合理选择。例如，图 7–13 所示的零件图上有 6 个图形，包括一个基本视图（主视图）、3 个移出断面图、2 个局部放大图，其中主视图采用局部剖视。分析视图可以看出，该零件外形由不同直径的圆柱体组成，在左侧的大圆柱体上加工了 2 个 $\phi$5 mm 的圆柱孔；在中间的圆柱上加工了平键槽；在右侧的圆柱上加工了螺纹；在各轴颈之间加工了退刀槽，其形状用局部放大图表示。

### 2. 一组尺寸

为表达零件各部分的形状大小和相对位置关系，在零件图上标注了一组尺寸，以满足零件制造和检验的需要。零件图上尺寸的类型与组合体上的尺寸类型相同，即零件图上的尺寸也分为定形尺寸和定位尺寸两类。为了便于生产、加工，优先标注零件的总长、总宽和总高。

例如，在图 7-13 中，标注了反映泵轴各结构大小和位置的定形尺寸和定位尺寸，如标注了零件的总长 96 mm，标注了反映圆柱外形的定形尺寸 $\phi 14_{-0.018}^{0}$ mm 和 $\phi 11_{-0.011}^{0}$ mm，标注了螺纹的尺寸 M10-7g。左侧圆柱上有两个圆柱孔，图中标注了其定形尺寸“2×$\phi$5 配钻”及其定位尺寸 26.5 mm、16 mm。键槽的定形尺寸有 $4_{-0.04}^{0}$ mm、$8.5_{-0.1}^{0}$ mm 和 10 mm，定位尺寸为 1.5 mm。其他尺寸请读者自行分析。

### 3. 技术要求

在零件图上可以用规定的代号、数字、字母或另加文字注解，简明、准确地给出零件在制造和检验时应达到的质量要求，如尺寸公差、表面结构要求、几何公差、热处理，以及零件性能要求等。

例如，在图 7-13 中，重要的尺寸标注了尺寸公差，如 $\phi 14_{-0.018}^{0}$ mm、$\phi 11_{-0.011}^{0}$ mm、$4_{-0.04}^{0}$ mm 和 $8.5_{-0.1}^{0}$ mm 等。重要的结构标注了几何公差，如 |≡|0.05|*B*| 为键槽对称面相对于 $\phi 11_{-0.011}^{0}$ mm 轴线的对称度要求。符号 $\sqrt{Ra\ 3.2}$ 和 $\sqrt{Ra\ 1.6}$ 为表面结构要求。热处理要求标注在图样的左下角，如调质处理和表面淬火等。

### 4. 标题栏

在零件图的右下角绘制了标题栏。在标题栏中写明图样名称、比例、数量和材料等内容。由图 7-13 的标题栏可知，该零件的名称是泵轴，制造零件所用的材料是 45 钢。

## 二、识读汽车零件图

### 1. 识读汽车制动踏板座零件图

识读零件图的目的是根据零件图想象零件的结构形状，了解零件的尺寸和技术要求。识读零件图时，应尽量了解零件在机器或部件中的位置、作用，以及与其他零件的关系，以便理解和读懂零件图。下面识读图 7-14 所示汽车制动踏板座零件图。

（1）看标题栏

由标题栏可知零件的名称是汽车制动踏板座，主要起支撑作用，毛坯为铸造件，材料为灰铸铁 HT200，绘图比例为 1∶1。

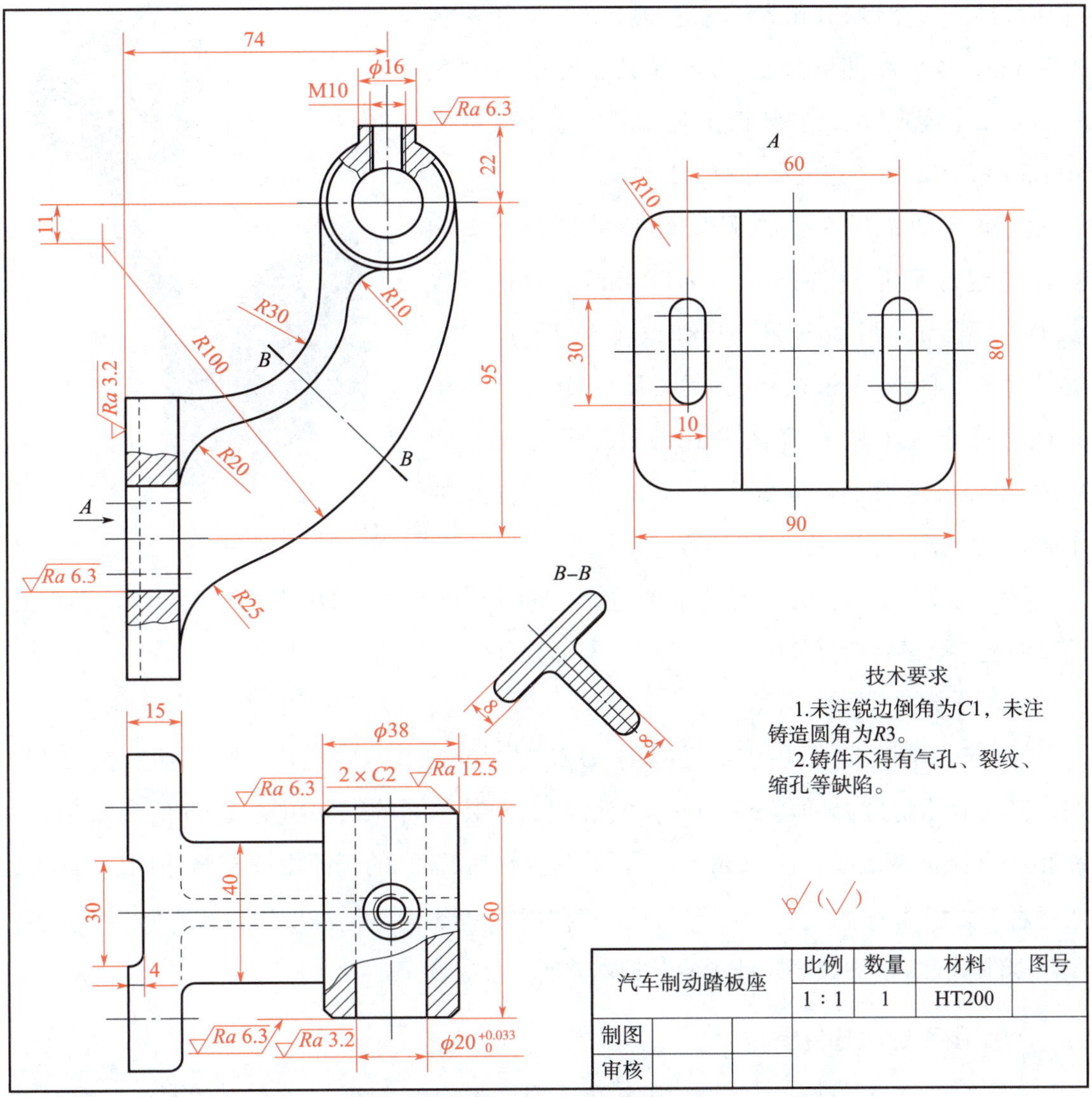

技术要求

1.未注锐边倒角为C1，未注铸造圆角为R3。

2.铸件不得有气孔、裂纹、缩孔等缺陷。

| 汽车制动踏板座 | 比例 | 数量 | 材料 | 图号 |
| --- | --- | --- | --- | --- |
| | 1 : 1 | 1 | HT200 | |
| 制图 | | | | |
| 审核 | | | | |

图 7–14　汽车制动踏板座零件图

（2）分析视图

表达汽车制动踏板座用了主视图、俯视图、*A* 向局部视图和 *B*–*B* 移出断面图。主视图主要表达踏板座的整体结构，在主视图上有两处局部剖视，一处表达上部螺孔的形状，另一处则表达了下面安装板上长圆孔的形状；俯视图主要辅助表达零件的整体结构，其上局部剖视用于表达 $\phi 20^{+0.033}_{0}$ mm 孔的形状；*A* 向局部视图用于表达安装板及其上长圆孔的形状；*B*–*B* 移出断面图用于表达 T 形连接板的形状。通过对视图进行充分分析，想象零件的结构形状，如图 7–15 所示。

（3）分析尺寸

汽车制动踏板座的左下方是安装板，图中标注了安装板的定形尺寸有厚度 15 mm

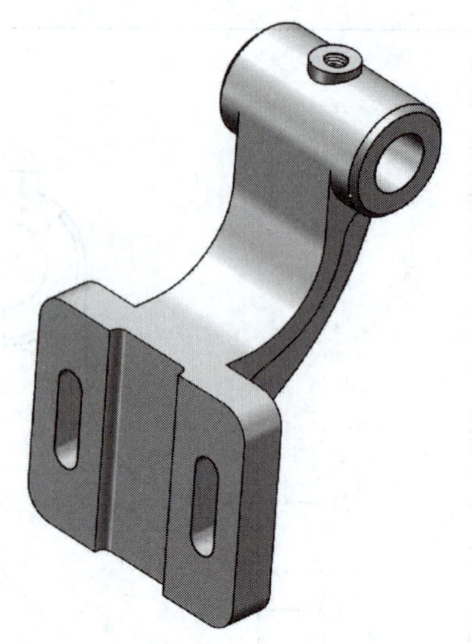

图 7-15　汽车制动踏板座的立体图

（长度尺寸）、宽度 90 mm、高度 80 mm，圆角半径 $R$10 mm，安装板凹槽深度 4 mm（长度尺寸）、槽宽 30 mm（宽度尺寸）；安装板上长圆孔的定形尺寸有 30 mm 和 10 mm，定位尺寸有 60 mm。

汽车制动踏板座上方是安装轴的圆筒，图中标注的定形尺寸有外圆直径 $\phi$38 mm、轴孔直径 $\phi 20^{+0.033}_{0}$ mm、圆筒长度 60 mm（宽度尺寸），定位尺寸有 74 mm 和 95 mm。在圆筒的上方有一个圆柱形凸台，外圆直径为 $\phi$16 mm，螺孔大径为 M10 mm，凸台顶面至 $\phi 20^{+0.033}_{0}$ mm 孔的轴线之间的距离为 22 mm。

圆筒与安装板之间用 T 形肋板相连，T 形肋板的两个板的厚度皆为 8 mm。图样上的其他尺寸请读者自行分析。

（4）分析技术要求

根据汽车制动踏板座的功能可知，$\phi 20^{+0.033}_{0}$ mm 孔与轴配合，所以标注了尺寸公差，其表面粗糙度 $Ra$ 值为 3.2 μm。安装板的安装基面的表面粗糙度 $Ra$ 值为 3.2 μm，$\phi$38 mm 圆筒两端面、$\phi$16 mm 凸台和安装板上长圆孔的表面粗糙度 $Ra$ 值为 6.3 μm，图样右下方标注的“$\mathop{\sqrt{}}\limits_{\circ}$（$\sqrt{}$）”符号表示图中未标注表面结构符号的表面均为毛坯状态。在该零件图上，还用文字标注了两条技术要求，详见图 7-14。

## 2. 识读密封盖零件图

在汽车发动机、变速器等部件的箱体上有许多端盖，图 7-16 所示为某汽车变速器上中间轴后轴承的密封盖，请识读该图。

（1）看标题栏

该零件名称为密封盖，用于汽车变速器中间轴后球轴承的密封，材料为灰铸铁 HT200，绘图比例为 1：1。

（2）分析视图

该零件用两个图形表达，主视图为用两个相交的剖切平面剖切获得的全剖视图，反映了密封盖内部结构及连接孔的形状。左视图表达左侧外形及连接孔的分布情况。该零件右端面为加工面，装配时与箱体端面接触，为密封面；右端有一个直径为 $\phi 108^{+0.037}_{0}$ mm、深为 $5.2^{+0.1}_{0}$ mm 的凹坑与滚动轴承外圈配合；密封盖上均布着四个凸耳，其上加工有连接孔；密封盖的左上方在尺寸 59 mm 处有一个平面，以避免密封盖与

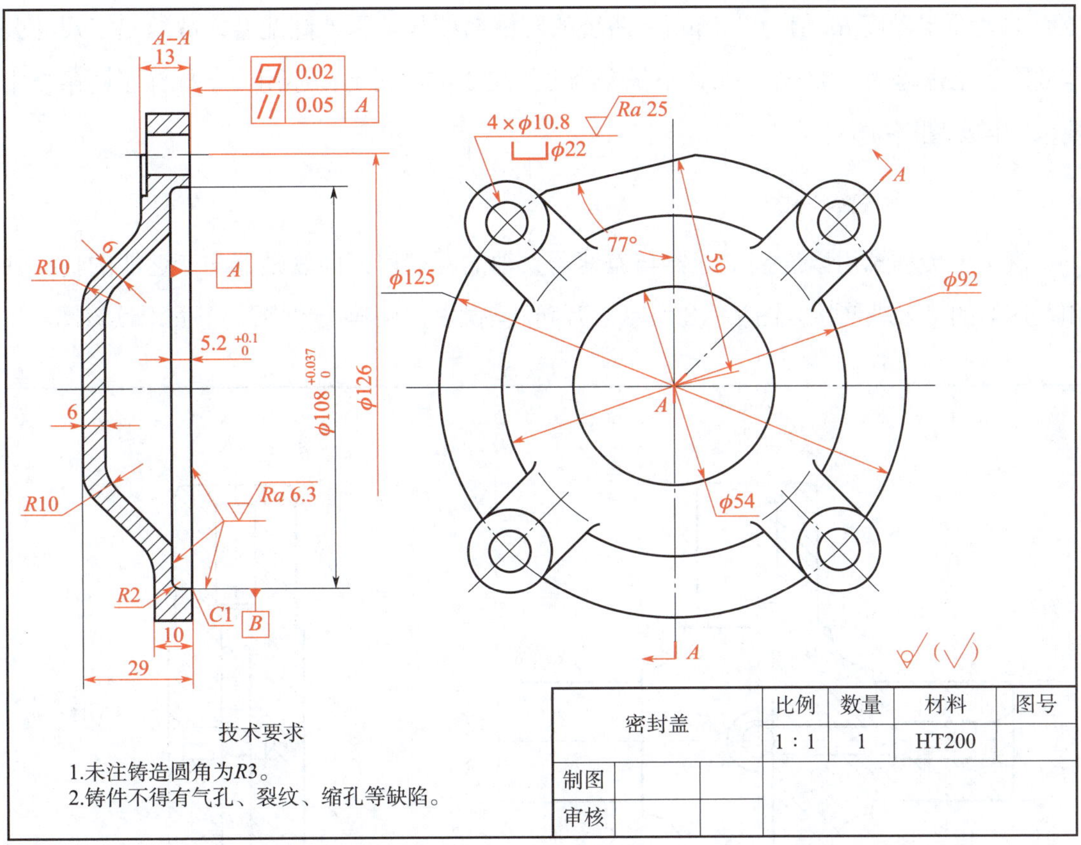

技术要求

1.未注铸造圆角为$R3$。

2.铸件不得有气孔、裂纹、缩孔等缺陷。

| 密封盖 | | | 比例 | 数量 | 材料 | 图号 |
|---|---|---|---|---|---|---|
| | | | 1∶1 | 1 | HT200 | |
| 制图 | | | | | | |
| 审核 | | | | | | |

图 7-16　密封盖零件图

其他零件发生干涉。通过对视图进行充分分析，想象零件的结构形状，如图 7-17 所示。

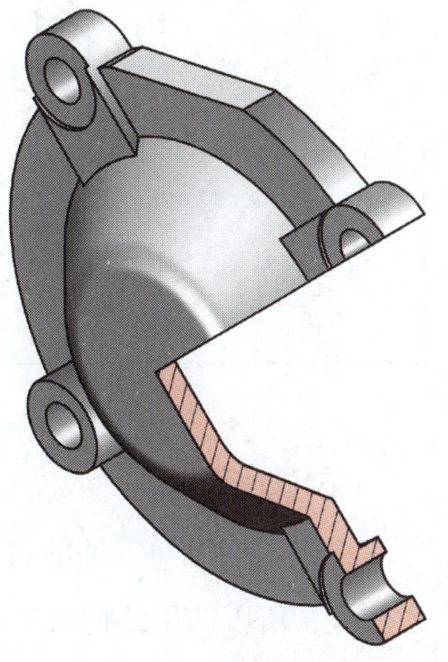

图 7-17　密封盖的立体图

（3）分析尺寸

在该零件图上，密封盖的最大外圆直径为 $\phi$125 mm，该零件的总长尺寸为 29 mm，密封盖的壁厚为 6 mm，外缘厚度为 10 mm，在 $\phi108^{+0.037}_{0}$ mm 凹坑上的圆角半径为 $R2$ mm。密封盖上 4 个凸耳的定形尺寸有内孔直径 $\phi$10.8 mm、锪平面直径 $\phi$22 mm、凸耳厚度 13 mm，定位尺寸为 $\phi$126 mm。

（4）分析技术要求

该零件右端面与箱体的端面接触，精度要求较高，其表面粗糙度 $Ra$ 值为 6.3 μm，同时给出了平面度要求，公差为 0.02 mm。为保证 $\phi108^{+0.037}_{0}$ mm 凹坑的端面与轴承端面的良好接触，给出了密封盖右端面对凹坑端面的平行度要求，公差为 0.05 mm。安装孔及锪平面的表面粗糙度 $Ra$ 值为 25 μm，其他加

工面的表面粗糙度 $Ra$ 值为 6.3 μm。凹坑的圆柱面要与轴承外圈配合，故给出了尺寸公差要求，上偏差为 +0.037 mm，下偏差为 0。在该零件图上，还用文字标注了两条技术要求，详见图 7-16。

### 3. 识读十字轴零件图

汽车上传动轴用以连接变速器与差速器，轴的两端用万向联轴器与变速器的输出轴和差速器的输入轴连接。图 7-18 所示为万向联轴器的十字轴零件图，下面识读该图。

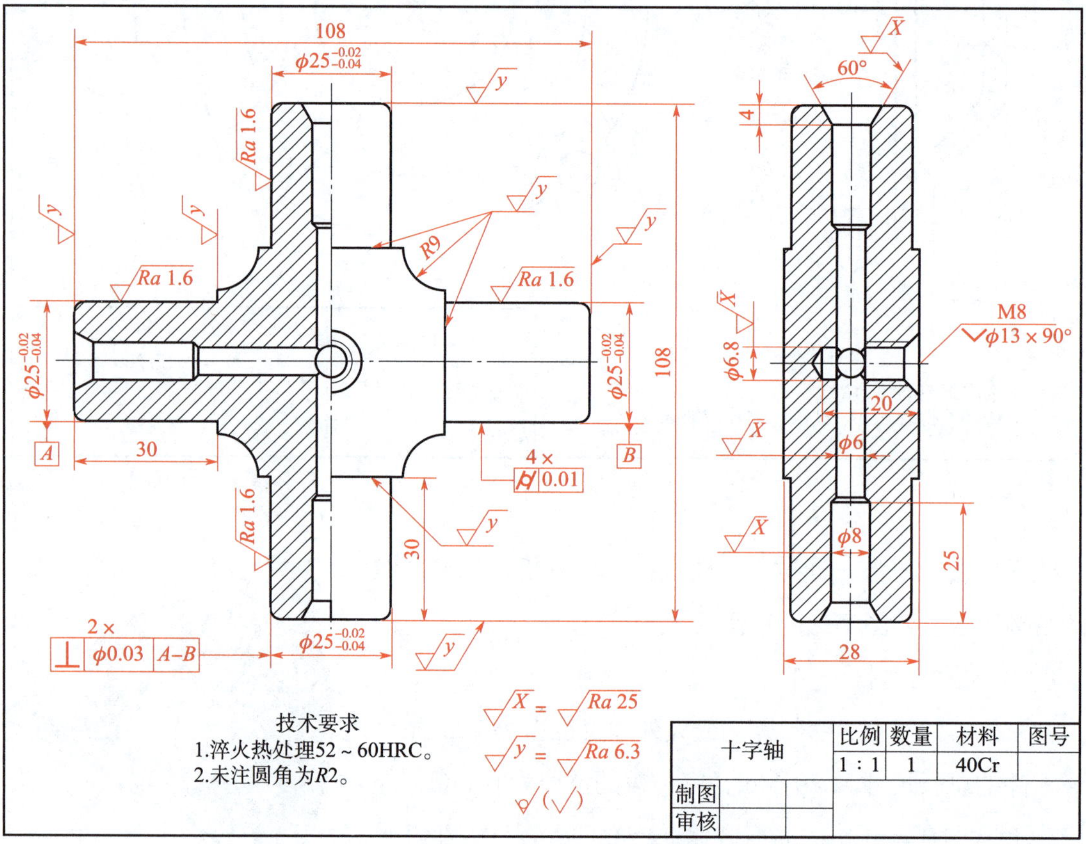

技术要求
1.淬火热处理52 ~ 60HRC。
2.未注圆角为$R2$。

| 十字轴 | 比例 | 数量 | 材料 | 图号 |
|---|---|---|---|---|
| | 1∶1 | 1 | 40Cr | |
| 制图 | | | | |
| 审核 | | | | |

图 7-18　十字轴零件图

（1）看标题栏

由标题栏可知零件的名称是十字轴，用于连接万向联轴器的两个接头；由于零件受力较大，所以选用的材料为 40Cr；绘图比例为 1∶1。

（2）分析视图

该零件用两个图形表达，主视图采用半剖视图，反映了十字轴的主要外形和内部结构；左视图采用剖视图，辅助表达十字轴的内部结构和外形。通过分析视图可知，该十字轴上下、左右对称、中间部分的主要结构是长方体，其四角有圆弧面；四段尺寸相同

的轴颈分布在四周，每段轴颈的中间都有相通的孔，用于加注润滑脂；零件的前面上有一个螺孔，用于安装密封螺钉。十字轴的立体图如图 7-19 所示。

（3）分析尺寸

该十字轴的总长和总高为 108 mm，总宽为 28 mm；四段轴颈的直径为 $\phi 25_{-0.04}^{-0.02}$ mm，长度为 30 mm；轴颈内部阶梯孔外端锥孔的定形尺寸为 60° 和 4 mm，外侧大孔为 $\phi 8$ mm，内侧小孔为 $\phi 6$ mm；中间螺孔的大径为 M8 mm。

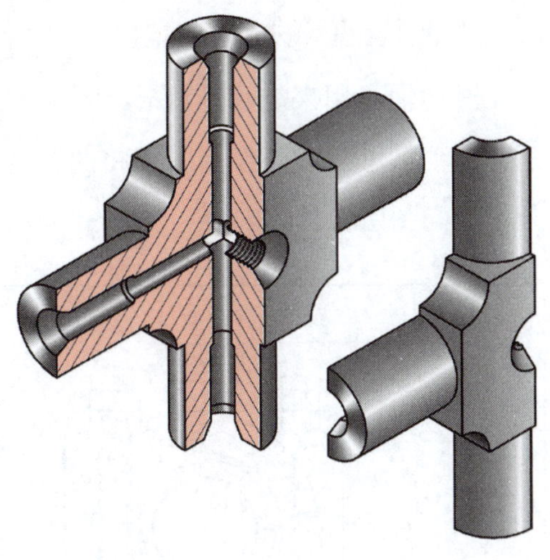

图 7-19　十字轴的立体图

（4）分析技术要求

十字轴上的四段轴颈与安装在接头上的滚针轴承相连接，精度要求较高，给出了尺寸公差要求（$\phi 25_{-0.04}^{-0.02}$），其表面结构要求也比较高（*Ra* 值为 1.6 μm）；上下两轴颈的轴线相对于左右两轴颈的公共轴线的垂直度公差为 $\phi 0.03$ mm。零件上其他结构的技术要求不再赘述，请读者自行分析。

# §7-3 | 装配图

## 学习目标

1. 了解装配图的主要内容。
2. 了解装配图的规定画法和特殊表达方法。
3. 掌握识读装配图的方法和步骤，能识读一般装配图。

装配图是表达机器或部件的图样，主要用来表达机器（或部件）的整体结构形状、机器（或部件）的工作原理、各零件间的相对位置和装配连接关系。在设计新产品时，一般应先画出装配图，然后根据装配图绘制零件图；零件制成后，再根据装配图装配成机器或部件。在安装、使用和维修设备时，也常需要通过装配图来了解机器的结构。

## 一、装配图的主要内容

滑动轴承用来支承作旋转运动的轴，图 7-20 所示为其装配图和立体图。一般情况下，滑动轴承是成对使用的，将两个滑动轴承分别装在一根轴的两端。下面以此图为例分析装配图所包含的内容。

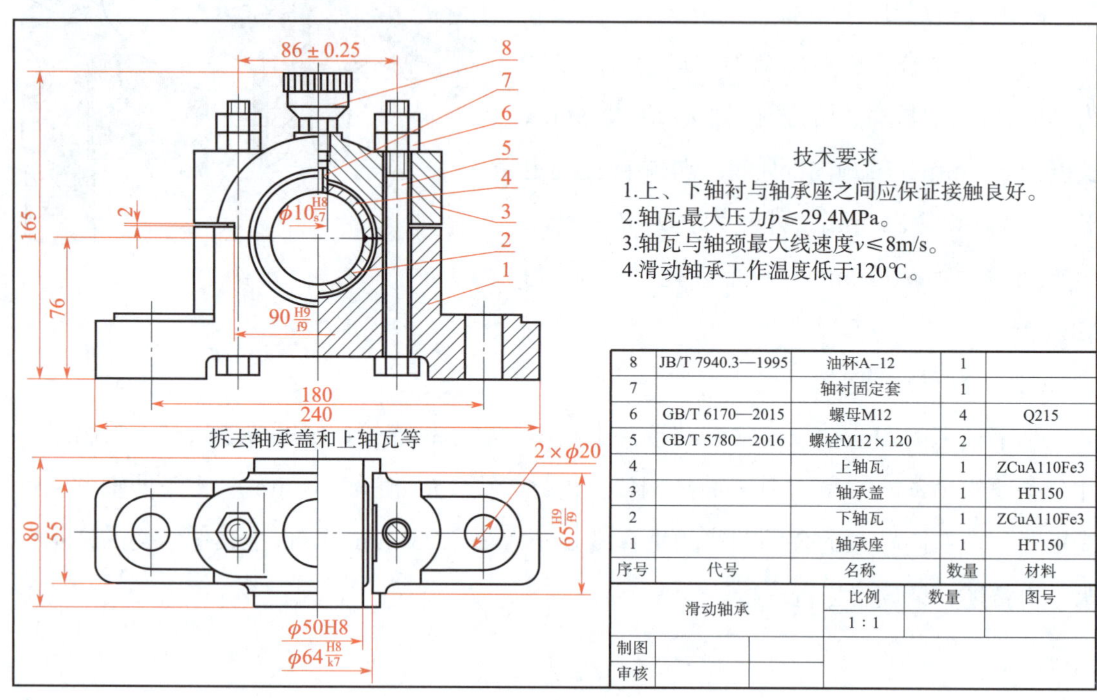


| 序号 | 代号 | 名称 | 数量 | 材料 |
|---|---|---|---|---|
| 8 | JB/T 7940.3—1995 | 油杯A-12 | 1 | |
| 7 | | 轴衬固定套 | 1 | |
| 6 | GB/T 6170—2015 | 螺母M12 | 4 | Q215 |
| 5 | GB/T 5780—2016 | 螺栓M12×120 | 2 | |
| 4 | | 上轴瓦 | 1 | ZCuA110Fe3 |
| 3 | | 轴承盖 | 1 | HT150 |
| 2 | | 下轴瓦 | 1 | ZCuA110Fe3 |
| 1 | | 轴承座 | 1 | HT150 |

| 滑动轴承 | 比例 | 数量 | 图号 |
|---|---|---|---|
| | 1 : 1 | | |
| 制图 | | | |
| 审核 | | | |

a）

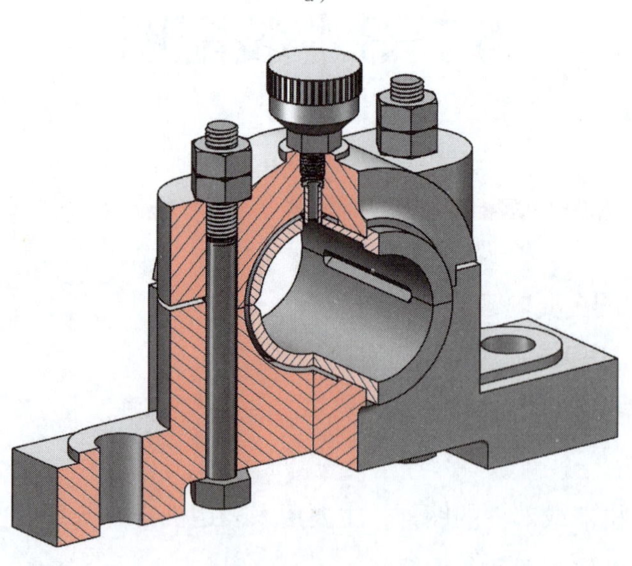

b）

图 7-20　滑动轴承

a）装配图　b）立体图

### 1. 一组图形

图 7-20 所示滑动轴承装配图用了主、俯两个视图，其中主视图采用半剖视。因剖切平面沿着轴承座与轴承盖之间的接合面进行剖切，所以只在螺栓上绘制了剖面线，并在俯视图上方注写了文字“拆去轴承盖和上轴瓦等”。

装配图可以运用必要的视图和各种表达方法，表达机器或部件的工作原理、零件之间的相互位置和装配关系、连接方式、传动路线，以及主要零件的基本结构和形状等。装配图上图形的表达目的不同于零件图，对装配图来说，应从整体出发，将机器或部件的整体结构、工作原理、装配关系放在首位，兼顾主要零件的基本结构形状。至于每个零件的具体结构形状则由零件图详细表达。

由滑动轴承装配图不难看出，轴承座位于滑动轴承的下部，它和轴承盖由两个螺栓紧固，起支撑、压紧上下轴衬的作用。轴承盖上端装有油杯，用于给轴衬加注润滑油。

### 2. 必要的尺寸

装配图的尺寸主要用来表达机器或部件的规格、性能，各零件之间的配合关系，装配体的总体大小以及安装要求等，一般需要注出以下几种尺寸：

（1）规格、性能尺寸

图 7-20a 中的尺寸 $\phi 50H8$ 确定了所支撑轴径的大小，从而也确定了滑动轴承的大小，这种表示机器或部件规格大小或工作性能的尺寸称为规格、性能尺寸。这类尺寸是设计、了解、选用机器（或部件）的依据。

（2）配合尺寸

图 7-20a 中的尺寸 $\phi 10\frac{H8}{s7}$ 表示 $\phi 10H8$ 的孔（上轴衬）和 $\phi 10s7$ 的轴（轴衬固定套）之间的配合。

在装配图上，表示零件间配合性质和公差等级的尺寸称为配合尺寸。图 7-20a 中的尺寸 $90\frac{H9}{f9}$、$65\frac{H9}{f9}$、$\phi 64\frac{H8}{k7}$ 等都是配合尺寸。

（3）安装尺寸

表示将部件安装在机器上或将机器安装在基础上所需的尺寸称为安装尺寸，图 7-20a 中的尺寸 180 mm、$2\times\phi 20$ mm 为安装尺寸。

（4）外形尺寸

表示机器（或部件）的总长、总宽、总高等的尺寸称为外形尺寸。图 7-20a 中的尺寸 240 mm、80 mm 和 165 mm 为外形尺寸。

（5）其他重要尺寸

这类尺寸是指在设计过程中经过计算或根据需要而确定的尺寸，但又不属于以上四种尺寸。图 7-20a 中的尺寸 76 mm、55 mm、2 mm、86 ± 0.25 mm 等为其他重要尺寸。

**小提示**

在装配图上标注尺寸时，各类尺寸并非全部注出，有时同一尺寸可能具有几种不同的含义。因此，在装配图上标注尺寸需根据具体情况来确定。

### 3. 技术要求

在装配图上需要用文字说明或标注符号指明机器或部件在装配、调试、检验、安装和使用中应遵守的技术条件和要求。在该装配图上用文字标注了 4 条技术要求，详见图 7-20a。

### 4. 零件序号、明细栏和标题栏

为了便于看图、管理图样和组织生产，装配图必须对每种零件编写零件序号。同时在标题栏上方绘制相应的明细栏，并按零件序号将零件一一列出，注明零件的序号、代号、名称、数量、材料等。在标题栏中注明装配体名称、图号、绘图比例等。

## 想一想

零件图和装配图的视图表达目的有何不同？尺寸标注有何不同？

## 二、装配图的表达方法

### 1. 装配图的规定画法

用于零件图的各种表达方法同样适用于装配图，但由于装配图侧重于表达机器或部件的工作原理、装配关系等整体情况，国家标准对装配图又单独制定了一些规定画法。

（1）两相邻零件的接触表面（见图 7-21 ①）和配合表面（见图 7-21 ②）只画一条共有的轮廓线；不接触的两零件表面，即使间隙很小，也必须分别画出各自的轮廓线（见图 7-21 ③、④）。

（2）为区分不同的零件，在剖视图、断面图中，相邻两零件的剖面线的倾斜方向应

尽量相反（见图 7-21 ⑤）；若倾斜方向一致，则间距不同（见图 7-21 ⑥）。同一零件在不同视图中的剖面线的方向和间距应保持一致。

（3）对于紧固件（螺栓、螺母、垫圈、螺钉等），以及轴、连杆、球、键、销等实心零件，若纵向剖切，且剖切平面通过其对称平面或轴线时，则这些零件均按不剖绘制，如图 7-21 中的螺钉轴即按未剖绘制。但当剖切平面垂直于这些零件的轴线剖切时，则应按剖切绘制，如图 7-20 俯视图中的螺栓就是按剖切绘制的。

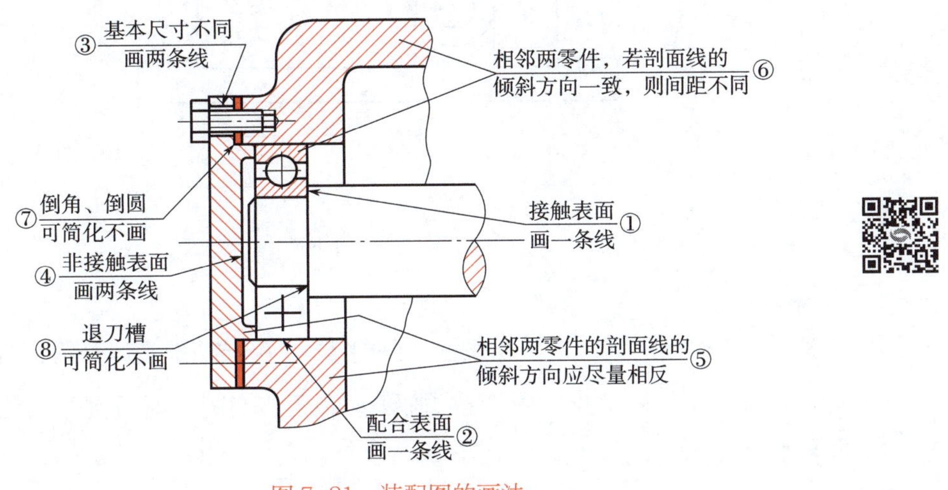


图 7-21　装配图的画法

## 2. 装配图的特殊表达方法

装配图中的视图，除了采用视图、剖视图、断面图等一般表达方法外，还可采用一些特殊表达方式。

（1）拆卸画法

在装配图中，当某些零件遮住了需要表达的结构和装配关系时，可假想沿某些零件的接合面剖切或假想将某些零件拆卸后绘制。需要说明时，在相应的视图上方加注“拆去……”等。在图 7-20 中，主视图采用的是半剖视图，剖切平面沿着轴承盖与轴承座之间的接合面进行剖切，所以在俯视图上方标注了“拆去轴承盖和上轴瓦等”，表示俯视图是按照拆去轴承盖和上轴瓦后绘制的。

（2）假想画法

在装配图中，为了表达运动零件的极限位置，可用细双点画线画出该零件在极限位置时的轮廓线，如图 7-22 中的手柄；当需要表达与本部件有关的相邻零件（或部件）的安装关系时，也可用细双点画线画出相邻零件（或部件）的轮廓，例如，在图 7-22 的下部用细双点画线绘制了箱体的相邻零件。

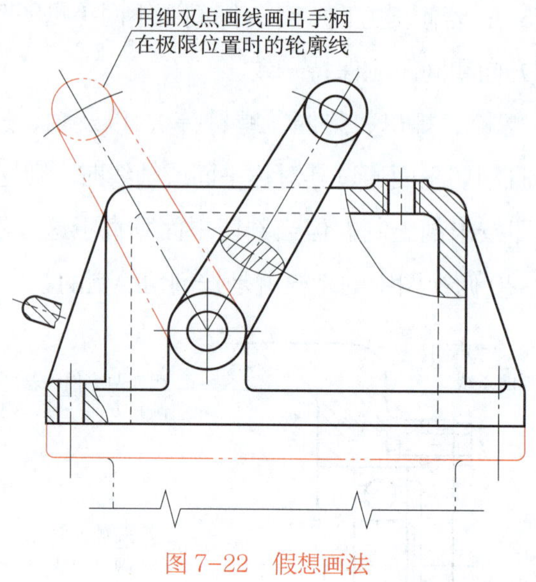


图 7-22　假想画法

（3）简化画法

装配图上若干相同的零件组（如螺栓、螺钉等），可详细地画出一组，其余用细点画线表示其中心位置，如图 7-21 中螺栓的画法。倒角、倒圆、退刀槽等工艺结构可省略不画（见图 7-21 ⑦、⑧）。

## 三、识读汽车部件装配图

识读装配图是指通过对装配图的标题栏、明细栏、图形、尺寸、技术要求等各项内容进行分析，了解装配体的名称、规格、性能和功用，分析各组成零件的相互位置、装配关系及传动路线，认识各零件的作用及主要结构形状，看懂装配体的工作原理、使用方法及拆装顺序等。在汽车零、部件的设计、装配、使用、维修以及技术交流中，都离不开识读装配图。

### 1. 识读滚柱式单向超越离合器的装配图

单向超越离合器是机械传动的基础件之一，用于轴与轴之间的接合与分离，它是一种靠主、从动部件的相对速度变化或旋转方向的变换而具有自行离合功能的组件，在汽车中应用较为广泛。图 7-23 所示为用于变速器输出轴与传动轴之间的滚柱式单向超越离合器的装配图与立体图。

（1）概括了解

识读装配图时，首先要通过看标题栏、明细栏等了解机器或部件的名称、用途以及装配体中各零件的名称和数量等内容，并由其名称分析装配体的用途，由比例和外形尺寸了解装配体的大小。

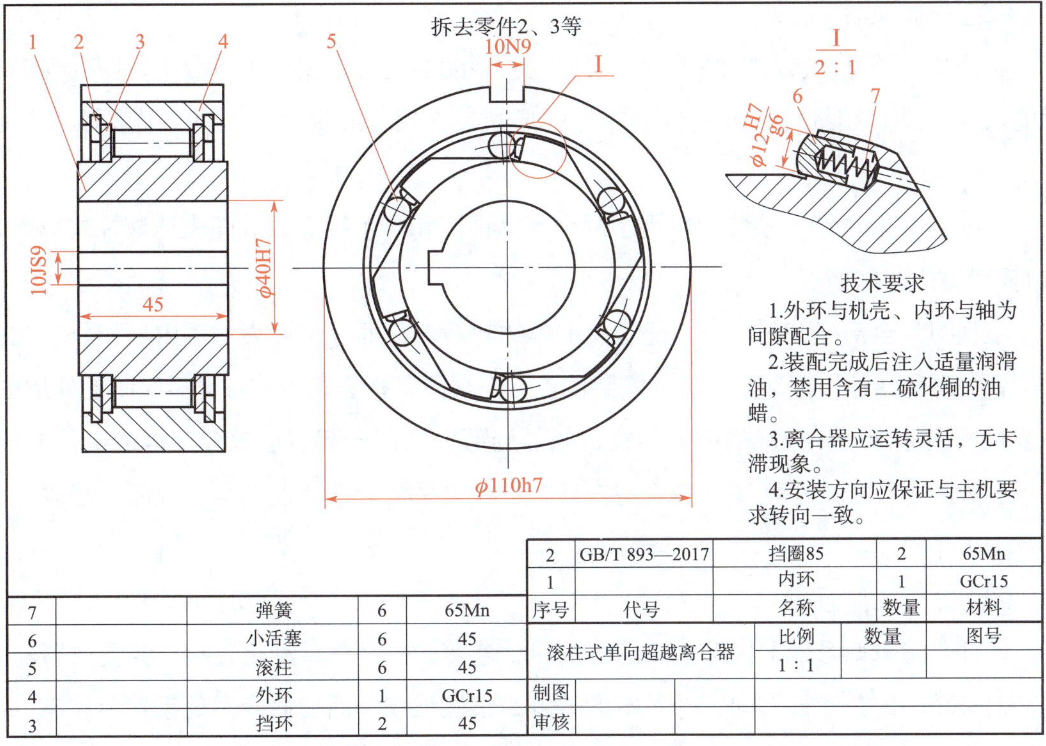


| 序号 | 代号 | 名称 | 数量 | 材料 |
|---|---|---|---|---|
| 7 | | 弹簧 | 6 | 65Mn |
| 6 | | 小活塞 | 6 | 45 |
| 5 | | 滚柱 | 6 | 45 |
| 4 | | 外环 | 1 | GCr15 |
| 3 | | 挡环 | 2 | 45 |
| 2 | GB/T 893—2017 | 挡圈85 | 2 | 65Mn |
| 1 | | 内环 | 1 | GCr15 |

| 滚柱式单向超越离合器 | 比例 | 数量 | 图号 |
|---|---|---|---|
| | 1 : 1 | | |
| 制图 | | | |
| 审核 | | | |

a）

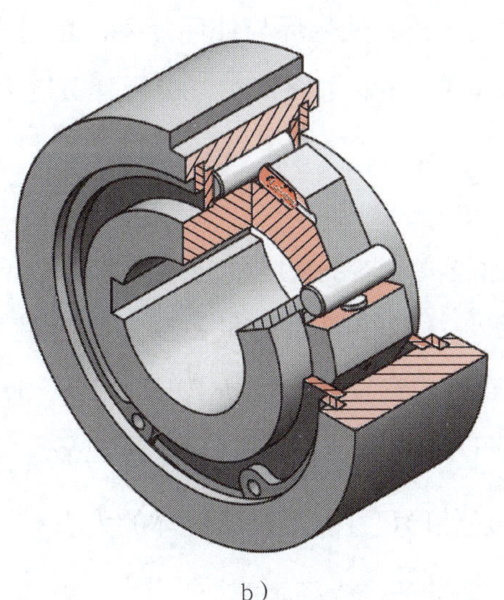

b）

图 7-23　滚柱式单向超越离合器

a）装配图　b）立体图

从图 7-23a 的标题栏中可以看出，该装配体为滚柱式单向超越离合器，用于连接两个同心轴。从明细栏中可以看出，它由 7 种零件组成，普通零件有内环 1、外环 4、挡环 3、滚柱 5、小活塞 6、弹簧 7，挡圈 2 是标准件（注：代号列给出了适用的国家标准号）。

（2）分析视图

看懂视图是识读装配图的关键，要通过对装配图的各个视图进行分析，明确视图之间的关系。结合明细栏，分析各个零件的形状、作用，弄懂装配体的工作原理和装配关系。

如图 7-23a 所示，该装配图用了两个基本视图和一个局部放大图表达滚柱式单向超越离合器的结构。

主视图为全剖视，剖切平面通过装配体的前后对称面，主要表达了内环和外环的相对位置关系和滚柱、挡环及挡圈的安装位置。左视图是拆去挡圈和挡环后绘制的外形图，主要用于表达内环和外环的主要结构，并与局部放大图一起表达该装配体的工作原理。局部放大图用于表达小活塞、弹簧与内环的位置关系及装配情况，与左视图一起表达装配体的工作原理。

（3）分析工作原理

滚柱式超越离合器的内环与变速器输出轴连接，外环与传动轴连接，当变速器输出轴顺时针转动时，滚柱滚向间隙较窄的一侧，滚柱被楔紧而使离合器处于接合状态。当输出轴在没有输出动力时，若传动轴顺时针旋转（即传动轴的转速超越了输出轴的转速），则滚柱滚向间隙较宽的一侧，使内环与外环分离，起到安全保护作用。弹簧和小活塞的作用是保证滚柱与内环和外环的可靠接触，由于弹簧压力较小，因此不会在超越运转时使滚柱楔紧。

（4）分析尺寸和技术要求

通过分析滚柱式单向超越离合器的尺寸和技术要求，进一步熟悉滚柱式单向超越离合器的规格性能、外形大小、零件间的装配关系、配合性质、检测方法等内容。如图 7-23a 所示，内环与轴连接的安装尺寸为 $\phi$40H7、10JS9，外环与孔连接的安装尺寸为 $\phi$110h7、10N9。$\phi$40H7、45 mm 和 $\phi$110h7 是规格尺寸，反映了离合器的规格大小；45 mm 和 $\phi$110h7 又是外形尺寸，反映装配体的大小；尺寸 $\phi 12\frac{H7}{g6}$是配合尺寸，表示小活塞与内环上小孔之间的配合为间隙配合。

在该装配图上还用文字标注了技术要求，详见图 7-23a。

（5）归纳总结

在概括了解、分析视图的基础上，对尺寸、技术要求进行分析，然后综合分析装配图的各项内容，对装配体的结构形状、工作原理和装配关系等有一个较完整、明确的认识。实际上，上述各项步骤是不能截然分开的，通常需要对视图、尺寸、技术要求、标题栏和明细栏等进行反复对照、分析，以看懂装配图。

## 2. 识读手动泵的装配图

图 7-24 所示的手动泵是内燃机燃油系统中的辅助泵，主要起排除油管中空气的作用，它的主要工作部件是活塞和套筒，通过手动使活塞在套筒中运动，从而改变套筒的密封工作容积，达到吸、排气（油）的目的。下面识读手动泵的装配图。

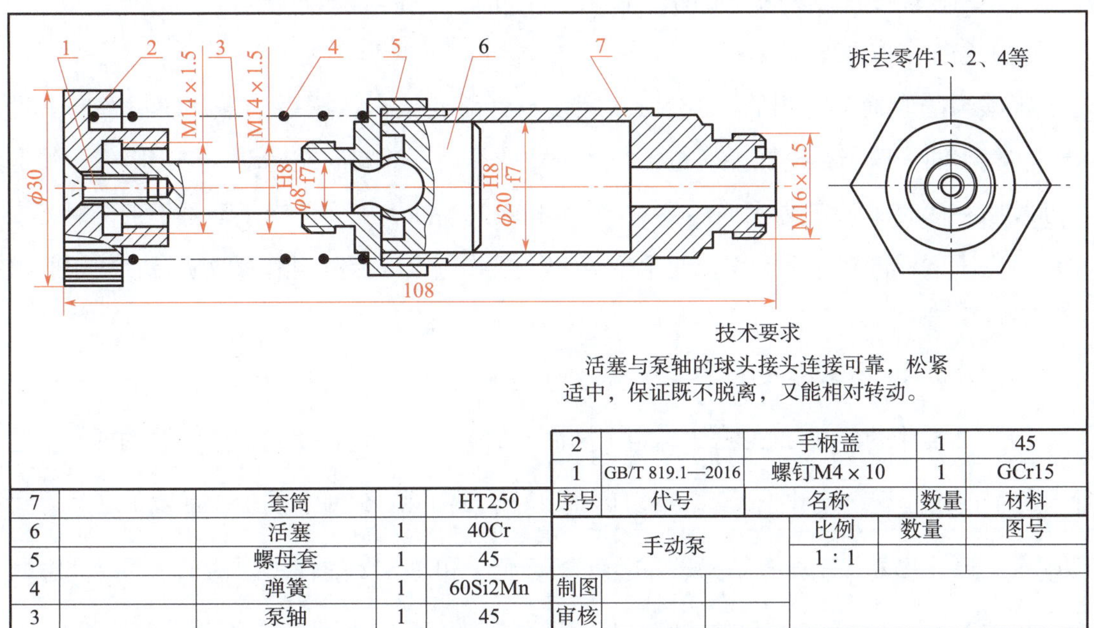


| 序号 | 代号 | 名称 | 数量 | 材料 |
| --- | --- | --- | --- | --- |
| 7 | | 套筒 | 1 | HT250 |
| 6 | | 活塞 | 1 | 40Cr |
| 5 | | 螺母套 | 1 | 45 |
| 4 | | 弹簧 | 1 | 60Si2Mn |
| 3 | | 泵轴 | 1 | 45 |
| 2 | | 手柄盖 | 1 | 45 |
| 1 | GB/T 819.1—2016 | 螺钉M4×10 | 1 | GCr15 |

| 手动泵 | 比例 | 数量 | 图号 |
| --- | --- | --- | --- |
| | 1∶1 | | |
| 制图 | | | |
| 审核 | | | |

a）

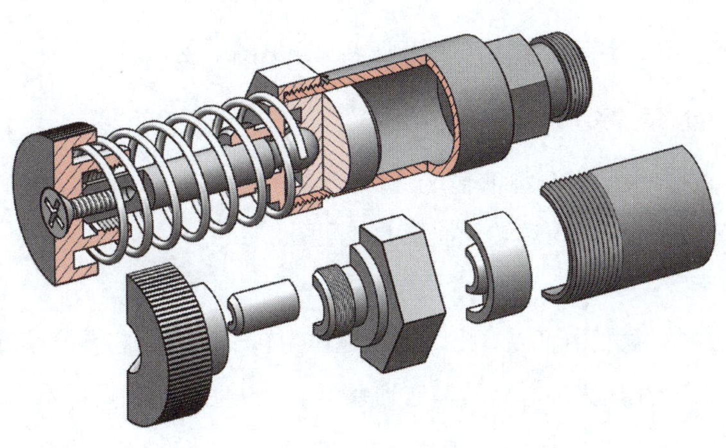

b）

图 7-24　手动泵

a）装配图　b）立体图

（1）概括了解

从图 7-24a 的标题栏中可以看出，该装配体为手动泵；从明细栏中可以看出，它由 7 种零件组成，普通零件有手柄盖 2、泵轴 3、弹簧 4、螺母套 5、活塞 6、套筒 7，螺钉 1

是标准件。

（2）分析视图

如图 7-24a 所示，该装配图用了主视图和左视图表达手动泵的结构。主视图为全剖视，剖切平面通过装配体的前后对称面，主要表达手动泵的内部结构。左视图是拆去手柄盖、弹簧和螺钉后绘制的外形图，主要用于辅助表达手动泵的外形。

（3）分析工作原理

手动泵的套筒 7 右侧的 M16×1.5 螺纹与管路连接，按压手柄盖，使活塞向右运动，将气（油）压出；松开手柄盖，在弹簧力的作用下活塞向左运动，进行吸气（油）。不断按压手柄盖即可完成断续的压气（油）和吸气（油）工作。当手动泵不工作时，在将手柄盖压下后再旋转手柄盖，使手柄盖上的螺纹与螺母套左侧的螺纹旋合，使用时再旋开。

（4）分析尺寸和技术要求

图 7-24a 中的尺寸 $\phi 20\frac{H8}{f7}$ 确定了排油量的大小，从而也确定了手动泵的规格，这个尺寸同时也是配合尺寸，表示 $\phi$20H8 的孔（套筒）和 $\phi$20f7 的轴（活塞）之间为间隙配合。尺寸 $\phi 8\frac{H8}{f7}$ 表示 $\phi$8H8 的孔（螺母套）和 $\phi$8f7 的轴（泵轴）之间为间隙配合。尺寸 M16×1.5 为安装尺寸，它是将手动泵连接在管路上所需的尺寸。尺寸 108 mm 和 $\phi$30 mm 为外形尺寸。螺纹代号“M14×1.5”为其他重要尺寸。

在该装配图上用文字标注了 1 条技术要求，详见图 7-24a。

### 3. 识读转子油泵的装配图

在汽车上，油泵用于将润滑油输送到各个运转的部位。图 7-25 所示为汽车转子油泵的装配图和立体图，下面识读转子油泵的装配图。

（1）概括了解

从图 7-25a 的标题栏中可以看出，该装配体为转子油泵，它是汽车液压系统中的一个主要元件，可以产生压力油并将其输送到系统中。从明细栏中可以看出，它由 12 种零件组成，主要由泵体 1、右衬套 2、内转子 4、外转子 5、泵轴 6、垫片 7、泵盖 8、左衬套 9 等普通零件，以及圆柱销 3 和 10、螺栓 11、弹簧垫圈 12 等标准件组成。

（2）分析视图

如图 7-25a 所示，转子油泵装配图用了三个基本视图和一个局部视图表达其结构。

1）主视图的主体表达方法为全剖视，剖切平面通过转子油泵的前后对称面，根据剖视图的有关画法规定，泵轴 6 在键槽和销连接处采用局部剖表达，其他实心处按不剖绘

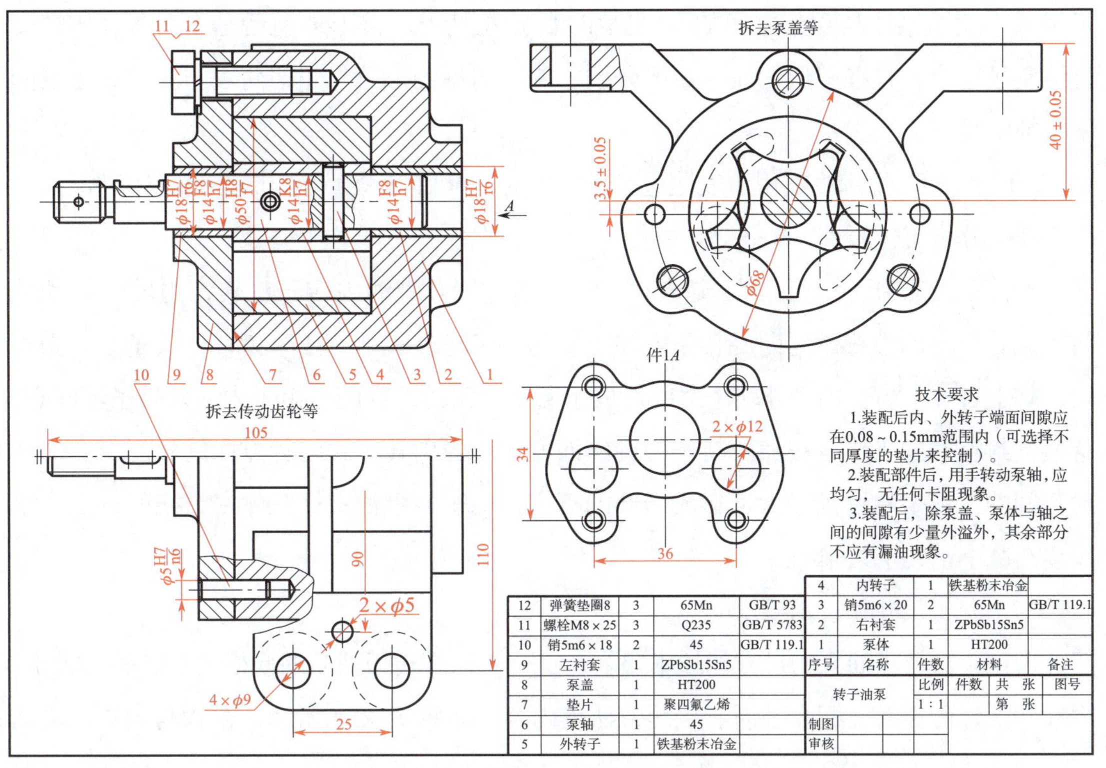


| 序号 | 名称 | 件数 | 材料 | 备注 |
|---|---|---|---|---|
| 12 | 弹簧垫圈8 | 3 | 65Mn | GB/T 93 |
| 11 | 螺栓M8×25 | 3 | Q235 | GB/T 5783 |
| 10 | 销5m6×18 | 2 | 45 | GB/T 119.1 |
| 9 | 左衬套 | 1 | ZPbSb15Sn5 | |
| 8 | 泵盖 | 1 | HT200 | |
| 7 | 垫片 | 1 | 聚四氟乙烯 | |
| 6 | 泵轴 | 1 | 45 | |
| 5 | 外转子 | 1 | 铁基粉末冶金 | |
| 4 | 内转子 | 1 | 铁基粉末冶金 | |
| 3 | 销5m6×20 | 2 | 65Mn | GB/T 119.1 |
| 2 | 右衬套 | 1 | ZPbSb15Sn5 | |
| 1 | 泵体 | 1 | HT200 | |

| 转子油泵 | 比例 | 件数 | 共　张 | 图号 |
|---|---|---|---|---|
| | 1∶1 | | 第　张 | |
| 制图 | | | | |
| 审核 | | | | |

a）

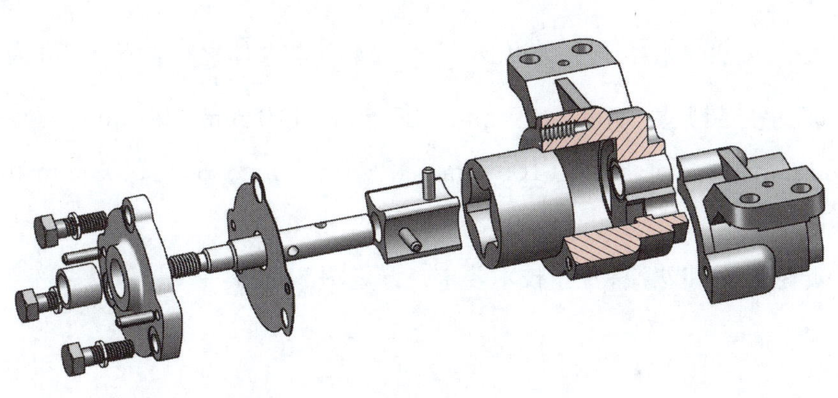

b）

图 7-25　转子油泵

a）装配图　b）立体图

制，标准件按不剖绘制。主视图主要用来表达泵轴 6、内转子 4、外转子 5、泵体 1、泵盖 8 等主要零件的位置和装配连接关系。

2）左视图的主体表达方法为全剖视，在泵盖 8 与泵体 1 的接合面处剖开，在泵轴 6 和螺栓 11 上绘制了剖面线。左视图主要用来表达转子油泵的工作原理和内、外转子的啮合情况，同时也表达了泵体的主体结构形状，用局部剖表达了安装孔的形状。

3）俯视图以表达外形为主，用于表达转子油泵的安装孔和定位销孔的位置。同时采用局部剖表达泵体与泵盖之间的定位销 10 的定位情况。该形体前后基本对称，俯视图只绘制了一半，且在图形的左、右侧分别绘制了对称图形符号（即两段与对称线垂直的平行细实线）。

4）“件 1*A*”局部视图用于表达进、出油口的位置和与法兰连接的螺孔的大小和位置。

（3）分析工作原理

如图 7-25a 所示，当泵轴旋转时，泵轴通过销 3 带动内转子旋转，内转子带动外转子绕其自身的轴线做同向旋转。内转子 4 为外齿轮，其上有 4 个齿，外转子 5 为内齿轮，其上有 5 个齿，内、外转子之间形成了若干个密封的空间。由于内、外转子不同心，这些密封空间的工作容积随着转子的旋转而变化。当内转子顺时针方向旋转时，右侧密封空间的工作容积逐渐增大，形成局部的真空，转子泵吸油；而左侧密封空间的工作容积逐渐减小，转子泵排油。

（4）分析尺寸和技术要求

通过分析转子油泵的尺寸和技术要求，进一步熟悉转子油泵的规格性能、外形大小、零件间的装配关系、配合性质、检测方法等内容。如图 7-25a 所示，泵轴与内转子之间的配合尺寸为 $\phi 14\frac{\mathrm{K8}}{\mathrm{h7}}$，泵轴与左（右）衬套之间的配合尺寸为 $\phi 14\frac{\mathrm{F8}}{\mathrm{h7}}$，左（右）衬套与泵体（或泵盖）之间的配合尺寸为 $\phi 18\frac{\mathrm{H7}}{\mathrm{r6}}$，外转子与泵体之间的配合尺寸为 $\phi 50\frac{\mathrm{H8}}{\mathrm{f7}}$。该转子油泵的安装尺寸有 $4\times\phi 9$ mm、25 mm、110 mm、90 mm、$2\times\phi 12$ mm、34 mm 和 36 mm 等；外形尺寸为 105 mm；$40\pm0.05$ mm、$3.5\pm0.05$ mm 和 $\phi 68$ mm 为其他重要尺寸。

在该装配图上还用文字标注了技术要求，详见图 7-25a。

# §7-4 焊接图

## 学习目标

1. 了解焊缝符号的基本内容。
2. 掌握焊缝符号的组成和标注规定，熟悉常用焊缝符号的标注示例。
3. 掌握识读焊接图的基本步骤，能识读一般焊接图。

焊接是通过加热或加压，或两者并用，用或不用填充材料，使工件达到结合的一种加工工艺方法。通过焊接而成的零件和部件统称为焊接件。

焊接图又称焊接装配图，是表达焊接结构件的图样，主要用来表达焊接结构件的结构、各零件的位置关系，同时表达焊接接头的类型、形状、尺寸、位置、表面状况、焊接方法以及与焊接结构件有关的各项质量要求等。

## 一、焊缝的表示方法

在焊接图样中，焊缝的表示方法有图示法和符号标注法两种。在绘图时，尽量采用符号标注法，以简化图样上焊缝的表示方法，在必要时可以用图示法辅助表达焊缝。

### 1. 图示法

（1）用栅线表示焊缝

常见的焊接接头有对接接头、T 形接头、搭接接头、角接接头四种。工件被焊接后所形成的接缝称为焊缝。在视图上，焊缝可用栅线（一段段细实线）表示，见表 7-13。当焊缝面（或带坡口的一面）处于不可见位置时，表示焊缝的栅线可省略不画。

表 7-13　　焊缝的栅线表示法

| 接头形式 | 焊接前的形状 | 焊缝的画法 |
|---|---|---|
| 对接接头 | 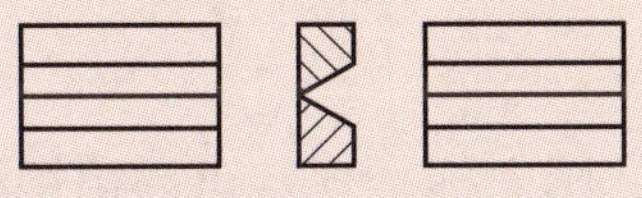  | 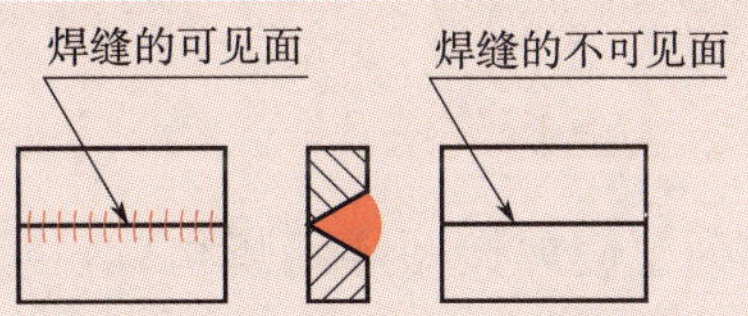 焊缝的可见面　焊缝的不可见面 |
| T 形接头 | 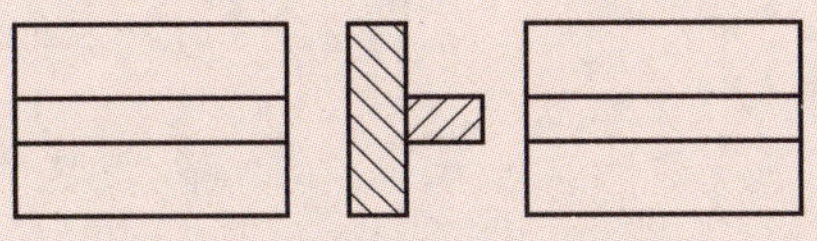  | 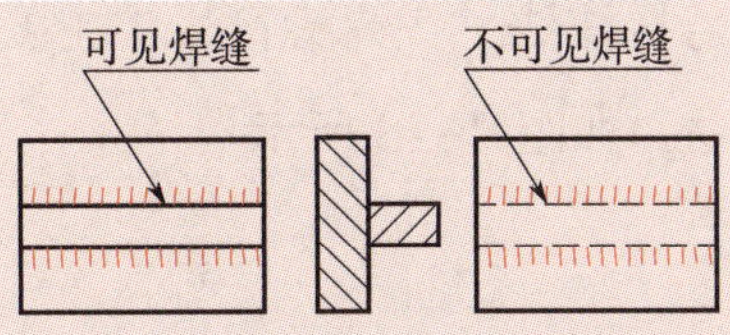 可见焊缝　不可见焊缝 |
| 搭接接头 | 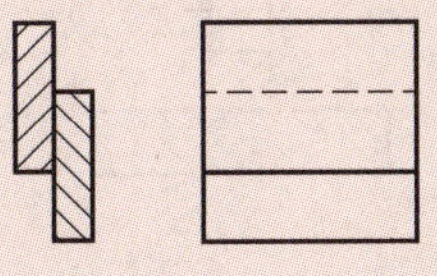  | 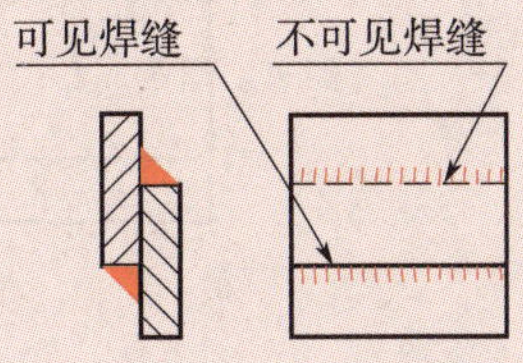 可见焊缝　不可见焊缝 |
| 角接接头 | 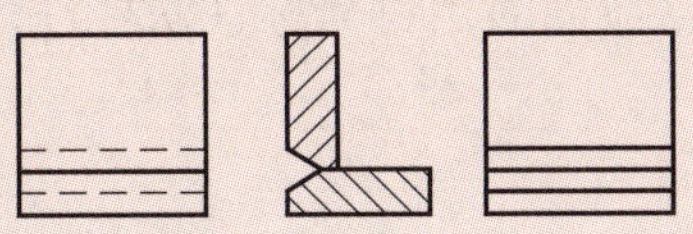  | 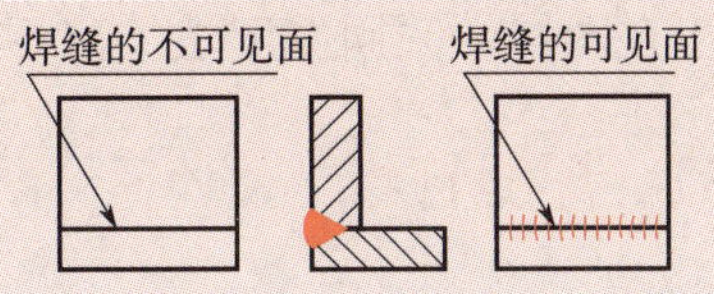 焊缝的不可见面　焊缝的可见面 |

（2）用粗线表示焊缝

焊缝也允许采用粗线（宽度为粗实线的 2～3 倍）表示，如图 7-26 所示。在同一图样中只允许采用一种画法。

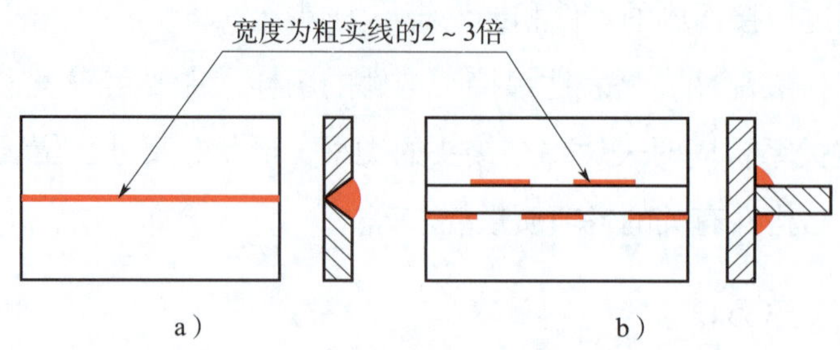


图 7-26 用粗线表示焊缝

a）对接接头连续焊缝 b）T 形接头断续焊缝

（3）焊缝在断面图或剖视图上的表示方法

在垂直于焊缝的断面图或剖视图上，当比例较大时，应按照焊缝横截面形状画出金属熔焊区并涂黑，如图 7-27 所示。

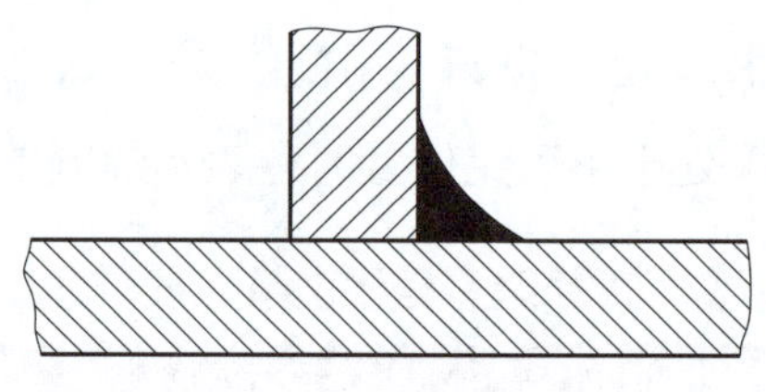

图 7-27 涂黑表示焊缝

### 2. 符号标注法

为了使焊接图样清晰和减轻绘图工作量，国家标准规定可以用焊缝符号表示焊缝，即符号标注法。在焊缝符号中主要用字母、符号或数字表示焊缝的形式、焊缝尺寸及焊接方法，如图 7-28 所示。

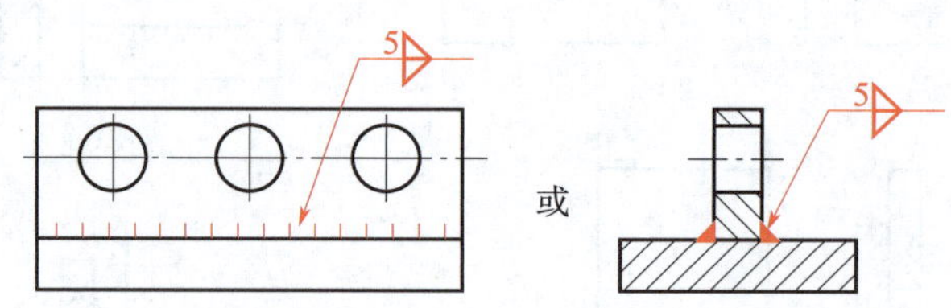


图 7-28 在用图示法表示焊缝的焊接图上标注焊缝符号

当在图样上采用图示法绘出焊缝时，通常应同时用符号标注法标注焊缝符号。

## 二、焊缝符号

### 1. 焊缝基本符号

焊缝基本符号表示焊缝横截面的基本形式或特征，常用焊缝基本符号见表 7-14。

表 7-14　　　　常用焊缝基本符号（摘自 GB/T 324—2008）

| 序号 | 焊缝形式 | 示意图 | 基本符号 |
| --- | --- | --- | --- |
| 1 | I 形焊缝 |  | ‖ |
| 2 | V 形焊缝 |  | V |
| 3 | 单边 V 形焊缝 |  | ∨ |
| 4 | 角焊缝 |  | ◺ |
| 5 | 点焊缝 |  | ○ |

2. 焊缝补充符号

焊缝补充符号用来说明有关焊缝或接头的某些特征，如焊缝分布等，常用焊缝补充符号见表 7-15。

表 7-15　　　　常用焊缝补充符号（摘自 GB/T 324—2008）

| 序号 | 焊缝 | 补充符号 | 示意图 | 说明 |
| --- | --- | --- | --- | --- |
| 1 | 三面焊缝 | ⊏ |  | 三面带有焊缝 |
| 2 | 周围焊缝 | ○ |  | 沿着工件周边施焊的焊缝<br>标注位置为基准线与箭头线的交点处 |

## 三、焊缝符号的标注

完整的焊缝符号由指引线、基本符号、补充符号、尺寸符号和其他数据等组成。

### 1. 指引线的组成

指引线由箭头线和两条基准线组成，如图 7-29 所示。箭头线为细实线，基准线有两条，一条为细实线，另一条为细虚线。基准线一般与图样的底边平行，细虚线可根据需要画在细实线的上面或下面。

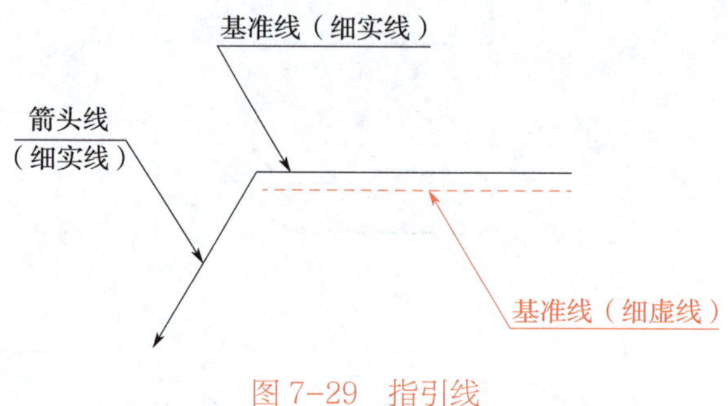


图 7-29 指引线

### 2. 焊缝的标注规定

箭头相对于焊缝的位置一般没有特殊的要求，箭头可以标在有焊缝的一侧，也可以标在没有焊缝的一侧。

（1）标注单面焊缝时，基本符号标注在细实线上，表示箭头所指的是有焊缝的一侧，如图 7-30b 所示；基本符号标注在细虚线上，表示箭头所指缝隙的另一侧有焊缝，如图 7-30c 所示。

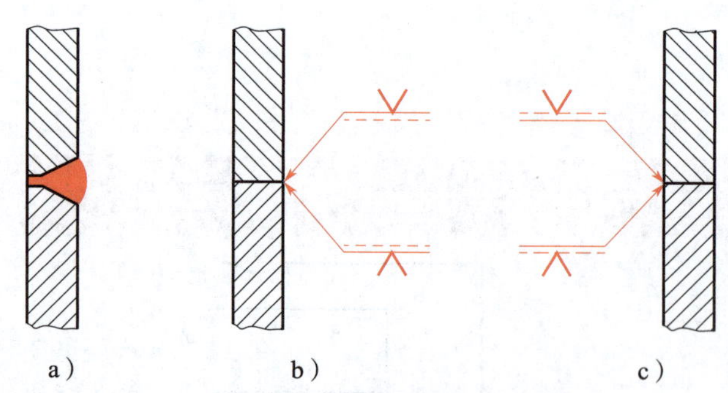


图 7-30 基本符号相对于基准线的位置

a）焊缝坡口朝右 b）箭头侧位于焊缝一侧 c）箭头侧位于没有焊缝一侧

（2）标注对称焊缝和双面焊缝时，可不画细虚线，如图 7-31 所示。

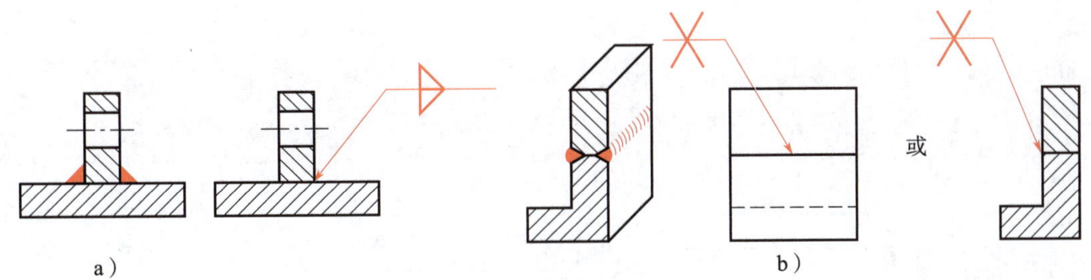


图 7-31 对称焊缝和双面焊缝的标注

a）对称焊缝 b）双面焊缝

## 3. 焊缝截面尺寸的标注

在标注焊缝符号的基准线上除了标注基本符号、补充符号外，还需要标注焊缝截面尺寸，点焊缝还需要标注焊点数 $n$ 和焊点距 $e$ 等，标注的位置如图 7-32 所示。

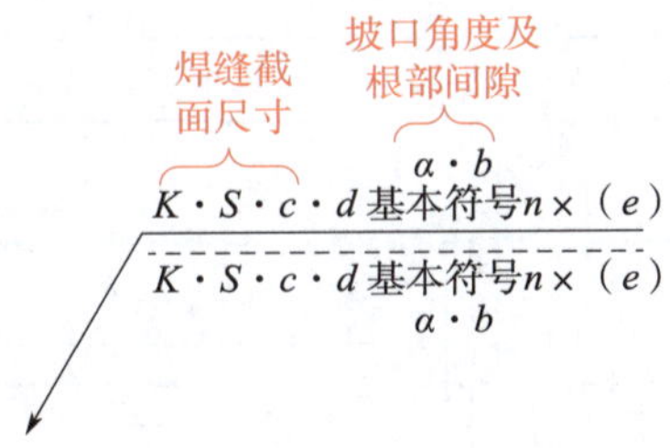


图 7-32 焊缝截面尺寸的标注

在焊缝截面尺寸中，焊脚尺寸 $K$、焊缝有效厚度 $S$、焊缝宽度 $c$、熔核直径 $d$ 等标注在基本符号的左侧；焊缝横向尺寸中坡口角度 $\alpha$ 和根部间隙 $b$ 标注在基本符号的上面（或下面）；点焊缝的焊点数 $n$ 和焊点距 $e$ 标注在基本符号右侧。焊缝截面尺寸符号及其含义见表 7-16，常见焊缝截面尺寸的标注方法见表 7-17。

表 7-16 焊缝截面尺寸符号及其含义（摘自 GB/T 324—2008）

| 序号 | 名称 | 示意图 | 符号 | 序号 | 名称 | 示意图 | 符号 |
|---|---|---|---|---|---|---|---|
| 1 | 焊缝有效厚度 | S | $S$ | 4 | 焊缝宽度 | c | $c$ |
| 2 | 坡口角度 | α | $\alpha$ | 5 | 焊脚尺寸 | K | $K$ |
| 3 | 根部间隙 | b | $b$ | 6 | 点焊的熔核直径 | d | $d$ |

表 7-17　常见焊缝截面尺寸的标注方法

| 序号 | 名称 | 焊接形式及尺寸 | 标注示例 | 尺寸符号 | 说明 |
|---|---|---|---|---|---|
| 1 | 对接焊缝 |  | S V | S | V 形焊缝，焊缝有效厚度为 S |
|  |  |  | S II |  | I 形焊缝，焊缝有效厚度为 S |
| 2 | 角焊缝 | K | K | K | 单面连续角焊缝，焊脚尺寸为 K |
| 3 | 点焊缝 | e, d, 60 | d ○ n×(e), 60 | d<br>e | d——熔核直径<br>n——焊点数<br>e——焊点距 |

## 4. 指引线尾部的标注

（1）在指引线的尾部，标注相同焊缝的数量，如图 7-33a 所示。

（2）必要时，可以在焊缝符号的尾部标注焊接方法代号，如图 7-33b 所示。焊接方法代号详见国家标准《焊接及相关工艺方法代号》(GB/T 5185—2005)，如“111”表示焊缝采用焊条电弧焊。

尾部需要标注的内容较多时，应用斜线“/”分开。

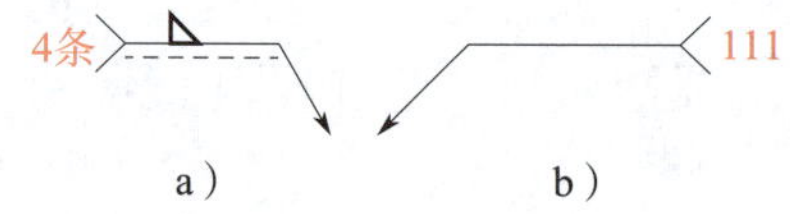


图 7-33　焊缝数量与焊接方法的标注

a）相同焊缝数量的标注　b）焊接方法代号的标注

## 5. 焊缝符号的简化标注规定

（1）当同一图样上全部焊缝所采用的焊接方法完全相同时，焊缝符号尾部的焊接方法代号可省略不注，但必须在技术要求或其他技术文件中注明“全部焊缝均采用……焊”等字样；当大部分焊接方法相同时，也可在技术要求或其他技术文件中注明“除图样中

注明的焊接方法外，全部焊缝均采用……焊”等字样。

（2）在同一图样中，当若干条焊缝的坡口尺寸和焊缝符号相同时，可采用集中标注的方法，如图 7-34a 所示。当这些焊缝在接头中的位置均相同时，也可采用在焊缝符号的尾部加注相同焊缝数量的方法简化标注，但其他形式的焊缝仍需分别标注，如图 7-34b 所示。

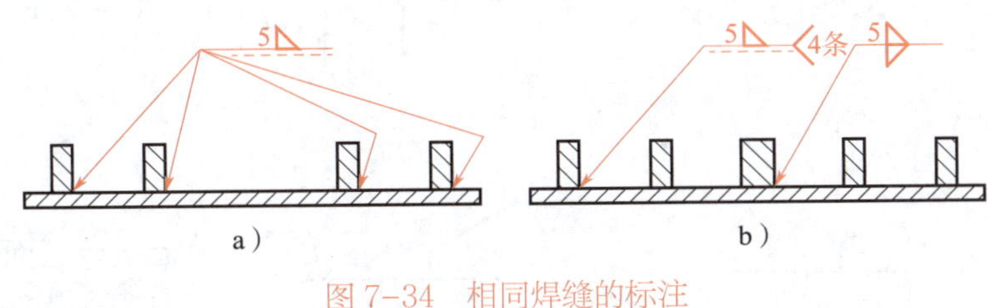


图 7-34　相同焊缝的标注

a）集中标注　b）简化标注

（3）当同一图样中全部焊缝相同且已用图示法明确表示其位置时，可统一在技术要求中用符号表示或用文字说明，如“全部焊缝为 5◺”；当部分焊缝相同时，也可采用同样的方法表示，但剩余焊缝应在图样中明确标注。

（4）在不致引起误解的情况下，当箭头线指向焊缝，而非箭头侧又无焊缝要求时，允许省略非箭头侧的基准线（细虚线），如图 7-35 所示。

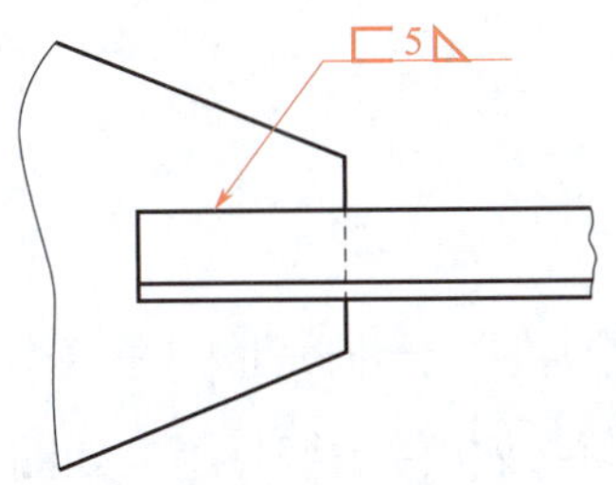


图 7-35　省略非箭头侧的基准线（细虚线）

## 6. 常见焊缝符号的标注示例

常见焊缝符号的标注示例见表 7-18。

**表 7-18　常见焊缝符号的标注示例**

| 接头形式 | 焊接形式及尺寸 | 标注示例 | 说明 |
|---|---|---|---|
| 对接接头 | 60°　10　2 | 60°　2　10 V | V 形焊缝，焊缝有效厚度（即板厚）为 10 mm（对接焊缝应完全焊透），根部间隙为 2 mm，坡口角度为 60° |

续表

| 接头形式 | 焊接形式及尺寸 | 标注示例 | 说明 |
| --- | --- | --- | --- |
| 搭接接头 | 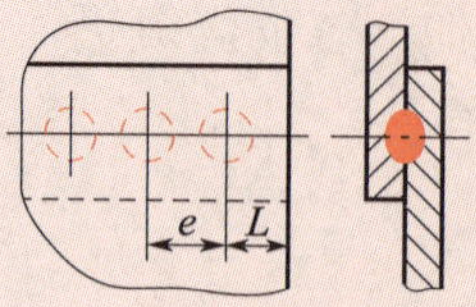 | 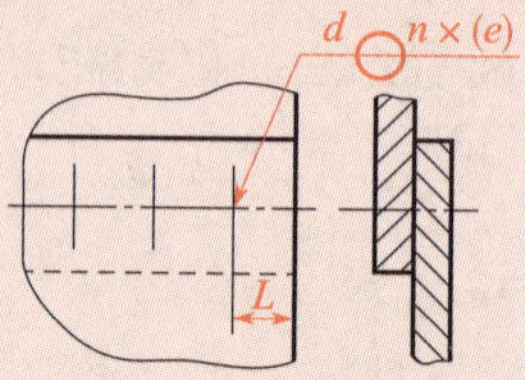 | ○表示点焊缝，熔核直径为 $d$，共有 $n$ 个焊点，焊点距为 $e$，$L$ 为确定第一个起始焊点中心位置的定位尺寸 |
| | 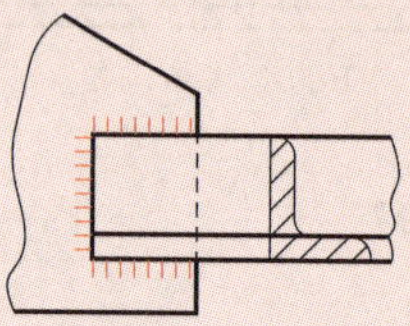 | 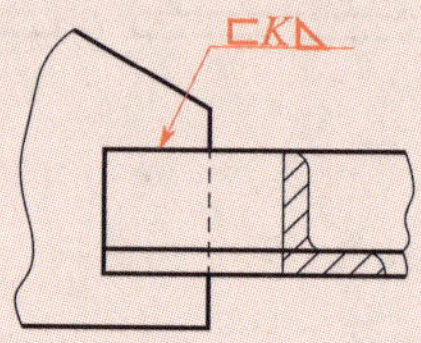 | ⊏表示三面焊缝<br>◺表示单面角焊缝<br>$K$ 表示焊脚尺寸 |
| T 形接头 | 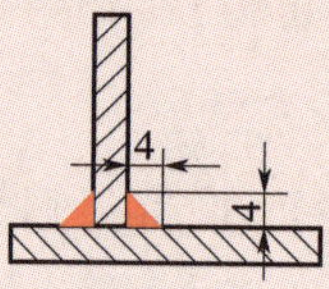 | 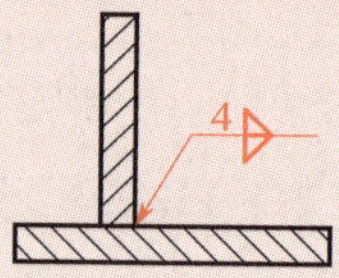 | ⊳表示双面角焊缝，两面的焊脚尺寸皆为 4 mm |

## 四、识读焊接图

### 1. 认识焊接图

焊接图的内容与普通装配图类似，一张完整的焊接图应包括图形、尺寸、焊缝符号、技术要求、标题栏、明细栏及零件或构件的编号等，如图 7-36 所示。

（1）一组图形

焊接图可以运用必要的视图和各种表达方法，完整、清晰地表达焊接结构件各组成零件（或构件）之间的相互位置关系和焊接连接关系，以及主要零件的基本结构形状，有些简单的焊接图的图形还需要表达清楚各个零件的全部形状，以便钳工放样。

图 7-36a 所示支座的焊接图采用主视图、俯视图和左视图表达各构件之间的相互位置关系和焊接连接关系，用局部剖视表达构件的孔的结构。

（2）一组尺寸

焊接图的尺寸需要根据用途进行标注。当焊接件比较简单，焊接图同时作为钣金下料图时，应按照零件图尺寸标注的方式，在焊接图上必须标注足够的尺寸，以表达焊接结构件的外形大小、各零件之间的相对位置，以及各个构件的结构大小、其上结构（如

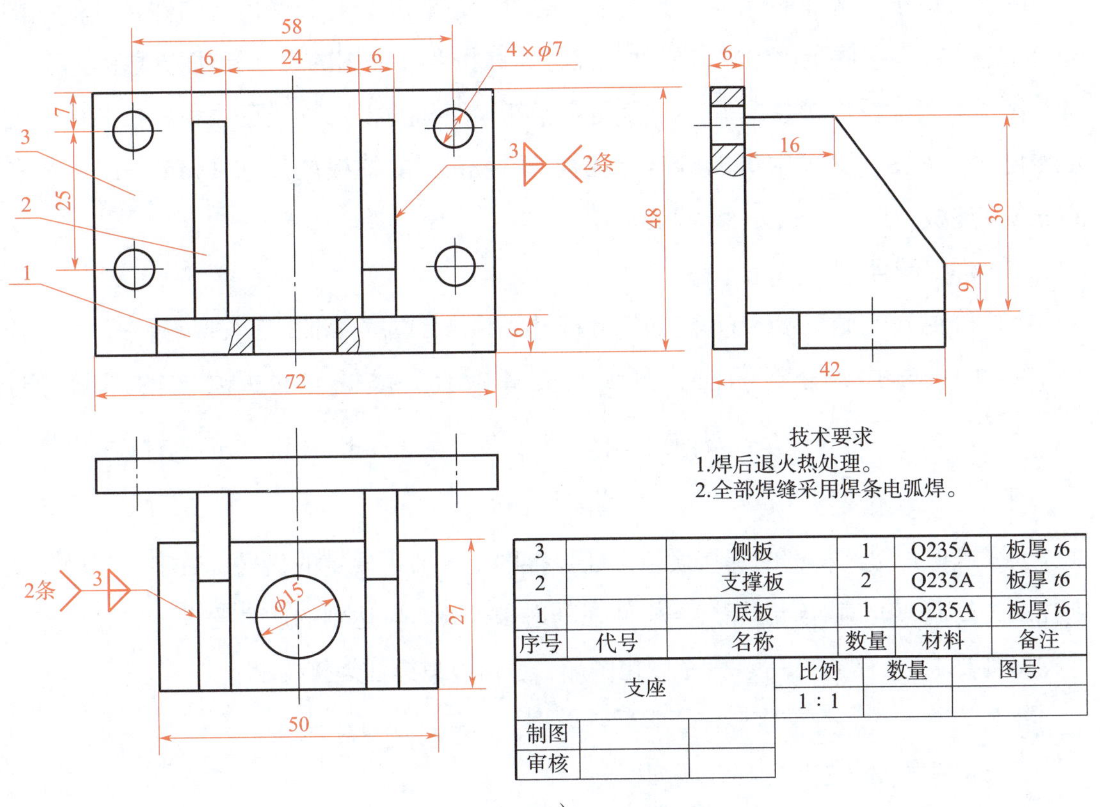


技术要求
1.焊后退火热处理。
2.全部焊缝采用焊条电弧焊。

| 3 | | 侧板 | 1 | Q235A | 板厚 $t6$ |
|---|---|---|---|---|---|
| 2 | | 支撑板 | 2 | Q235A | 板厚 $t6$ |
| 1 | | 底板 | 1 | Q235A | 板厚 $t6$ |
| 序号 | 代号 | 名称 | 数量 | 材料 | 备注 |
| 支座 | | 比例 | 数量 | 图号 | |
| | | 1 : 1 | | | |
| 制图 | | | | | |
| 审核 | | | | | |

a）

b）

图 7-36　支座

a）焊接图　b）立体图

孔、槽等）的定形尺寸和定位尺寸，如图 7-36a 所示。

在复杂焊接结构件的焊接图上，为了更加清楚地表达复杂焊接结构件各零件间的位置关系，在焊接图上可省略各零件的尺寸，即按照装配图的尺寸标注方式标注尺寸。在焊接图上只标注焊接装配体的外形尺寸、各零件间的相对位置尺寸和焊接装配体的安装尺寸，如图 7-36a 中可以省略标注板厚 6 mm，支撑板的尺寸 9 mm、16 mm 和 36 mm，底板的尺寸 50 mm 和 27 mm 等。

（3）焊缝符号

在焊接图上必须标注所有焊缝的焊缝符号，并符合国家标准的有关规定。

在图 7-36a 中，分别标注了侧板与支撑板、支撑板与底板之间的焊缝符号 3 2条，其含义是：双面角焊缝，焊脚尺寸为 3 mm，相同的焊缝有 2 条。

（4）技术要求

为了确保焊接结构件的焊接质量，在焊接图上一般用规定的代号、数字、字母或文字注解，简明、准确地给出焊接结构件在制造和检验时应达到的质量要求，如焊接结构件的焊接要求、公差要求等。为了简化图形，也可以只标注焊接要求。

在图 7-36a 中，用文字标注了焊后热处理要求和焊接方法要求。

（5）构件的编号与标题栏、明细栏

在焊接图中必须按照一定的顺序对每种零件或构件编写序号。在图纸的右下角绘制标题栏，在标题栏上方绘制明细栏，在明细栏中将零件或构件按照序号一一列出，注明零件或构件的名称、材料、数量等。

该支座共有三个构件，材料皆为 Q235A，板厚为 6 mm。

## 2. 识读汽车侧窗立柱的焊接图

图 7-37 所示为汽车侧窗立柱的焊接图，下面识读该图。

（1）概括了解

识读标题栏和明细栏可知，汽车侧窗立柱由内板和外板焊接而成，内、外板的材料皆为 Q235A，板厚为 1.5 mm。

（2）分析视图

该焊接图用了主视图和左视图两个视图表达，主视图为外形图，左视图为全剖视图。

（3）分析焊缝符号

该焊接图上的焊缝符号为 4 ○ 23×（20） 2条/21，符号○表示点焊缝，焊缝符号

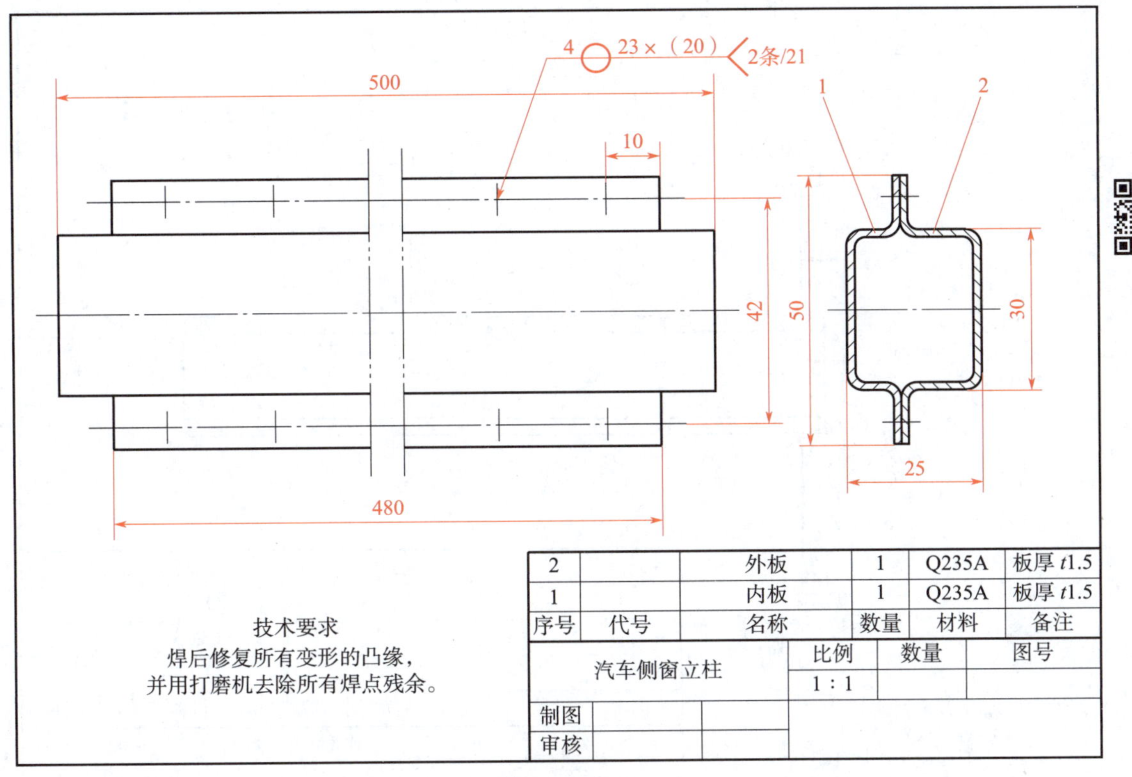


图 7-37　汽车侧窗立柱的焊接图

尾部的数字“21”表示焊接方法为电阻点焊。其他文字的含义是：焊点直径为 4 mm，共有 23 个焊点，焊点距为 20 mm，共有上下两条焊缝。

（4）分析尺寸

在该焊接图上标注了焊接件的外形尺寸（长 500 mm、宽 25 mm、高 50 mm），中间回形结构的尺寸为 30 mm，焊点定位尺寸为 42 mm 和 10 mm。

（5）分析技术要求

该焊接图标注了一项技术要求，详见图 7-37。

### 3. 识读法兰接管的焊接图

法兰接管的焊接图如图 7-38 所示，下面识读该焊接图。

（1）概括了解

分析图 7-38 所示法兰接管的焊接图的标题栏可知，焊接结构件的名称是法兰接管，绘图比例为 1∶2。该焊 接结构件由法兰盘、套管、支管、接管 4 个零件组成，各零件所用的材料均为 Q235A。

（2）分析视图

分析图 7-38 可知，法兰接管的 4 个零件皆为回转体零件，所以该焊接图只用了一

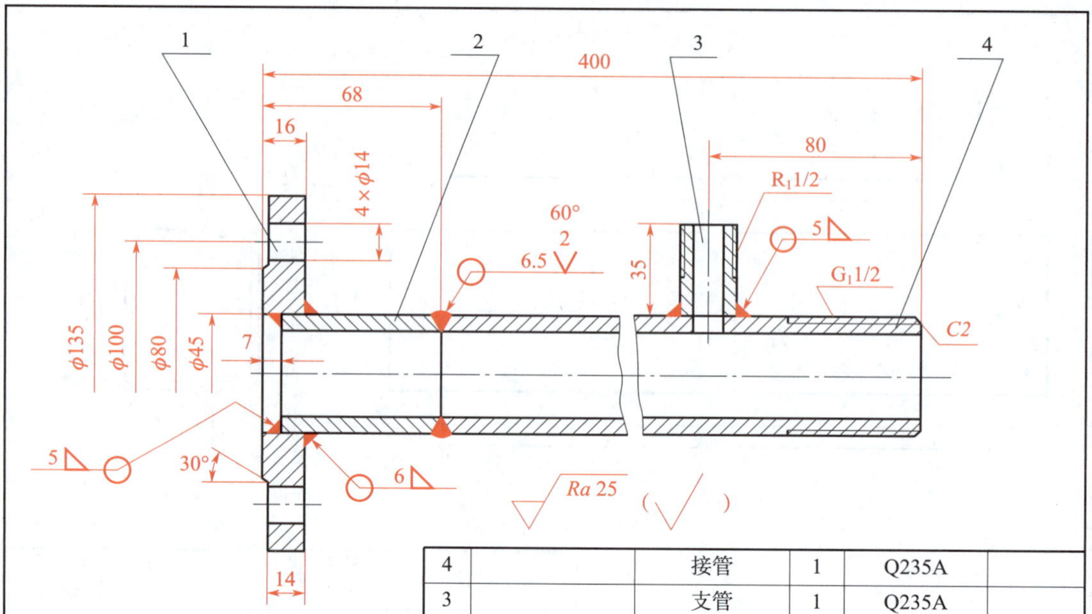

| 4 | | 接管 | 1 | Q235A | |
|---|---|---|---|---|---|
| 3 | | 支管 | 1 | Q235A | |
| 2 | | 套管 | 1 | Q235A | |
| 1 | | 法兰盘 | 1 | Q235A | |
| 序号 | 代号 | 名称 | 数量 | 材料 | 备注 |

| 法兰接管 | | 比例 | 数量 | 图号 |
|---|---|---|---|---|
| | | 1∶2 | | |
| 制图 | | | | |
| 审核 | | | | |

技术要求

1.加工圆角倒钝。

2.焊后退火处理。

3.全部焊缝采用焊条电弧焊。

图 7-38　法兰接管的焊接图

个视图表达其结构。该焊接装配体的各个零件都比较简单，其中，零件 1（法兰盘）的结构稍微复杂些。分析视图可知，法兰盘的左侧有一凸台，在法兰盘的外围均匀分布着 4 个圆孔，其形状如图 7-39 所示。套管、支管和接管都是套类零件，在接管的右侧和支管的上侧加工有螺纹。

图 7-39　法兰盘立体图

（3）分析焊缝符号

在图 7-38 中标注了 4 个焊缝符号，其中法兰盘和套管之间的焊缝为周围角焊缝，内侧的焊脚尺寸为 5 mm，外侧的焊脚尺寸为 6 mm。支管与接管之间的焊缝也为周围角焊缝，其焊脚尺寸为 5 mm。接管与套管之间的焊缝符号为 60° 2 6.5 V，它表示周围 V 形焊缝，坡口角度 $\alpha$=60°，焊缝有效厚度为 6.5 mm，根部间隙为 2 mm。

（4）分析尺寸

从图 7-38 中可以看出，套管与法兰盘之间的定位尺寸为 7 mm，支管与接管之间的定位尺寸为 80 mm。在图中，为了便于加工法兰盘，标注了法兰盘的全部定形、定位尺寸，其上 4 个连接孔的定形尺寸 $4\times\phi14$ mm 和定位尺寸 $\phi100$ mm 同时也是该装配体的安装尺寸。从图中还可以看出，该装配体的总长为 400 mm，接管右侧的螺纹规格为 $G_1\dfrac{1}{2}$，支管上螺纹的规格为 $R_1\dfrac{1}{2}$。

（5）分析技术要求

在图 7-38 中，用符号标注了焊接装配体的表面结构要求，用文字标注了零件的加工要求和焊接工艺要求。

# 第八章
# 汽车电路识图

## §8-1 | 电路符号

### 学习目标

1. 掌握汽车电路图用图形符号的基本形式、构成方式和应用规则。
2. 掌握汽车电路图用文字符号的常用形式及其作用。
3. 掌握电气设备或装置的识别标记。
4. 能识读和使用常见的电路符号，并会查阅相关标准。

### 想一想

对比图 8-1a 和 8-1b，分析两图的绘制特点，想一想用图形符号制图有什么好处？图中电气简图与图形符号之间的对应关系见表 8-1。

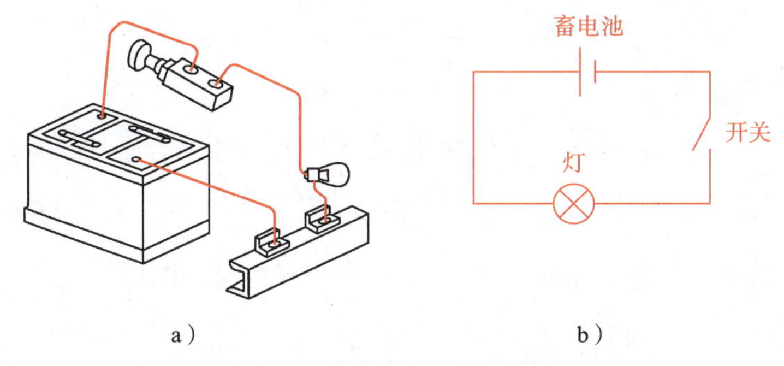


图 8-1　汽车车灯控制电路

a）实物示意图　b）电路图

表 8-1　电气与其对应的图形符号

| 名称 | 实物示意图 | 图形符号 | 名称 | 实物示意图 | 图形符号 |
| --- | --- | --- | --- | --- | --- |
| 蓄电池 | | | 灯 | | |
| 开关 | | | 导线 | | |

## 一、图形符号

### 1. 电气简图用图形符号

（1）图形符号的基本概念

图形符号是指用于表达一个电气系统、设备、装置、元器件的简单图形或字符。如图 8-1b 所示，图中电器均用一个简单图形表示。图形符号用字符表示的示例见表 8-2。

表 8-2　图形符号用字符表示的示例

| 图形符号 | 说明 | 图形符号 | 说明 | 图形符号 | 说明 |
| --- | --- | --- | --- | --- | --- |
| DC | 直流 | + | 正极性 | N | 中性（中性线） |
| AC | 交流 | - | 负极性 | < | 动作（小于整定值时） |

为了规范电气简图中图形符号的应用，国家在国际电工委员会（IEC）标准的基础上制定了国家标准《电气简图用图形符号》（GB/T 4728.1～4728.13）。

（2）图形符号的基本形式及构成方式

1）图形符号的基本形式

①符号要素。符号要素是一种具有确定意义的简单图形，是图形符号的组成部分，不能单独使用，必须同其他图形组合后才能构成表示一个设备或概念的完整符号。表 8-3 所示为符号要素的组合示例，表中 PNP 型半导体管的图形符号“”由符号要素“”“”和“”组合而成。

表 8-3　符号要素的组合示例

| 符号要素 | | 组合符号 | |
|---|---|---|---|
| 图形符号 | 说明 | 图形符号 | 说明 |
| | 具有一处欧姆接触的半导体区 | | PNP 型半导体管 |
| | N 区上的 P 型发射极 | | |
| | 不同导电型区上的集电极 | | |

②限定符号。限定符号是一种附加在一般符号或其他符号上，用以提供某种确定或附加信息的符号，通常不能单独使用。常见限定符号及其含义示例见表 8-4。

表 8-4　常见限定符号及其含义示例

| 图形符号 | 说明 | | 图形符号 | 说明 |
|---|---|---|---|---|
| ⎓ | 形式 1 | 直流 | + | 正极性 |
| DC | 形式 2 | | − | 负极性 |
| ~ | 形式 1 | 交流 | | 动触点 |
| AC | 形式 2 | | | 接触器功能 |

③一般符号。一般符号是指用以表示一类事物或其特征，或作为成组符号中各个图形符号的组成基础的较简明的图形符号。一般符号是同一类产品中各种产品的通用符号，可单独使用。常用一般符号及其含义示例见表 8-5。

表 8-5　　常用一般符号及其含义示例

| 图形符号 | 说明 | 图形符号 | 说明 |
|---|---|---|---|
| | 电阻器 | | 半导体二极管 |
| | 电容器 | | 灯 |
| | 开关 | | 熔断器 |

一般符号还可用作限定符号。当用作限定符号时，要缩小绘制。在表 8-6 中，电容器的一般符号被用作限定符号，组成“变容二极管”的图形符号。

表 8-6　　一般符号用作限定符号的组合示例

| 用作限定符号的一般符号 | | 用作表示主功能的一般符号 | | 组合符号 | |
|---|---|---|---|---|---|
| 图形符号 | 说明 | 图形符号 | 说明 | 图形符号 | 说明 |
| | 电容器 | | 半导体二极管 | | 变容二极管 |

2）图形符号的构成方式

①符号要素与一般符号组合。表 8-7 所示为符号要素与一般符号的组合示例。表中用于表示屏蔽导体的图形符号“ ”由表示屏蔽的图形符号“ ”和表示导线的图形符号“ ”组合而成。

表 8-7　　符号要素与一般符号的组合示例

| 符号要素 | | 一般符号 | | 组合符号 | |
|---|---|---|---|---|---|
| 图形符号 | 说明 | 图形符号 | 说明 | 图形符号 | 说明 |
| | 屏蔽 | | 导线 | | 屏蔽导体 |

②限定符号与一般符号组合。表 8-8 所示为限定符号与一般符号的组合示例。表中，表示极性电容器的图形符号“ ”由表示正极性的符号“+”和表示电容器的符号“ ”组合而成。表 8-9 所示为限定符号加在一般符号上组成特定产品的图形符号示例。表中，表示电阻器的图形符号是一般符号，表示可调电阻器、压敏电阻器、带滑动触点的电位器的图形符号是特定产品的图形符号，它们是在一般符号“ ”的基础上加上限定符号“ ”“ ”“ ”“ ”等组合而成的。

表 8-8　　限定符号与一般符号的组合示例

| 限定符号 | | 一般符号 | | 组合符号 | |
|---|---|---|---|---|---|
| 图形符号 | 说明 | 图形符号 | 说明 | 图形符号 | 说明 |
| + | 正极性 | ⊣⊢ | 电容器 | ⊣⊢+ | 极性电容器 |
| | 动触点 | | 电阻器 | | 带滑动触点的电位器 |
| ├---- | 手动控制操作件（一般符号用作限定符号） | | 开关（动合触点） | | 手动操作开关，一般符号 |

表 8-9　　限定符号加在一般符号上组成特定产品的图形符号示例

| 一般符号 | | 特定产品的图形符号 | |
|---|---|---|---|
| 图形符号 | 说明 | 图形符号 | 说明 |
| | 电阻器 | | 可调电阻器 |
| | | U | 压敏电阻器 |
| | | | 带滑动触点的电位器 |
| | | | 光敏电阻器（LDR） |
| | | | 加热元件 |

3）框形符号

框形符号是一种只用来表示元器件、设备等的组合及其功能，既不给出元器件、设备的细节，又不考虑所有连接的简单图形符号。框形符号通常是在框（包含圆形、方形等）内加上限定符号（或用作限定符号的一般符号）构成的。例如，桥式全波整流器的图形符号“◇”，由表示外轮廓的方形框图形符号“□”和内置表示半导体二极管的图形符号“⊣▷⊢”（一般符号用作限定符号）组成。

图 8-2 所示为单相桥式整流电路图，图 a 和图 b 给出的信息是相同的、一致的，只是“桥式全波整流”部分的画法不同。图 8-2b 所示整流部分用框形符号绘制，并画出了桥式全波整流器的全部输入和输出连接线。

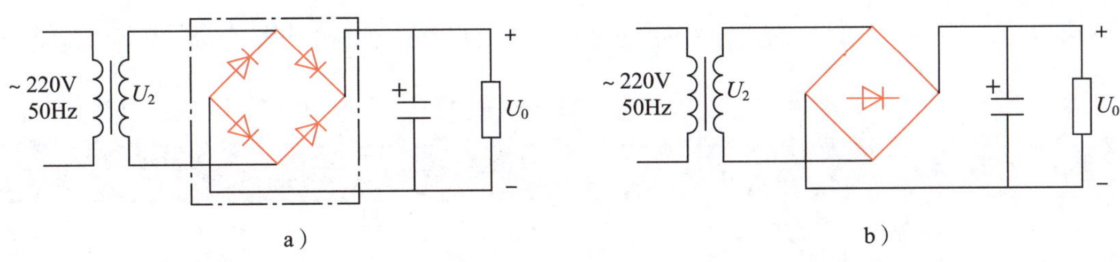


图 8-2　单相桥式整流电路图

a）整流部分未用框形符号绘制　b）整流部分用框形符号绘制

在 GB/T 4728 中，大部分用以表示某些特定装置或概念的图形符号是由标准规定的一般符号、限定符号、符号要素及相关物理符号、文字符号等组合而成的。表 8-10 所示为直流并励电动机图形符号的组合示例。为适应不同图样或用途的要求，组合时可以改变彼此有关的符号尺寸。与此相同的例子还有表 8-3 所列 PNP 型半导体管的组合示例、表 8-7 所列符号要素与一般符号的组合示例、表 8-8 所列限定符号与一般符号的组合示例。

表 8-10　　直流并励电动机图形符号的组合示例

| 图形符号 | 说明 | 组合符号 | 说明 | 备注 |
|---|---|---|---|---|
| ⊛ | 电机，一般符号（星号用字母代替：G—发电机，GS—同步发电机，M—电动机，MS—同步电动机） | M | 直流并励电动机 | 标准图形符号，由标准中规定的图形符号组合而成 |
|  | 直流，限定符号 |  |  |  |
|  | 线圈、绕组，一般符号用作限定符号 |  |  |  |

（3）图形符号的应用规则

1）图形符号的选择

①图形符号“形式”类型的选择。在图形符号中，用于表示同一对象的图形符号可能不止一个图示形式。如表 8-4 所示，用于表示直流的图形符号有“形式 1”“形式 2”两种。当表示同一对象的图形符号在国家标准中给出几种形式时，可根据简图的需要选择合适的形式。首先要选择优选形式或适用于专门类别的符号形式，其次在满足需要的前提下，尽量选用简单的形式。在同一幅图中表示同一对象时应采用同一种形式。

②图形符号的选择与新图形符号的组合。在同一幅图中表示同一含义只能选用同一个符号。如果标准中有所需符号，则应直接选用；如果标准中没有，则应根据符号的功能要求，用在标准中规定的符号（如符号要素、限定符号、一般符号等）组合成一个新

的图形符号。表 8-11 所示为定子绕组为星形连接的交流发电机的图形符号的组合示例。

表 8-11　定子绕组为星形连接的交流发电机的图形符号的组合示例

| 图形符号 | 表示含义 | 组合符号 | 表示含义 | 说明 |
| --- | --- | --- | --- | --- |
|  | 电机，一般符号（G—发电机） |  | 定子绕组为星形连接的交流发电机 | 该图形符号是一个未被标准化的图形符号，它是由标准中规定的图形符号组合而成的图形符号；用作限定符号的符号要缩小绘制；数字“3”表示三相 |
|  | 星形连接的三相绕组，限定符号 |  |  |  |
| ~ | 交流，限定符号 |  |  |  |
|  | 半导体二极管，一般符号（用作限定符号） |  |  |  |

新组合而成的图形符号的含义应与其各组成部分所表示的含义一致。先按基本概念选用一个符号，然后再将其与一个或多个适当的补充符号（如限定符号、符号要素、物理符号、文字符号等）组合，形成新的图形符号。如表 8-11 所示，以“电机”的图形符号（一般符号）为基础符号，补充“星形连接的三相绕组”“交流”“半导体二极管”“3”等图形符号或字符，组合形成标准中未规定的新图形符号“定子绕组为星形连接的交流发电机”的图形符号。

在汽车电路图中，一些国家标准中未列出的汽车专用元器件的图形符号均可按此规则组合而成。表 8-12 所示为非国家标准汽车电路图常用图形符号示例。

表 8-12　非国家标准汽车电路图常用图形符号示例

| 图形符号 | 表示意义 | 图形符号 | 表示意义 |
| --- | --- | --- | --- |
|  | 组合灯 |  | 刮水电动机 |
|  | 防盗报警系统 |  | 电动天线 |

2）图形符号的取向

标准中的图形符号大都按从左到右的信号流向设计，即输入在左，输出在右。但在具体应用中，为了保持图面的清晰，避免导线的弯折或交叉，满足有关信息流、能量流等流向和阅读方向的不同需求，图形符号也可采用不同的取向形式，但图形符号的含义不能改变。

图形符号的取向可通过标准符号旋转或镜像的方式生成。图形符号旋转或镜像时，其文字、图形或符号的输入/输出标志应按水平或垂直的方向布置，并能从图样的底部或右边阅读。图 8-3 所示为压敏电阻器图形符号旋转 90° 的示例，图 a 为水平布置，图 b 为垂直布置，符号含义不变。

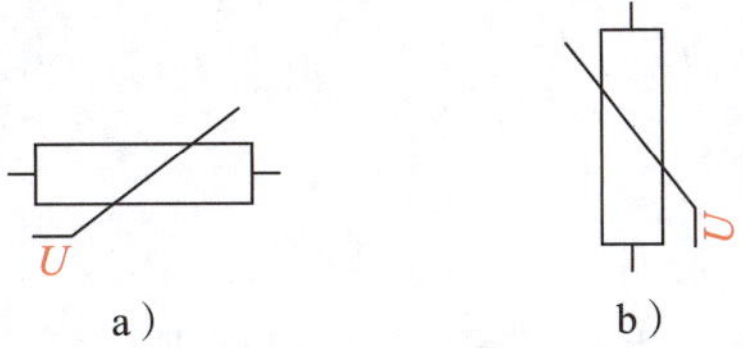


图 8-3　文字的布置方向示例（压敏电阻器）

a）水平布置　b）垂直布置

3）图形符号的绘制要求

图形符号是按网格绘制的，如图 8-4 所示。图形符号的绘制比例按模数 M 确定，但网格不随图形符号示出。虽然每个图形符号的尺寸与比例是在网格系统中设计、确定的，但是图形符号的含义是由其形状和内容确定的，符号大小和图线宽度不影响其含义。

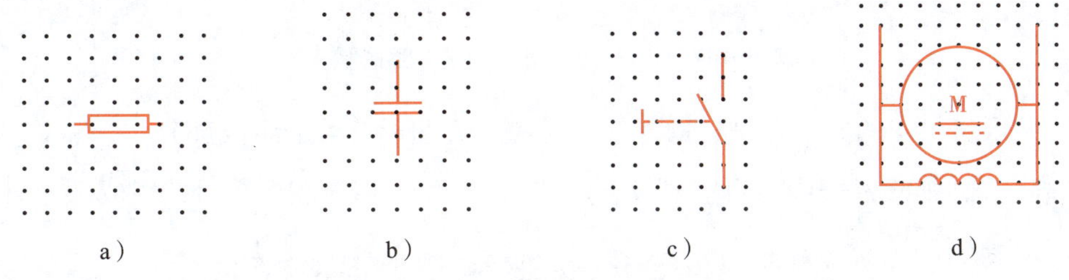


图 8-4　图形符号按网格绘制示例

a）电阻器　b）电容器　c）手动操作开关　d）直流并励电动机

图形符号可以被任意画成一种与全图尺寸相匹配的图形，但在放大或缩小时，图形本身各部分应按比例放大或缩小，即图形符号的基本形状保持不变。如图 8-5 所示，不能把电阻器的图形符号绘制成驱动器件的图形符号。

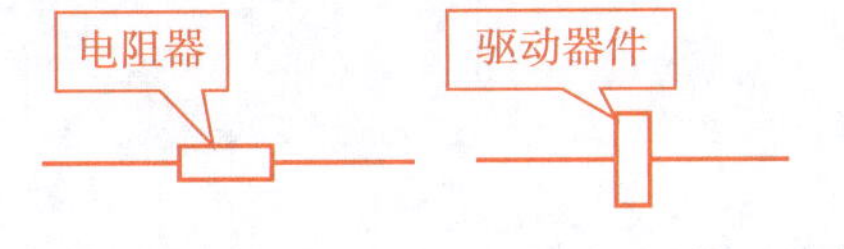


图 8-5　电阻器与驱动器件的图形符号示例

4）图形符号的引出线

电气元件的图形符号一般都画有引出线，但图形符号所带的引出线并不是图形符号的组成部分，在大多数情况下引出线位置仅用作示例。在不改变符号含义的原则下，引出线可取不同的方向。图形符号和引出线的不同位置示例见表 8-13。

表 8-13　图形符号和引出线的不同位置示例

| 引出线位置不影响图形符号的含义示例 | | 引出线位置影响图形符号的含义示例 | |
|---|---|---|---|
| | | | |
| 转换器，一般符号 | | 电阻器，一般符号 | 驱动器件，一般符号 |

5）图形符号表示的状态

图形符号应表示在无电压、无外力条件下的常规状态。如图 8-6 所示，图 a 表示在手动操作开关未推动（无外力）的状态；图 b 表示在继电器驱动线圈未通电（无电压）的状态，其动合（常开）触点处于断开状态、动断（常闭）触点处于闭合状态。

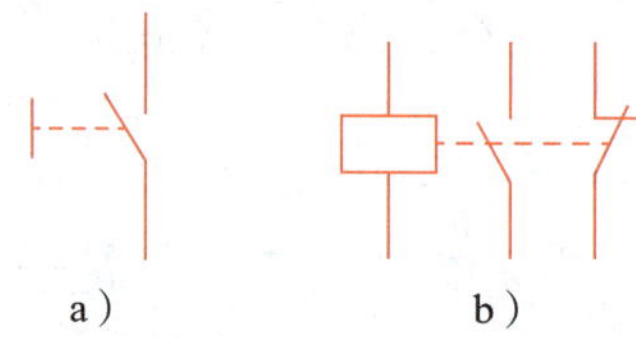


图 8-6　图形符号表示的状态示例

a）手动操作开关图形符号　b）继电器图形符号

6）图形符号中的文字符号、物理量符号应视为图形符号的组成部分

如表 8-14 所示，表中字母符号 V、U、G、M 均为相应图形符号的组成部分。

表 8-14　文字符号、物理量符号为图形符号的组成部分示例

| 图形符号 | 表示含义 | 图形符号 | 表示含义 |
|---|---|---|---|
| V | 电压表 | G | 信号发生器，一般符号 |
| U | 压敏电阻器 | M | 直流并励电动机 |

7）国家标准未规定的图形符号的使用

电路图中若采用国家标准未规定的图形符号，则必须加以说明。图 8-7 所示为奇瑞新能源汽车艾瑞泽 7ePHEV 高压互锁电路，图中电器均采用非标准化的简化外形（即方框）表示，都加注有相关说明，如电池管理系统（BMS）、电机控制器（IPU）等。

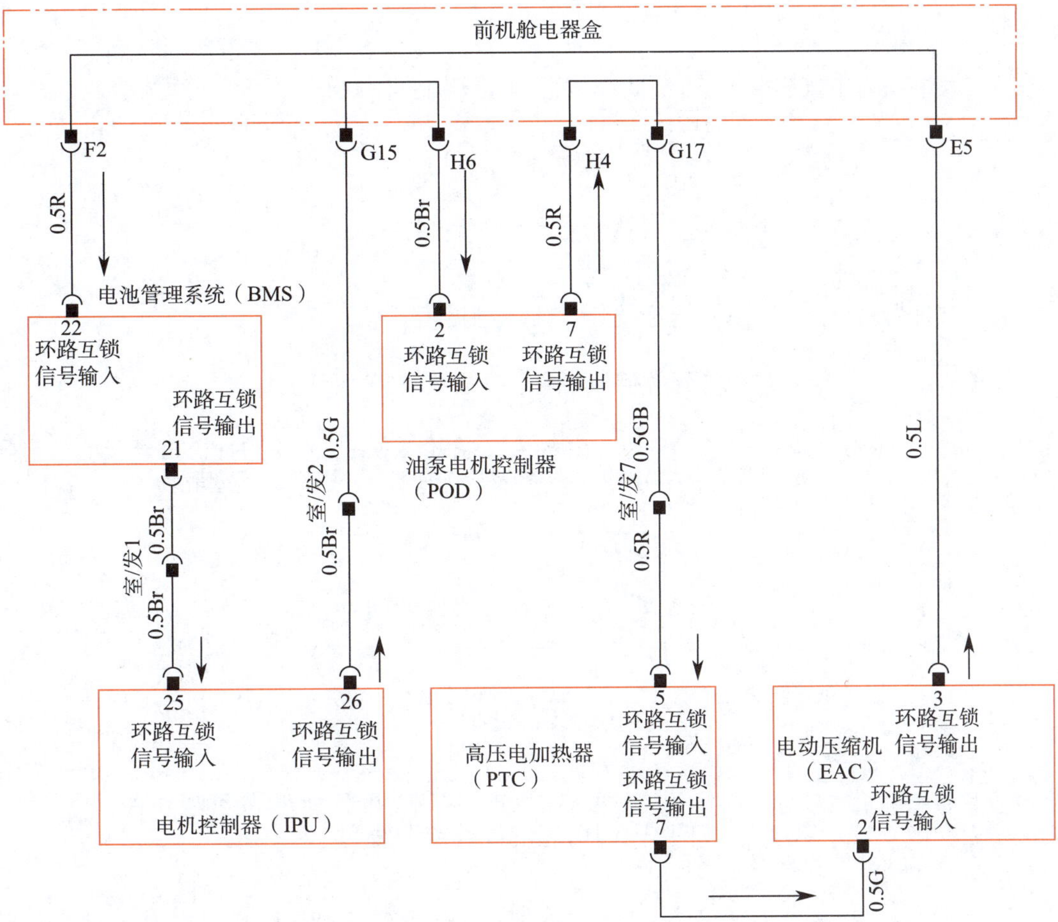

图 8-7　奇瑞艾瑞泽 7ePHEV 高压互锁电路图

## 2. 图形符号在汽车电路图中的应用

（1）常用汽车电路图用图形符号

目前，不同国家、不同汽车的生产厂家使用的图形符号有一定的差别。下列图形符号是从用于汽车电气装置的各标准电路图中挑选出来的，具有一定的代表性，除少数例外，它们均符合国际电工委员会（IEC）的标准。

1）与连接相关的图形符号及其含义示例见表 8-15。

表 8-15　与连接相关的图形符号及其含义示例

| 导线，交叉线（不连接/连接） | 屏蔽导线 | 机械联动连接，导线（附加的布线） |
|---|---|---|
| 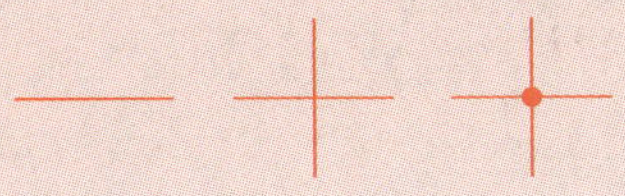 | 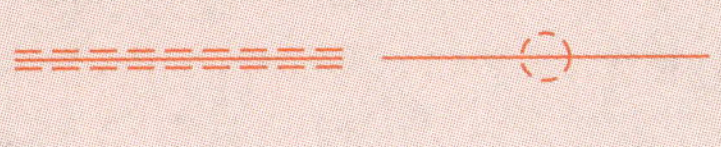 |  |

续表

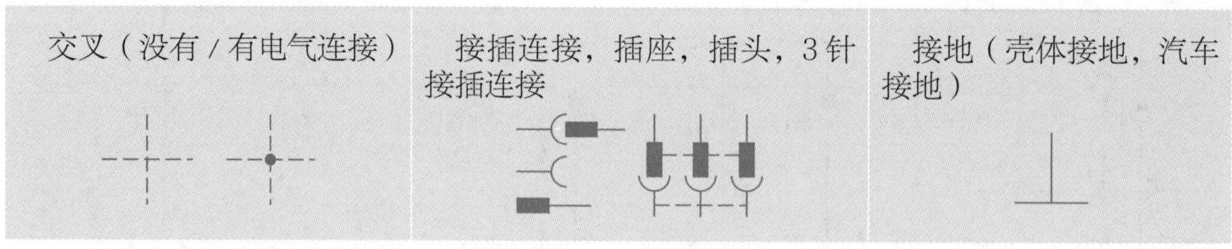

| 交叉（没有 / 有电气连接） | 接插连接，插座，插头，3 针接插连接 | 接地（壳体接地，汽车接地） |
| --- | --- | --- |

2）与机械元件相关的图形符号及其含义示例见表 8-16。

表 8-16　与机械元件相关的图形符号及其含义示例

| 开关位置（初始位置：实线）<br>0 1 2<br>0 1 2 | 手动，由触头（凸轮）操作，由热（双金属片）操作 | 一般的机械、气动、液压操作，活塞驱动 |
| --- | --- | --- |
| | 制动扣，非自动或自动向箭头方向自复位 | 由转速 $n$、压力 $p$、质量 $Q$、时间 $t$、温度 $t°$ 操作<br>$n$　$p$　$Q$<br>$t$　$t°$ |
| 可变性，一般由外因而非内因引起变化 | 可变性，在物理参量作用下由内因引起的线性或非线性变化 | 一般的可调节性 |

3）与开关相关的图形符号及其含义示例见表 8-17。

表 8-17　与开关相关的图形符号及其含义示例

| 手动开关，常开 / 常闭 | 位置开关，常开 / 常闭 | 转换开关，先通后断 / 先断后通 |
| --- | --- | --- |
| 三位置双向开关（如脉冲开关） | 通 - 断开关 | 双通开关 |
| 多位开关<br>0 1 2 | 凸轮操作开关（如断电器） | 热敏开关 |

续表

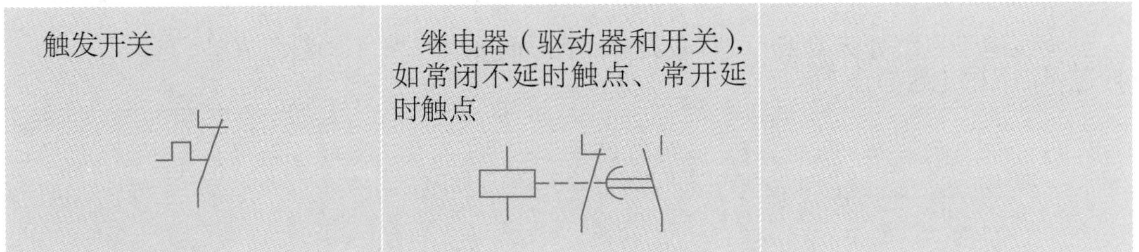

| 触发开关 | 继电器（驱动器和开关），如常闭不延时触点、常开延时触点 | |
|---|---|---|

4）与通用元器件相关的图形符号及其含义示例见表 8-18。

表 8-18　　与通用元器件相关的图形符号及其含义示例

| 单绕组驱动器 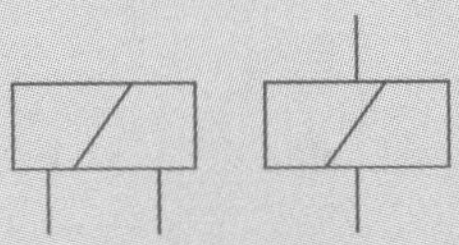 | 同向双绕组动作线圈驱动器 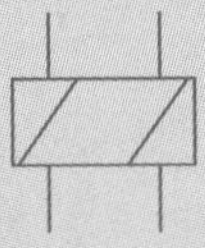 | 反向双绕组动作线圈驱动器 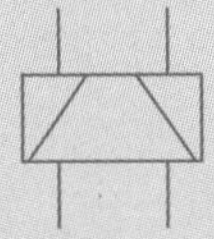 |
|---|---|---|
| 电热线圈驱动器（热继电器） 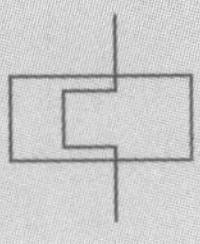 | 电热驱动器，行程电磁阀 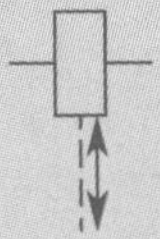 | 电磁阀（关状态） 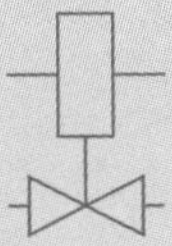 |
| 电阻  | 滑动变阻器 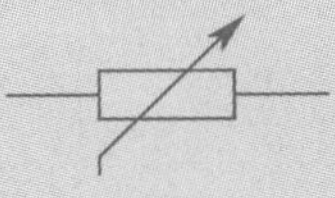 | 热元件、电热塞、火焰塞、风窗玻璃加热丝 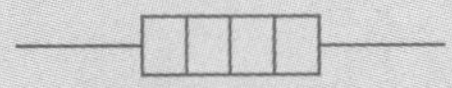 |
| 天线  | 熔断丝  | 永久磁铁 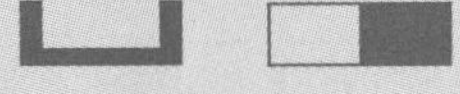 |
| 绕组、电感  | 正温度系数电阻（PTC） 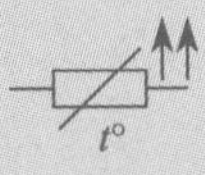<br>t° | 负温度系数电阻（NTC） 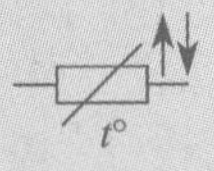<br>t° |
| 普通二极管，三角顶点为电流方向  | PNP 晶体管，NPN 晶体管 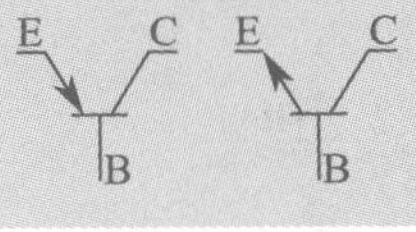<br>E C E C<br>B B | 发光二极管（LED） 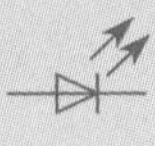 |

5）汽车用元器件的图形符号及其含义示例见表 8-19。

表 8-19　　汽车用元器件的图形符号及其含义示例

| | | |
|---|---|---|
| 点画线用于电路分区或指明逻辑相关的电路部分  | 屏蔽器件，矩形框接地  | 一般调节器  |
| 电压调节器 <br>$U$ | 一般显示元件、电压表、时钟 <br>V | 转速表、温度表、速度表 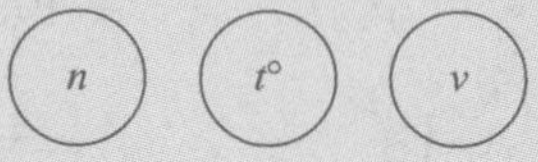<br>$n$　$t°$　$v$ |
| 蓄电池 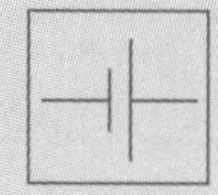 | 接插件 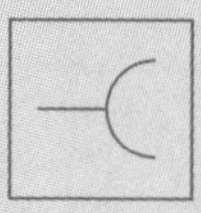 | 前照灯  |
| 电喇叭、气喇叭 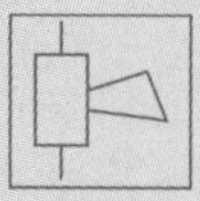 | 后风窗玻璃加热丝（一般为热元件） 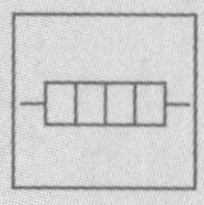 | 不带指示灯的开关 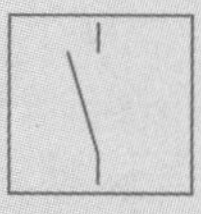 |
| 带指示灯的开关 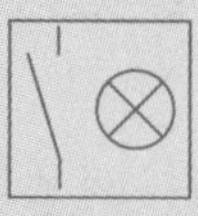 | 按钮开关 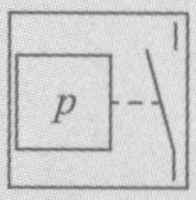<br>$p$ | 一般继电器（电磁铁） 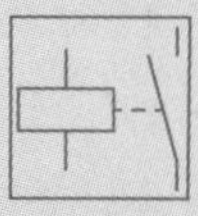 |
| 螺管电磁阀、喷油阀、冷启动阀 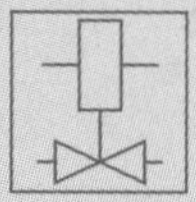 | 热－时间开关 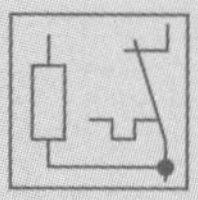 | 节气门开关 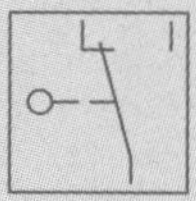 |
| 旋转调节器、旋转执行器 <br>M | 电热驱动的辅助空气阀门 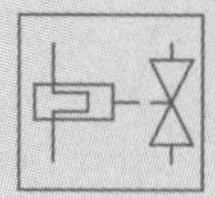 | 火花塞  |
| 点火线圈 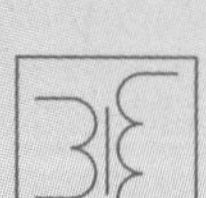 | 一般的分电器  | 间歇式刮水继电器 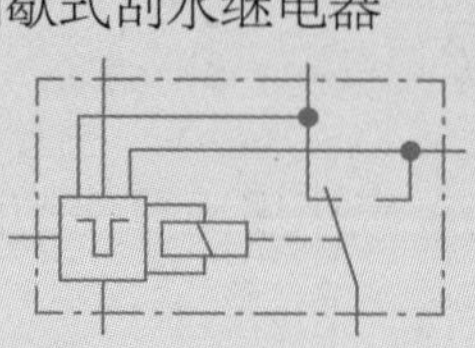 |

续表

| 电动燃油泵、液压泵的驱动电机 | 带风扇的电机 | 刮水继电器（单速 / 双速） |
| --- | --- | --- |
| 带吸合电磁铁（螺管开关）的起动机（带或不带内部电路） | 带电压调节器的交流发电机（带或不带内部电路） | 电子控制单元、控制器 |
| 汽车收音机 | 扬声器 | 稳压器、稳定器 |
| 电感传感器、带基准记号控制 | 转向信号器、脉冲发生器、间歇继电器 | 氧传感器（加热或不加热） |
| 压电传感器 | 电阻式位置传感器 | 空气体积流量计 |
| 空气质量流量计 | 流量传感器、燃油液面传感器 | 温度开关、温度传感器 |
| 速度传感器 | ABS- 车轮转速传感器 | 霍尔发生器 |

续表

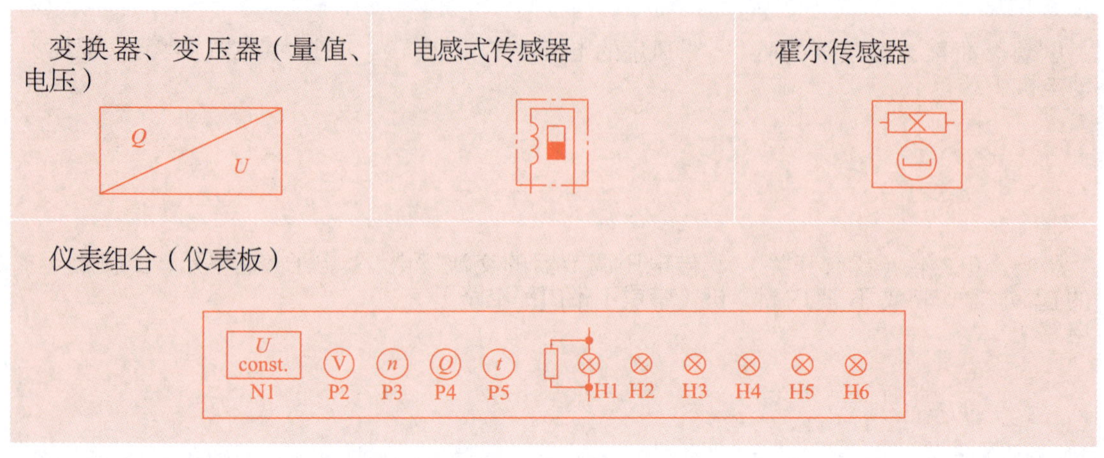

| 变换器、变压器（量值、电压） | 电感式传感器 | 霍尔传感器 |
|---|---|---|
| Q U | | |
| 仪表组合（仪表板） | | |
| U const. N1　V P2　n P3　Q P4　t P5　H1　H2　H3　H4　H5　H6 | | |

（2）识读汽车电路图用图形符号的注意事项

1）在常用汽车电路图形符号中，一部分属于通用电气简图用图形符号示例，见表 8-20；一部分属于汽车生产厂家根据自身元器件的结构特点或功能特性制定的具有企业特征的图形符号（非标准），如图 8-8a 所示为带有电磁开关的起动机的图形符号，该图形符号为非标准符号，说明起动系统电路由主电路和控制电路两部分组成。不同厂家给出的带有电磁开关的起动机的图形符号也都具有自身特色，示例见表 8-21。传动机构在电路图中一般不画出，但也有例外，如图 8-8b 所示为通用车系带有电磁开关的起动机的图形符号，将相应机械元器件也绘制在电路图中。

表 8-20　　通用电气简图用图形符号示例（摘自 GB/T 4728）

| 蓄电池 | 照明灯 | 半导体二极管 | PNP 型三极管 | 电阻器 |
|---|---|---|---|---|
| | | | | |

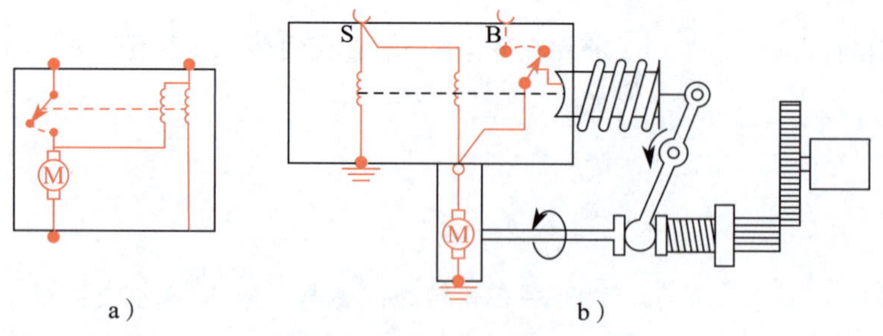


图 8-8　带有电磁开关的起动机的图形符号（非标准）示例

a）起动机（带电磁开关）　b）通用车系带有电磁开关的起动机

表 8-21　起动机（带电磁开关）的图形符号示例

| 大众 | 奔驰 | 夏利 | 富康 | 解放（国产） |
| --- | --- | --- | --- | --- |
| M | M | M |  | M |

2）各汽车生产厂家对某些汽车电器所用的图形符号虽然有所不同，给识图造成一定的困难，但图形符号的基本结构组成却是相似的，见表 8-22。

表 8-22　动合（常开）开关图形符号示例

| 大众、奔驰 | 雪铁龙 | 解放、通用 | 丰田 | 现代 | 本田 |
| --- | --- | --- | --- | --- | --- |
|  |  |  |  |  |  |

## 二、文字符号

### 1. 字母代码

（1）字母代码的基本概念

字母代码是指标注在图形符号旁用于表明电气设备、装置、元器件的用途或任务的一个字母或字母组合。如图 8-9 所示，在每个用于表示电气元器件的图形符号旁均标注有一个与之对应的字母，其对应关系见表 8-23。

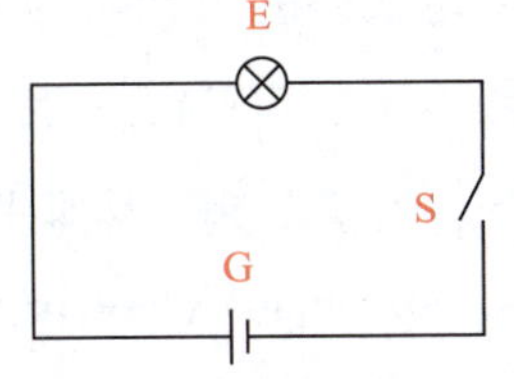


图 8-9　电灯控制电路图

表 8-23　电器的字母代码及其图形符号

| 名称 | 图形符号 | 字母代码 | 名称 | 图形符号 | 字母代码 |
| --- | --- | --- | --- | --- | --- |
| 原电池 | ⊣⊢ | G | 灯 | ⊗ | E |
| 开关 | ＿/＿ | S | 导线 | — | 未标注 |

在电路图中，字母代码可在图形符号与实物之间建立起较为明确的对应关系，以方便查找、区分图形符号所表示的元器件、装置和设备。为规范字母代码的使用，国家制定了《工业系统、装置与设备以及工业产品结构原则与参照代号　第 2 部分：项目的分类

与分类码》( GB/T 5094.2—2018 ) 等相关标准。

**小提示**

目前，GB/T 5094.2—2018的执行需要一个过程，人们仍习惯性地使用GB/T 5094—1985标准。读者可通过查询、研讨，厘清两者之间的差别，提升新旧标准之间的转换技能。

(2) 字母代码的基本形式

字母代码有主类字母代码和主类加子类字母代码两种基本形式。

1) 主类字母代码

电气系统中的电气设备、装置、元器件等项目的种类繁多，在国家标准中，将这些电气项目按用途或任务（即项目的功能）进行分类，每一类用一个大写的专用拉丁字母代码表示，这个专用拉丁字母被称为主类字母代码，即单字母代码。例如，在图8-9中，用字母“G”表示原电池、“E”表示灯、“S”表示开关，这些用于表示项目类别的字母“G”“E”“S”就是主类字母代码。项目类别和主类字母代码可查阅GB/T 5094.2—2018中的相关规定。

2) 主类加子类字母代码

用主类加子类字母代码（即双字母代码）的方式表示某个项目大类中的小类别。双字母代码的第一位为主类字母代码，第二位为子类字母代码。主类加子类字母代码可查阅GB/T 5094.2—2018中的相关规定。如图8-10所示，用字母“KF”表示晶体三极管，“RA”表示电阻器和二极管，“PF”表示报警指示灯，这些用于表示项目类别的字母“KF”“RA”“PF”就是主类加子类字母代码。例如，“KF”由主类字母代码“K”和子类字母代码“F”构成。

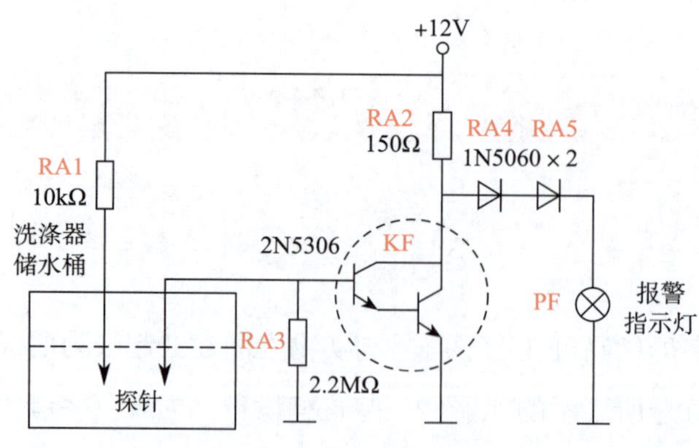


图8-10 风窗玻璃洗涤液液位报警器电路图

## 2. 辅助文字符号

辅助文字符号是指用以表示电气设备、装置、元器件以及线路的功能、状态和特征的文字符号。如图 8-11 所示，图中的字母“OFF”和“ON”就是辅助文字符号。常用辅助文字符号示例见表 8-24。

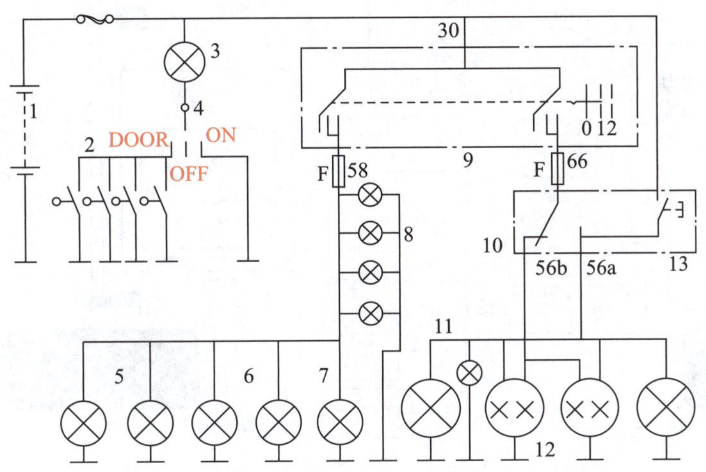


图 8-11　常见照明系统电路

1—蓄电池　2—门控开关　3—室内灯　4—室内灯手控开关　5—示宽灯　6—尾灯
7—牌照灯　8—仪表灯　9—灯光开关　10—变光开关　11—远光指示灯
12—前照灯（4 灯亮远光、2 灯亮近光）　13—超车灯开关

表 8-24　常用辅助文字符号示例

| 名称 | 符号 | 名称 | 符号 | 名称 | 符号 |
|---|---|---|---|---|---|
| 电流 | A | 输入 | IN | 保护搭铁与中性线共用 | PEN |
| 交流 | AC | 左、限制、低 | L | 右、反、记录 | R |
| 自动 | A，AUT | 主、中、中间线 | M | 红色 | RD |
| 制动 | B，BRK | 手动 | M，MAN | 复位 | R，RST |
| 黑色 | BK | 中性线 | N | 运转 | RUN |
| 蓝色 | BL | 断开 | OFF | 启动 | ST |
| 直流 | DC | 闭合 | ON | 停止 | STP |
| 接地、搭铁 | E | 输出 | OUT | 白色 | WH |
| 绿色 | GN | 压力、保护 | P | 黄色 | YE |
| 高 | H | 保护搭铁 | PE | 速度、电压 | V |

### 3. 常用汽车电器缩略语

在汽车电路图中，电气设备或装置常用缩略语方式进行注释，如图 8-12 所示。

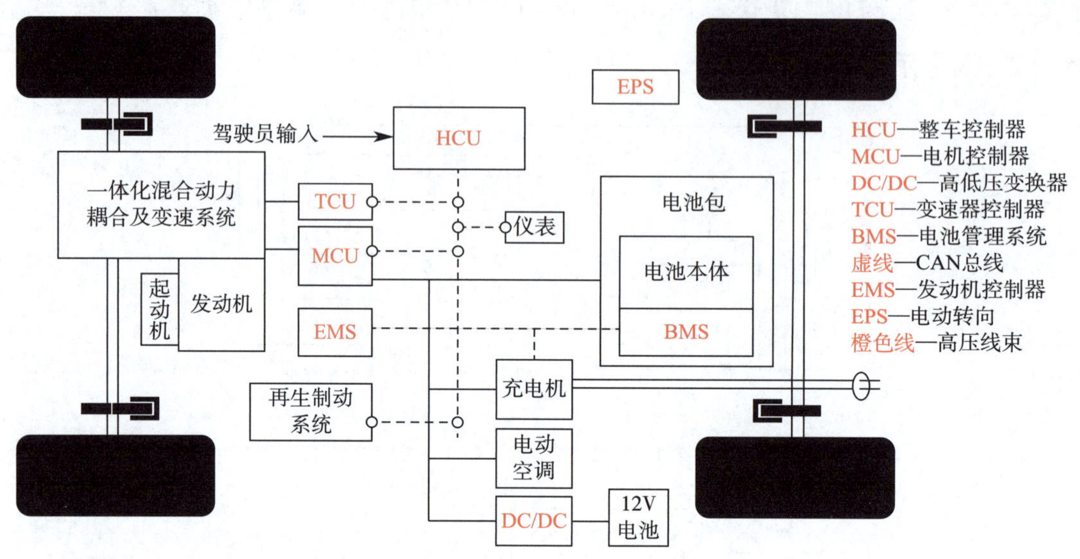


图 8-12　奇瑞艾瑞泽高压系统部件连接关系图

汽车电器常用缩略语示例见表 8-25。

表 8-25　汽车电器常用缩略语示例

| 缩略语 | 含义 | 缩略语 | 含义 | 缩略语 | 含义 |
|---|---|---|---|---|---|
| ABS | 防抱死制动系统 | A/T | 自动变速器 | CAN | 控制器区域网络 |
| A/C | 空调 | CPU | 中央处理器 | ECM | 发动机控制模块 |

**小提示**

不同厂家、车型的缩略语不完全相同，表 8-26 所示为含义相同而缩略语不同的示例；表 8-27 所示为缩略语相同而含义不同的示例。

表 8-26　含义相同而缩略语不同的示例

| 含义 | 缩略语 | 车型 |
|---|---|---|
| 搭铁 | GND | 通用、本田、日产、马自达 |
| | DE | 福特 |
| | E | 我国国家标准规定的符号 |

表 8-27　　缩略语相同而含义不同的示例

| 缩略语 | 含义 | 车型 |
|---|---|---|
| ACC | 附件 | 通用、马自达 |
| | 加速 | 日产、我国国家标准规定的符号 |
| | 空调离合器 | 现代 |

## 三、电气设备或装置的识别标记

### 1. 参照代号

参照代号是一种用于表示电气设备、装置或部件相对于系统的标识符。例如，在图 8-13 中，“-G”为原电池的参照代号，“-E”为灯的参照代号，“-S”为控制开关的参照代号。

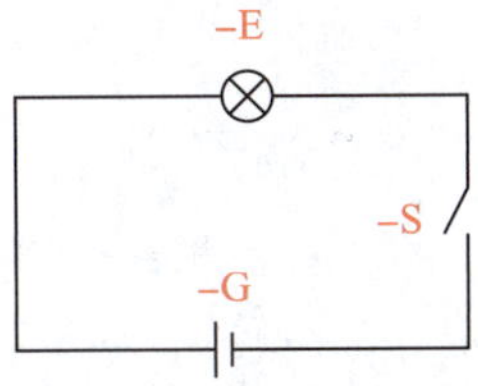

图 8-13　电灯控制电路图

按《工业系统、装置与设备以及工业产品结构原则与参照代号　第 1 部分：基本规则》(GB/T 5094.1—2018) 中的规定，参照代号可用字母和一个数字表示，其表示格式如图 8-14 所示，起动机的参照代号为“-M1”。

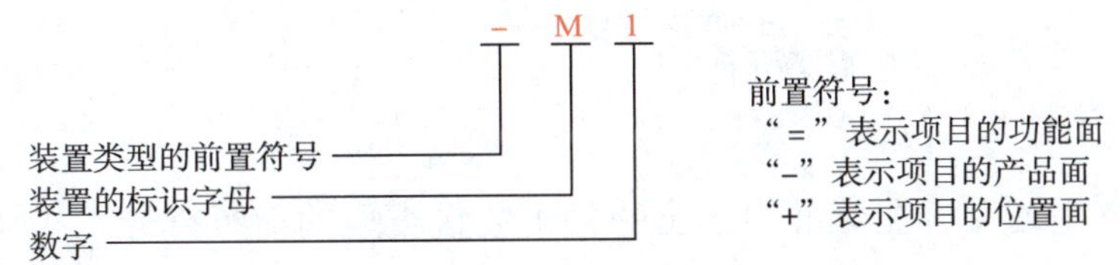


图 8-14　参照代号的表示格式示例

如果不会产生歧义，在标准中给出的关于装置类型的前置符号可被省去。如图 8-9 所示，与图 8-13 相对应的电灯控制电路图，图中的参照代号均省略前置符号“-”。

如果一个部件是另一个部件的组成部分，如带起动继电器 K6 的起动机 M1，则起动继电器标记为“-M1-K6”。

参照代号通常标注在图形符号的近旁，如图 8-9 所示。当图形符号垂直布置时，与图形符号相关的参照代号常置于符号的左边；当图形符号水平布置时，与图形符号相关的参照代号常置于符号的上方。但在不同生产厂家的电路图中，参照代号的标注位置也有所差别。

在生产实践中，不同厂家对汽车电路图中电气设备或装置的识别标记极具自身特色。例如，部分厂家仅用数字或用自己规定的字母与数字的组合作为表示电气设备、装置或部件相对于系统的标识符，然后将主要电气部件列表给出。如图 8-11 所示，图中“1”

表示蓄电池、“2”表示门控开关、“3”表示室内灯、“4”表示室内灯手控开关等。

**小提示**

虽然国家标准《工业系统、装置与设备以及工业产品结构原则与参照代号 第1部分：基本规则》(GB/T 5094.1—2018)中规定用“参照代号”替代旧标准《电气技术中的项目代号》(GB/T 5094—1985)中的“项目代号”，但目前项目代号在电气工程中仍普遍使用。

## 2. 端子代号及端子标识

(1)端子代号

端子代号是一种用于表示电气装置或部件端子的标识符号。国家标准《工业系统、装置与设备以及工业产品系统内端子的标识》(GB/T 18656—2002)中规定了端子代号的表示格式，如图 8-15 所示。

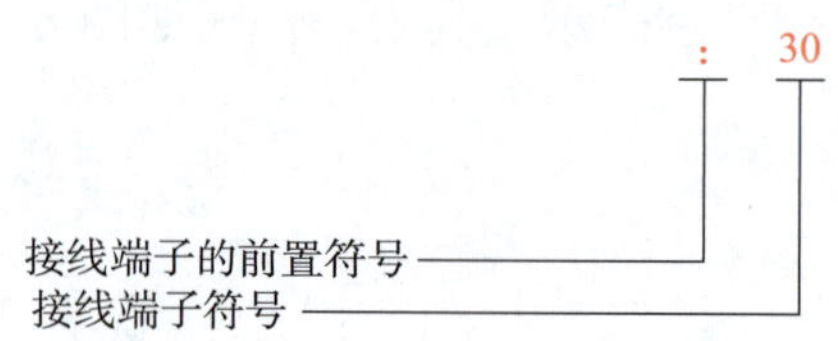


图 8-15 端子代号的表示格式示例

如果不会产生歧义，在标准中给出的关于装置类型的前置符号“:”可被省略。如图 8-16 所示，起动机(M1)的端子代号分别标记为“30”“50”。

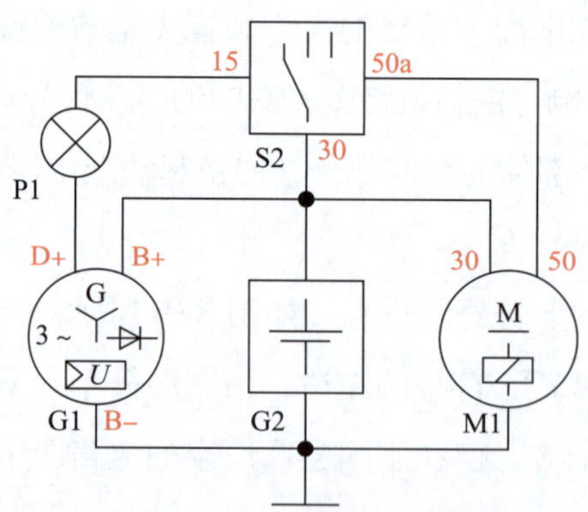


图 8-16 汽车电源系统接线图

G1—带电压调节器的交流发电机 G2—蓄电池 P1—充电指示灯 M1—起动机 S2—点火开关 15—15 号端子

如图 8-16 所示，接线标记应写在图形符号的外面。在有边框线时，优先写在边框线外面，如图中的点火开关（S2）。

（2）端子标识

在一个系统内，某一端子的标识应是唯一的。端子标识符应包括三部分：

1）唯一标识电气装置或部件端子的端子代号。

2）端子代号前的前置符号为“:”（冒号）。

3）冒号前的代号是端子所属电气装置或部件的参照代号。

图 8-17 所示为端子标识符的基本表达形式示例。图中的端子代号为该项目端子的唯一标识符号，参照代号为端子所在项目的标识符号。

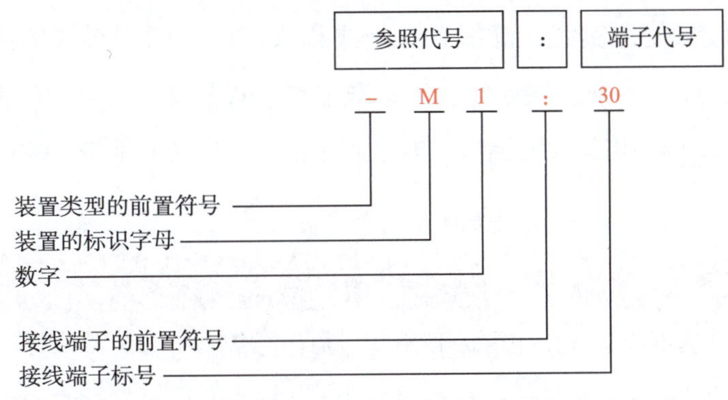


图 8-17　端子标识符的基本表达形式示例

# §8-2 | 绘制电路图的一般规则和基本表示方法

## 学习目标

1. 掌握电气制图的一般规则。
2. 掌握电气元器件的表示方法和连接线的表示方法。

## 想一想

在图纸幅面、标题栏、字体、比例、尺寸标注等方面，电气制图是否与机械制图一样，都应符合技术制图标准中的相关规则？除此之外，电气制图是否还具有特殊要求、规则和相关标准？

## 一、电气制图的一般规则

电气制图的一般规则详见国家标准《电气技术用文件的编制 第1部分：规则》（GB/T 6988.1—2008）。

### 1. 图线、箭头和指引线

（1）图线

电气制图一般只使用实线、虚线、点画线和双点画线四种形式的图线，如图8-11所示，图中机械连接线用细虚线绘制，表示关联结构的围框线用细点画线绘制，其余的连接线、图形符号均采用细实线绘制。电气制图中图线的应用见表8-28。

表8-28　电气制图中图线的应用

| 图线名称 | 示例 |
|---|---|
| 实线 | 基本线、简图主要内容用线、可见导线 |
| 虚线 | 辅助线、屏蔽线、机械连接线、不可见导线、计划扩展内容用线 |
| 点画线 | 分界线、结构围框线、功能围框线、分组围框线 |
| 双点画线 | 辅助围框线 |

（2）箭头和指引线

1）箭头

在电气简图中，箭头有开口和实心两种图示形式。开口箭头如“——>——”所示，主要用于表示电气能量、信号的传播方向，如能量流、信息流等；实心箭头如“——►——”所示，主要用于表示可变性、力和运动方向，以及指引线方向。

2）指引线

指引线主要用于指示注释的对象，采用细实线绘制，其末端指向被注释处，并加注末端标记。末端指在轮廓线内，用一黑点表示，如图8-18a所示；末端指在轮廓线上，用一实心箭头表示，如图8-18b所示；末端指在连接线上，用在连接线和指引线交点上画一短斜线或箭头表示终止，并允许有多个末端，如图8-18c所示。

### 2. 围框

当需要在图上显示出图的某一部分表示的是功能单元或结构单元时，可用细点画线围框表示。如图 8-19a 所示，用细点画线围框表示某一带调压器的交流发电机。如果图样中用于表示装置内部的电路图太大或仅为了解装置的功能而不需给出全部细节，也可用没有内部电路的图形符号来替代，如图 8-19b 所示。

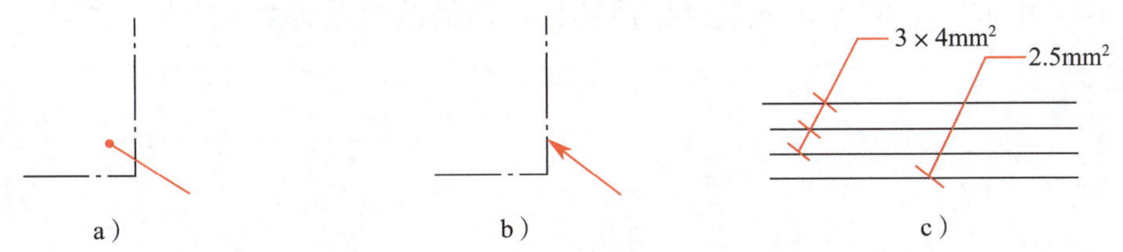


图 8-18　指引线末端指示标记示例

a）末端指在轮廓线内　b）末端指在轮廓线上　c）末端指在连接线上

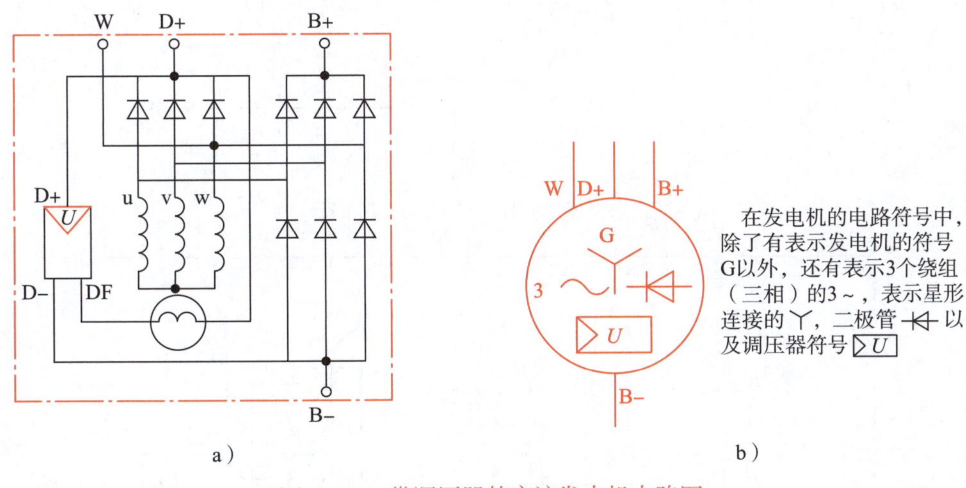


图 8-19　带调压器的交流发电机电路图

a）内部电路　b）图形符号

## 3. 电气简图的布局方法

（1）图线的布置方式

用于表示导线、信号通路、连接线等的图线一般为直线，即绘制时应横平竖直，尽可能地减少交叉和弯折。图线的布置方式主要有水平布置、垂直布置和交叉布置三种。

1）水平布置

水平布置是将表示设备和电气元器件的图形符号按横向（即行）排列，连接线呈水平方向，各类似项目纵向对齐。图 8-20a 所示为图线水平布置示例。图中各电气元器件按行排列，连接线基本上都是水平线，电阻 R721 和 R778 纵向对齐。

2）垂直布置

垂直布置是将表示设备或电气元器件的图形符号按纵向（即列）排列，连接线呈垂直方向，各类似项目横向对齐。图 8-20b 所示为图线垂直布置示例。图中各电气元器件按列排列，连接线基本上都是垂直线，电阻 R721 和 R778 横向对齐。

3）交叉布置

为了把相应的元件连接成对称的布局，也可以采用斜的交叉线的方式布置。在图 8-21 中，由 KF1、KF2 等元器件组成的无稳态振荡电路为对称布局，图线采用交叉布置方式。

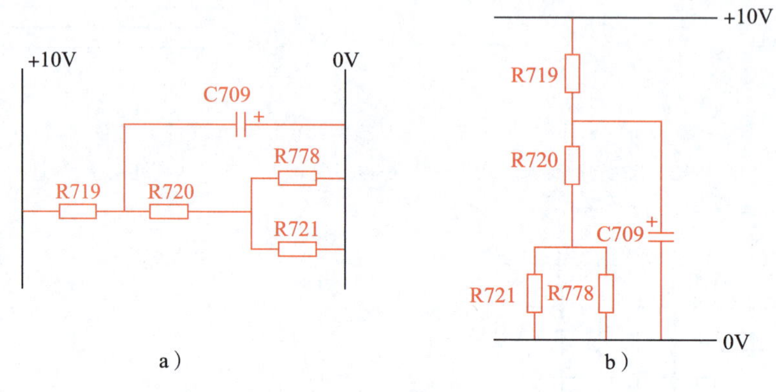


图 8-20　图线布置方式示例

a）图线水平布置示例　b）图线垂直布置示例

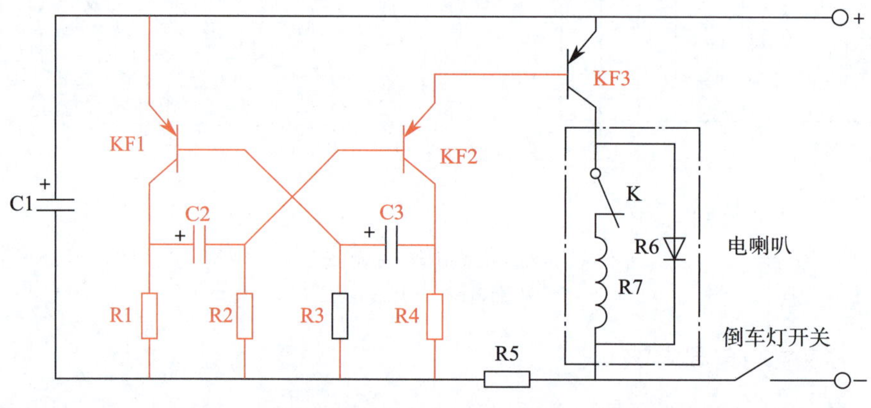


图 8-21　倒车蜂鸣器电路图（图线交叉布置示例）

在生产实践中，电气图中的图线，既有水平布置，也有垂直布置和交叉布置，尤其是较复杂的电气图。如图 8-21 所示，除 KF1 和 KF2 组成的无稳态振荡电路交叉布置外，图中 C1、C2、C3、R5 和倒车灯开关所在图线水平布置，R1、R2、R3、R4 等所在图线垂直布置。

（2）电路或电气元器件的布局方法

在电气图中，电路或电气元器件的布局方法有功能布局法和位置布局法两种。

1）功能布局法

功能布局法是指简图中表示电路或电气元器件的图形符号的布置，只考虑便于看出它们所表示的电路或电气元器件的功能关系，而不考虑其实际安装位置的一种布局方法。

功能布局法广泛用于框图、电路图等功能性简图，如图 8-21 所示。

在功能布局法中，将表示对象划分为若干功能组，按照因果关系、动作顺序、功能联系等从左到右或从上到下布置。为了强调并便于看清其中的功能关系，每个功能组的电气元器件应集中布置在一起，并尽可能按工作顺序排列。如图 8-21 所示，倒车蜂鸣器电路由一个无稳态振荡电路和电喇叭电路组成。无稳态振荡电路布置在图的左侧，由三极管（KF1、KF2）、电容器（C1、C2、C3）、电阻器（R1、R2、R3、R4）构成，集中布置在一起；电喇叭电路布置在图的右侧，由线圈（R7）、二极管（R6）、动断开关（K）构成，也集中布置在一起。

2）位置布局法

位置布局法是指简图中表示电路或电气元器件的图形符号的布置位置与其实际安装位置基本一致的布局方法。位置布局法主要用于接线图、电气布置图等图样，它能清楚地标示出电气元器件的相对位置和导线走向。如图 8-22 所示，可清楚地标示出比亚迪—秦轿车前机舱配电盒熔断丝（熔断器）、继电器的每个元器件的相对位置。

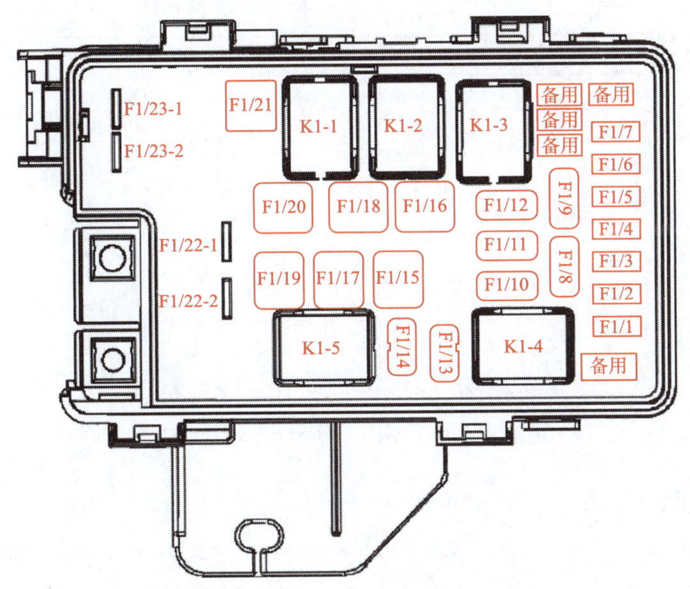


图 8-22　比亚迪—秦轿车前机舱配电盒熔断丝（熔断器）、继电器的布置图

## 二、电气元器件的表示方法

### 1. 电气元器件的基本表示方法

在电路图中，对于驱动部分和被驱动部分之间具有机械连接功能关系的元器件，特别是被驱动部分有多组触点的元器件，如复合按钮、多组触点的继电器等，主要表示方法有集中表示法和分开表示法。

（1）集中表示法

集中表示法也称关联表示法，是指在简图中把表示一个项目的各组成部分的图形符号绘制在一起的方法。如图 8-23a 所示，图中继电器 K1、K2 均集中示出，并用一条机械连接线（虚线）相互连接，用以表示同一个电气元器件。在集中表示法中，各组成部分用机械连接线（虚线或双线）互相连接起来，用以表示相互间的机械联动关系。机械连接线必须是一条直线。集中表示法只适用于绘制简单的电气图。

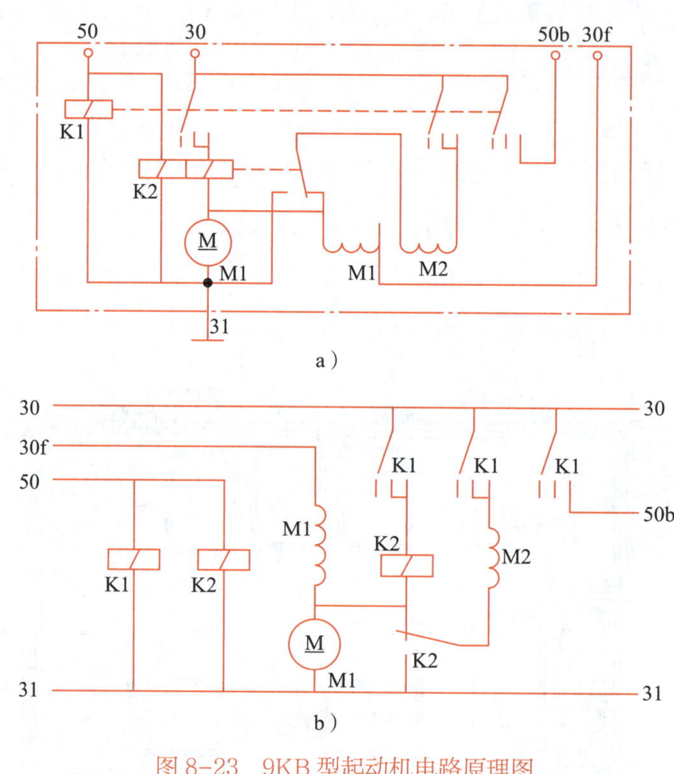


图 8-23　9KB 型起动机电路原理图

a）集中表示法　b）分开表示法

（2）分开表示法

分开表示法也称分散表示法，是指把一个项目中某些部分的图形符号在简图上分开布置，并用参照代号表示它们之间关系的方法。如图 8-23b 所示，由于分开表示法没有机械连接线，可避免或减少图线交叉，使图面更为清晰。

用分开表示法绘制的电气图，由于省去了项目各组成部分之间的机械连接线，使查找项目的各组成部分的工作相对于集中表示法来说变得困难一些。为了解决这个问题，在用分开表示法绘制的电路图中，在每一个分开单独表示的电路符号处均标注隶属于该装置的标记。如果对于理解电路图有需要，在电路图中就必须对分解表示的装置给出一次完整和关联性的说明，以此帮助读者厘清项目的组成部分，为在图中查找各组成部分的位置提供线索。如图 8-23b 所示，在继电器驱动线圈、辅助动合触头的图形符号旁均标注了相同的参照代号。

### 2. 组成部分可动电气元器件工作状态的表示方法

元器件和设备的可动部分通常表示在非激励或不工作的状态或位置。例如，继电器和接触器在非激励的状态；断路器在断开位置；带零位的手动控制开关（多位开关）在零位位置（见图 8-24），不带零位的手动控制开关在图中规定的位置；机械操作开关处于非工作状态或位置。多重开闭器件的各组成部分必须表示在相互一致的位置上，而不管电路的工作状态是什么。

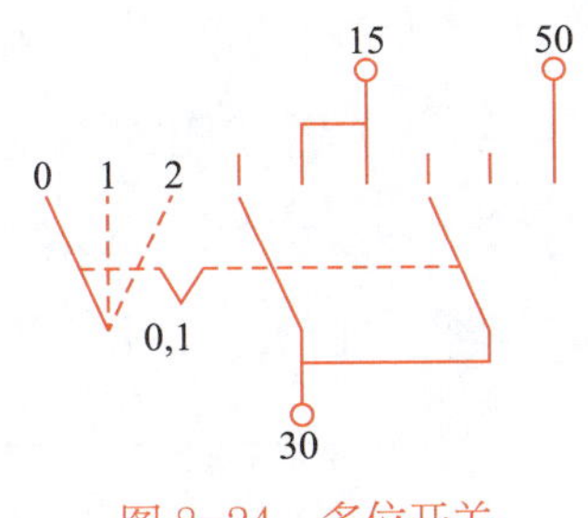

图 8-24　多位开关

接触器、继电器、开关、按钮等项目中靠电磁力或人工操作的触点符号，在同一电路中，在加电和受力后，各触点符号的动作方向应取向一致。

## 三、连接线的表示方法

连接线是对电气图中各种图形符号之间连线的统称。根据图种情况，连接线可以是表示传输能量流、信息流的导线，如电路图、框图、接线图等；也可以是表示逻辑流、功能流的图线。

### 1. 连接线接点的表示方法

图 8-25 所示为连接线接点的表示方法示例。连接线的连接点有“T”形和“十”字形两种表示方法。对“T”形连接点可以加实心圆点（即连接符号“●”），如图 8-23 中的电路符号“┳”；也可以不加实心圆点，如图 8-11 中的电路符号“┬”。对“十”字形连接点，必须加实心圆点（即连接符号“●”），如图 8-19 中的电路符号“╋”。

图 8-25　连接线接点的表示方法示例

a）“T”形接法　b）“十”字形接法　c）导线不连接（跨越）

对两条连接线交叉而不连接的图示描述，可用在交叉处不加画实心圆点（即连接符号）表示，如图 8-19 中的电路符号“┼”。同时，要避免连接线在交叉处改变方向或穿过其他连接线的连接点。

## 2. 多线表示法和单线表示法

（1）多线表示法

每根连接线或导线各用一条图线表示的方法，称为多线表示法。如图 8-26 所示为雪佛兰沃蓝达 PHEV 新能源汽车高压冷却系统温度传感器控制电路，图中每根用于表示连接的图线均与一根实际导线相对应。用多线表示法绘制的图能详细地表达各相或各线的内容，尤其是在各相或各线内容不对称的情况下宜采用这种方法。

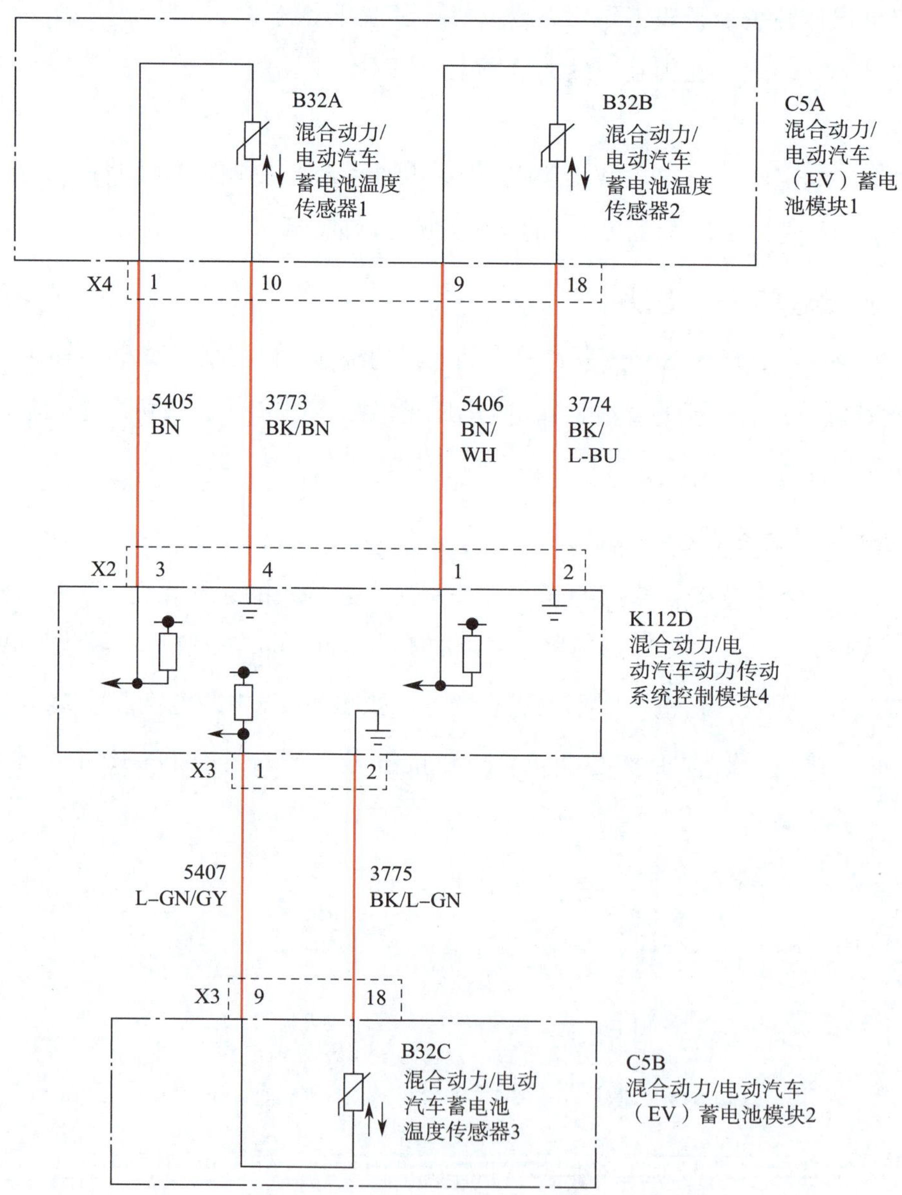


图 8-26　雪佛兰沃蓝达 PHEV 新能源汽车高压冷却系统温度传感器控制电路（多线表示法应用示例）

（2）单线表示法

用一条图线表示两根或两根以上的连接线或导线的方法称为单线表示法，如用单线表示多根去向相同的平行线。

## 3. 连续表示法和中断表示法

（1）连续表示法

连续表示法是指端子之间的连接线用连续的、不间断的图线表示的方法。如图 8-26 所示，图中导线 5045、3773、5406、3774、5407 和 3775 均用连续的图线表示，每根图线在两个端子之间没有任何中断。

（2）中断表示法

中断表示法是指将连接线的中间部分断开，然后用标记符号表示导线去向的方法。图 8-27 所示为大众汽车转向灯和尾灯电路图，图中用标记符号“□”表示线路中断点，

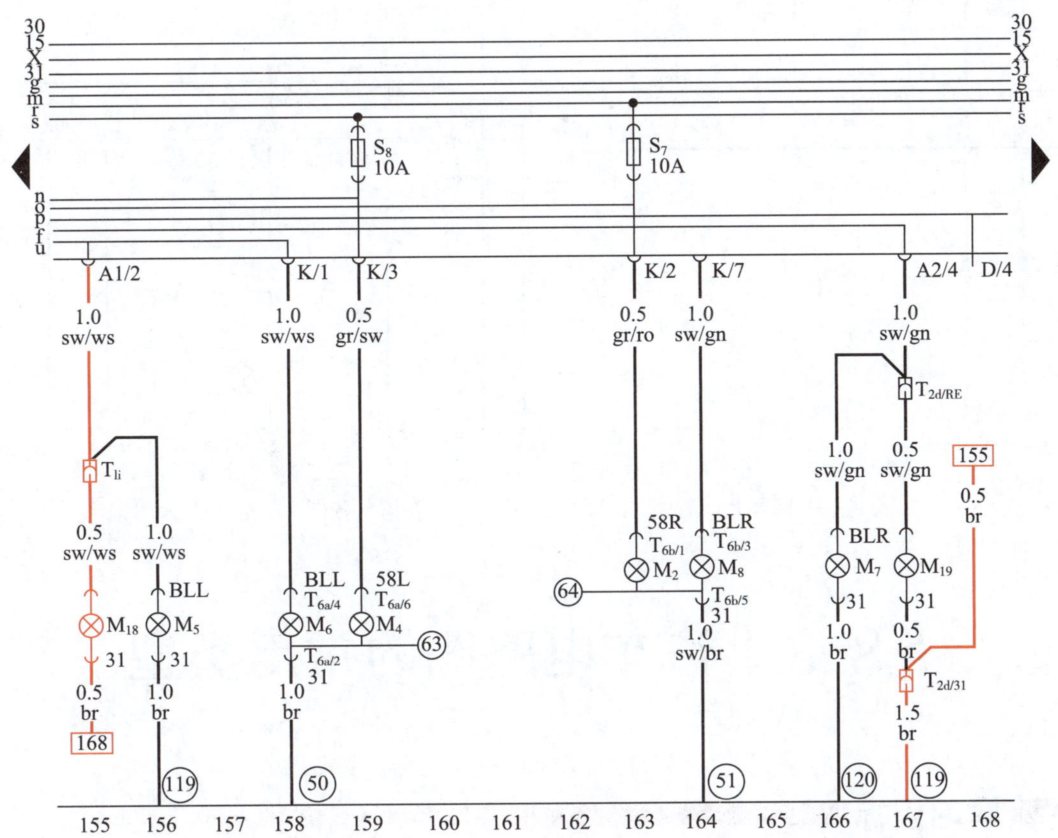


图 8-27　大众汽车转向灯和尾灯电路图（中断表示法应用示例）

M2—右尾灯　M4—左尾灯　M5—左前转向灯　M6—左后转向灯　M7—右前转向灯　M8—右后转向灯
M18—左侧停车转向灯　M19—右侧停车转向灯　$T_{li}$—单孔插接件（左减振器支柱后）
$T_{2d}$—2 孔插接件（左减振器支柱后）　$T_{6a}$—6 孔插接件（左尾灯）　$T_{6b}$—6 孔插接件（右尾灯）
(50)—搭铁点（行李舱盖左侧）　(51)—搭铁点（行李舱盖右侧）　(63)—搭铁点（左尾灯灯架处）
(64)—搭铁点（右尾灯灯架处）　(119)—搭铁点（前照灯线束内）　(120)—搭铁点（前照灯线束内）

框中数字表示导线的连接去向，例如，图中中断标记[168]与[155]是相连接的同一条连接线。

中断表示法是简化连接线作图的一个重要手段。在同一张图中，当穿越图面的连接线较长或穿越稠密区域时，为使图面清晰，可用中断表示法绘制；当一条图线需要连接到另外的图上时，必须采用中断表示法绘制。图 8-28 所示为比亚迪新能源汽车 e5EV 充电接口电路图，图中标有明确连接指向，如 BCM（G2Q-8、G2Q-18、G2Q-6）、高压电控 B28（A）-16 等。连接线中断处的中断标记可以采用字母、数字、参照代号、位置标记、端子标识等表示。

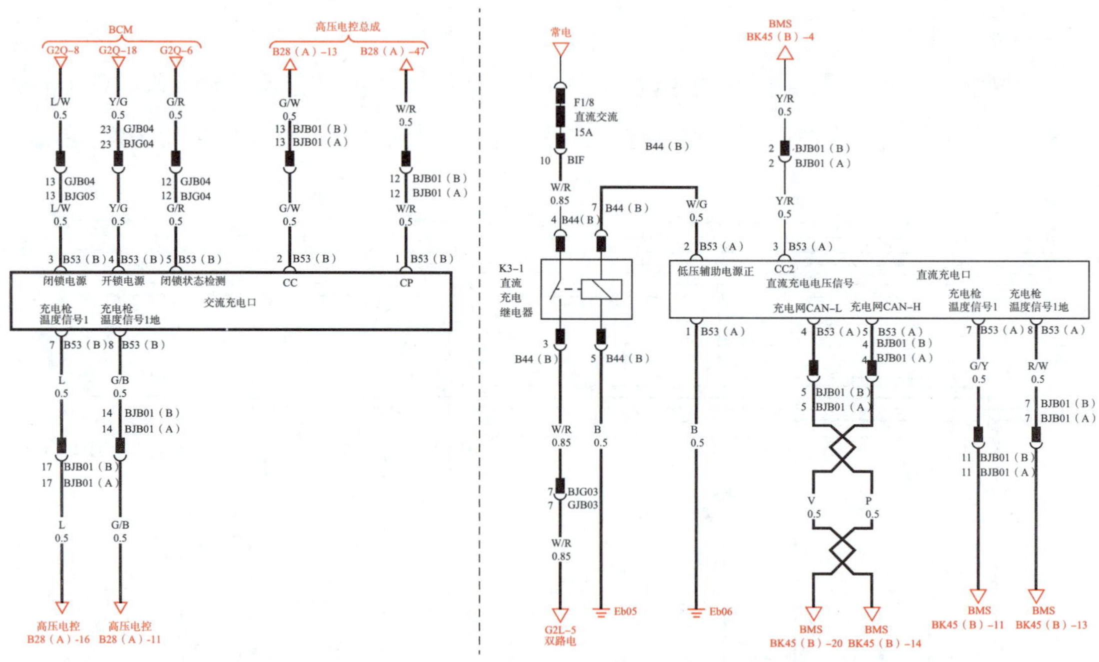


图 8-28　中断表示法应用示例（不在同一张图上）

# §8-3 | 汽车电路图的常用类型

## 学习目标

1. 掌握汽车电路原理框图、电路原理图和接线图的基本表达方式。

2. 能识读和绘制简单汽车电路原理框图、电路原理图和接线图，并会查阅相关标准。

## 想一想

在日常学习、生产、生活中，常用的汽车电路图有哪几种？其主要作用是什么？各有什么特点？

在汽车生产和维修中用到的电路图的种类很多，常用的有电路原理框图、电路原理图、接线图和定位图等，主要用于表达汽车上各电气系统的工作原理及电器部件之间的连接关系，同时还可以表示各种电器部件、线束等在车上的具体位置，以便对汽车电路进行检查维修、安装配线等。

## 一、汽车电路原理框图

### 1. 原理框图的基本概念

原理框图是一种用框形符号或带注释的框绘制，概略地表示电气系统的基本组成、相互关系及其主要特征的简图。图 8-29 所示为纯电动汽车电力驱动控制系统原理框图。由该图可知，电力驱动控制系统由电力驱动主模块、车载电源模块和辅助模块三大部分组成。

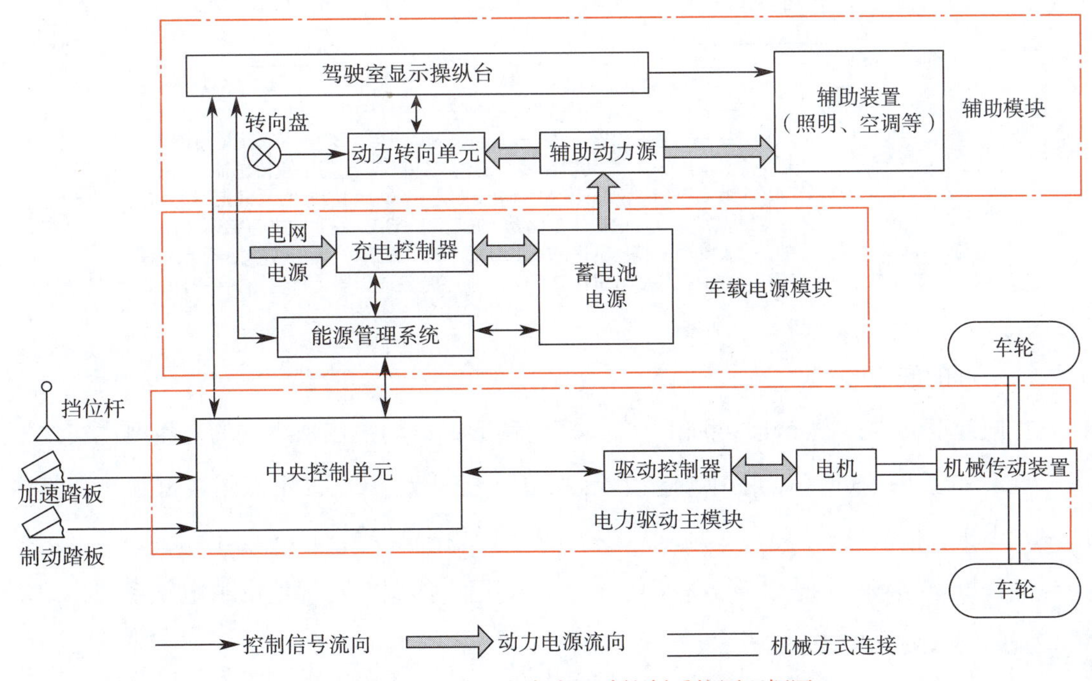


图 8-29　纯电动汽车电力驱动控制系统原理框图

原理框图能使读者概略地了解有关汽车电路的电气设备或设备某部分的任务、结构，以及所包括的环节和功能，其常与电路原理图配合使用。

## 2. 原理框图的基本表达方式

（1）图形符号的使用

绘制原理框图的图形符号主要有框形符号和带注释的框两种，其中带注释的框应用最广。当用带注释的框绘图时，框内的注释可以是文字，如图 8-29 所示；也可以是图形符号，如图 8-30 所示；还可以是文字与图形符号兼有。

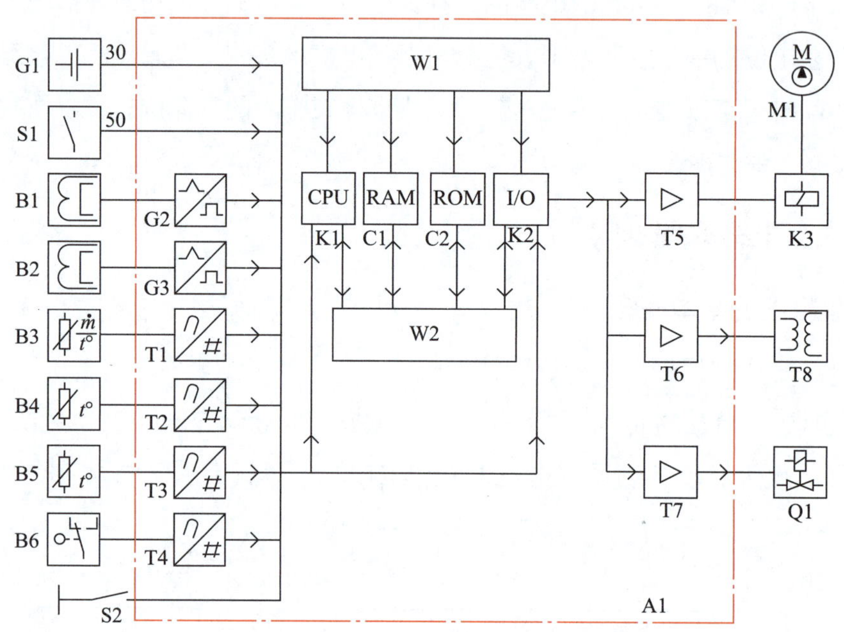


图 8-30　发动机电控系统原理框图

A1—电控单元 ECU　B1—转速传感器　B2—基准信号传感器　B3—空气流量传感器
B4—排气温度传感器　B5—发动机温度传感器　B6—节气门位置传感器
K1—中央处理单元（CPU）　K2—输入 / 输出模块（I/O）　K3—油泵继电器
W1—地址总线　W2—数据总线　C1—工作存储器（RAM）　C2—程序数据存储器（ROM）
G1—蓄电池　G2、G3—脉冲发生器　M1—电动燃油泵　T1～T4—模 / 数转换器（A/D）
T5～T7—功率输出　S1—点火起动开关　S2—程序映象选择器（特性场转换器）
T8—点火线圈　Q1—喷油阀

（2）框的嵌套形式

在原理框图中，框有实线框和点画线框两种形式，其中点画线框的容量要比实线框大一些。如图 8-30 所示，图中功能单元 A1（电控单元 ECU）用点画线框绘制，其内部单元用实线框绘制，如 W1（地址总线）、W2（数据总线）、T5（功率输出）等。这种用点画线框套实线框的表达形式称为嵌套，主要用来形象、直观地反映电气系统、设备或装置的层次划分和体系结构。

（3）连接线的表示方法

原理框图中的连接线一般用单线表示法表示。对细点画线框，连接线应接到框内图形符号上；对框形符号或细实线框，连接线应接到框的轮廓线上，如图 8-29 和图 8-30

所示。

（4）框图的布局

框图是按功能布局法布置的，并用箭头表示信息流或能量流的传输方向，如图 8-29 和图 8-30 所示。如果没有箭头方向，根据功能布局法的制图规则，可按自左至右、自上而下的传输方向识读，也可根据构成框图的图形符号来判断。

## 二、汽车电路原理图

### 1. 电路原理图的基本概念

电路原理图是一种用电路符号详细地表示电路的各个细节（如电路的组成、连接关系等）和工作原理的简图，如图 8-11 和图 8-27 所示。

汽车电路原理图是汽车电气技术领域中使用最广的一种图，常与原理框图、接线图、安装电路图、定位图等配合使用，为汽车电路的安装与分析、检测与调整、故障诊断与排除提供信息。

### 2. 电路原理图的基本表达方式

（1）电气设备、电气装置（或器件）等在电路原理图上位置的表示方法

在汽车电路图中，电气设备、电气装置（或器件）在图上位置的表示方法主要有区段识别法和图幅分区法。图幅分区法常见于奔驰轿车电路原理图，读者可自行查阅。

区段识别法是一种通过划分区段来定位的方法，一般标注在电路原理图的上（或下）部边沿处，用于电路或电器的查找。常见的区段识别标记方式主要有以下三种格式：

1）用从左到右等间隔的连续顺序数字标记。如图 8-31a 所示，分段标记置于图的上边沿；如图 8-27 所示，分段标记置于图的下边沿。

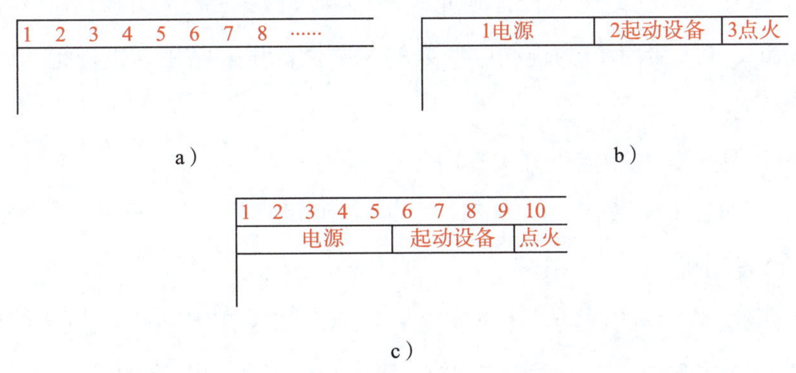


图 8-31　区段识别标记方式示例

a）用从左到右等间隔的连续顺序数字标记　b）用电路区段功能标记
c）用从左到右等间隔的连续顺序数字和电路区段功能标记

2）用电路区段功能标记。如图 8-31b 所示，在电路原理图的上边沿，按从左到右的顺序连续标注电源、起动设备、点火等区段功能。

3）用从左到右等间隔的连续顺序数字和电路区段功能标记。如图 8-31c 所示，其应用示例如图 8-32 所示。

（2）电路原理图的布局

电路原理图是按功能布局法布置的。如图 8-32 所示，图中电器不再按其安装位置布局，而是依据工作原理，使各系统处于相对独立的位置，这样便于对各用电设备进行单独的电路分析。

在大多数汽车电路原理图中，电源线一般布置在图的上方，搭铁线布置在图的下方，电流方向自上而下，如图 8-27、图 8-32 所示。图中电路较少迂回曲折，电器的串、并联关系十分清楚，易于识读。

（3）电路与导线

电路应按电流方向从左到右、自上而下排列，如图 8-27、图 8-32 所示。每根导线应尽量为直线，无交叉且方向不变，与电路图周边保持平行。

（4）分界线与边框

点画分隔线或边框线是部分电路的定界线，用于表示装置或部件的功能和结构关联。如图 8-11 所示，用点画线表明灯光开关 9、变光开关 10 的功能和结构上的关联属性。

在汽车电气与电子系统中，点画线是装置或部件的非导电边框，既不表示装置与部件的外壳，也不能用于装置的接地线，如图 8-19a 所示，仅表示功能单元。在强电系统中，边框线常与用点画线表示的接地保护线（PE）相连。

（5）中断点、识别标记和目标指示

若连接线贯穿图幅的距离较长，则允许被中断。被中断连线的始端和末端要加以描述，用识别标记、目标指示作为连线中断处的关联性标识。常用识别标记有：

1）端子标记

如图 8-33a 所示，图中点火开关 S1 的 15 号端子。

2）工作原理说明。如图 8-32 所示，图中中断标记为“组合仪表变速器控制 ECU<4-7>”“发动机 ECU<3-6>”等。

3）字母、数字符号的说明。如图 8-27 所示，图中在电路代码 168 处标记有符号“155”表示线路中断点，方框内数字“155”表明该导线与电路代码 155 的导线是同一条导线（见电路代码 155 处导线的方框内数字是本线路的电路代码 168）。

目标指示也用于连线端子。为了防止与识别标记相混淆，目标指示用目标的段号数

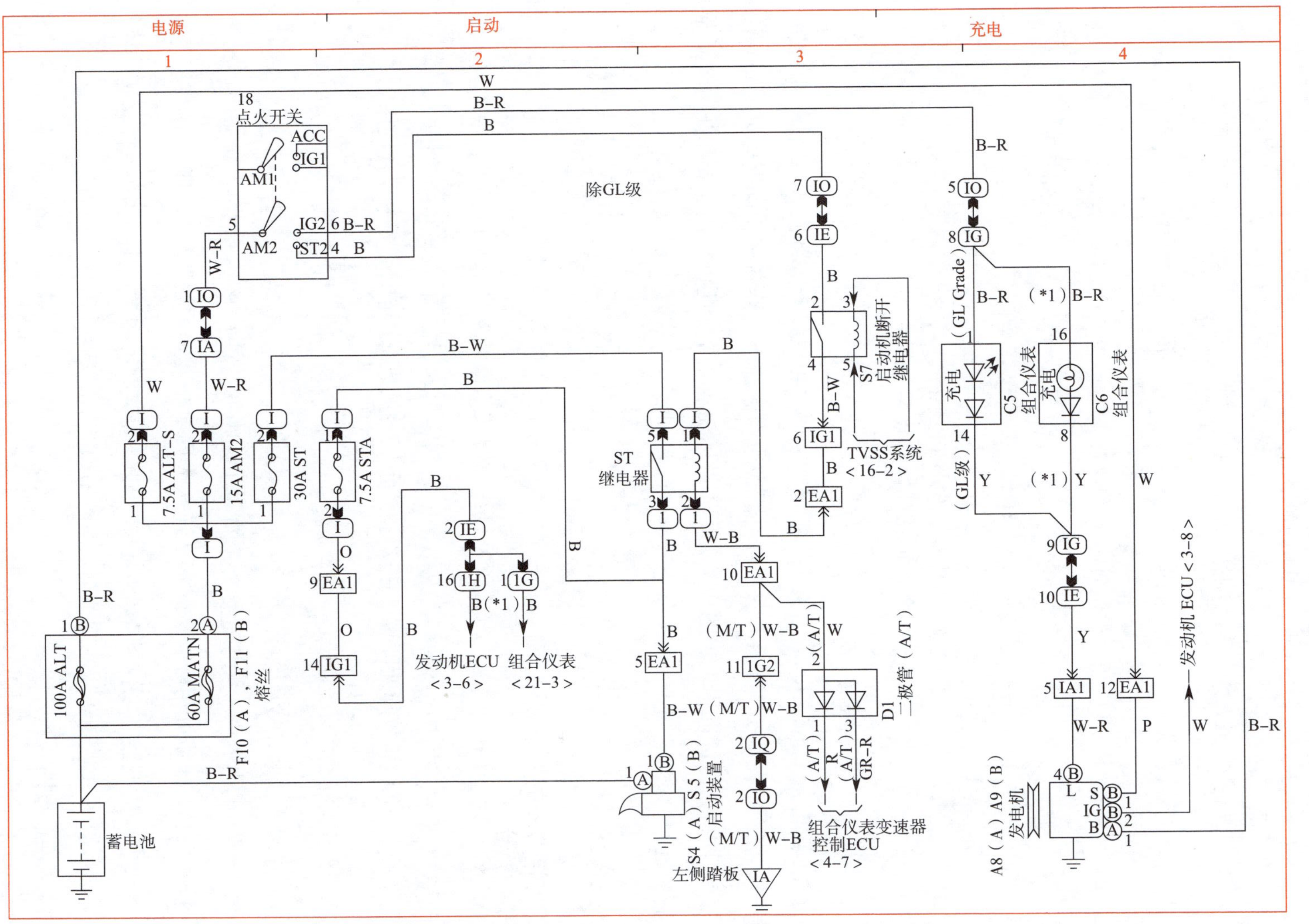


图 8-32　区段识别法应用示例（一汽丰田新威驰轿车蓄电池、启动、充电系统电路图）

表示，如图 8-33b 所示（图中的第 8 段和第 2 段）。

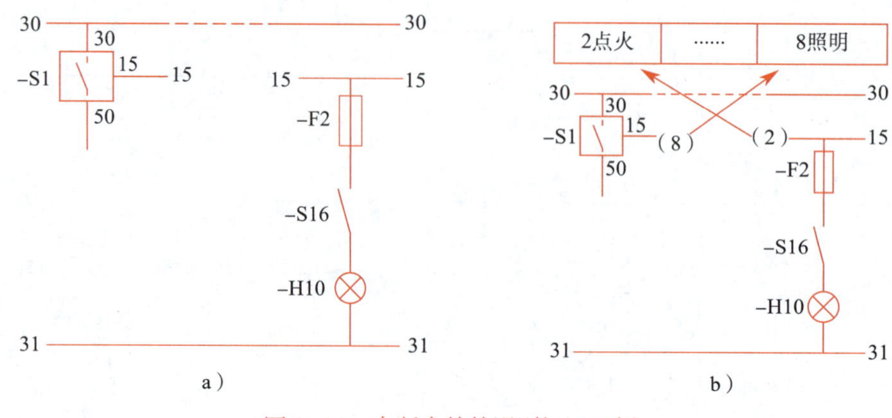


图 8-33　中断点处的识别标记示例

a）端子标记识别　b）目标指示识别

（6）电路原理图中的标注

在汽车电路原理图中，常用文字、字母或数码对电气设备、部件或电路图中的线路符号做标注。如图 8-32 所示，图中各电器旁边均标注出电器名称和识别标记。如果设备的定义明确，是标准中规定的设备，可不做标注。此外，还可根据需要标注电气元器件的技术数据。

## 三、接线图

### 1. 接线图的基本概念

接线图是一种用来标记电气装置的接线位置和与该装置外部和内部（如果需要）的导线连接等内容的简图，如图 8-16 所示。接线图主要用于指导电气设备和电气线路的安装、检查、维修和故障处理等。在实际使用中，接线图常与电路图等配合使用。

### 2. 接线图的基本表达方式

（1）电器件的表示方法

接线图中的电器件一般用简化外形符号（如矩形、正方形、圆形等）表示，也可用电路符号表示，接线处用圆、点、接插连接或只用接入线。如图 8-34 所示为用电气装置（或电器件）简化外形符号表示的汽车电源系统接线图示例，图 8-16 所示为用电路符号表示的汽车电源系统接线图示例，两者给出的信息是一致的。

（2）连接线的表示方法

在汽车电路图中，连接线常用的表示方法有关联法和分解法两种。

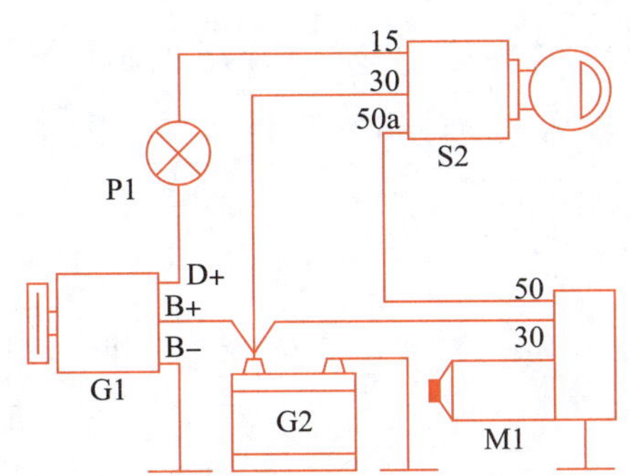


图 8-34　用电气装置（或电器件）简化外形符号表示的汽车电源系统接线图示例

1）关联法

关联法是指电器件之间的连接线是逐根绘制的，也就是连接线的多线表示法。用关联法绘制的接线图能清楚地反映线路中各元件之间的连接关系，但图中线条数明显增加，不适用于复杂线路。

用关联法绘制的接线图，其装置和电器件的识别标记要用它们上面已有的端子标记表示，如图 8-16 和图 8-34 所示。

2）分解法

分解法就是连接线的中断表示法。用分解法绘图可省去装置和电器件之间的连接导线，使图面简洁、清晰。为便于查找，要求所有从一个装置和电器件引出的导线都要含有"目标指示"标记。"目标指示"包含所指向的目标装置或电器件的识别标记，以及它的接线标号，在需要时还应包含导线颜色标记等。

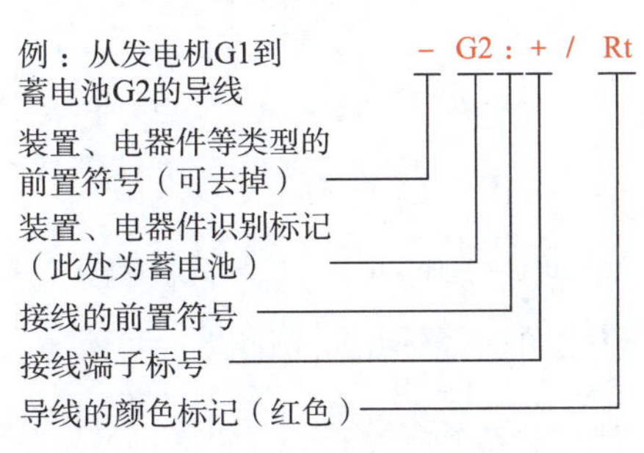


图 8-35　"目标指示"格式示例

图 8-35 所示为"目标指示"格式示例，图例见图 8-16（或图 8-34）。

图 8-36 所示为发电机的识别标记示例，图例详见图 8-16。

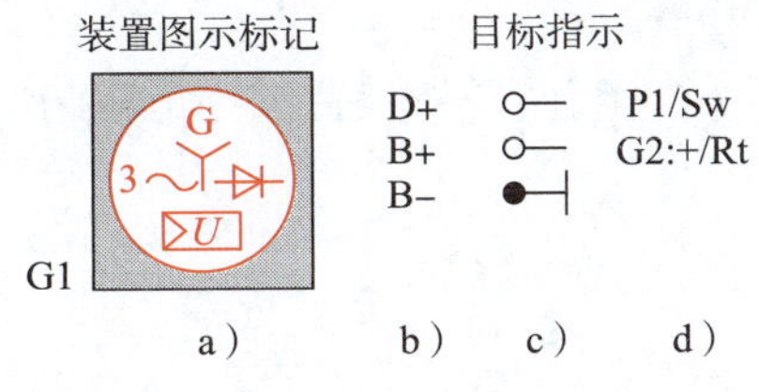


图 8-36　发电机的识别标记示例

a）装置的标记（字母和字数）b）在装置上的端子标记　c）装置的接地标记
d）目标指示（标记字母 / 数字 / 端子标记 / 导线颜色）

用分解法表示接线图有两种表达方式：一种是用装置、电器件的电路符号描述，并带目标指示的接线和导线的颜色标记，如图 8-37a 所示，图例详见图 8-16；另一种是用装置和电器件的简化外形符号描述，并带目标指示的接线和导线的颜色标记，如图 8-37b 所示，图例详见图 8-34。

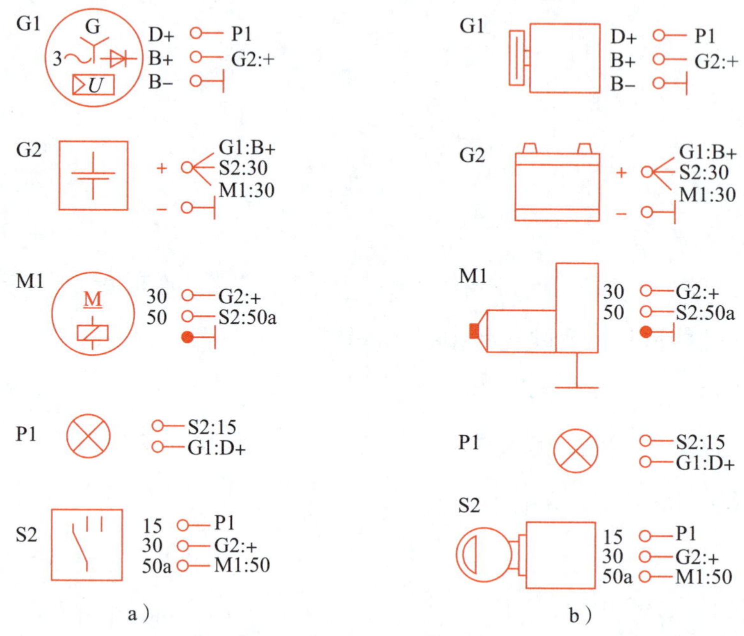


图 8-37　用分解法表示的接线图

a）用电路符号表示和目标指示　b）用简化外形符号表示和目标指示

线束中同路的导线尽量画在一起。图中导线一般都标有导线类型、颜色代码、线号、横截面积等标记。如图 8-38 所示，图中导线用连续线表示，并标注颜色代码；主线束、发动机室线束、车身线束、尾灯线束中的同路导线均画在一起。

（3）接线图的布局

在接线图中，电器设备的外形和实际安装位置与原车基本一致，线路的走向和线束走向也基本一致，是按位置布局法布置的。

（4）电器元件和电气设备的标记

为了检索方便，接线图中的电气设备和装置的标记应与电路图相一致。

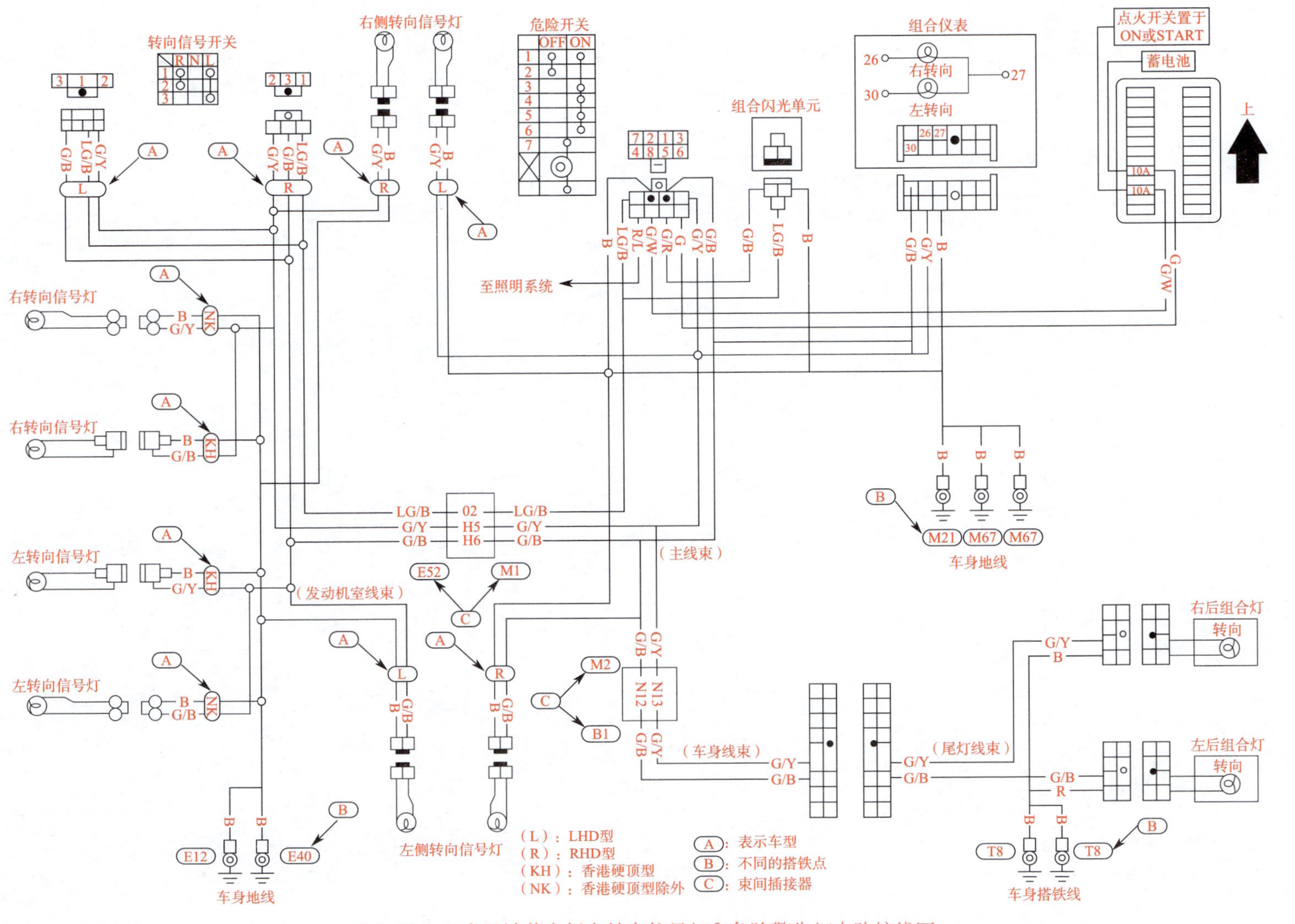


图8-38　日产风神蓝鸟轿车转向信号灯和危险警告灯电路接线图